Österreich / Südtirol / Europa
Austria / South Tirol / Europe
Autriche / Tyrol du sud / Europe
Oostenrijk / Zuid-Tirol / Europa

				SOS ☎ / 🔥	🛣 130	🚗 100	⚠ 100	🏘 50	MAUT/TOLL	‰
	Österreich / Austria	A	1 Euro (EUR) = 100 Cent	133 / 144	130	100	100	50	🛣 🚗	0,5 ‰
	Shqipëria / Albania	AL	1 Lek (ALL) = 100 Quindarka	129 /126	120	100	80	40		0,0 ‰
	België/Belgique / Belgium	B	1 Euro (EUR) = 100 Cent	101 / 100	120	120	90	50		0,5 ‰
	Bŭlgarija / Bulgaria	BG	1 Lew (BGN) = 100 Stótinki	166 / 150	130	90	90	50	🛣 🚗	0,5 ‰
	Bosna i Hercegovina / Bosnia and Herzegovina	BIH	Konvert. Marka (BAM) = 100 Fening	92 / 94	120	100	80	60		0,3 ‰
	Schweiz/Suisse/Svizzera / Switzerland	CH	1 Franken (CHF) = 100 Rappen	117 / 144	120	100	80	50	🛣	0,5 ‰
	Kypros/Kibris / Cyprus	CY	1 Euro (EUR) = 100 Cent	199	100	80	50	50		0,5 ‰
	Česká republika / Czech republic	CZ	1 Koruna (CZK) = 100 Haliru	112 / 155	130	130	90	50	🛣 🚗	0,0 ‰
	Deutschland / Germany	D	1 Euro (EUR) = 100 Cent	110 / 112	⌀	⌀	100	50		0,5 ‰
	Danmark / Denmark	DK	1 Krone (DKK) = 100 Øre	112	130	80	80	50		0,5 ‰
	España / Spain	E	1 Euro (EUR) = 100 Cent	112	110	100	90	50	🛣	0,5 ‰
	Eesti / Estonia	EST	1 Euro (EUR) = 100 Cent	110 / 112	110	110	90	50		0,0 ‰
	France / France	F	1 Euro (EUR) = 100 Cent	112	130	110	90	50	🛣	0,5 ‰
	Suomi/Finland / Finland	FIN	1 Euro (EUR) = 100 Cent	112	120	100	100	50		0,5 ‰
	United Kingdom / United Kingdom	GB	1 Pound Sterling (GBP) = 100 Pence	999 / 112	70 mph (112)	70 mph (112)	60 mph (96)	30 mph (48)		0,8 ‰
	Ellás (Hellás) / Greece	GR	1 Euro (EUR) = 100 Cent	100 / 166	120	110	90	50	🛣 🚗	0,5 ‰
	Magyarország / Hungary	H	1 Forint (HUF) = 100 Filler	112	130	110	90	50	🛣	0,0 ‰
	Hrvatska / Croatia	HR	1 Kuna (HRK) = 100 Lipa	112 / 94	130	110	90	50	🛣	0,5 ‰
	Italia / Italy	I	1 Euro (EUR) = 100 Cent	112 / 118	130	110	90	50	🛣	0,5 ‰
	Éire/Ireland / Ireland	IRL	1 Euro (EUR) = 100 Cent	999 / 112	120	100	60 100	50		0,8 ‰
	Ísland / Iceland	IS	1 Krona (ISK) = 100 Aurar	112			80 90	50		0,5 ‰
	Kosovo / Kosovo	KSV	1 Euro (EUR) = 100 Cent	112 / 92	130	110	80	50		0,5 ‰
	Luxembourg / Luxembourg	L	1 Euro (EUR) = 100 Cent	113 / 112	130	90	90	50		0,5 ‰
	Lietuva / Lithuania	LT	1 Litas (LTL) = 100 Centas	02 / 03 / 112	110	90	90	50		0,4 ‰
	Latvija / Latvia	LV	1 Lats (LVL) = 100 Santīmi	02 / 03 / 112	110	90	90	50		0,5 ‰
	Makedonija / Macedonia	MK	1 Denar (MKD) = 100 Deni	192 / 194	120	100	40 60	50	🛣 🚗	0,5 ‰
	Norge / Norway	N	1 Krone (NOK) = 100 Øre	112 / 113	90	90	80	50	🛣 🚗	0,2 ‰
	Nederland / Netherlands	NL	1 Euro (EUR) = 100 Cent	112	120	100	80	50		0,5 ‰
	Portugal / Portugal	P	1 Euro (EUR) = 100 Cent	112	120	100	90	50	🛣	0,5 ‰
	Polska / Poland	PL	1 Zloty (PLN) = 100 Groszy	112 / 999	130 140	100 120	90 100	50	🛣	0,2 ‰
	România / Romania	RO	1 Leu (RON) = 100 Bani	112	130	100	90	50	🛣 🚗	0,0 ‰
	Rossija / Russia	RUS	1 Rubel (RUB) = 100 Kopeek	02 / 03	110	90	90	60		0,3 ‰
	Sverige / Sweden	S	1 Krona (SEK) = 100 Öre	112	110	110/90	70 90	50		0,2 ‰
	Srbija / Crna Gora / Serbia / Montenegro	SRB MNE	1 Dinar (CSM) = 100 Para ; Euro	92 / 94	120	100	80	60	🛣 🚗	0,3 ‰
	Slovenská republika / Slovakia	SK	1 Euro (EUR) = 100 Cent	112 / 155	130	90	90	60	🛣 🚗	0,0 ‰
	Slovenija / Slovenia	SLO	1 Euro (EUR) = 100 Cent	113 / 112	130	100	90	50	🛣	0,5 ‰
	Türkiye / Turkey	TR	1 Lira (TRY) = 100 Kurus	155 / 112	120	90	90	50	🛣	0,5 ‰
	Ukrajina / Ukraine	UA	1 Griwna (UAH) = 100 Kopijken	02 / 03	130	110	90	60		0,0 ‰

Österreich / Südtirol / Europa
Austria / South Tirol / Europe
Autriche / Tyrol du sud / Europe
Oostenrijk / Zuid-Tirol / Europa

© GeoGraphic Publishers 2011/2012
GeoGraphic Publishers GmbH & Co. KG
Königinstraße 11, D-80539 München,
Telefon +49-89-458020-0, Fax +49-89-458020-21
E-Mail info@geographicmedia.de
www.kunth-verlag.de

Based on an idea by: GeoGraphic Publishers
Cartography 1:215.000:
© Verlag Das Beste GmbH 2011/2012, Stuttgart
Shading 1:2.000.000 produced with SRTM-Data
Heiner Newe, Geokarta, Altensteig

Printed in Slovakia

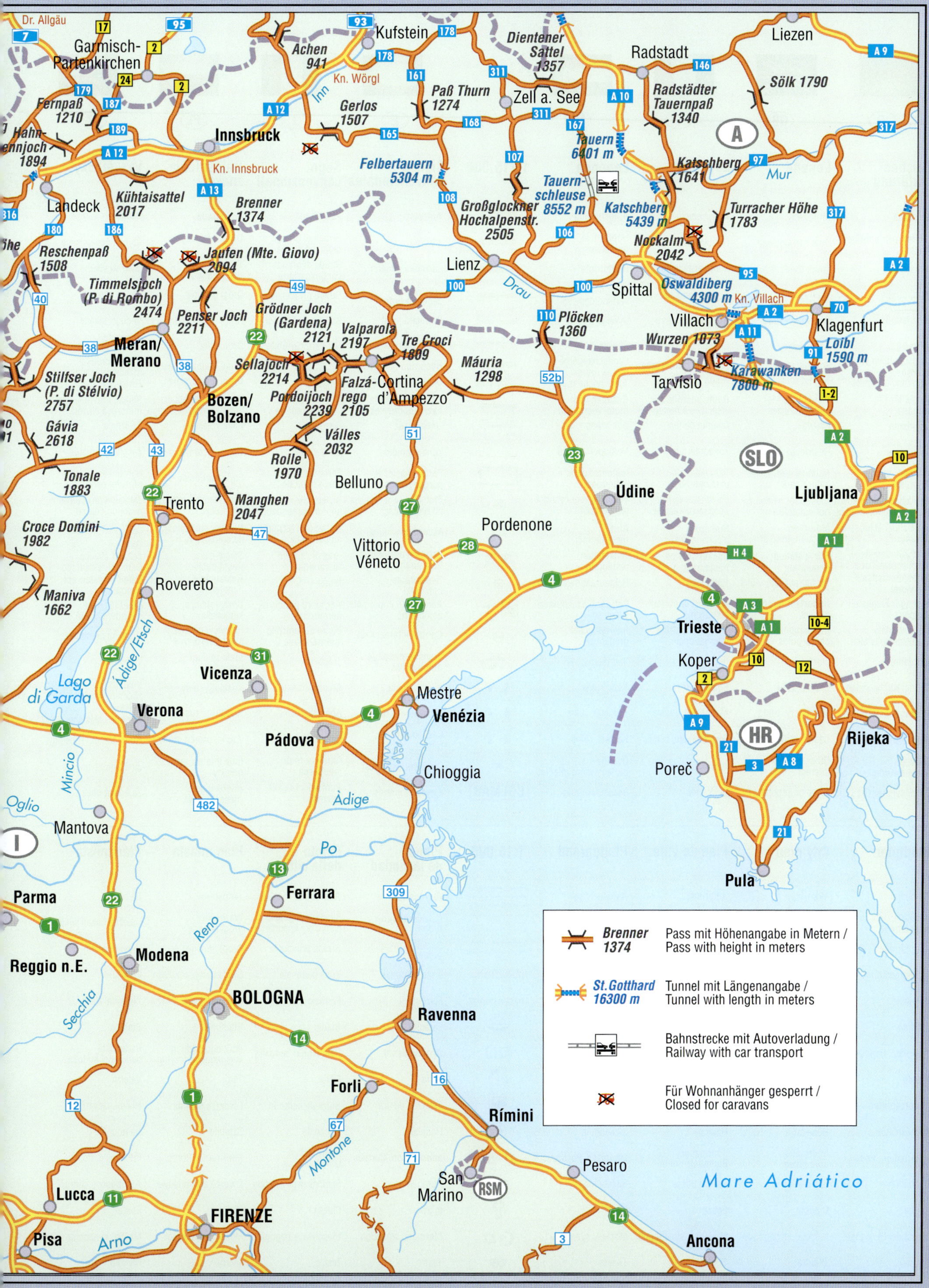
Dr. Allgäu
Garmisch-Partenkirchen
Achen 941
Kufstein
Kn. Wörgl
Dientener Sattel 1357
Radstadt
Liezen
Sölk 1790
Radstädter Tauernpaß 1340
Fernpaß 1210
Gerlos 1507
Paß Thurn 1274
Zell a. See
Hahntennjoch 1894
Innsbruck
Kn. Innsbruck
Felbertauern 5304 m
Tauern 6401 m
A
Katschberg 1641
Mur
Landeck
Kühtaisattel 2017
Brenner 1374
Tauernschleuse 8552 m
Großglockner Hochalpenstr. 2505
Katschberg 5439 m
Turracher Höhe 1783
Reschenpaß 1508
Jaufen (Mte. Giovo) 2094
Nockalm 2042
Lienz
Drau
Spittal
Oswaldiberg 4300 m
Kn. Villach
Timmelsjoch (P. di Rombo) 2474
Penser Joch 2211
Grödner Joch (Gardena) 2121
Valparola 2197
Tre Croci 1809
Plöcken 1360
Villach
Klagenfurt
Wurzen 1073
Loibl 1590 m
Meran/Merano
Sellajoch 2214
Cortina d'Ampezzo
Máuria 1298
Tarvísio
Karawanken 7800 m
Stilfser Joch (P. di Stélvio) 2757
Bozen/Bolzano
Pordoijoch 2239
Falzárego 2105
Gávia 2618
Válles 2032
SLO
Tonale 1883
Rolle 1970
Belluno
Trento
Manghen 2047
Údine
Ljubljana
Croce Domini 1982
Pordenone
Vittorio Véneto
Maniva 1662
Rovereto
Trieste
Koper
Adige/Etsch
Vicenza
Lago di Garda
Mestre
Verona
Venézia
Pádova
HR
Rijeka
Mincio
Chioggia
Poreč
Àdige
Oglio
Mantova
I
Po
Pula
Parma
Ferrara
Reno
Reggio n.E.
Modena
Secchia
BOLOGNA
Ravenna
Forlì
Rímini
Montone
Pesaro
San Marino
RSM
Mare Adriático
Lucca
FIRENZE
Pisa
Arno
Ancona
Brenner 1374
Pass mit Höhenangabe in Metern / Pass with height in meters
St.Gotthard 16300 m
Tunnel mit Längenangabe / Tunnel with length in meters
Bahnstrecke mit Autoverladung / Railway with car transport
Für Wohnanhänger gesperrt / Closed for caravans

D · **GB** · **F** · **NL** · **E** · **I** · **PL** · **CZ**

Zeichen-erklärung · Legend · Légende · Legenda · 1:215.000 · Signos convencionales · Segni convenzionali · Objaśnienia znaków · Vysvětlivky

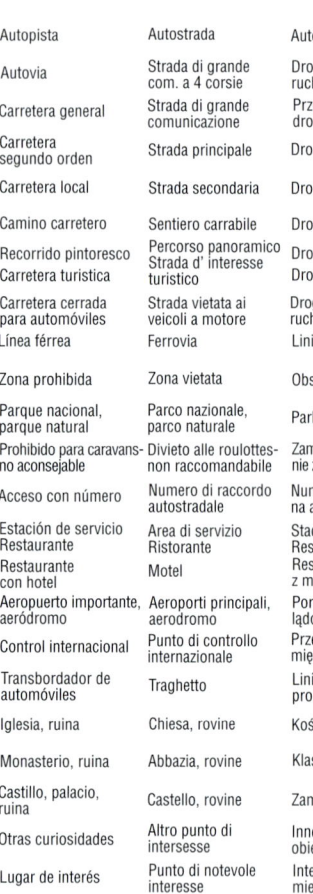

D	GB	F	NL	E	I	PL	CZ
Autobahn	Motorway	Autoroute	Autosnelweg	Autopista	Autostrada	Autostrady	Dálnice
4- oder mehrspurige Straße	Dual carriageway	Double chaussée	Hoofdroute, tweebaans	Autovia	Strada di grande com. a 4 corsie	Drogi szybkiego ruchu	Čtyřpruhová silnice
Fernstraße	Trunk road	Route principale	Hoofdroute	Carretera general	Strada di grande comunicazione	Przelotowe drogi główne	Dálková silnice
Hauptstraße	Main road	Route régionale	Regionale verbindingsweg	Carretera segundo orden	Strada principale	Drogi główne	Hlavní silnice
Nebenstraße	Secondary road	Route secondaire	Overige wegen	Carretera local	Strada secondaria	Drogi drugorzędne	Vedlejší silnice
Fahrweg	Carriageway	Chemin carrossable	Rijweg	Camino carretero	Sentiero carrabile	Droga bita	Zpevněná cesta
Landschaftlich schöne Strecke Touristische Straße	Scenic route Tourist route	Parcours pittoresque Route touristique	Landschappelijk mooie route Toeristische route	Recorrido pintoresco Carretera turistica	Percorso panoramico Strada d' interesse turistico	Drogi krajobrazowe Drogi turystyczne	Silnice vedoucí malebnou krajinou Turistická silnice
Straße für Kfz gesperrt	Road closed for motor vehicles	Route interdite aux véhicules à moteur	Gesloten voor motorvoertuigen	Carretera cerrada para automóviles	Strada vietata ai veicoli a motore	Droga zamknięta dla ruchu samochodowego	Silnice uzavřená pro motorová vozidla
Eisenbahn	Railway	Chemin de fer	Spoorweg	Línea férrea	Ferrovia	Linie kolejowe	Železnice
Sperrgebiet	Restricted area	Zone interdite	Verboden gebied	Zona prohibida	Zona vietata	Obszary zamknięte	Zakázaný prostor
National- und Naturpark	National and nature park	Parc national, parc naturel	Nationaal park, natuurpark	Parque nacional, parque natural	Parco nazionale, parco naturale	Parki narodowe	Národní a přírodní park
Für Wohnwagen gesperrt -nicht empfehlenswert	Closed for caravans- not suitable	Interdit aux camping cars - non recommandé	Verboden voor caravans- niet geschikt	Prohibido para caravans- no aconsejable	Divieto alle roulottes- non raccomandabile	Zamknięte dla przyczep- nie zalecane	Zakázáno pro karavany- nedoporučuje se
Autobahnanschluss-nummer	Motorway junction number	Numéros d'échangeurs	Afrit met nummer	Acceso con número	Numero di raccordo autostradale	Numery rozjazdów na autostradach	Číslo dálničního vjezdu
Autobahntankstelle Autobahnrasthaus	Filling station Restaurant	Station-service Restaurant	Tankstation, restaurant	Estación de servicio Restaurante	Area di servizio Ristorante	Stacje paliw Restauracje	Dálniční čerpací stanice Dálniční restaurace
Autobahnrasthaus mit Motel	Restaurant with motel	Hôtel	Restaurant met motel	Restaurante con hotel	Motel	Restauracje z motelem	Dálniční restaurace s motelem
Wichtiger Flughafen, Flugplatz	Important Airport, airfield	Aéroport important, aérodrome	Belangrijke luchthaven, vliegveld	Aeropuerto importante, aeródromo	Aeroporti principali, aerodromo	Porty lotnicze, lądowiska	Důležité letiště, sportovní letiště
Internationale Grenzkontrollstelle	International check-point	Point de contrôle international	Internationaal grenspost	Control internacional	Punto di controllo internazionale	Przejście graniczne międzynarodowe	Hraniční přechod
Autofähre	Ferry	Bac autos	Veerdienst	Transbordador de automóviles	Traghetto	Linie żeglugi promowej	Trajekt
Kirche, Kirchenruine	Church, ruin	Église, ruines	Kerk, ruïne	Iglesia, ruina	Chiesa, rovine	Kościoły, ruiny	Kostel, zříceniny kostela
Kloster, Klosterruine	Monastery, ruin	Monastère, ruines	Klooster, ruïne	Monasterio, ruina	Abbazia, rovine	Klasztory, ruiny	Klášter, zříceniny kláštera
Burg, Schloß, Ruine	Castle, ruin	Fort, château, ruines	Kasteel, ruïne	Castillo, palacio, ruina	Castello, rovine	Zamki, pałace, ruiny	Hrad, zámek, zříceniny
Sonstige Sehenswürdigkeit	Other point of interest	Autres curiosités	Overige bezienswaardigheden	Otras curiosidades	Altro punto di intersesse	Inne interesujące obiekty	Jiná zajímavost
Sehenswerter Ort	Place of interest	Curiosités	Bezienswaardig COLMAR	Lugar de interés	Punto di notevole interesse	Interesujące miejscowości	Zajímavá obec

Stadtplan · City map · Plan de ville · Plattegrond · 1:15.000 · Plano de la ciudad · Pianta della città · Plan miasta · Plán města

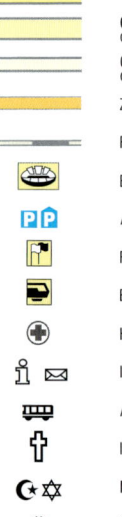

D	GB	F	NL	E	I	PL	CZ
Autobahn	Motorway	Autoroute	Autosnelweg	Autopista	Autostrada	Autostrady	Dálnice
Wichtige Hauptstraße	Important main road	Route principale importante	Belangrijke verbindingsweg	Carretera primer orden	Strada principale di particolare importanza	Ważniejsze drogi główne	Důležitá hlavní silnice
Hauptstraße	Main road	Route régionale	Regionale verbindingsweg	Carretera segundo orden	Strada principale	Drogi główne	Hlavní silnice
Fußgängerzone	Pedestrian zone	Zone piétonne	Voetgangerzone	Zone peatonal	Zona pedonale	Strefa ruchu pieszego	Pěší zóna
Bahnlinie	Railway	Ligne de tramway	Spoorweg	Ferrocarril	Ferrovia	Linie kolejowe	Železnicní trať
Stadion	Stadium	Stade	Stadion	Estadio	Stadio	Stadiony	Stadion
Parkplatz, Parkhaus	Parking, parking garage	Parking	Parkeerplaats	Aparcamiento	Parcheggio, autosilo	Parkingi, parkingi wielokondygnacyjne	Parkoviště, parkovací budova
Messe	Trade fair	Palais des expositions	Beurs	Feria	Fiera	Targi	Veletrh
Hauptbahnhof	Central station	Gare centrale	Centraal station	Estación central	Stazione centrale	Dworzec główny	Hlavní nádraží
Krankenhaus	Hospital	Hôpital	Ziekenhuis	Hospital	Ospedale	Szpitale	Nemocnice
Information, Post	Information, post office	Information, Bureau de poste	Informatie, Postkantoor	Información, Correos	Informazioni, Ufficio postale	Informacja, Poczty	Informace, Pošta
Busbahnhof	Bus station	Gare routière	Busstation	Autobús	Stazione degli autobus	Dworce autobusowe	Autobusové nádraží
Kirche	Church	Église	Kerk	Iglesia	Chiesa	Kościoły	Kostel
Moschee, Synagoge	Mosque, synagogue	Mosquèe, synagogue	Moskee, synagoge	Mezquita, sinagoga	Moschea, sinagoga	Meczety, synagogi	Mešita, synagoga
Theater	Theatre	Théâtre	Theater	Teatro	Teatro	Teatry	Divadlo
Museum, Bibliothek	Museum, library	Musée, bibliothèque	Museum, bibliotheek	Museo, biblioteca	Museo, biblioteca	Muzea, biblioteki	Muzeum, knihovna

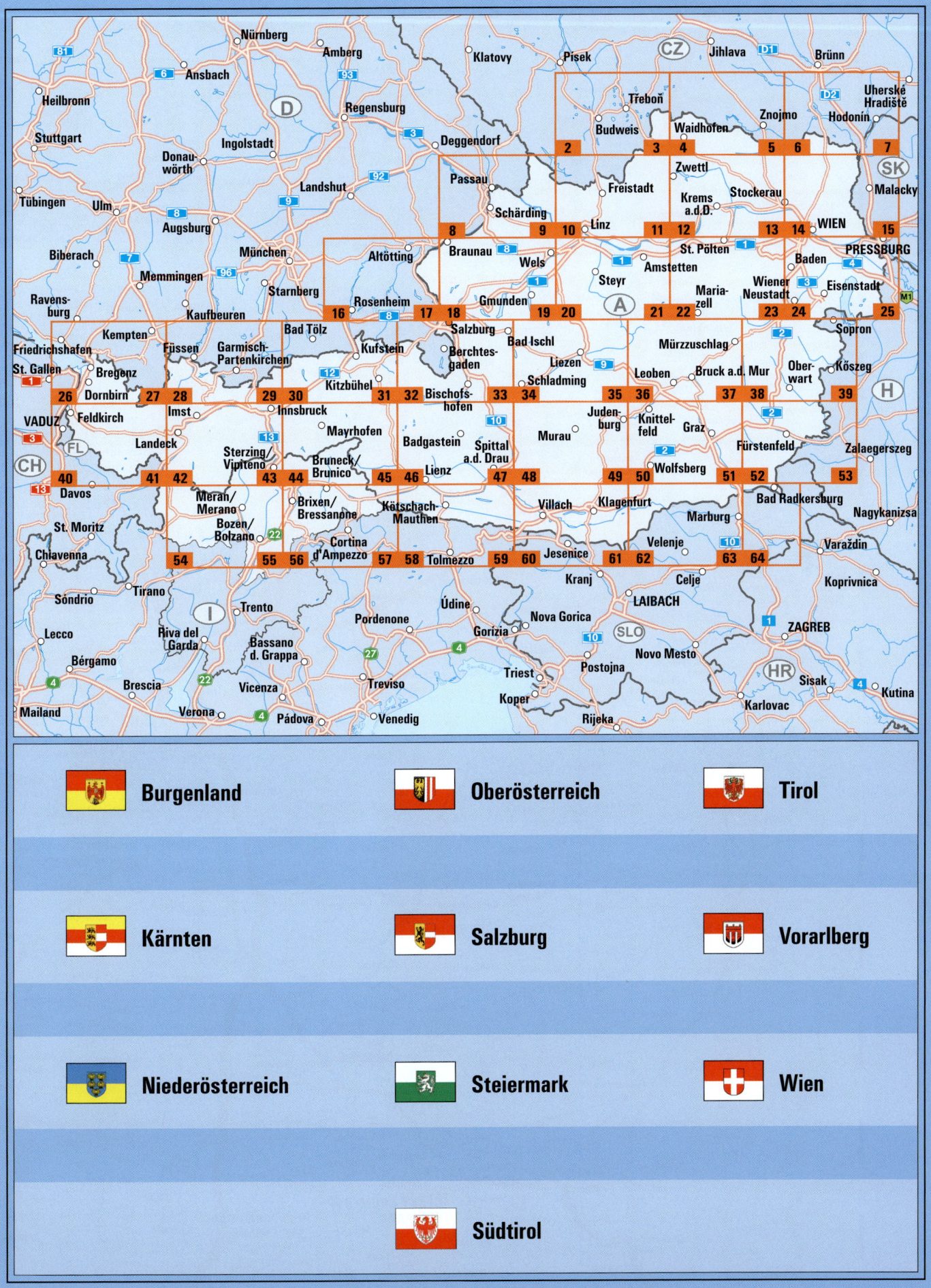

Burgenland

Oberösterreich

Tirol

Kärnten

Salzburg

Vorarlberg

Niederösterreich

Steiermark

Wien

Südtirol

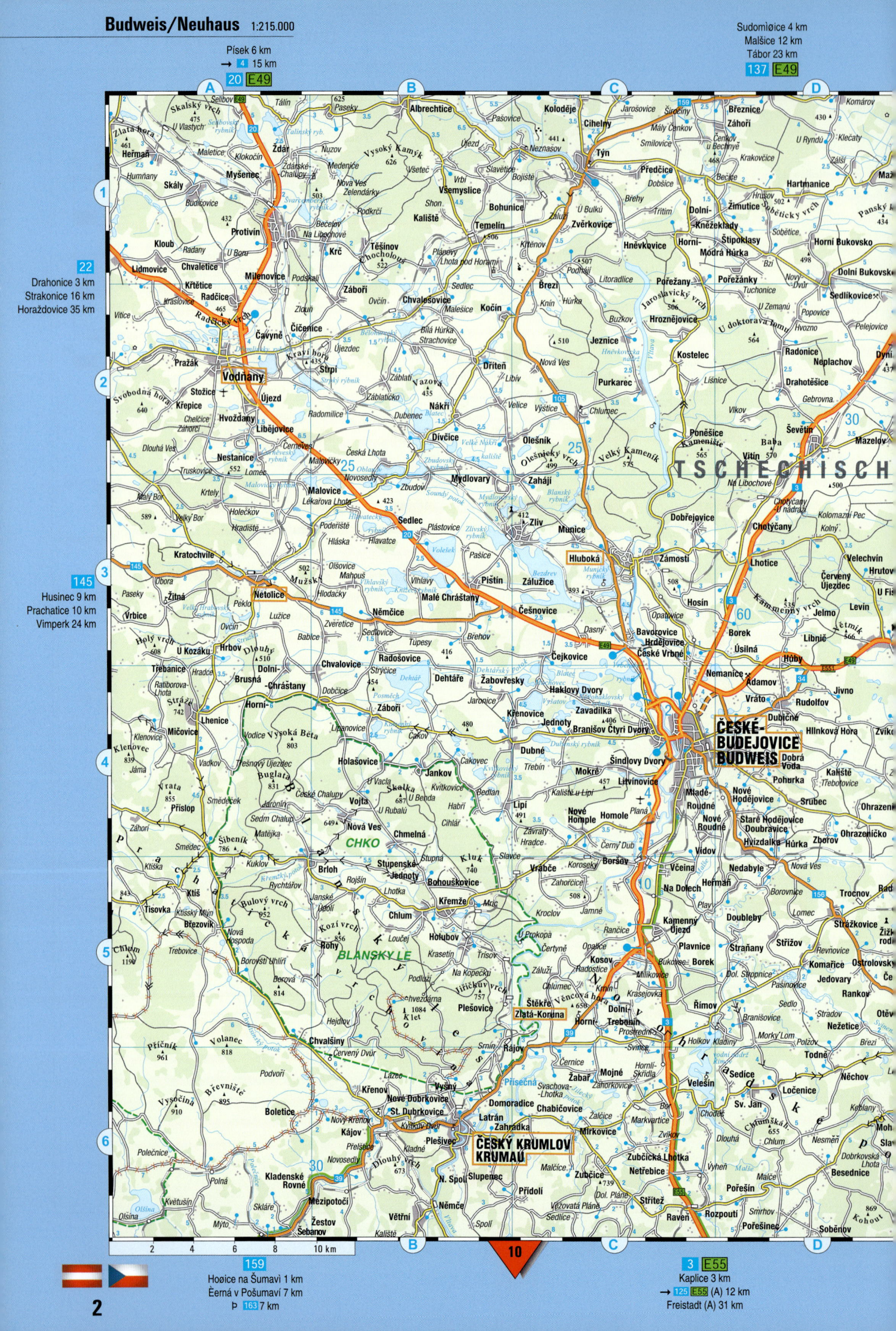

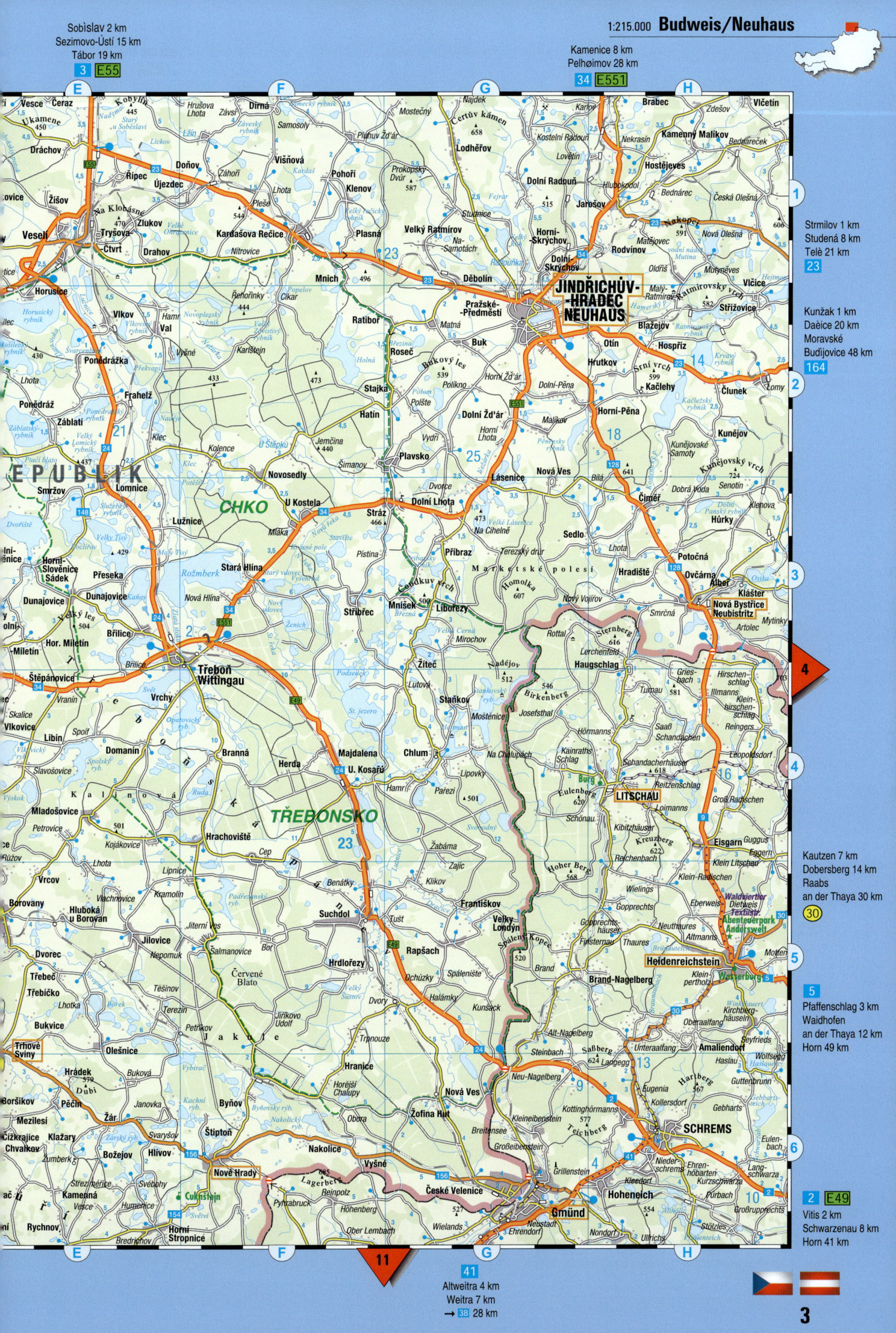

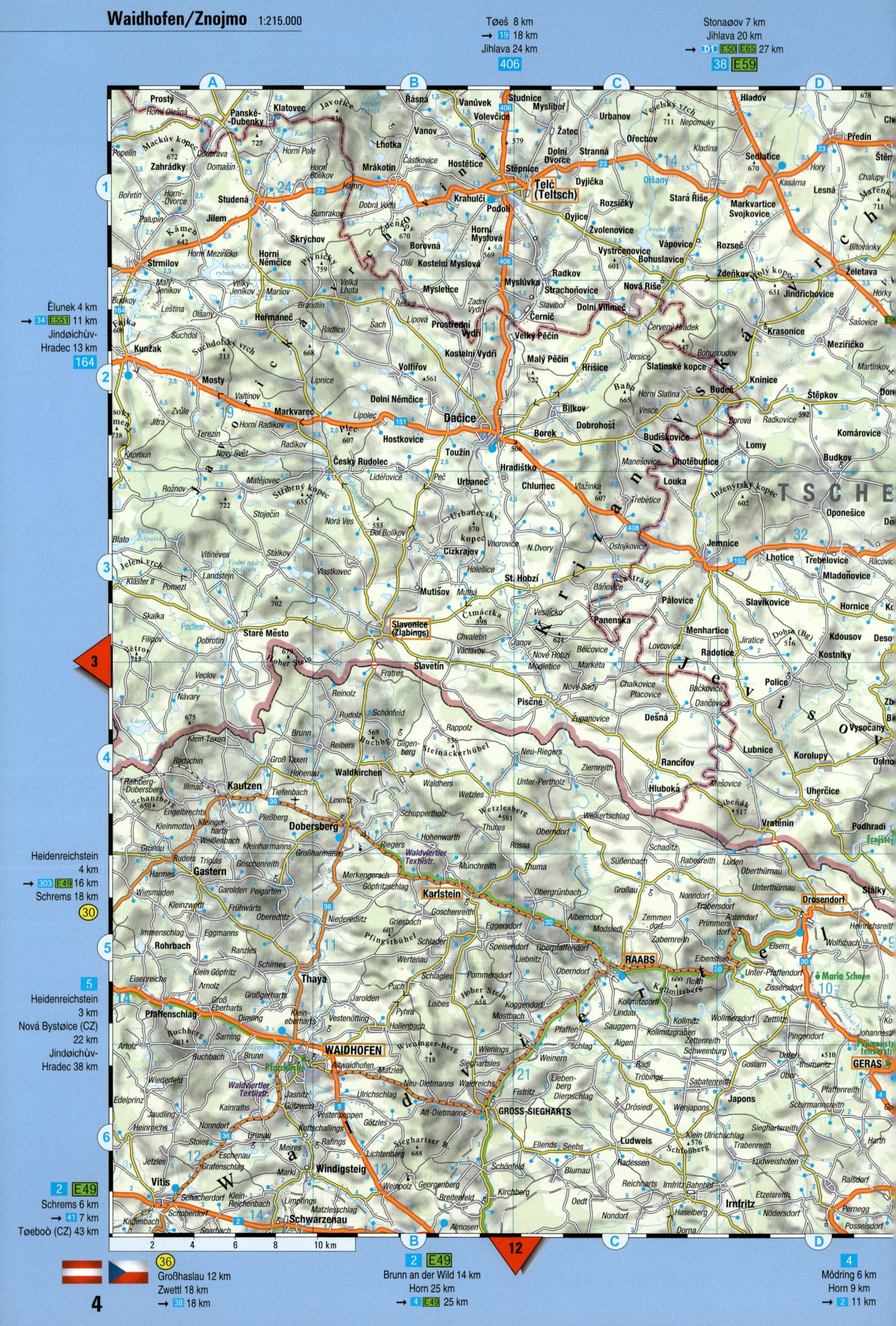

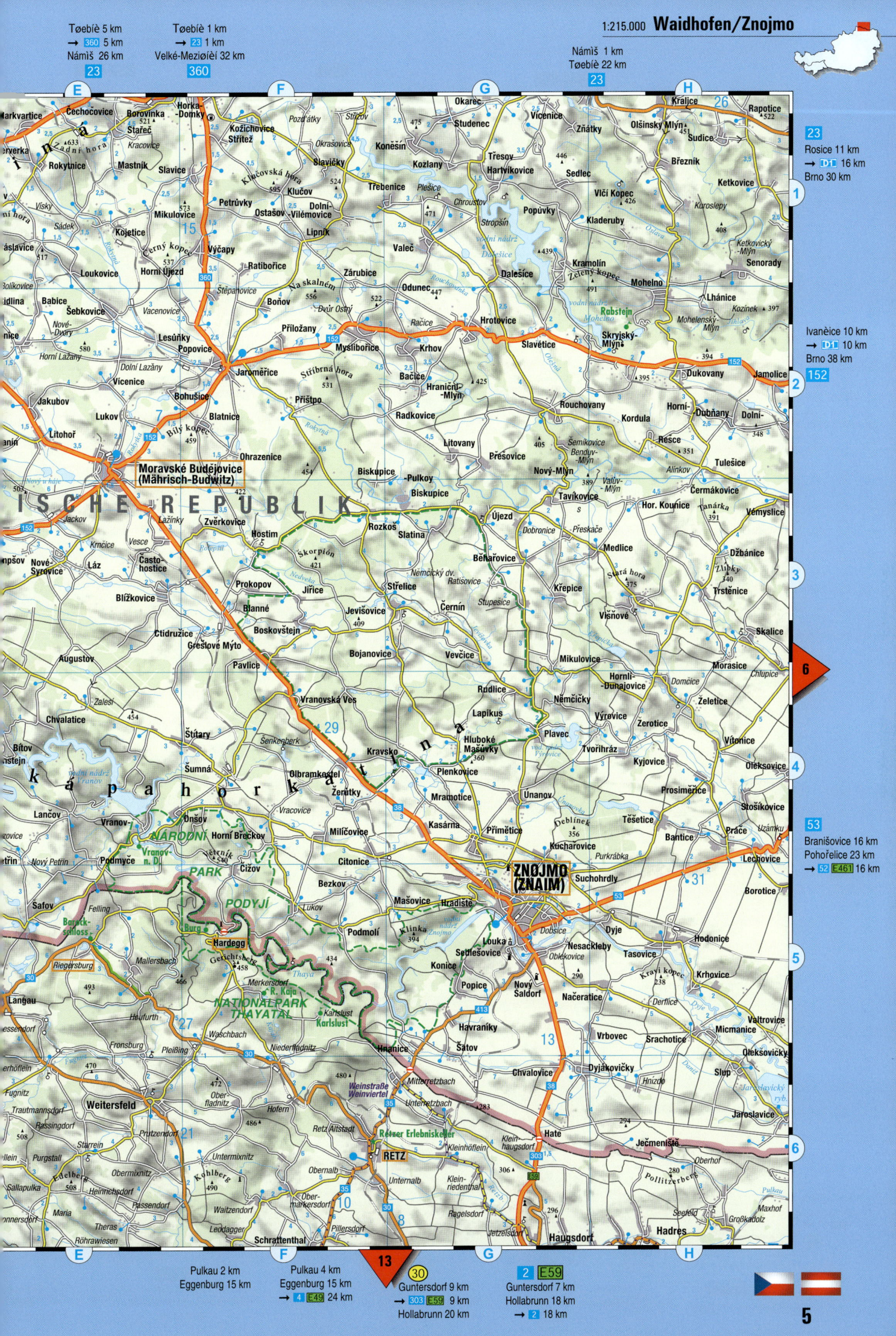

Tøebíè 5 km → 360 5 km
Námìš 26 km 23

Tøebíè 1 km → 23 1 km
Velké-Meziøíèí 32 km 360

Námìš 1 km
Tøebíè 22 km 23

23
Rosice 11 km
→ D1 16 km
Brno 30 km 1

152
Ivanèice 10 km
→ D1 10 km
Brno 38 km 2

53
Branišovice 16 km
Pohoøelice 23 km
→ 52 E461 16 km

Pulkau 2 km
Eggenburg 15 km

Pulkau 4 km
Eggenburg 15 km
→ 4 E49 24 km

30
Guntersdorf 9 km
→ 303 E59 9 km
Hollabrunn 20 km

2 E59
Guntersdorf 7 km
Hollabrunn 18 km
→ 2 18 km

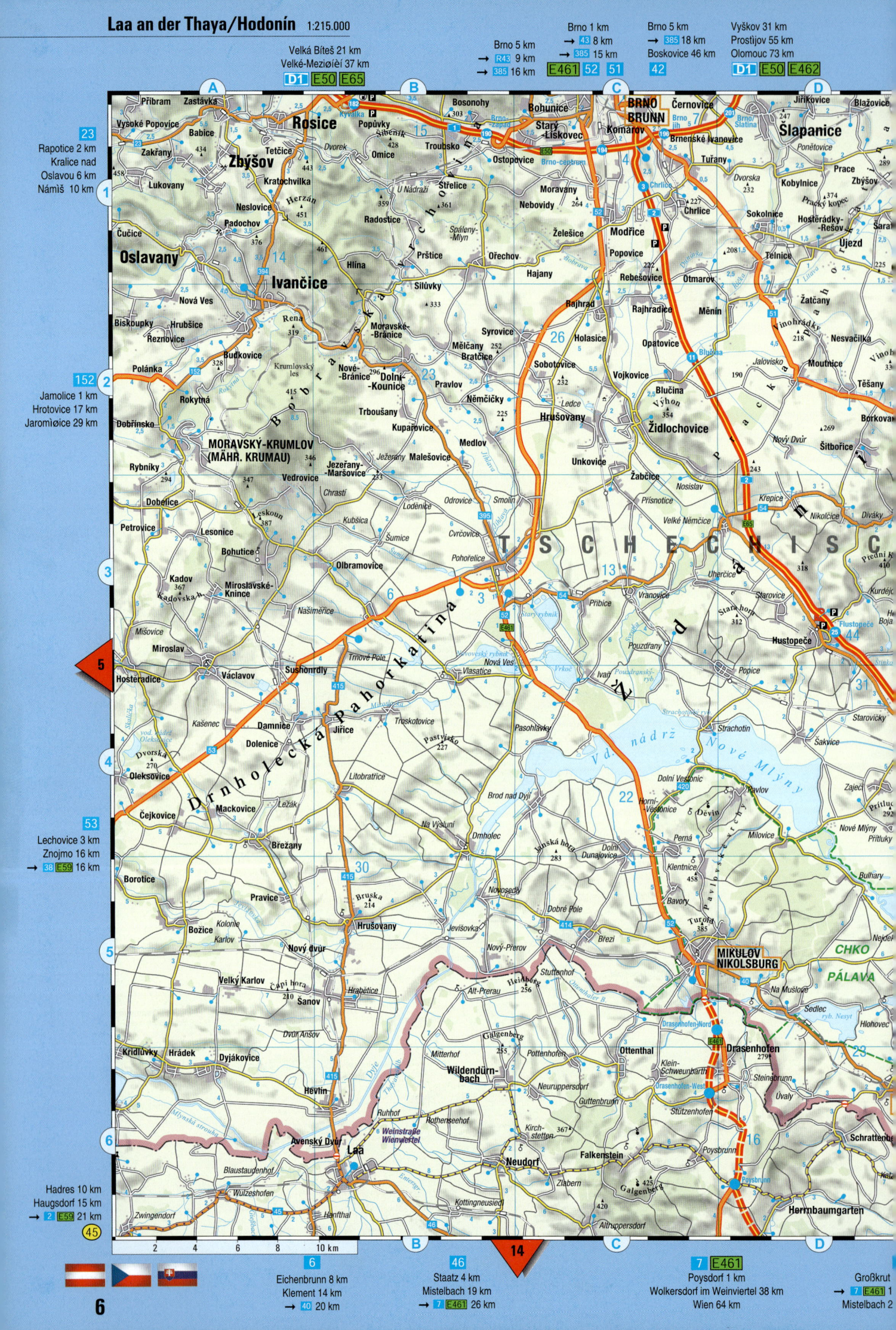

elešovice-Holubice 3 km
→ D1 E50 E462 3 km
rno 20 km
50 E50

Kromìøíž 26 km
Holešov 41 km

E ┄ **F** ┄ 432 ┄ **G** ┄ **H**

SLAKOV AUSTERLITZ Vinohrad 336 Bučovice Černčin Milonice Dobročkovice
Marefy Vicemilice Nesovice Brankovice Malinky 355 Kožušice Zástřizly
Hodějice Křižanovice Rašovice Mourínov Nevojice Leto'ov Snovídky Žaroušky Stříky Hrad 551 St Huté Stupava Kominek
Nižkovice-Heršpice Heršpice 282 Nebštich 377 Nemotice Blišice Liskovec Skelná Huť Holý kop. Buchlov Buchlovice
54 Nižkovice Nové hory 414 Mouchnice 330 Korýčany Cimburk Ocásek 553 Svatý Kliment Trnávky
Kobeřice Ó Ž D Á N I C K Á v r c h o v i n a 23 Jestřabice 432 Certova skála Vranovy žieby

Milešovice 35 Nové hory 414 Ždánice Lovčice Lenivá hora 462 Zavadilka Josefínský-Dvůr Osvětimany Paséky
Lovčičky 374 Zdrava Voda Nechvalin Bohuslavice 378 Čeložnice 303 Labuty Medlovice Stříbrnice Tučapy
Bošovice Uhřice Žarošice Archlebov Bukovany Kostelec Moravany Hostějov Ujezdec Vážany Polešovice
Velké-Hosteřádky Dambořice Drazůvky 261 Ostrovánky Věteřov Borsov Nětčice Hýsly Ježov Skalka Žeravice Syrovio Orechov
Čáškovec 319 Bohumilice Lipiny Želetice Babí lom 417 Sobůlky KYJOV Žádovice Kelčany Těmice Domanin
Násedlovice 281 Strážovice Stavěšice Vikoš 13 310 Horni hory 292 U Nádraží

Kašnice 44 Nenkovice Krumvír Šardice Svatobořice-Mistřín Skoronice Vracov Bzenec 215
Klobouky u Bma Terezín Karlín Milotice Milotická rb. 219
Morkůvky Brumovice Hovorany Náklo 265 432 Vacenovice Ratiškovice
Ostrůvek Kobylí Horní Hut Doubrava
Němčíky 355 Vrbice Višicko 266 Janohněvice Dubňany Strážnice
Bořetice Mutěnice Zbrod Pánov 17 Petrov Sudoměřice Žerotin 322
Velké Pavlovice Čejkovice 15 HODONÍN GÖDING Rohatec Stare hory 265
Zímarky 262 Starý- Dolni Bojanovice Lužice Kátov Vratna 202 396
Trkmanský Dvír Poddvorov Nový Nechory Josefov 423 Nesytí Tésice Vrádiste 316 SKALICA Veteník Mokrý Haj Turecký stol 422
Podivín 41 Moravský Žižkov Prechov Prušánky 19 Mikulčice HOLÍČ Prietržka Turecký stol
Lednický Zámek Ladná Moranská-Nová Ves Trnovec Popudinské 26 Kotly 308 Kovalovec
Lednice Siroký Dvůr Hrušky Tynec Kopčany Dubovce Vidovany Radošovce Chropov
BŘECLAV LUNDENBURG Hrušky u Nádraží Tvrdonice Cunín Brestí 255 Radimov Lopasov
Kostice Adamov Gbely Petrova Ves Unin Smrdáky Štefanov Kováľov
Postorná Pohansko Lanzhot Farské Letnice Repniská 259 Barbaiky 305 262 Dojč Myjava
Beří Dvůr Reintal Brodské Smolinské Vinohrady SLOWAKISCHE REPUBLIK Kováľovský p. Šajdíkove Humence

Bernhardsthal 18

E ┄ **F** ┄ 15 ┄ **G** ┄ **H**

50 E50
Uherské Hradiště 3 km
Uherský Brod 23 km
Trenčín (SK) 66 km

54
Veselí nad Moravou 3 km
→ 55 3 km
Slavkov 21 km

55
Vnorovy 3 km
Veselí nad Moravou 7 km
Uherské Hradiště 23 km

51
Senica 9 km
Trnava 49 km
Bratislava 97 km

500
Senica 2 km
Trnava 42 km
Bratislava 90 km

49
Rabensburg 3 km
Hohenau 9 km
Dürnkrut 28 km

D2 E65
Kúty 5 km
Malacky 28 km
Bratislava 64 km

2
Kúty 1 km
→ 500 1 km
Malacky 27 km

500
Kúty 16 km
→ D2 E65 19 km
Malacky 46 km

7

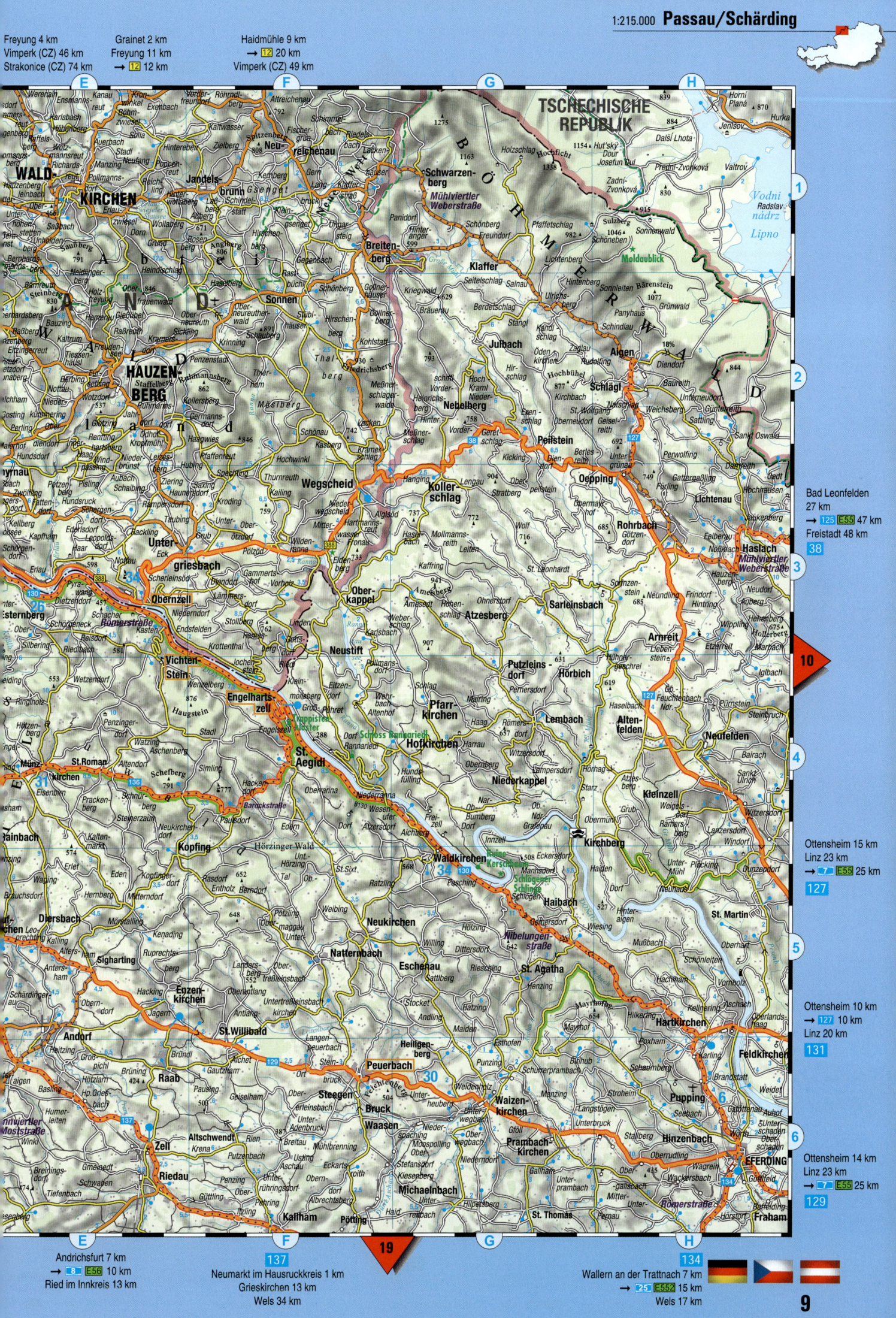

Freyung 4 km
Vimperk (CZ) 46 km
Strakonice (CZ) 74 km

Grainet 2 km
Freyung 11 km
→ 12 12 km

Haidmühle 9 km
→ 12 20 km
Vimperk (CZ) 49 km

TSCHECHISCHE
REPUBLIK

Bad Leonfelden
27 km
→ 125 E55 47 km
Freistadt 48 km

Ottensheim 15 km
Linz 23 km
→ 127 E55 25 km

Ottensheim 10 km
→ 127 10 km
Linz 20 km
131

Ottensheim 14 km
Linz 23 km
→ E55 25 km
129

Andrichsfurt 7 km
→ E56 10 km
Ried im Innkreis 13 km

137
Neumarkt im Hausruckkreis 1 km
Grieskirchen 13 km
Wels 34 km

19

134
Wallern an der Trattnach 7 km
→ E552 15 km
Wels 17 km

9

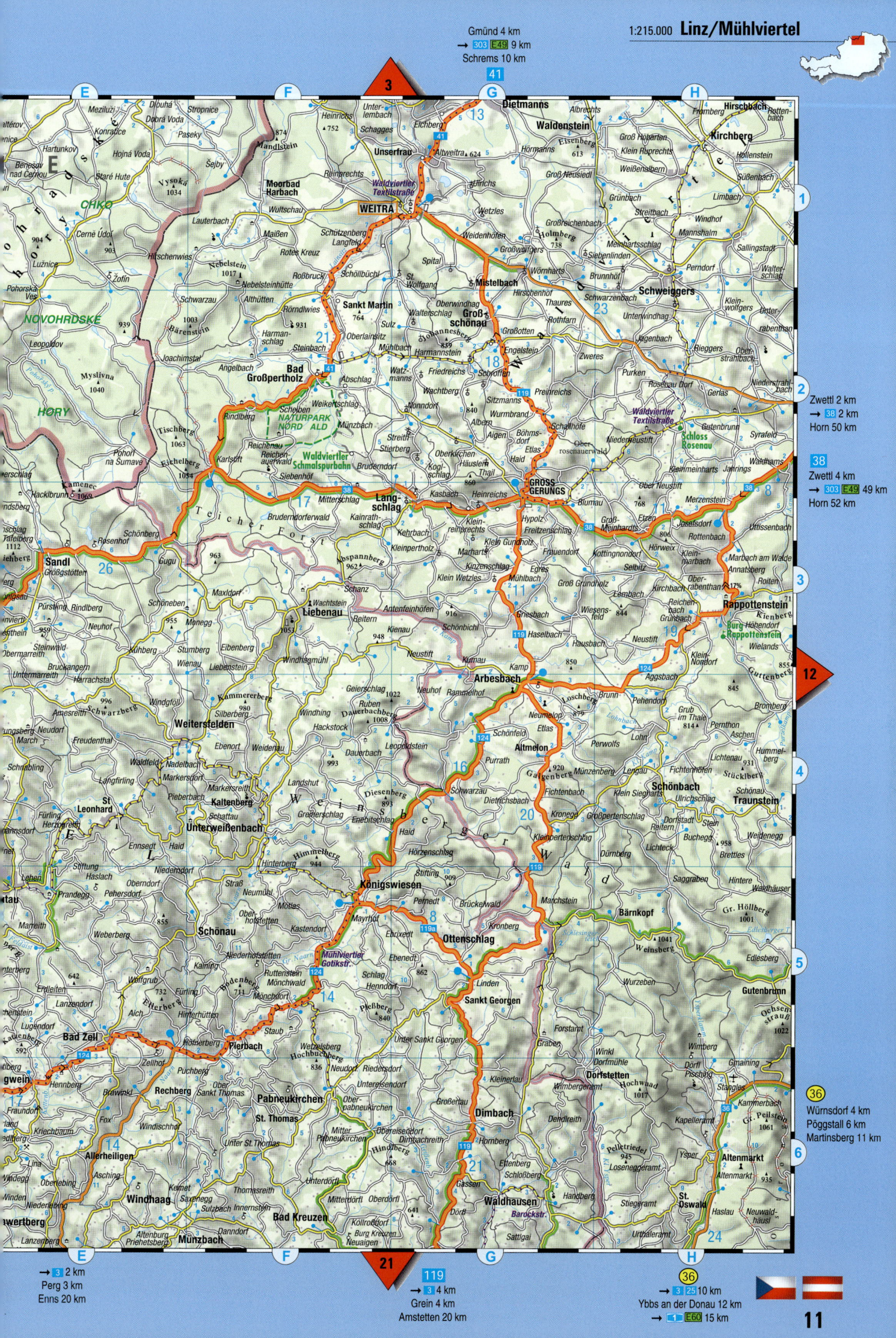

Zwettl 2 km
→ 38 2 km
Horn 50 km

38
Zwettl 4 km
→ 303 E49 49 km
Horn 52 km

12

36
Würnsdorf 4 km
Pöggstall 6 km
Martinsberg 11 km

→ 3 2 km
Perg 3 km
Enns 20 km

21

119
→ 3 4 km
Grein 4 km
Amstetten 20 km

36
→ 3 25 10 km
Ybbs an der Donau 12 km
→ E60 15 km

11

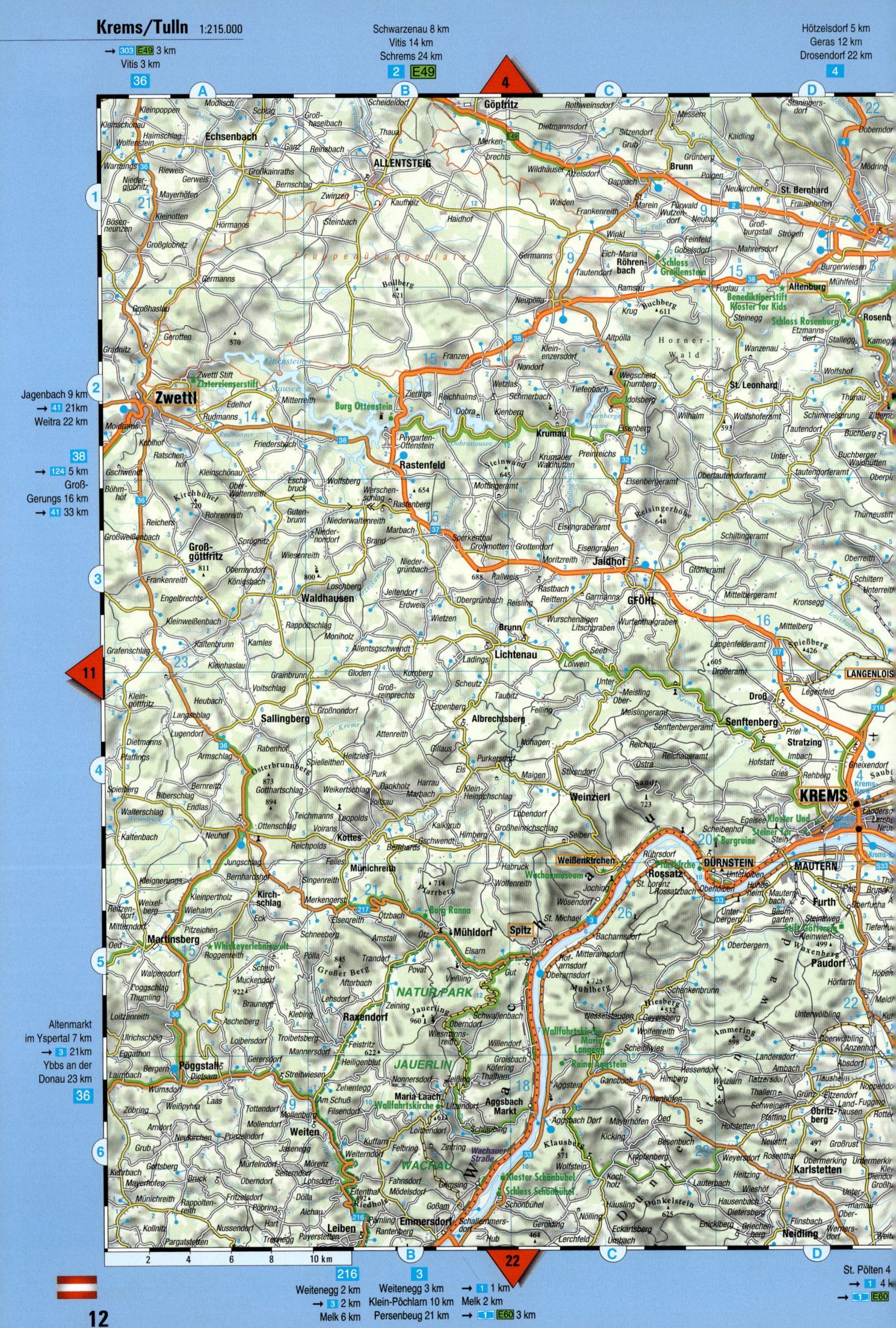

13

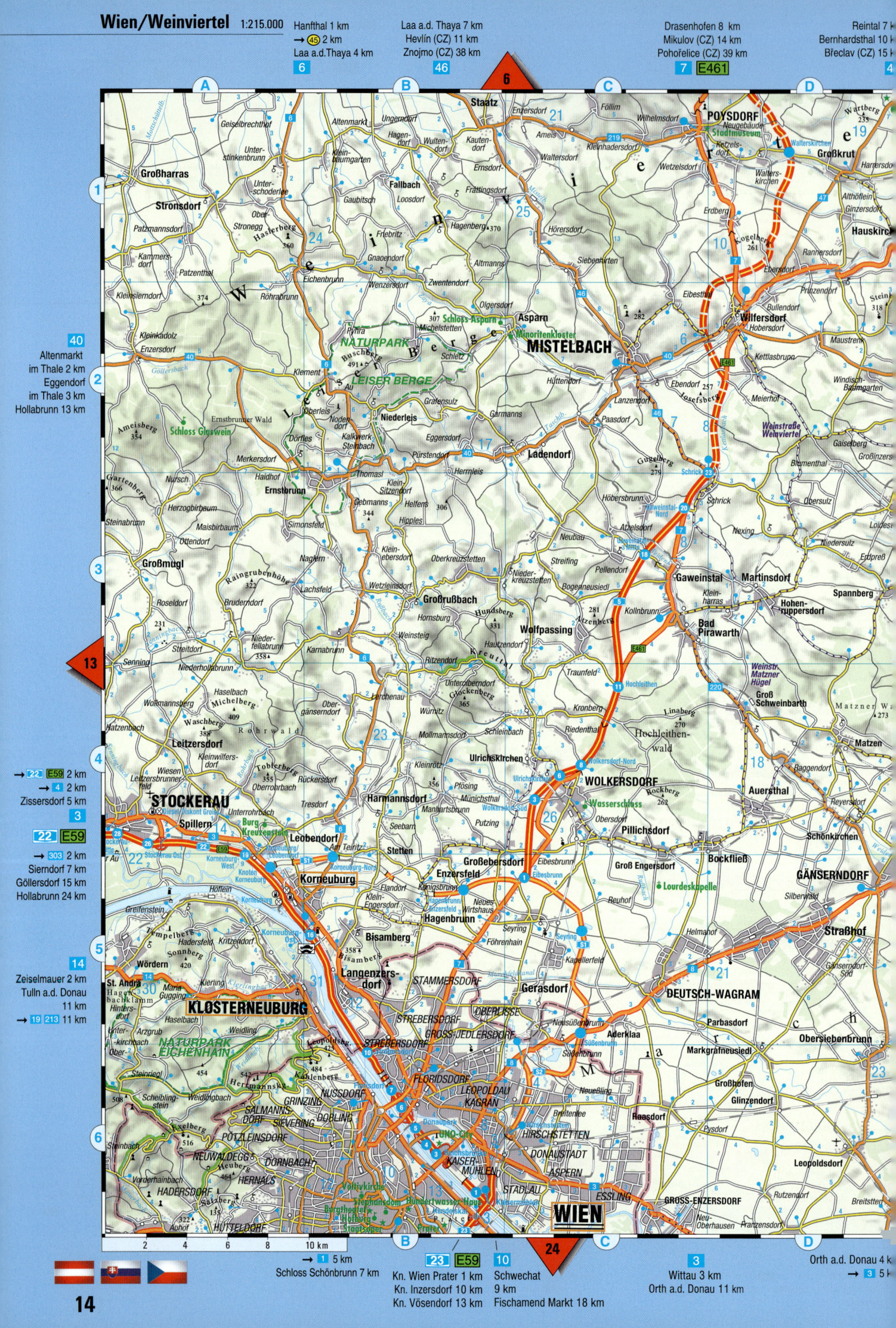

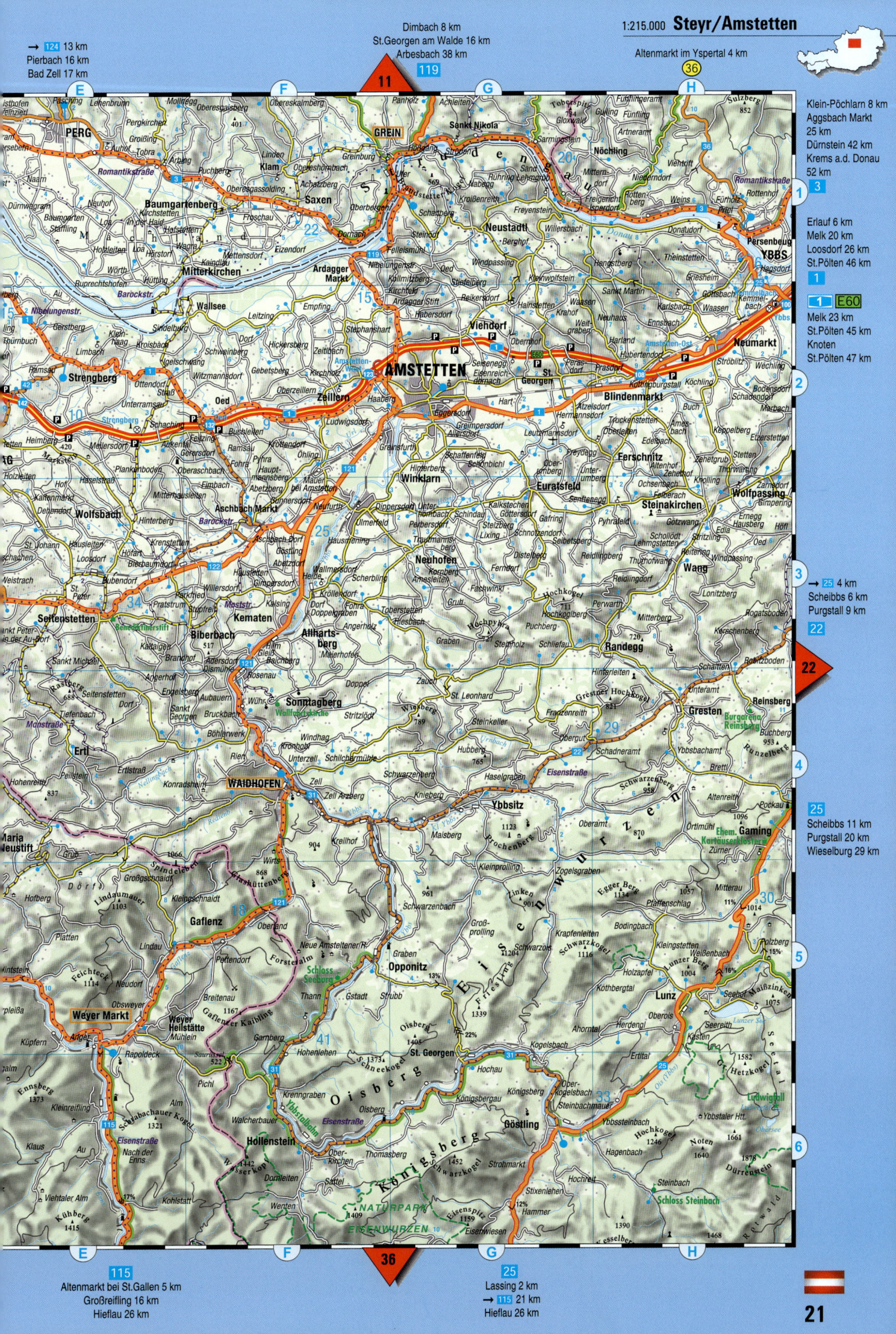

Dimbach 8 km
St.Georgen am Walde 16 km
Arbesbach 38 km

11   119

Altenmarkt im Yspertal 4 km
36

→ 124 13 km
Pierbach 16 km
Bad Zell 17 km

Klein-Pöchlarn 8 km
Aggsbach Markt
25 km
Dürnstein 42 km
Krems a.d. Donau
52 km

Erlauf 6 km
Melk 20 km
Loosdorf 26 km
St.Pölten 46 km

E60
Melk 23 km
St.Pölten 45 km
Knoten
St.Pölten 47 km

→ 25 4 km
Scheibbs 6 km
Purgstall 9 km

25
Scheibbs 11 km
Purgstall 20 km
Wieselburg 29 km

115
Altenmarkt bei St.Gallen 5 km
Großreifling 16 km
Hieflau 26 km

25
Lassing 2 km
→ 115 21 km
Hieflau 26 km

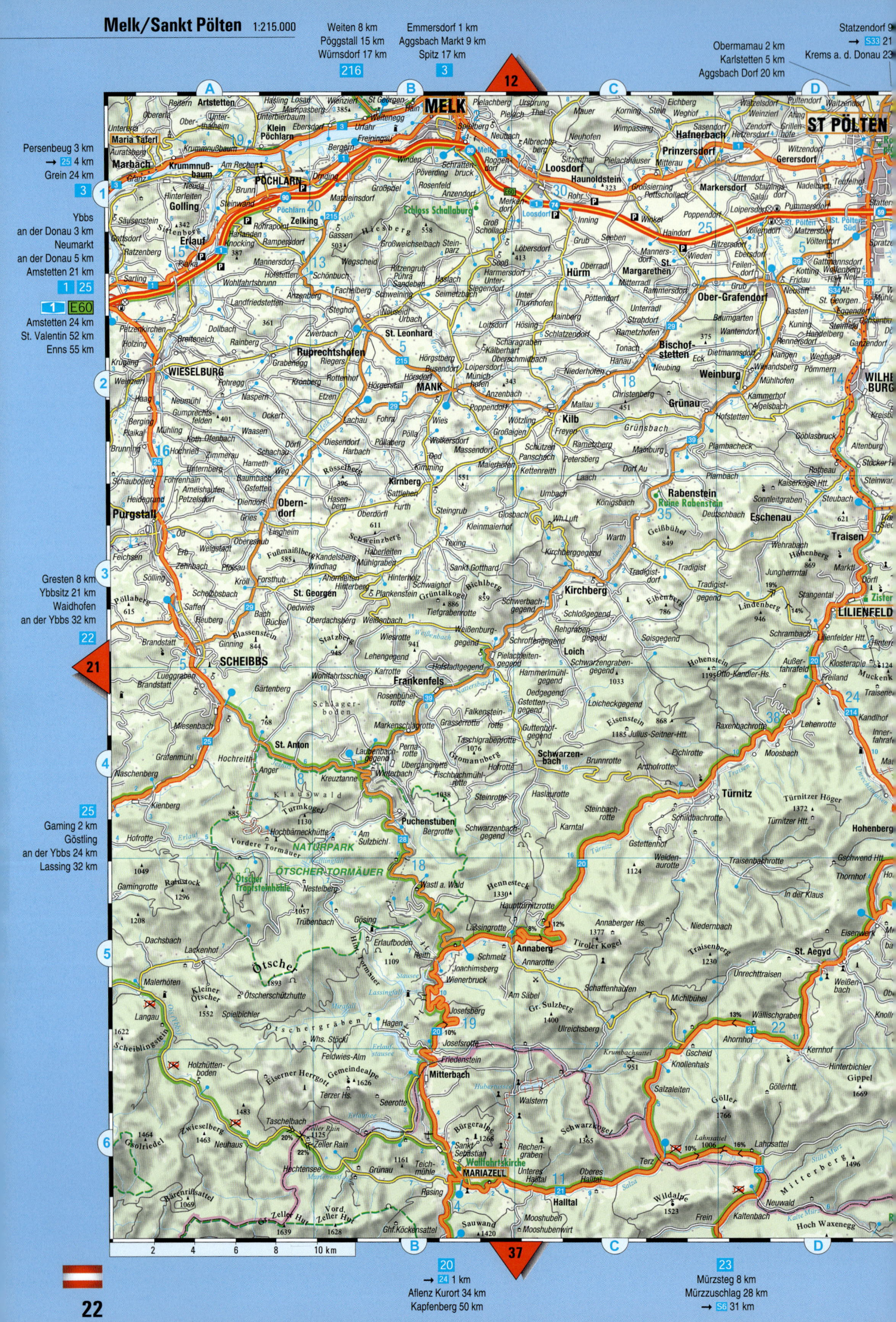

Pottenbrunn 3 km
Kapelln 8 km
Mitterndorf 21km
Herzogenburg 7 km
Krems an der Donau 30 km

→ 1 7 km
Judenau 11 km
Tulln 18 km

Purkersdorf 1 km
Wien 14 km

1   S33   13   19

→ 1 6 km
→ 2 E59 17 km
Wien 19 km
1

13
Breitenfurt-Ost 3 km
Perchtoldsdorf 9 km
→ E60 11 km

Knoten Vösendorf
14 km
Knoten Inzersdorf
18 km
Knoten Wien-
Prater km
21 E60

11
Gaaden 2 km
Mödling 11 km
Wiener Neudorf
14 km

210
Baden 6 km
Oberwalters-
dorf 13 km

24

18
Hirtenberg 2 km
→ E59 5 km
Leobersdorf 6 km

Wöllersdorf 1 km
→ E59 3 km
Wiener Neustadt
12 km
21

→ E59 3 km
Wiener Neustadt
7 km
→ 17 54 7 km
26

→ E59 6 km
Wiener Neustadt
10 km
Felixdorf 19 km
17

Knoten Wiener
Neustadt 11 km
Baden 36 km
Knoten Guntrams-
dorf 42 km
2 E59

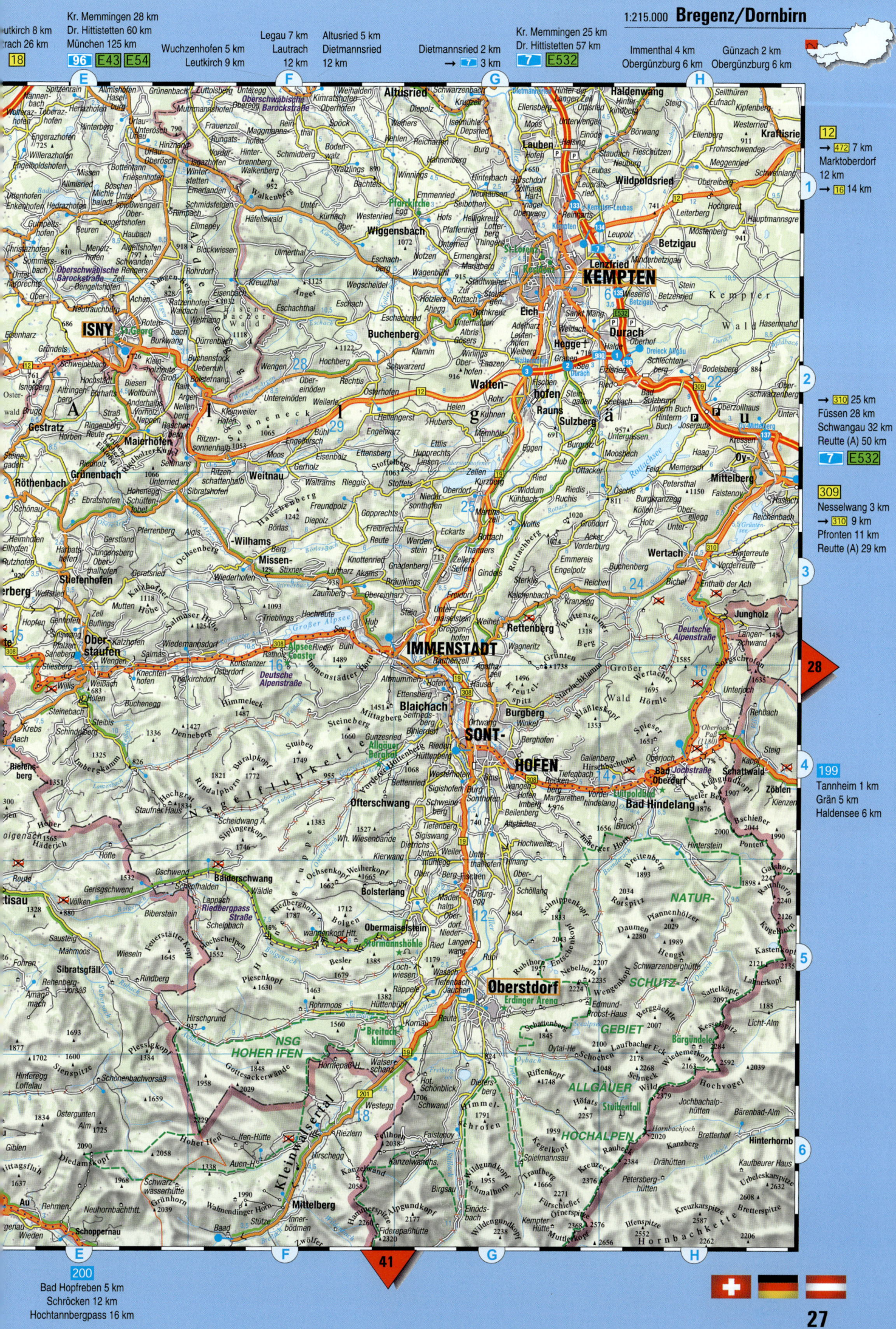

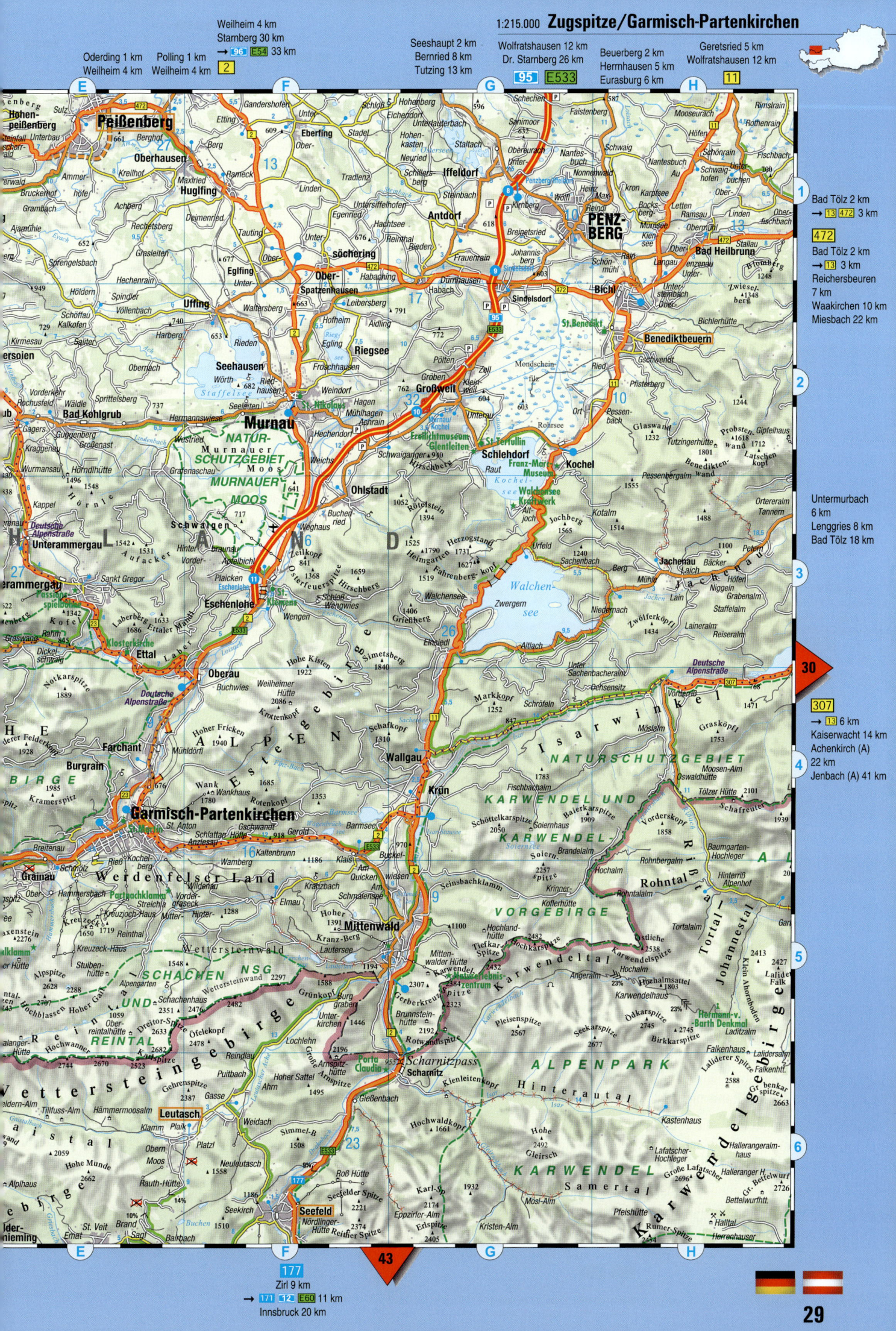

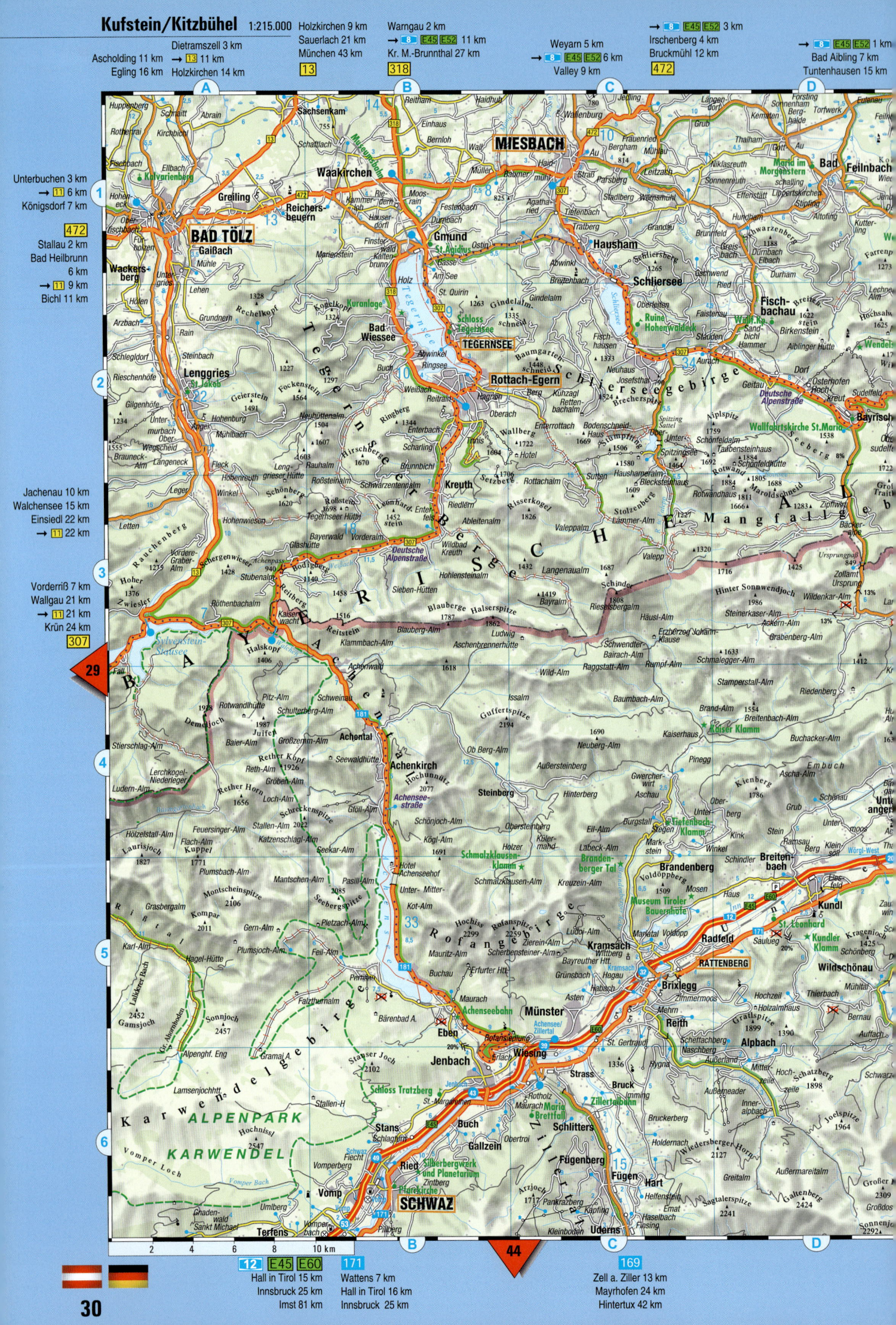

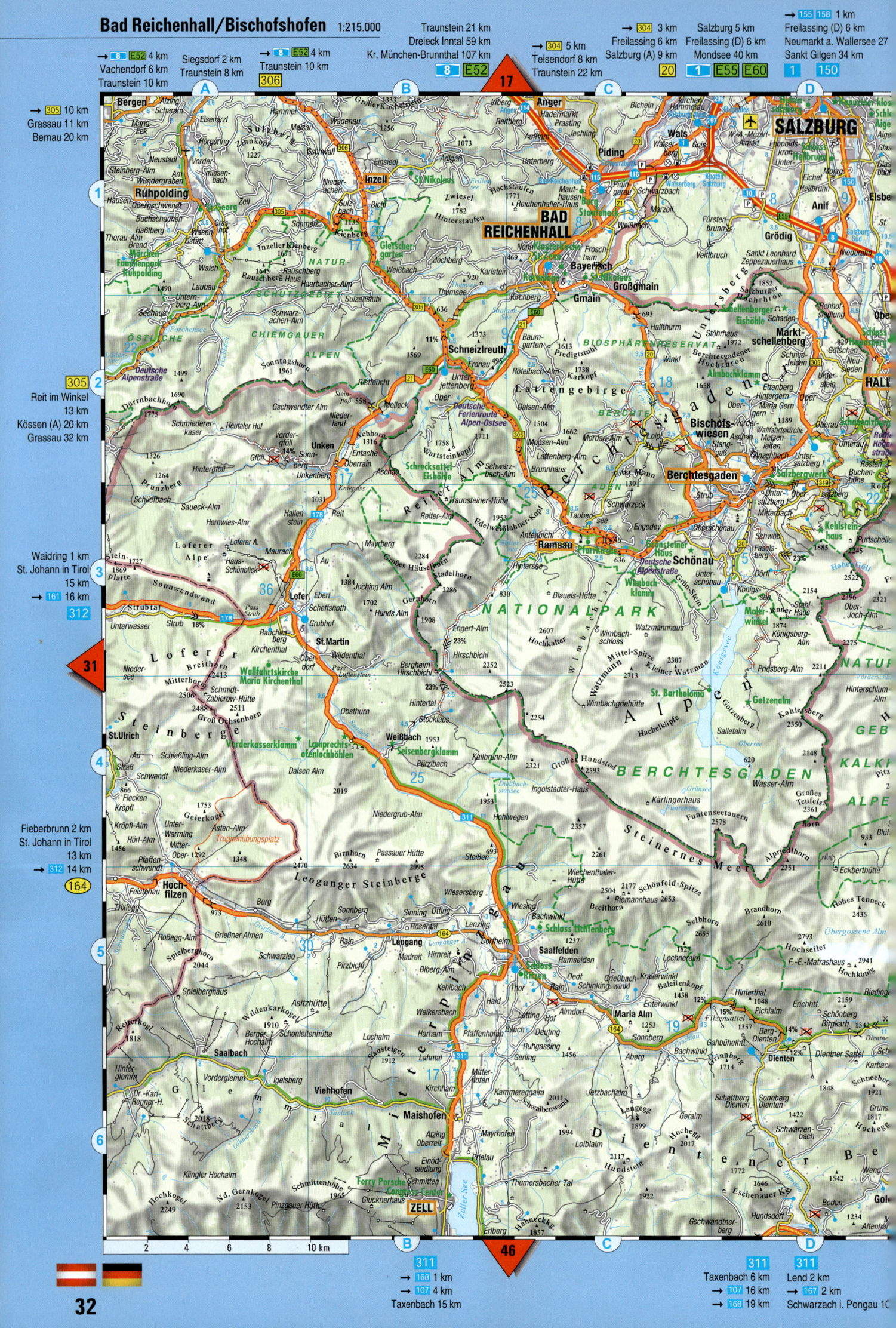

Kleinreifling 6 km
→ 121 9 km

115
Großreifling 3 km
→ 25 8 km
Hieflau 13 km
Eisenerz 30 km
Trofaiach 52 km
Leoben 59 km

146
→ 115 4 km
Hieflau 4 km
Eisenerz 20 km

Mautern
in Steiermark 11 km
Knoten
St. Michael 28 km
Gleinalm-
tunnel 36 km

9 E57
113
Kalwang 6 km
Mautern
in Steiermark 13 km
Liesingtal 30 km

114
Pöls 10 km
→ 96 15 km
Judenburg 20 km

Göstling an der Ybbs 6 km
Gaming 28 km
Scheibbs 41 km

NATURPARK

Göstlinger Alpen

STEIRISCHE EISENWURZEN

Lassing

Palfau

Gams

Hieflau

EISENERZ

Wildalpen

Radmer a. d. S.

Radmer a. d. H.

Schloss Greifenberg

Schaubergwerk

Vordernberg

H o c h s c h w a b

Tragöß-Oberort

Etmißl

St. Kathrein

TROFAIACH

Kalwang

Mautern

KAMMERN

Kraubath

Traboch

St. Michael

St. Stefan

LEOBEN

Niklasdorf

Seckau

Feistritz

S e c k a u e r   A l p e n

E i s e n e r z e r   A l p e n

115
Altenmarkt bei St. Gallen 7 km
121 21 km
Weyer Markt 23 km

146
Admont 20 km
9 E57 34 km
Liezen 40 km

Trieben 17 km
Rottenmann 30 km
Windischgarsten 55 km
9 E57

113
Wald 1 km
Trieben 17 km
Rottenmann 28 km

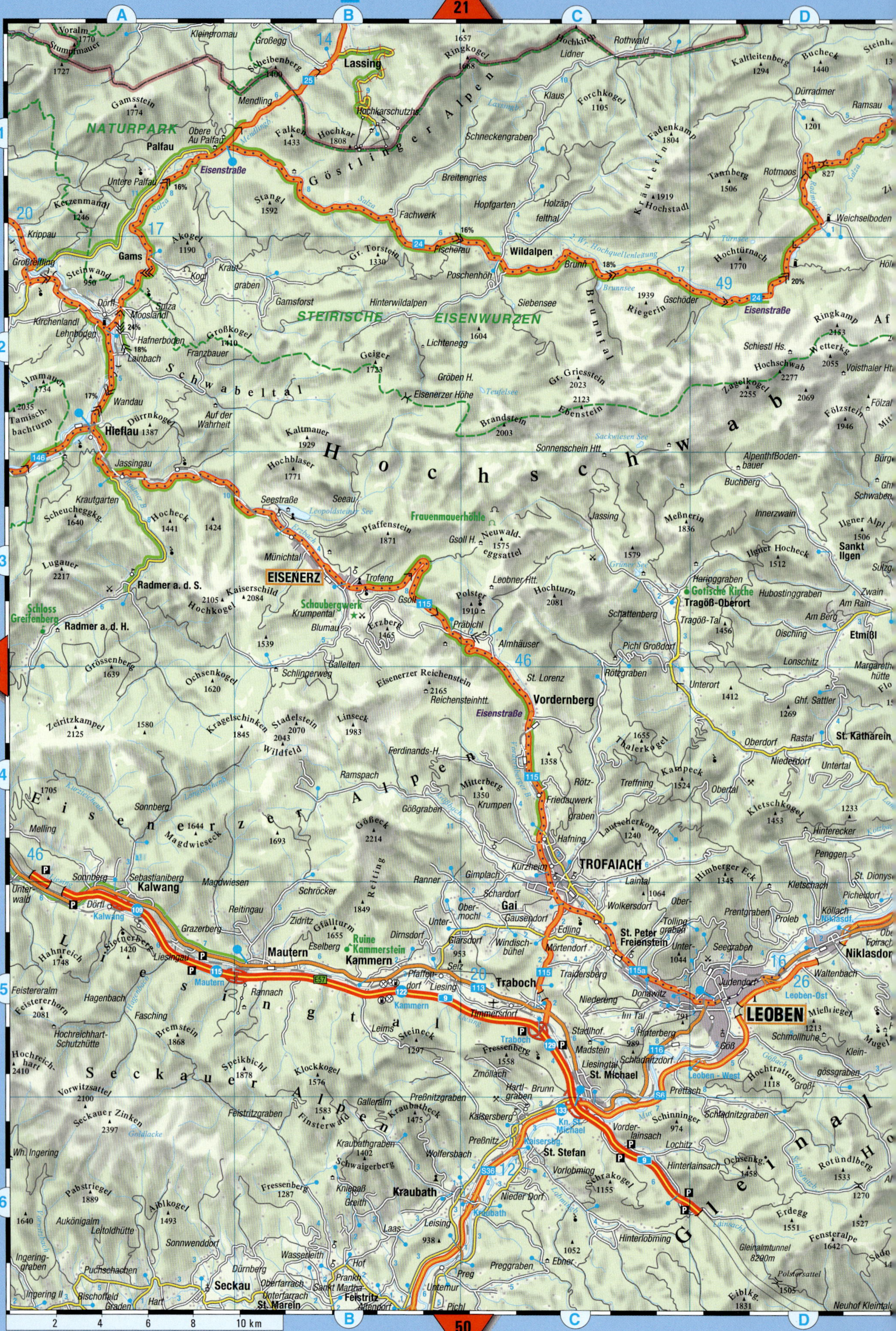

35

50

S36
Knittelfeld 9 km
Zeltweg 18 km
Judenburg 26 km

9 E57
Knoten Deutschfeistritz-Friesach 20
Plabutschtunnel 30 km
Knoten Graz/West 44 km

2 4 6 8 10 km

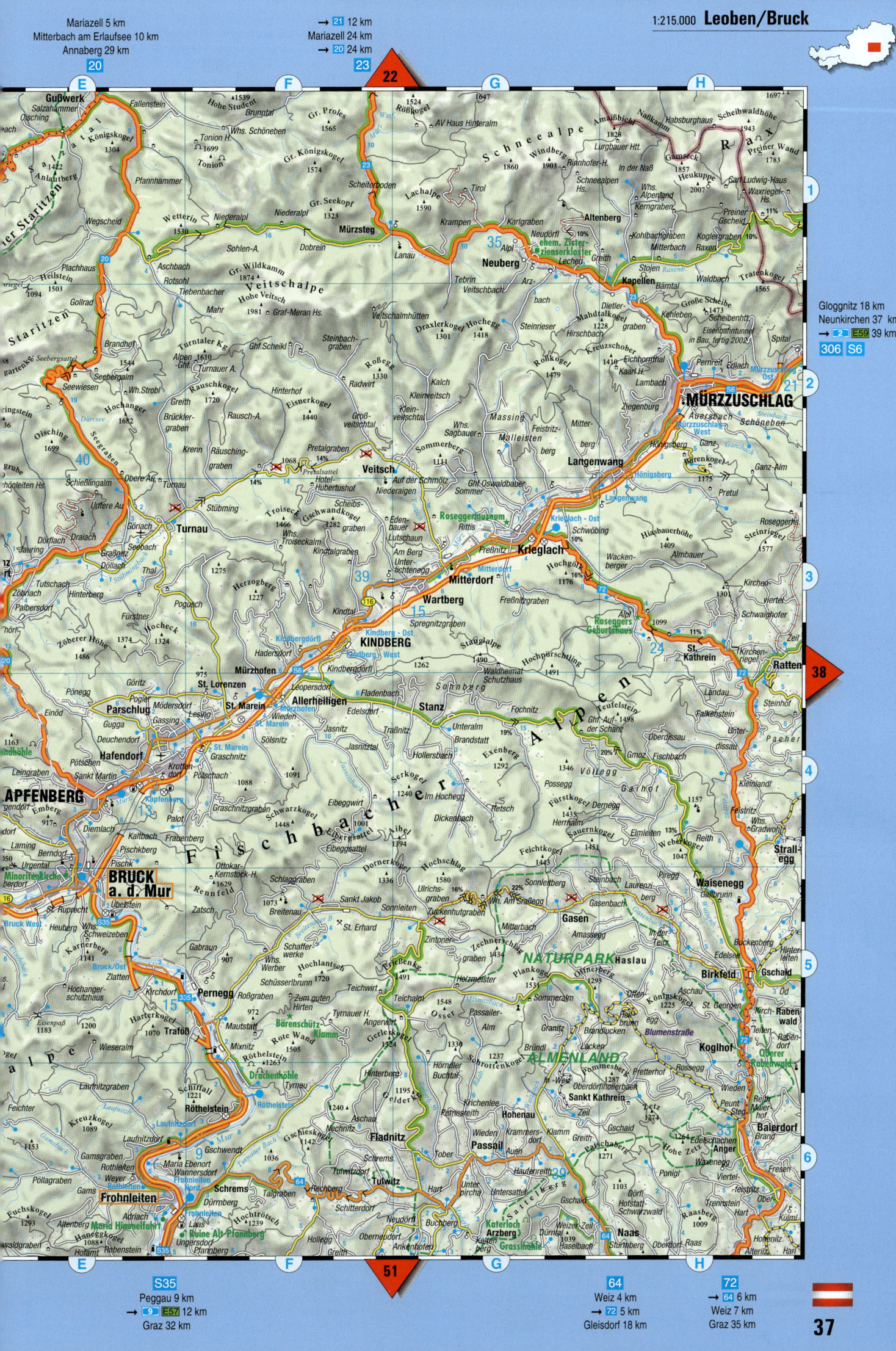

Mariazell 5 km
Mitterbach am Erlaufsee 10 km
Annaberg 29 km

21 12 km
Mariazell 24 km
20 24 km
23

22

Gloggnitz 18 km
Neunkirchen 37 km
E59 39 km
306 **S6**

51

S35
Peggau 9 km
9 **E57** 12 km
Graz 32 km

64
Weiz 4 km
72 5 km
Gleisdorf 18 km

72 6 km
64 6 km
Weiz 7 km
Graz 35 km

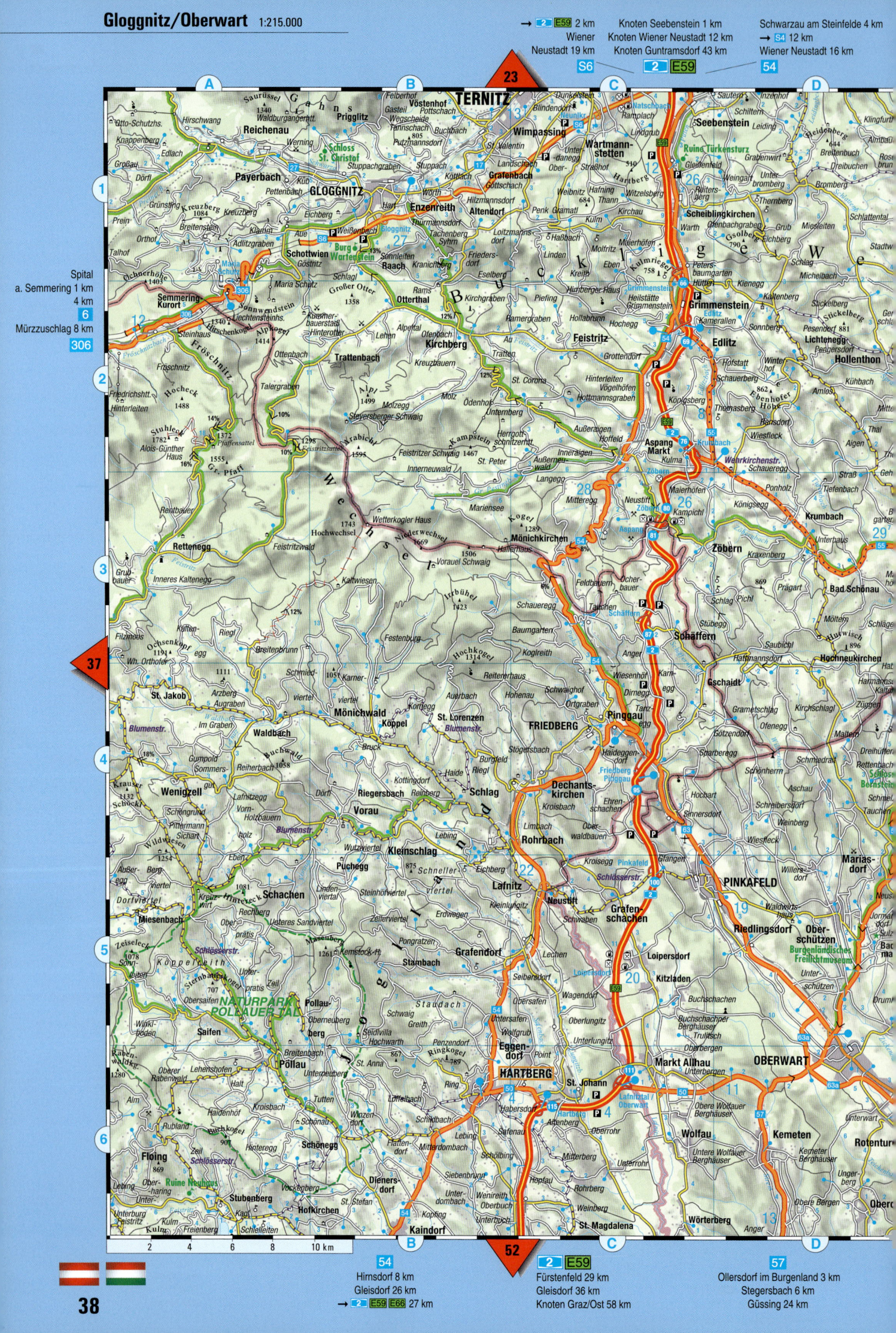

→ S4 8 km   Mattersburg 6 km
→ 3 18 km   S4 S31 9 km
Eisenstadt 23 km   Eisenstadt 24 km
S31   50

→ 16 (A) 7 km
Klingenbach (A) 9 km
Wulkaprodersdorf (A) 15 km
84

Fertőszentmiklós
6 km
Vitnyéd 14 km
Kapuvár 18 km
85

Fertőszentmiklós
10km
→ 85 10 km
Pamhagen (A)
23 km

84
Újkér 3 km
→ 86 E65 15 km
Sárvár 28 km

86 E65
Szeleste 3 km
Hegyfalu 10 km
→ 84 11 km

Kohfidisch 3 km
Sankt Michael
im Burgenland 12 km
→ 57 13 km

56
Deutsch Schützen 7 km
Moschendorf 23 km
→ 57 39 km

86 E65
Kisunyom 6 km
Körmend 20 km
8 E66 20 km

87
Rum 9 km
→ 8 E66 13 km
Vasvár 23 km

39

Nassereith 1 km
Fernpass 9 km
Lermoostunnel 16 km

Elmen 7 km
Stanzach 16 km
198

Elmen 6 km
→ 198 6 km
Stanzach 15 km

198
Elbigenalp 5 km
Bach 9 km
Warth 30 km
Lech 37 km

S16 316
Flirsch 9 km
Prettneu
am Arlberg 15 km
St. Anton
am Arlberg 21 km

188
See 1 km
Kappl 8 km
Ischgl 17 km

184
→ 27 (CH) 1 km
Martina (CH) 7 km
Ramosch/Remüs
(CH) 16 km

40
Graun in Vinschgau/Curon Venosta 3 km
St. Valentin a.d. Haide/San Valentino alla Muta 6 km
Mals im Vinschgau/Málles Venosta 18 km

NATURPARK KAUNERGRAT

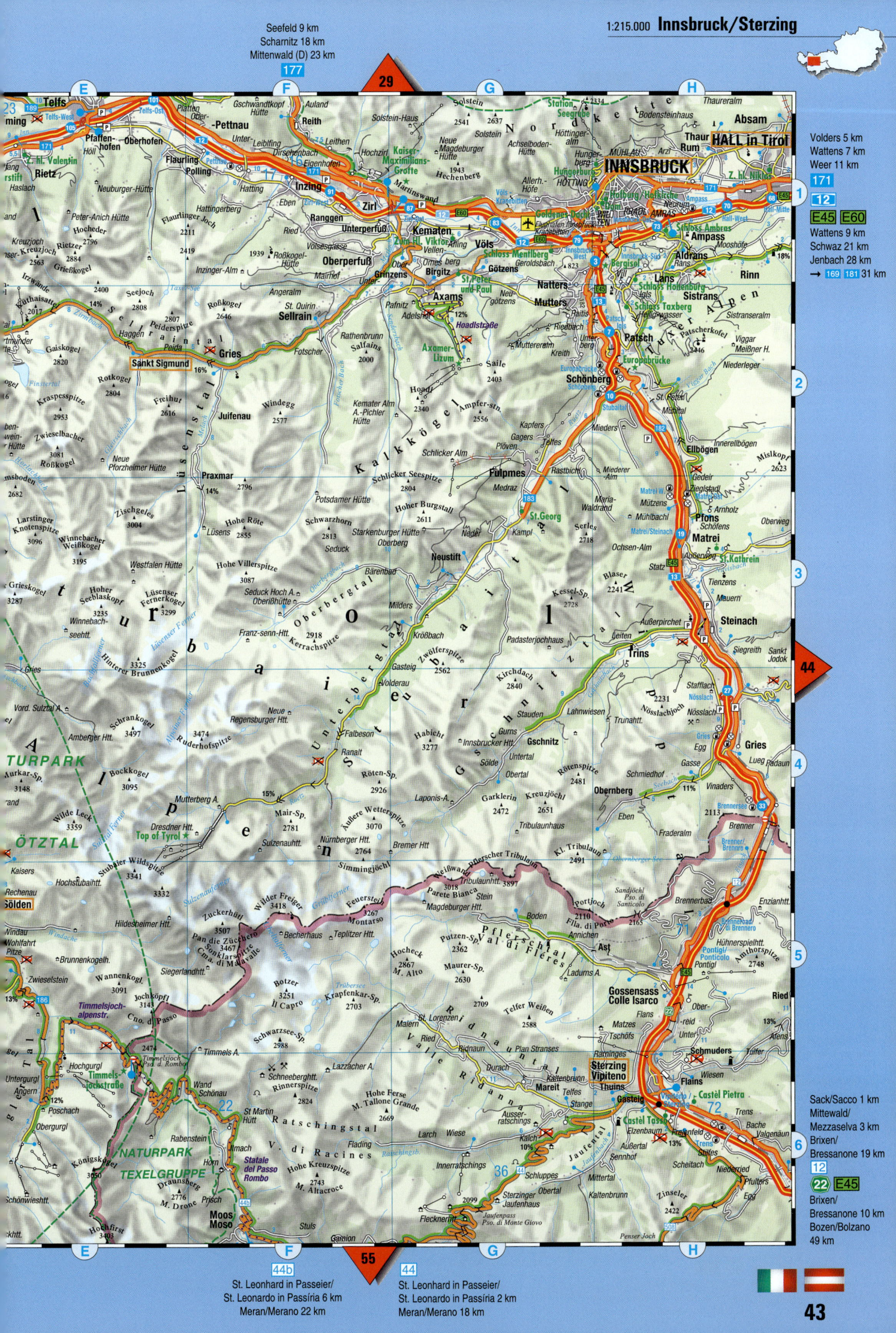

Volders 5 km
Wattens 7 km
Weer 11 km
171
12
E45 E60
Wattens 9 km
Schwaz 21 km
Jenbach 28 km
→ 169 181 31 km

Sack/Sacco 1 km
Mittewald/
Mezzaselva 3 km
Brixen/
Bressanone 19 km
12
22 E45
Brixen/
Bressanone 10 km
Bozen/Bolzano
49 km

55
44b
St. Leonhard in Passeier/
St. Leonardo in Passíria 6 km
Meran/Merano 22 km
44
St. Leonhard in Passeier/
St. Leonardo in Passíria 2 km
Meran/Merano 18 km

Schwaz 4 km
Buch b. Jenbach 9 km
Jenbach 13 km
`171`

Uderns 1 km
Fügen 3 km
`171` 10 km
`169`

Schwaz 4 km
`169` `181` 14 km
`12` `E45` `E60`

`30`

A   B   C   D

Hall in Tirol 2 km
Innsbruck 12 km
`171`

`12`
`E45` `E60`
Hall in Tirol 2 km
Innsbruck 9 km
Zirl 20 km
Telfs 36 km

HALL in TIROL

Fritzens
Kolsass
Weer
Weerberg
Wattens
Kristallwelten
Wattenberg

`43`

Navis

Schmirn

St. Jakob

Mauls

Freienfeld/
Campo di Trens
6 km
Sterzing/Vipiteno
8 km
Gossensass/
Colle Isarco 13 km
`12`

`22` `E45`
Sterzing/Vipiteno
8 km
Brenner/Brénnero
22 km
Innsbruck (A)
60 km

Kaltenbach
Stumm
Aschau
Rohrberg
Zell
Zellbergeben
Gerlosberg
Hippach
Schwendau
Ramsau
Mayrhofen
Finkenberg
Brandberg

**NATURPARK
ZILLERTALER
ALPEN**

Hintertux

Ginzling

Lappach
Mühlwald
Selva

**Sand in Taufers
Campo Tures**

Luttach
Lutago

Kematen
Caminata

Uttenheim
Villa Ottone

Mühlbach
Rio Molino
Gais

Terenten
Terento

Niedervintl/Vandóies di Sotto 5 km
`49` 5 km
Brixen/Bressanone 21 km

Bruneck/Brunico 10 km
`49` 12 km

Bruneck/Brunico 5 km
`49` 7 km

`56`

B   C   D

`22` `E45`
Brixen/Bressanone 20 km
`242` 37 km
Bozen/Bolzano 59 km

44

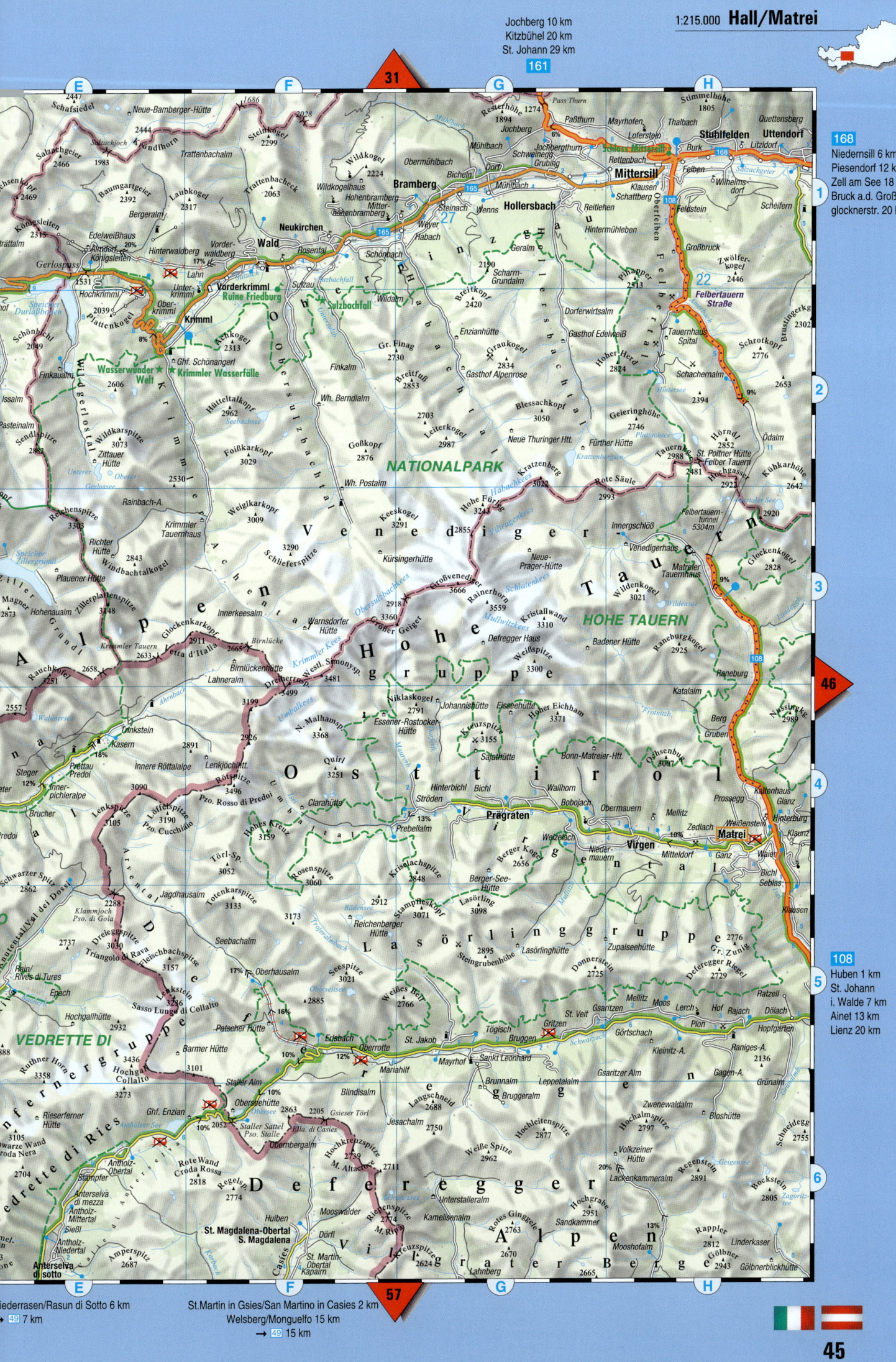

Jochberg 10 km
Kitzbühel 20 km
St. Johann 29 km
161

31

168
Niedersill 6 km
Piesendorf 12 km
Zell am See 18 km
Bruck a.d. Groß-
glocknerstr. 20 km

108
Huben 1 km
St. Johann
i. Walde 7 km
Ainet 13 km
Lienz 20 km

46

NATIONALPARK

HOHE TAUERN

Venediger gruppe

Hohe Tauern gruppe

Osttirol

Lasörlinggruppe

Deferegger Alpen

Villgrater Berge

VEDRETTE DI

iederrasen/Rasun di Sotto 6 km
7 km

St.Martin in Gsies/San Martino in Casies 2 km
Welsberg/Monguelfo 15 km
15 km

57

45

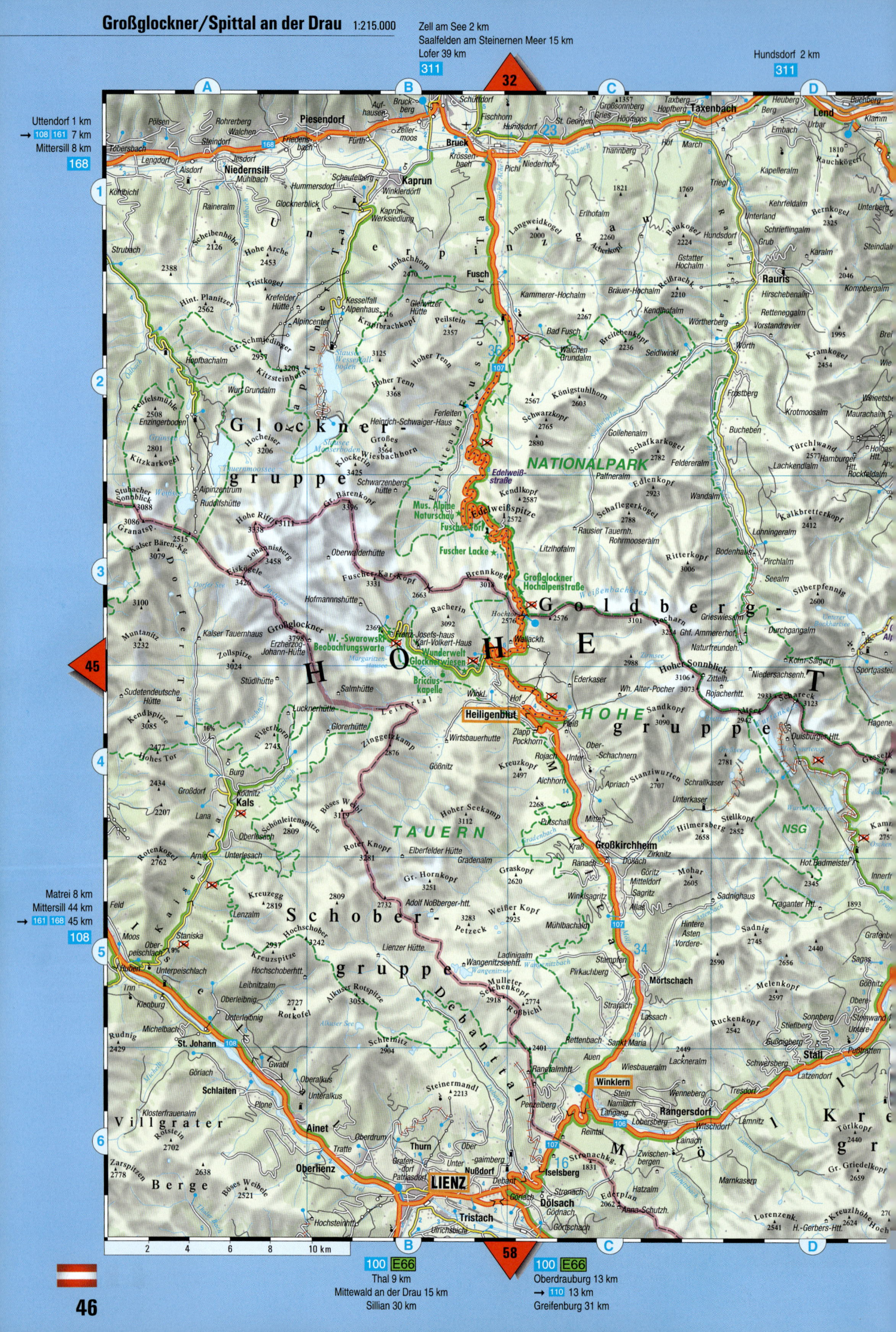

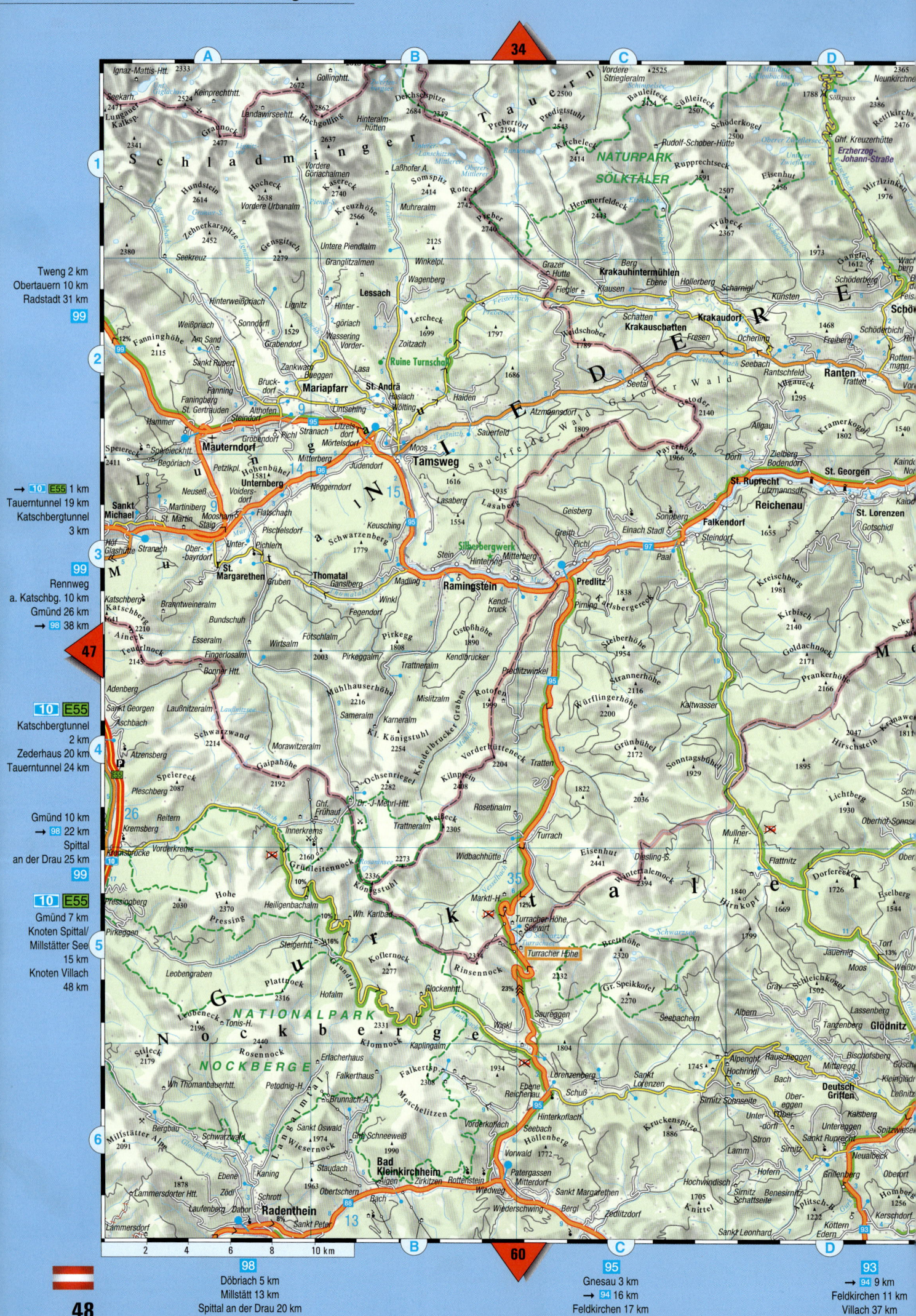

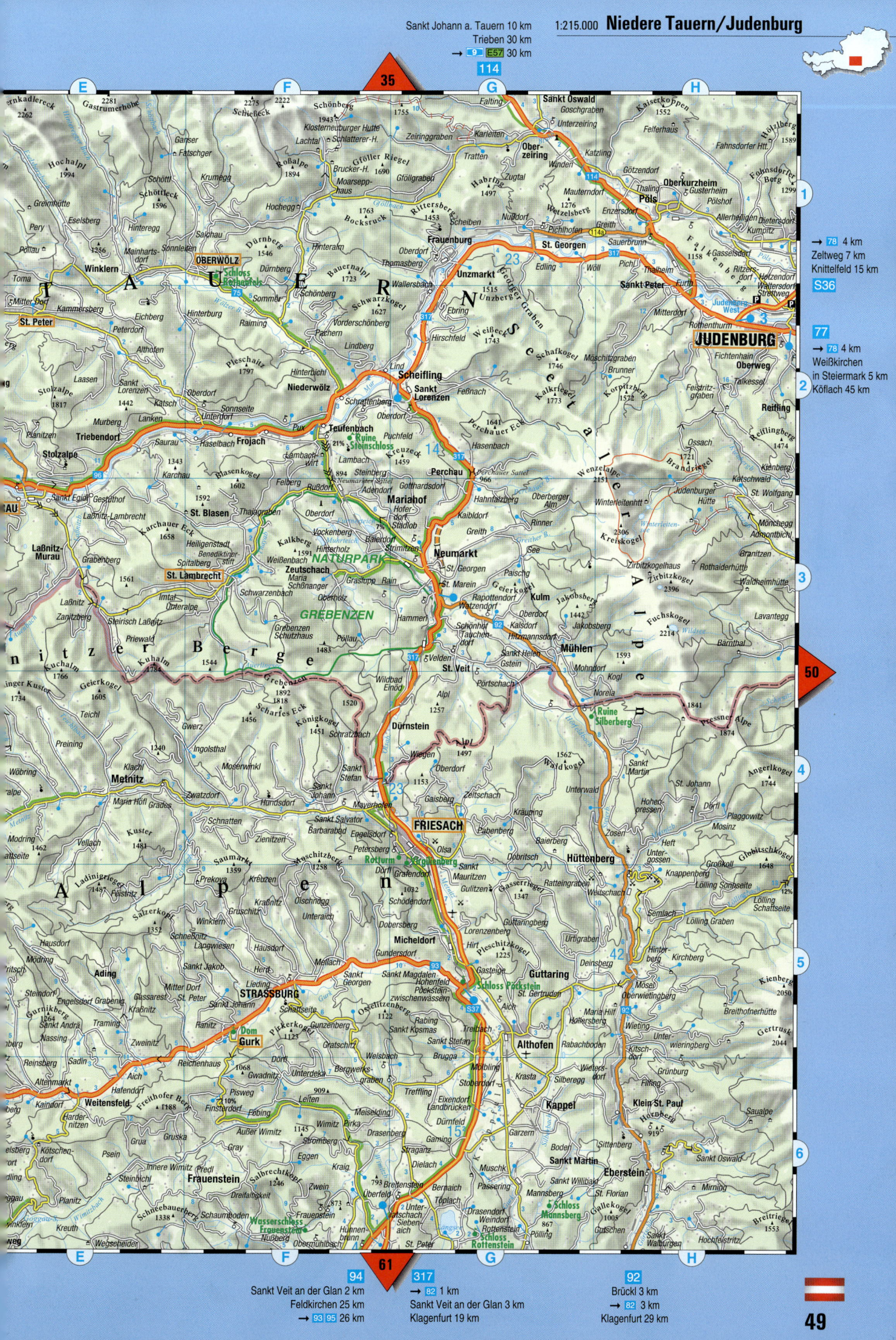

→ 78 4 km
Zeltweg 7 km
Knittelfeld 15 km
S36

77
→ 78 4 km
Weißkirchen
in Steiermark 5 km
Köflach 45 km

50

61
94
Sankt Veit an der Glan 2 km
Feldkirchen 25 km
→ 93 95 26 km

317
→ 82 1 km
Sankt Veit an der Glan 3 km
Klagenfurt 19 km

92
Brückl 3 km
→ 82 3 km
Klagenfurt 29 km

49

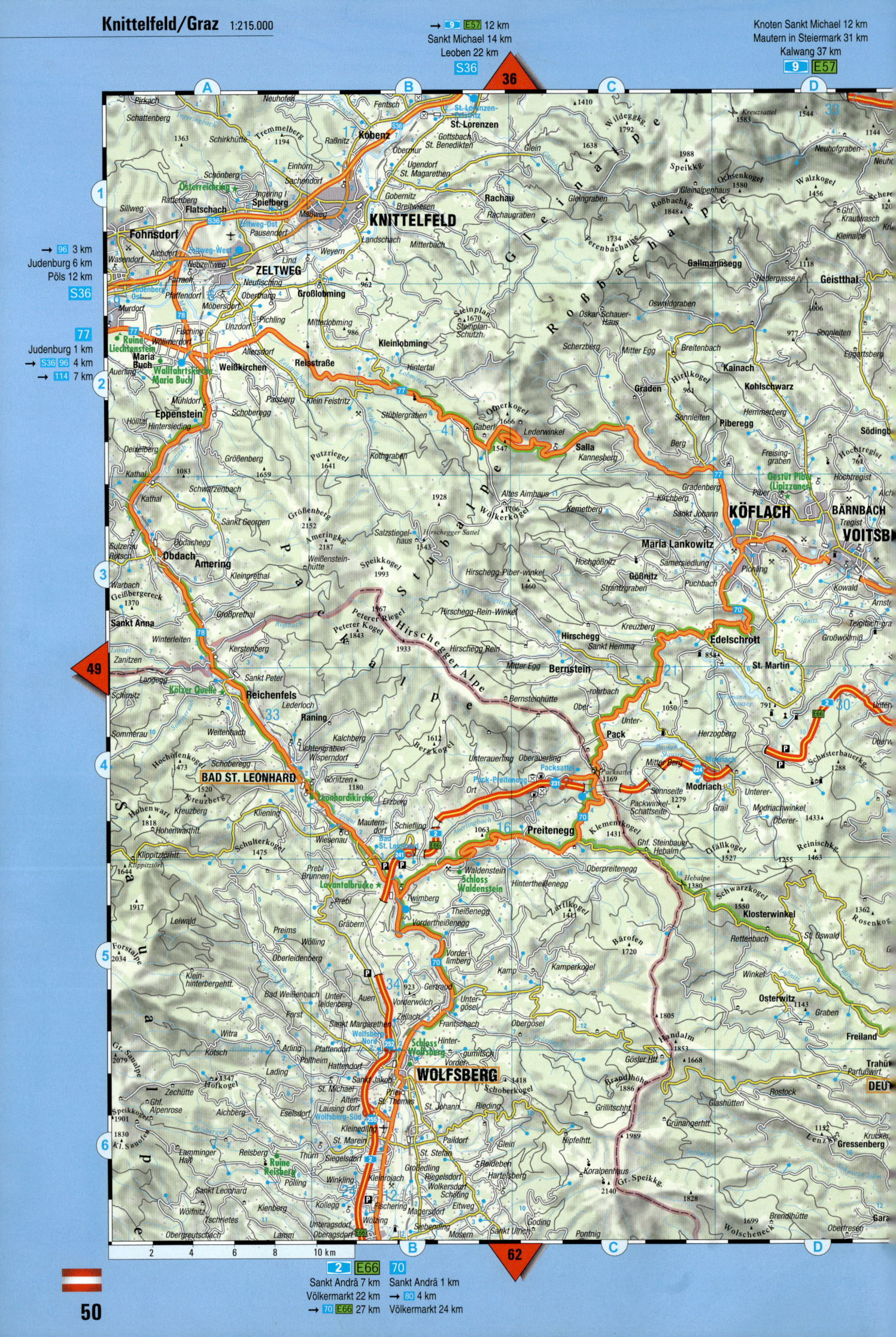

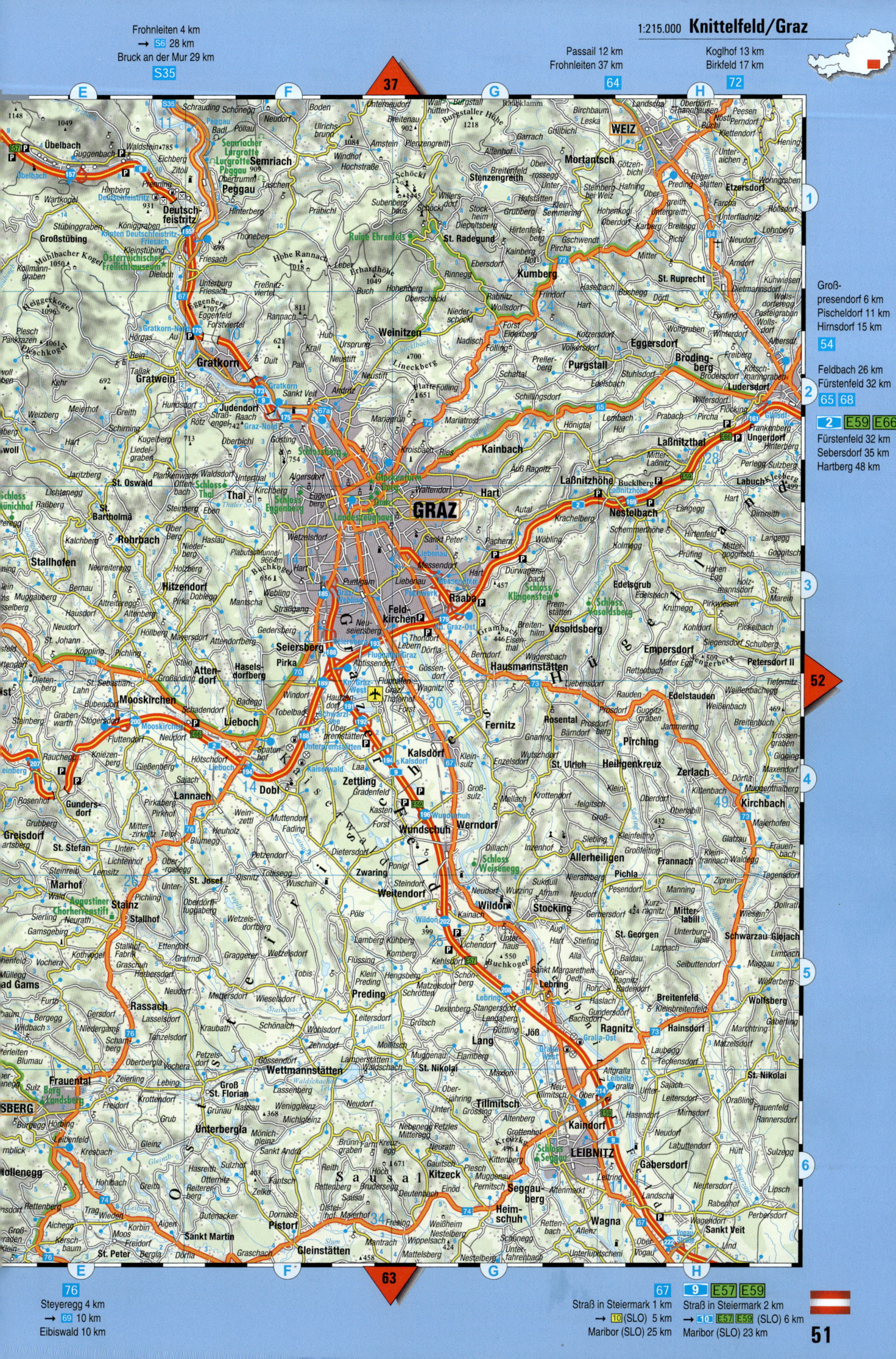

Frohnleiten 4 km
S6 28 km
Bruck an der Mur 29 km
S35

Passail 12 km
Frohnleiten 37 km
64

Koglhof 13 km
Birkfeld 17 km
72

37

Groß-
presendorf 6 km
Pischeldorf 11 km
Hirnsdorf 15 km
54

Feldbach 26 km
Fürstenfeld 32 km
65 68

2 E59 E66

Fürstenfeld 32 km
Sebersdorf 35 km
Hartberg 48 km

52

76
Steyeregg 4 km
→ 10 km
Eibiswald 10 km

67
9 E57 E59

Straß in Steiermark 1 km
10 (SLO) 5 km
Maribor (SLO) 25 km

Straß in Steiermark 2 km
E57 E59 (SLO) 6 km
Maribor (SLO) 23 km

63

51

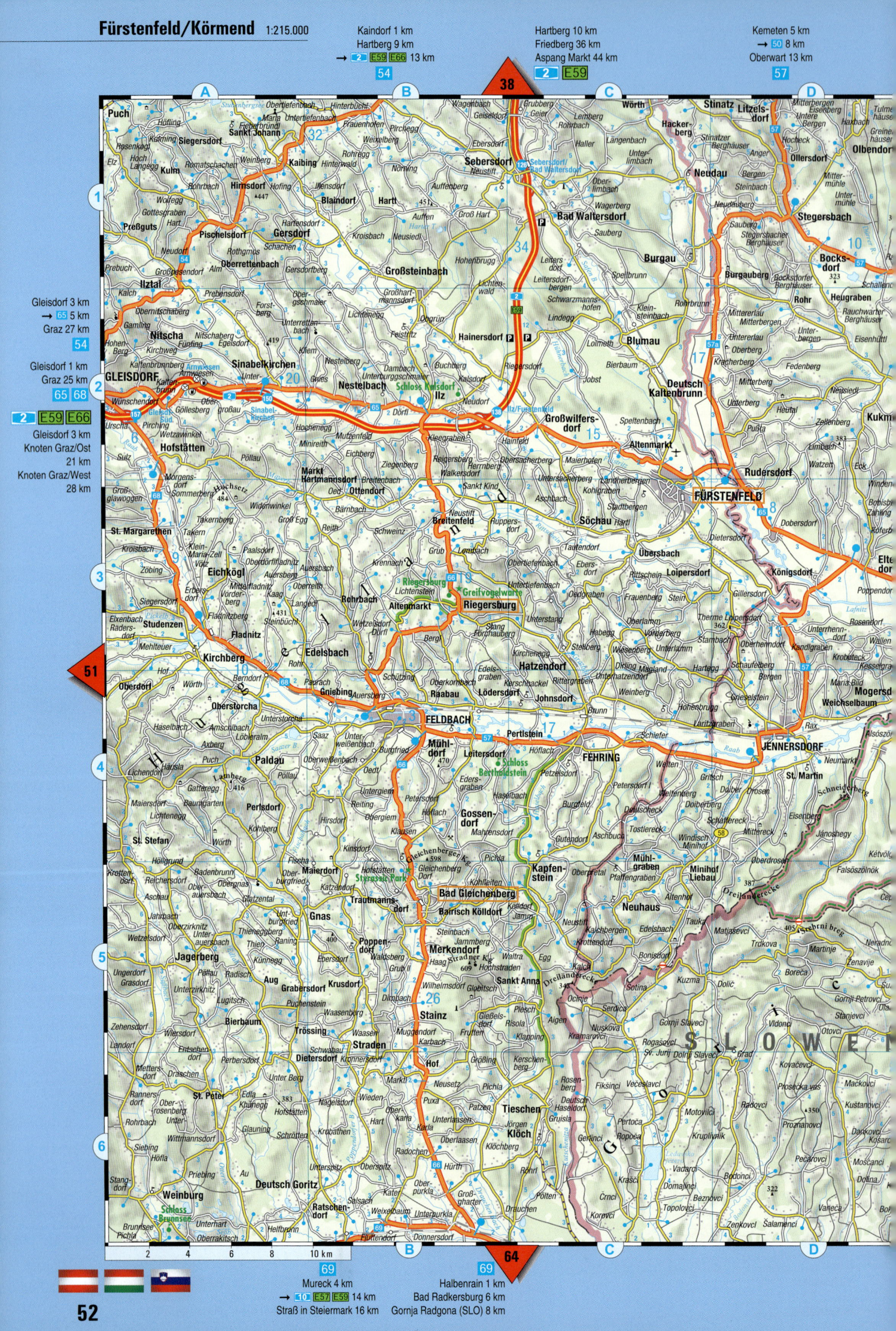

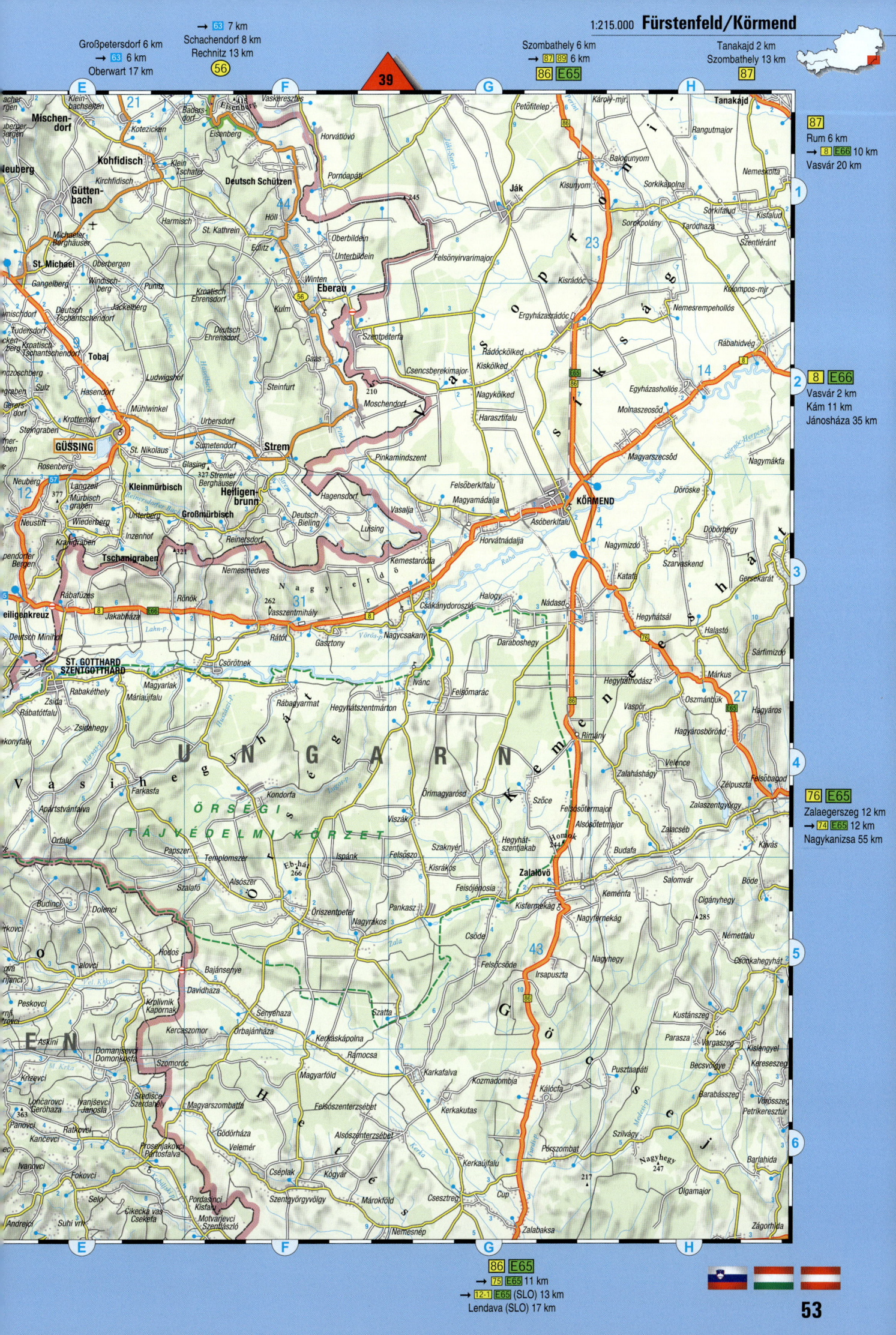

Großpetersdorf 6 km
→ 63 6 km
Oberwart 17 km

63 7 km
Schachendorf 8 km
Rechnitz 13 km
56

39

Szombathely 6 km
→ 87 89 6 km
86 E65

Tanakajd 2 km
Szombathely 13 km
87

87
Rum 6 km
→ 8 E66 10 km
Vasvár 20 km

8 E66
Vasvár 2 km
Kám 11 km
Jánosháza 35 km

76 E65
Zalaegerszeg 12 km
→ 74 E65 12 km
Nagykanizsa 55 km

Reschen/Résia 2 km
Reschenpass/Passo di Résia 3 km

42

A   B   C   D

NATURPARK ÖTZTAL

Malsau
Giern
Graun/Curòn
Endkopf 2652
Grauner-A.
Elferspitz 2926
Casone
Mühlhäuser
Haider-A.
St. Valentin S. Valentino
Pàdoll
Dörfl
Mitterck 2908
Fischerhäuser
Plawenn Pravenna
Alsack
Ober-dörferalm
Ulten-
Planeil
Hohes Joch 2593 Giogo Alto
Matsch Màzia
Habicherkopf 2901
M. del Parco 3068
Falbanaispitze 3202
Danzebell 3148
Portlesspitze 3074 Pzo. Pòrtles
Pleresspitze 3188
Litzner Spitze 3206 P. d. Allit
Hohes Kreuzjoch 2992
P. Saldura 3433
Schwemserp. 3459
Oberettes Htt.
Hochalt 3265 M. Alto
Saldurnspitze
Thanei

Weißkugel 3738 Palla Bianca
Hint. Hintereissp. 3485
Langtauferer
Hinterreisferner
Schone Aussicht
Fineilspitze 3514
Similaunhtt.
Similaun 3599
Grawand
Kurzras
Mastaunspitze 3200
Schlanderer A.
M. Alto 3140
Zerminiger Sp. 2912 P. di Trümes
Tumserspitze
M. Cermigna 3109
Unser Frau
Karthaus
Vernagt
7%
Grawand
Kurzras

Hochwilde
Schalfkogel 3537
Martin-Busch-Htt.
Hintere Schwärze 3624
Cma. di Quaira
Texelspitze Cima Tessa 3318
Neu Ratteis
Katharinaberg
St. Fed
Kompats
Staben
Tschirl

PARCO NAZIONALE

Burgeis Burgùsio
Kloster Marienberg
Mals/Malles
Venosta
Schleis
Laatsch
Tartsch
Glurns Glorenza
Churburg Cast. Còira
Schluderns Sluderno
Agums
Prad Prato
Laas Lasa
Tschengls Cengles
Tschenglsberg
Pametz
Tarnell
Schlanders Silandro
Vezzan
Goldrain
Marein
Latschinig
Kortsch
Allitz
Göflan
Latsch Laces
Tarsch
Kastelbell
Galsaun
Tabland
Sonnenberg
St. Martin am Vorberg
Trumsberg
Tschars

Piz Chavalatsch 2763
M. Cavalláccio
Lichtenberg
Schmelz
Stilfs Stélvio
Stilfser Brücke
Tschenglser Hochwand 3375 Croda di Cèngles
Cda. del Forno 3410
Düsseldorfer Htt.
Obere Laaser A.
Laaser Spitze 3305 P. di Lasa
Schluder Spitze 3230 P. di Sluder
Vertainspitze 3545
Cima Vertana
Äußere Peder Spitze
P. Peder di Fuori 3406
Nördersberg
Haselhof
Bad Salt
Weißwand 2778
Meiern
Ennewasser
Gand
St. Maria
Mortel
Hasenöhrl 3257
l'Orecchia di Lepre
Tarscher Joch 2517 Pso. di Tarres
Kuppelwieser A.
Kuppelwies
Hoher Dieb 2730 il Gran Ladro
Röntscher Berg 2711
Arzkersee
2542

NATIONALPARK

Stilfser Joch/Passo di Stélvio 14 km
Bórmio 32 km
Tirano 69 km

Trafoi
Gomagoi
Klein-boden
Valnair A.
Stieralm
Außersulden
Alpenrose-H.
Tabaretta-H.
Payer-H. 3020
St. Gertraud
Sulden/Solda
Órtles/Ortles 3905
Hintergrat-H. 2661
Rif. K2 2330
Biv. Locatelli 3360
M. Zebrù
STILFSER JOCH
Pra. Beltovo 3325
Pso. Madriccio 3123
Enzianhtt.
Rif. Genziana
Zufritthtt.
Rif. Gioveretto
Zufrittspitze 3439
Gioverett
Zaytale
Zufrithtt.
Pilsenhof
Innerlahner
Imenspitz
Monte degli Olmi 2656
St. Nikolaus

PARCO NAZIONALE DELLO STÉLVIO
M. Zebrù 3735
Rif. V. Alpini 2877
Rif. Bertarelli 3851
Königsspitze
Psi. di Zebrù
Schaubachtt.
Schaubachhtt. 2581
Zufallhtt.
Rif. Corsi
M. Confinále 3370
Rif. G. Casati 3266
Langenferner Joch Passo del Cevedale
Pizzini-Frattola 2706
Zufallhtt. 3769
Cima Venezia 3386
Fürkeleschart la Fórcola
Rif. Dorigoni
Cima Sternai
Hint. Eggen Sp.
Cima 3347 Lórchen 3443
Grün See Lago Verde
Weißbrunnsee
St. Gertraud S. Gertrude
Klapfbergtal
Klapfbergjoch 2236
Rif. S. Barbara
Monte Pin 2420
Rif. G. Larcher al Cevedale
Biv. Rosole
Rif. Lago Cima Tuatti Corvo 2701
L. del Careser
Córler
Rif. Campisòl
Gleck Colléccio 2957
Bordolona
Cima Zoccolo 2561
Monte Pin 2420
Bevia
Bozzana
Bo
Tozza

M. Confinále 3370
Sta. Catarina Valfurva
Pradaccio
Cerena
Rif. Albergo Ghiacc. dei forni
Rif. C. Branca 2493
Palon de la Mare 3703
M. Vioz
Cima Vioz 3330 Rif. Mantova d. Vioz 3645
Pta. Taviela 3612
Pta. S. Matteo 3678
P. Tresero 3594
Rif. Nino Bernasconi
Cima Verdigna 2938
M. Sole 2350
Cèrcena Alta
Cima Tremenesca 2604
Bagni di Rabbi
Rabbi
Somrabbi
S. Bernardo
Cima Lac 2439
S. Giacomo Cassana
Samoclevo
Pracorno
Magràs
Terzolàs
Caldes
Cavizzana
Cima Mezzana 2845
Cima Vegáia 2890
Bolentina
Pondásio
Arnago 14
M. di
17

Pejo Paese
Pejo Terme
Comasine
Celentino
Celledizzo
Cógolo
Mga. Borche
Le Mandriole 2930
Pso. della Sforzellina
Cno. del Tre Signori 3360
L. di Bravalle
Val del Monte
Val di Peio
L. di Pian Palù
Celentino
Comasine
Presson
Monclássico
Menás
Ortisè
Croviana
Passo le Fraine 1705
Val di Sole

Val di Gavia
16%

2 4 6 8 10 km

Taufers/Tubre 4 km
Münster/Müstair (CH) 6 km
Sta. Maria i. Münstertal (CH) 9 km

42
Dimaro 1 km
Madonna di Campíglio 20 km
Passo di Tonale 28 km

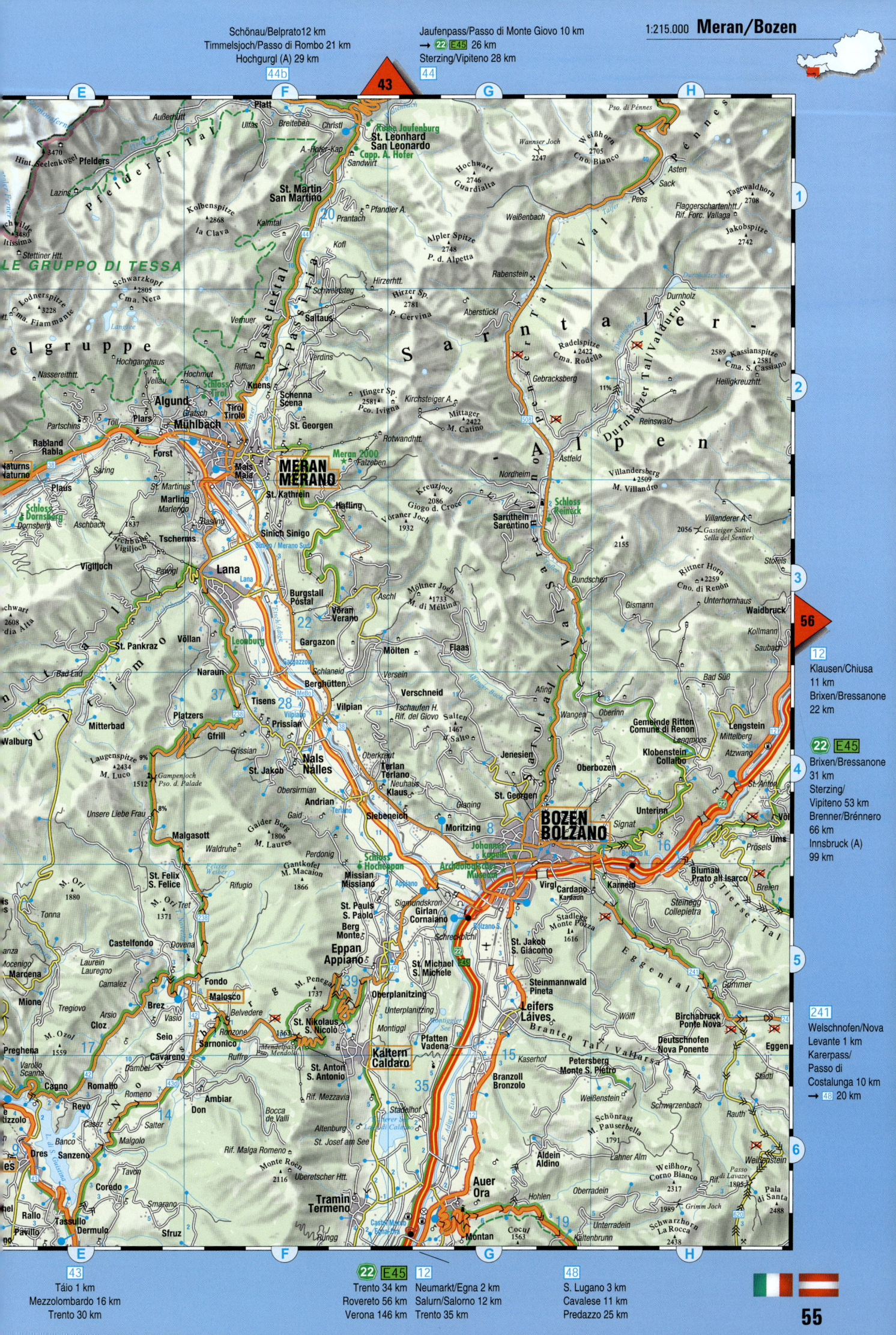

Schönau/Belprato 12 km
Timmelsjoch/Passo di Rombo 21 km
Hochgurgl (A) 29 km
44b

Jaufenpass/Passo di Monte Giovo 10 km
→ 22 E45 26 km
Sterzing/Vipiteno 28 km
44

43

LE GRUPPO DI TESSA

Sarntaler-

Alpen

MERAN
MERANO

BOZEN
BOLZANO

56

12
Klausen/Chiusa
11 km
Brixen/Bressanone
22 km

22 E45
Brixen/Bressanone
31 km
Sterzing/
Vipiteno 53 km
Brenner/Brénnero
66 km
Innsbruck (A)
99 km

241
Welschnofen/Nova
Levante 1 km
Karerpass/
Passo di
Costalunga 10 km
→ 48 20 km

43
Táio 1 km
Mezzolombardo 16 km
Trento 30 km

22 E45 12
Trento 34 km
Rovereto 56 km
Verona 146 km
Neumarkt/Egna 2 km
Salurn/Salorno 12 km
Trento 35 km

48
S. Lugano 3 km
Cavalese 11 km
Predazzo 25 km

55

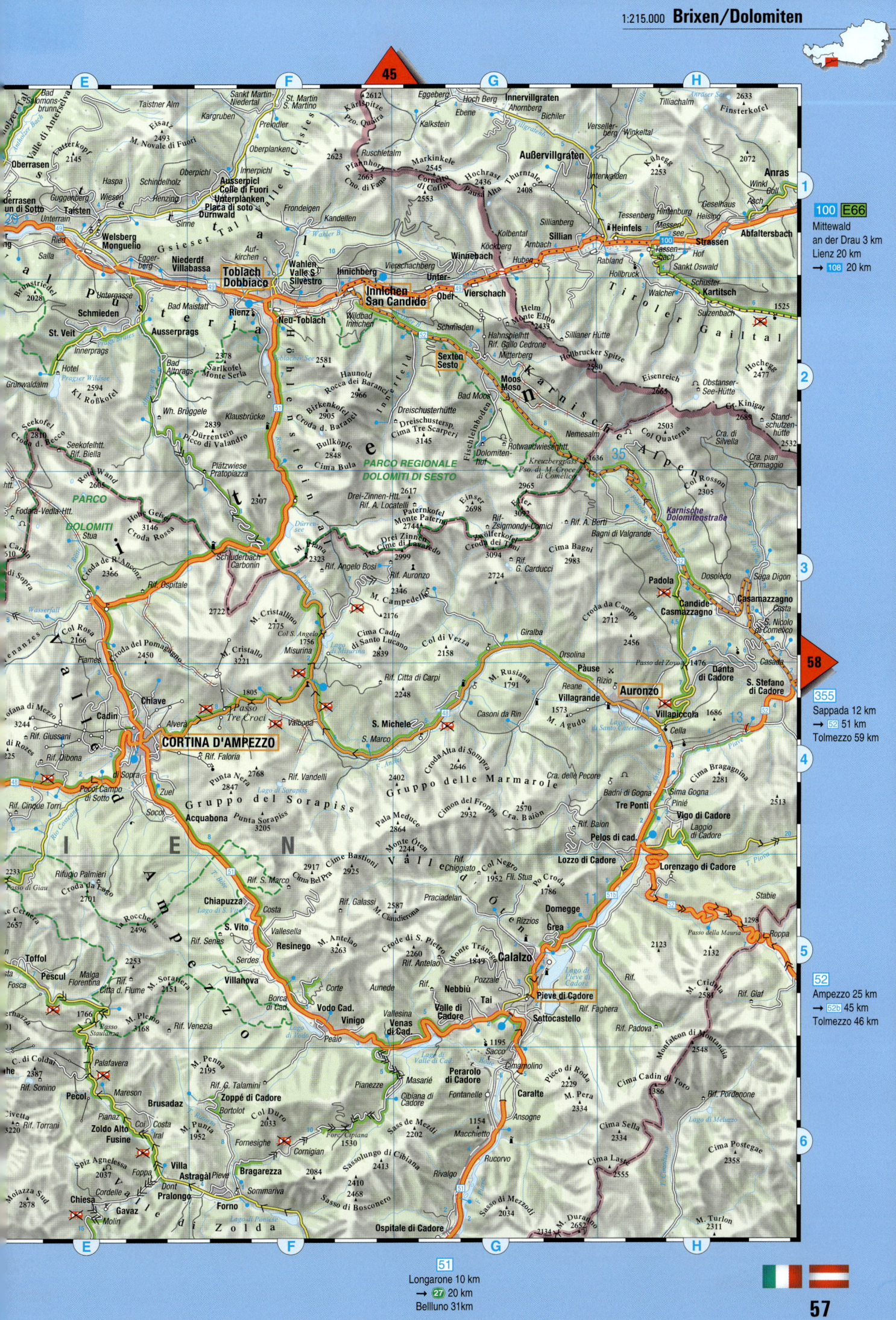

100 E66
Mittewald
an der Drau 3 km
Lienz 20 km
→ 108 20 km

58

355
Sappada 12 km
→ 52 51 km
Tolmezzo 59 km

52
Ampezzo 25 km
→ 52b 45 km
Tolmezzo 46 km

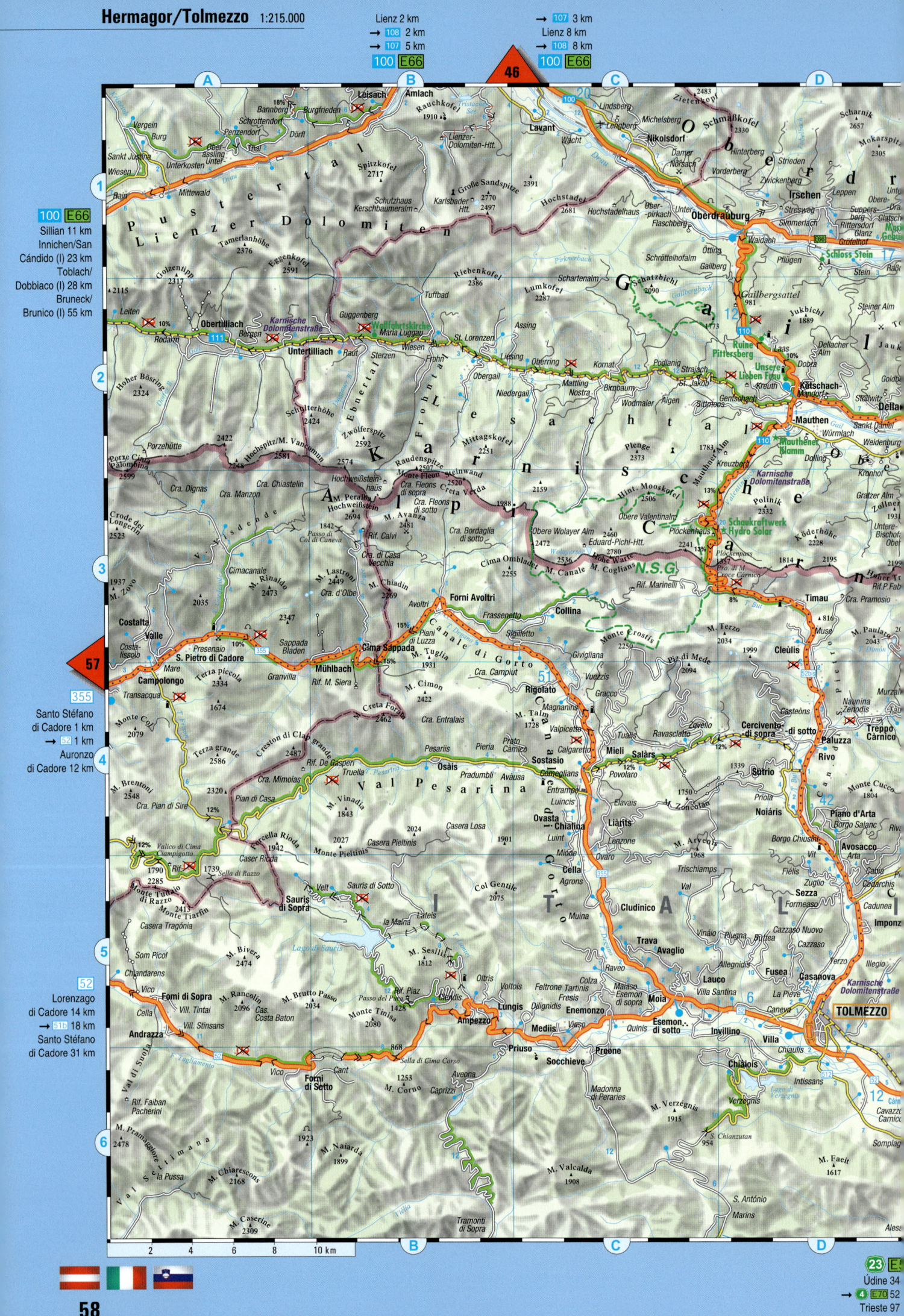

Lienz 2 km
108 2 km
107 5 km
100 E66

107 3 km
Lienz 8 km
108 8 km
100 E66

46

100 E66
Sillian 11 km
Innichen/San
Cándido (I) 23 km
Toblach/
Dobbiaco (I) 28 km
Bruneck/
Brunico (I) 55 km

57

355
Santo Stéfano
di Cadore 1 km
52 1 km
Auronzo
di Cadore 12 km

52
Lorenzago
di Cadore 14 km
51b 18 km
Santo Stéfano
di Cadore 31 km

23 E5
Údine 34
4 E70 52
Trieste 97

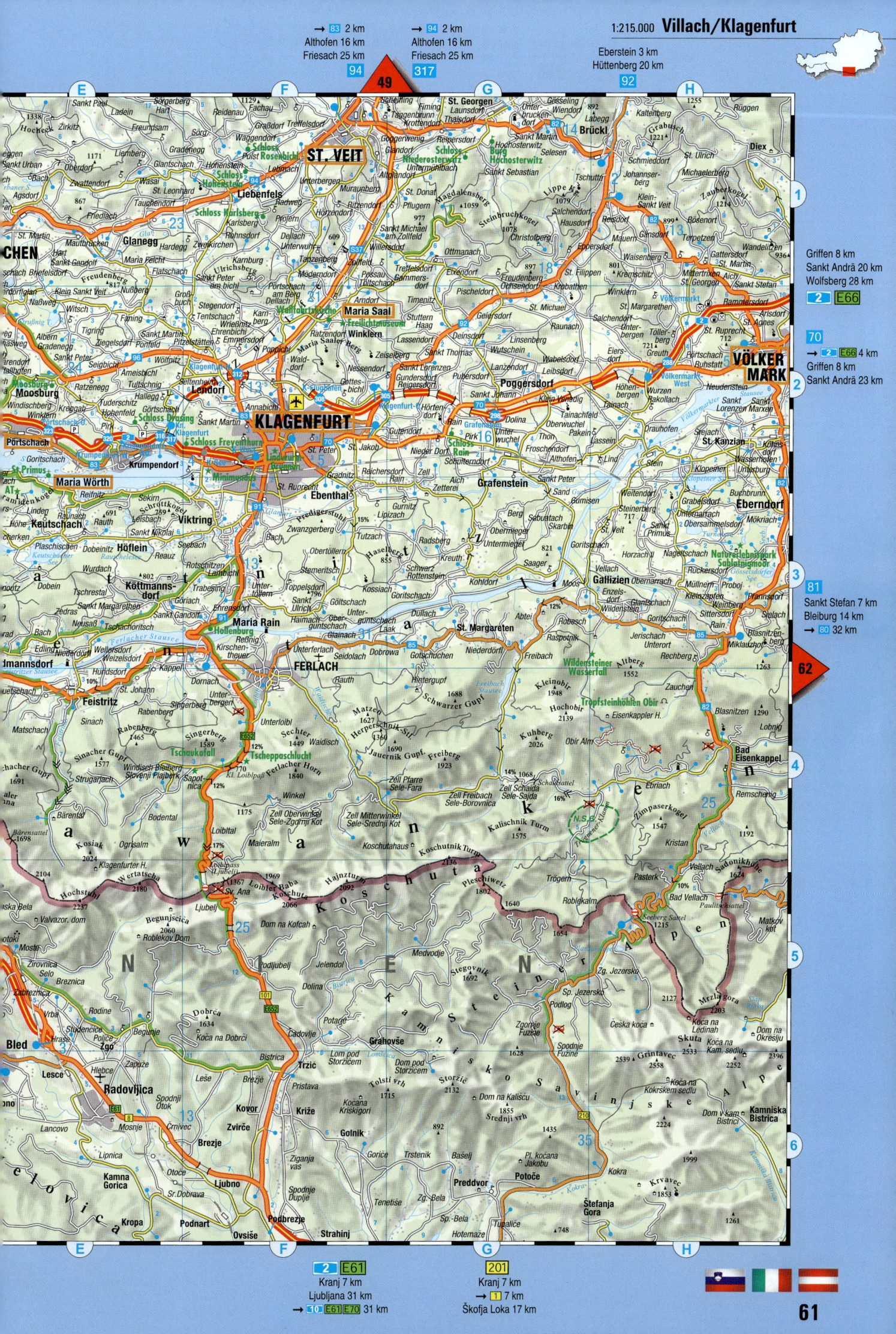

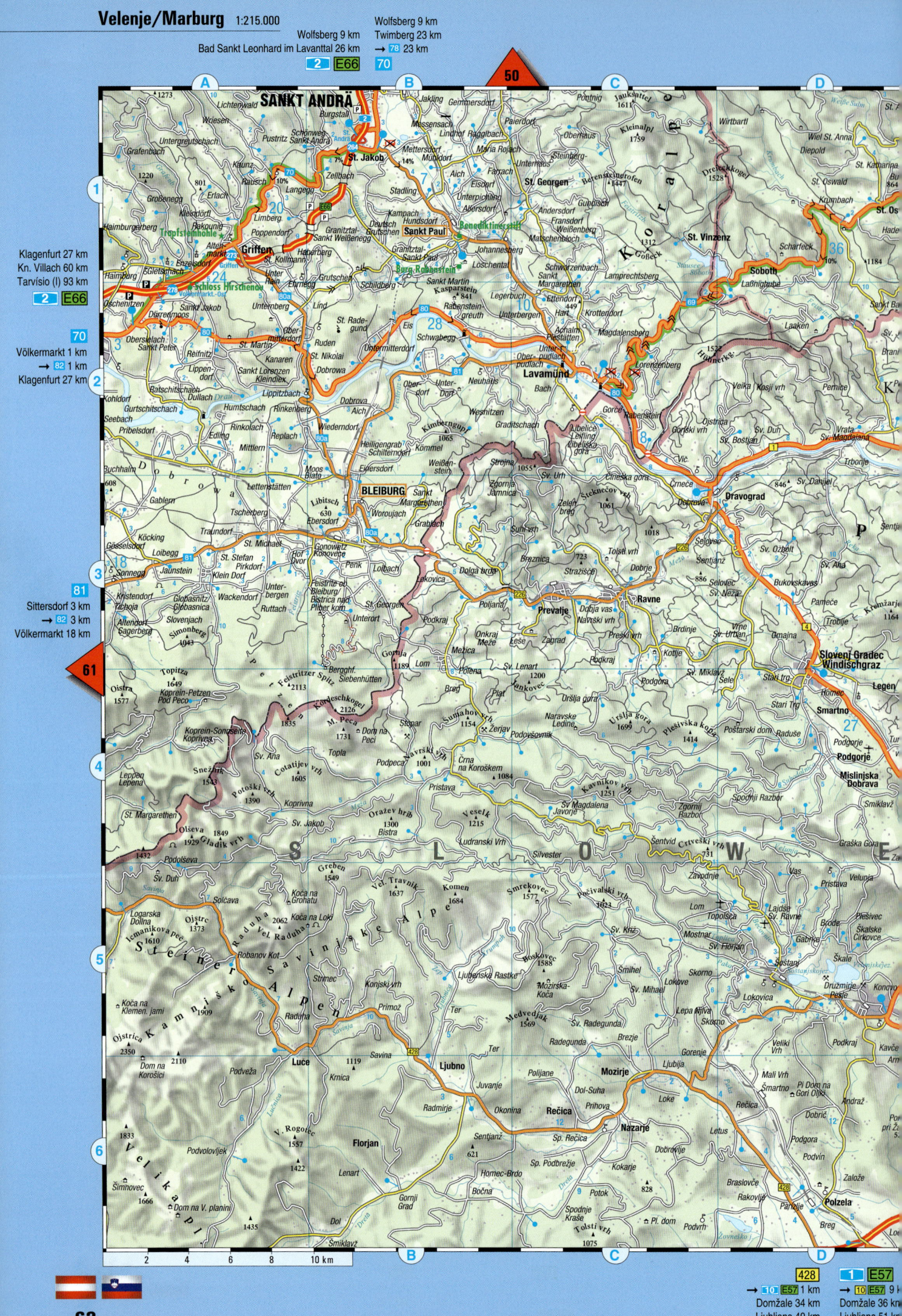

Wolfsberg 9 km
Bad Sankt Leonhard im Lavanttal 26 km
2 E66

Wolfsberg 9 km
Twimberg 23 km
→78 23 km
70

50

Klagenfurt 27 km
Kn. Villach 60 km
Tarvísio (I) 93 km
2 E66

70

Völkermarkt 1 km
→82 1 km
Klagenfurt 27 km

81

Sittersdorf 3 km
→82 3 km
Völkermarkt 18 km

61

→10 E57 1 km
Domžale 34 km
Ljubljana 49 km

1 E57
→10 E57 9 k
Domžale 36 km
Ljubljana 51 kr

428

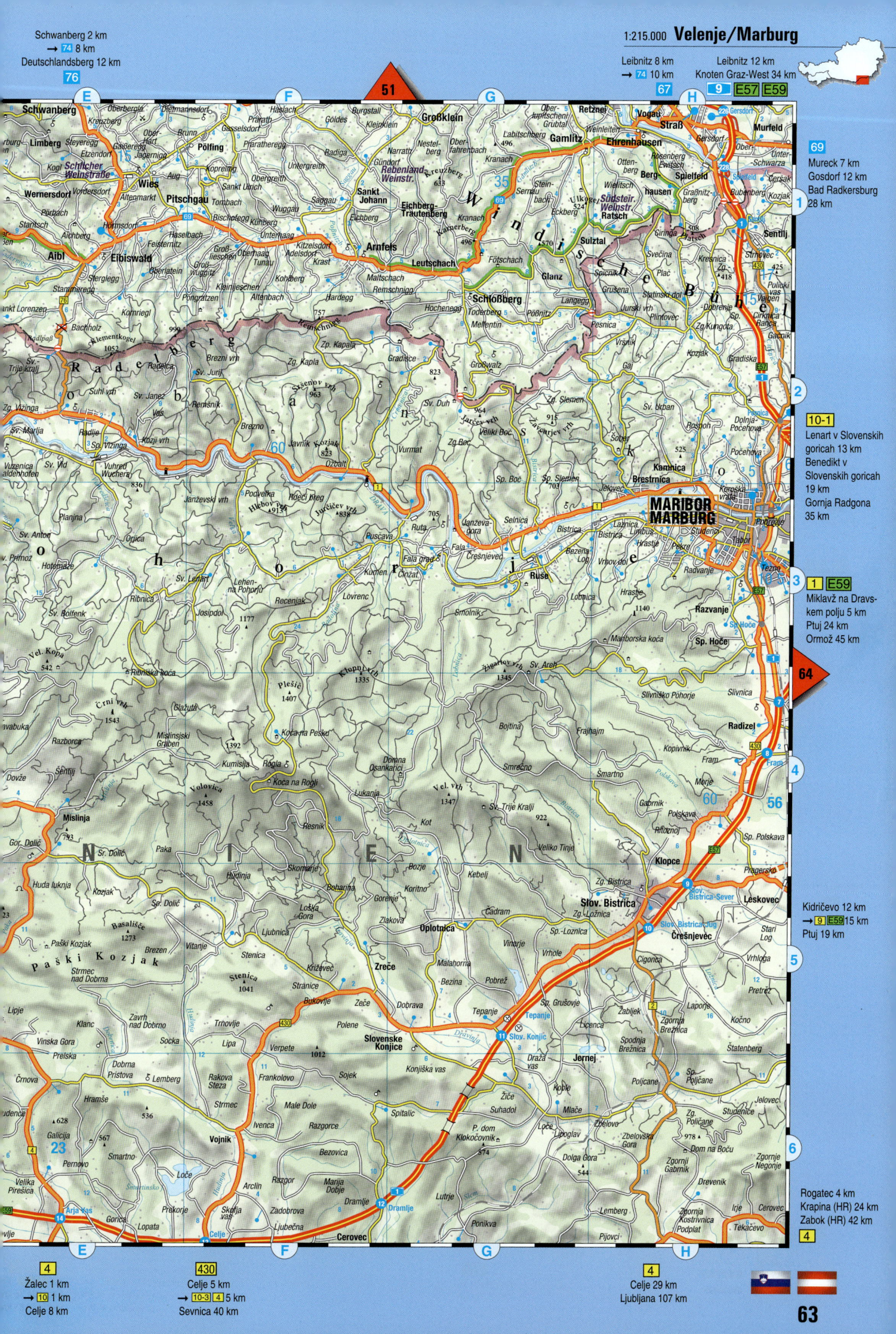

Ortsnamenverzeichnis/Index of place names
Index des localitiés/Register van plaatsnamen

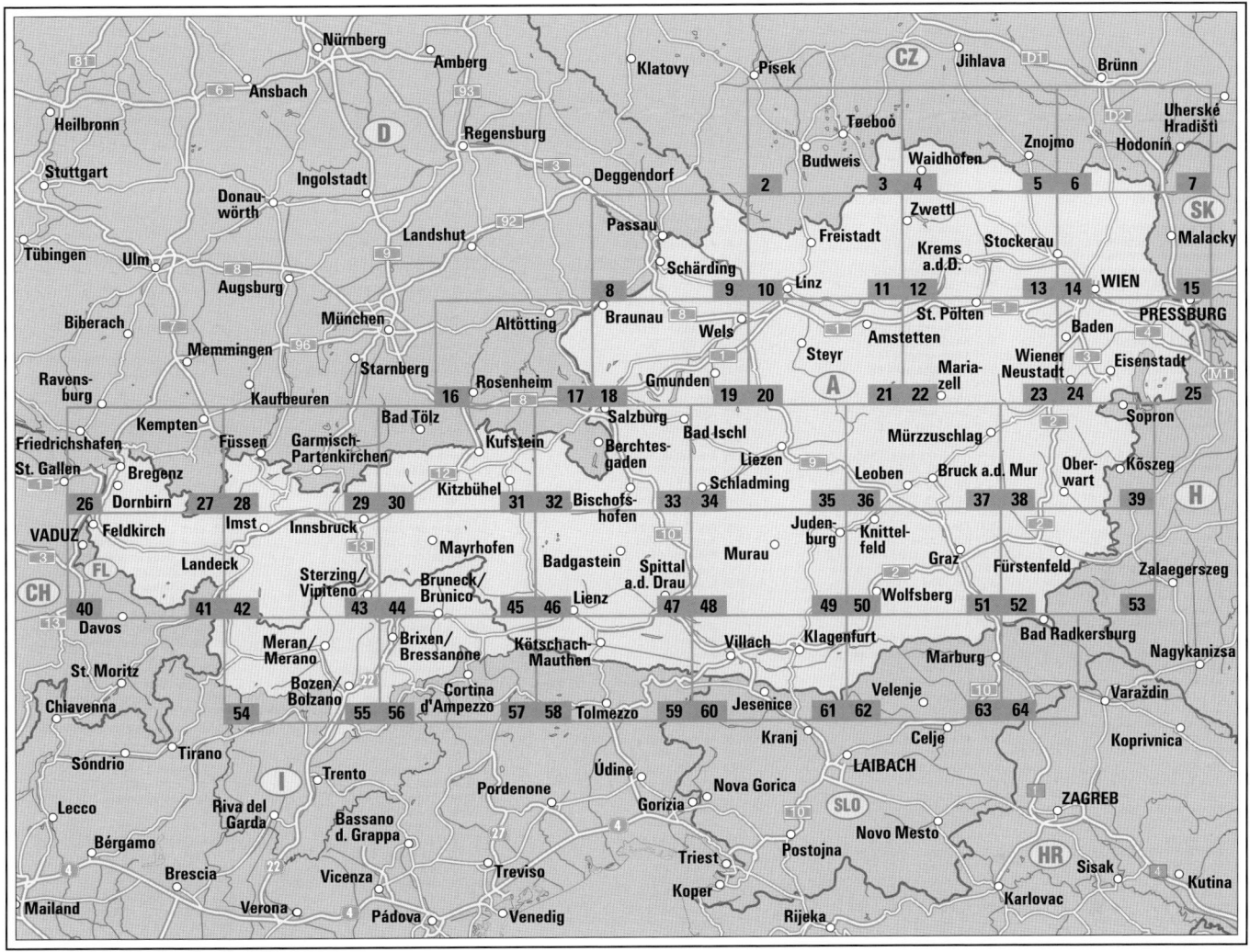

B

8844 **Baierdorf, Schöder** 48 D2
4120 **Bairach** 9 H4
5511 **Bairau** 33 F5
6410 **Bairbach** 29 E6
8344 **Bairisch Kölldorf** 52 B5
2761 **Balbersdorf** 23 G5
8413 **Baldau** 51 H5
9805 **Baldramsdorf** 59 G1
5233 **Bamberg** 18 A3
6800 **Bangs** 40 A1
9911 **Bannberg** 58 A1
9361 **Barbarabad** 49 F4
3052 **Barbaraholz** 23 F2
3621 **Barcharnsdorf** 12 C5
6167 **Bärenbad** 43 F3
6373 **Bärenbichl** 31 G6
9062 **Bärendorf** 61 E2
9181 **Bärental** 62 E4
6391 **Bärfeld** 31 H4
6370 **Barmleiten** 31 G5
8352 **Bärnbach, Auersbach** 52 B3
8570 **Bärnbach, Voitsberg** 50 D3
9753 **Bärnbad** 59 G1
8786 **Bärndorf** 35 G4
8081 **Bärndorf, Fernitz** 51 G4
3435 **Bärndorf, Zwentendorf an der Donau** 13 F5
3665 **Bärnkopf** 11 H5
6351 **Bärnstatt** 31 F4
6380 **Bärnstatten** 31 G4
8691 **Bärntal** 37 H2
8742 **Bärnthal** 49 H3
6365 **Bärstätt** 31 F5
6771 **Bartholomäberg** 40 D3
5584 **Bartlalm, Bruckdorf** 47 G2
5584 **Bartlalm, Zederhaus** 47 H2
6414 **Barwies** 42 D1
4770 **Basling** 9 E6
6824 **Bassigg** 40 C2
6832 **Batschuns** 40 B1
6844 **Bauern** 26 B6
3071 **Bauland** 23 E1
3281 **Baumbach** 22 A3
3341 **Baumgarten a. Tullnerfeld** 13 G6
3701 **Baumgarten am Wagram** 13 F3
2293 **Baumgarten an der March** 15 F5
8342 **Baumgarten bei Gnas** 52 A4
7021 **Baumgarten im Burgenland** 24 C6
4942 **Baumgarten, Gurten** 18 C1
3512 **Baumgarten, Mautern an der Donau** 12 D5
4331 **Baumgarten, Naarn im Machlande** 21 E1
4212 **Baumgarten, Neumarkt im Mühlkreis** 10 C4
3200 **Baumgarten, Ober-Grafendorf** 22 D2
8243 **Baumgarten, Pinggau** 38 C3
3454 **Baumgarten, Reidling** 13 F5
6300 **Baumgarten, Wörgl** 30 D4
6215 **Baumgarten-Hochleger** 29 H4
4342 **Baumgartenberg** 21 E1
2860 **Baumgarteneck** 38 D3
4851 **Baumgarting** 19 E4
4174 **Baumgartsau** 10 A4
9582 **Baumgastner** 60 C4
6121 **Baumkirchen** 44 A1
3002 **Baunzen** 23 H1
5201 **Bayerham** 18 B5
5570 **Begöriach** 48 A3
4441 **Behamberg** 20 D3
9702 **Beinten** 59 H1
2811 **Beistein** 39 E2
9571 **Benesirnitz** 48 D6
4161 **Berdetschlag** 9 G2
5652 **Berg Dienten** 32 D5
4880 **Berg im Attergau** 19 E5
9771 **Berg im Drautal** 59 E1
4880 **Berg in Attergau** 19 E5
9543 **Berg ob Arriach** 60 B1
6252 **Berg** 30 D4
6764 **Berg** 41 F2
6912 **Berg** 26 C3
8593 **Berg, Graden** 50 C2
9131 **Berg, Grafenstein** 61 G3
4053 **Berg, Haid** 20 B2
5300 **Berg, Hallwang** 18 A6
5771 **Berg, Hochfilzen** 32 A5
8854 **Berg, Krakauhintermühlen** 48 C2
5651 **Berg, Lend** 46 D1
4060 **Berg, Leonding** 10 B6
9981 **Berg, Matrei in Osttirol** 45 H4
4853 **Berg, Steinbach am Attersee** 19 E6
2412 **Berg, Wolfsthal-Berg** 25 G1
2013 **Bergau** 13 H3
8524 **Bergegg** 51 E5
8380 **Bergen, Jennersdorf** 52 D4
9942 **Bergen, Obertilliach** 58 A2
7551 **Bergen, Stegersbach** 52 D1
4210 **Bergen, Unterweitersdorf** 10 C5
5753 **Berger Hochalm** 32 A5
5742 **Bergeralm** 45 E1
8785 **Bergerhube** 35 G5
4650 **Bergern, Gunskirchen** 19 G2
3390 **Bergern, Melk** 22 B1
4901 **Bergern, Ottnang am Hausruck** 19 E3
4643 **Bergern, Pettenbach** 19 H4
3650 **Bergern, Pöggstall** 12 A6
8933 **Bergerviertel** 35 H1
6263 **Berggruben** 44 C2
4952 **Bergham, Altheim** 18 B1
4963 **Bergham, Braunau am Inn** 18 B1
4072 **Bergham, Eferding** 10 A6
4060 **Bergham, Leonding** 10 B6
5163 **Bergham, Palting** 18 A4
4891 **Bergham, Straßwalchen** 18 D4
4654 **Bergham, Vorchdorf** 19 G3
5101 **Bergheim** 18 A6
4101 **Bergheim, Eferding** 10 A5
5602 **Berghof** 33 F6
3323 **Berghof, Neustadtl an der Donau** 21 G1
3250 **Berging** 22 A2
8160 **Bergl** 52 B3
9564 **Bergl, Patergassen** 48 C6
8543 **Bergla** 51 E6
6380 **Berglehen** 31 G4
3214 **Bergrotte** 22 B4
8190 **Bergviertel** 38 A5
7433 **Bergwerk** 38 D5
9312 **Bergwerksgraben** 49 F6
4150 **Berlesreith** 9 G2
9232 **Bern** 60 D3
9313 **Bernaich** 49 G6
3170 **Bernau, Hainfeld** 23 F3
8152 **Bernau, Stallhofen** 51 E3
6313 **Bernau, Wildschönau** 30 D5
2560 **Berndorf** 23 H4
5165 **Berndorf bei Salzburg** 18 A4
4794 **Berndorf** 9 F5
8600 **Berndorf, Bruck an der Mur** 37 E4
4181 **Berndorf, Eidenberg** 10 B5
8071 **Berndorf, Hausmannstätten** 51 G3
8324 **Berndorf, Kirchberg an der Raab** 52 A4
5134 **Berndorf, Schwand im Innkreis** 17 H2
4571 **Bernerau** 34 D1
3623 **Bernhards** 12 B4
4191 **Bernhardschlag** 10 B3
3631 **Bernhardshof** 12 A5
2275 **Bernhardsthal** 7 E6
3631 **Bernreith** 12 A4
3804 **Bernschlag** 12 A1
7434 **Bernstein** 39 E4
8584 **Bernstein, Hirschegg** 50 C4
6866 **Bersbuch** 26 D5
6622 **Berwang** 28 C5
6710 **Beschling** 40 B2
3122 **Besenbuch** 12 C6
6780 **Bettleralpe** 41 F3
6870 **Bezau** 26 D5
3353 **Biberbach** 21 F3
3632 **Biberschlag** 12 A4
6952 **Biberstein** 27 E5
6633 **Biberwier** 28 D6
5733 **Bicheln** 45 G1
8932 **Bichl, Altenmarkt bei Sankt Gallen** 35 H1
9971 **Bichl, Matrei in Osttirol** 45 H4
9974 **Bichl, Prägraten** 45 G4
6481 **Bichl, Sankt Leonhard im Pitztal** 42 C3
6370 **Bichlach, Kitzbühel** 31 G4
6345 **Bichlach, Kössen** 31 G3
6370 **Bichlalm** 31 H5
6621 **Bichlbach** 28 C5
6621 **Bichlbächle** 28 C5
3161 **Bichler** 23 E3
6363 **Bichling** 31 F5
6323 **Bichlwang** 31 E4
6481 **Biedere** 42 C4
2333 **Biedermannsdorf** 24 B2
6787 **Bielerhöhe** 41 E5
3462 **Bierbaum a. Kleebühel** 13 F4
8093 **Bierbaum am Auersbach** 52 A5
8283 **Bierbaum an der Safen** 52 C2
3354 **Bierbaumdorf** 21 E3
8160 **Birchbaum** 51 G1
6091 **Birgitz** 43 G1
4074 **Birihub** 9 G6
6542 **Birkach** 42 A4
2482 **Birkensee** 24 B2
8190 **Birkfeld** 37 H5
9652 **Birnbaum** 58 C2
8967 **Birnberg** 34 A5
2102 **Bisamberg** 14 B5
8455 **Bischofegg** 63 F1
8731 **Bischoffeld** 36 A6
9572 **Bischofsberg** 48 D6
5500 **Bischofshofen** 33 E5
3232 **Bischofstetten** 22 C2
6780 **Bitschweil** 40 D4
6874 **Bizau** 26 D6
6351 **Blaiken** 31 F4
8265 **Blaindorf** 52 B1
5282 **Blankenbach** 18 A1
9135 **Blasnitzen** 61 H4
9141 **Blasnitzenberg** 61 H3
9753 **Blaßnig** 59 F1
2763 **Blättertal** 23 G4
2136 **Blaustaudenhof** 6 A6
9530 **Bleiberg-Kreuth** 60 A3
9530 **Bleiberg-Nötsch** 60 A3
9150 **Bleiburg** 62 B3
2630 **Blindendorf** 38 C1
3372 **Blindenmarkt** 21 H2
4600 **Blindenmarkt, Wels** 20 A2
9963 **Blindisalm** 45 F6
6721 **Blons, Ludesch** 40 D1
6471 **Blons, Wenns** 42 C2
6700 **Bludenz** 40 D2
6712 **Bludesch** 40 C2
5450 **Blühnbach** 33 E4
4591 **Blumau** 20 C5
3762 **Blumau a. d. Wild** 4 C6
8283 **Blumau in Steiermark** 52 C2
8530 **Blumau, Deutschlandsberg** 51 E5
8790 **Blumau, Eisenerz** 36 B3
3920 **Blumau, Groß Gerungs** 11 G3
2812 **Blumau, Hollenthon** 39 E2
4443 **Blumau, Maria Neustift** 20 D4
2602 **Blumau, Neurißhof** 24 B4
4580 **Blumauer Alm** 20 C6
8502 **Blumegg** 51 F4
2225 **Blumenthal** 14 D2
7562 **Bobisberg** 52 D3
9974 **Bobojach** 45 G4
6295 **Böckachalm** 44 C3
6365 **Bockern** 31 F5
2213 **Bockfließ** 14 D5
7551 **Bocksdorf** 52 D1
7551 **Bocksdorfer Berghäuser** 52 D1
5645 **Böckstein** 47 E3
6433 **Bodele** 42 D2
6850 **Bödele** 26 C5
6524 **Boden** 42 C4
6541 **Boden** 42 B4
6870 **Boden** 41 E1
5622 **Boden, Goldegg** 32 D6
9321 **Boden, Kappel am Krappfeld** 49 G6
6644 **Boden, Pfafflar** 42 A1
8102 **Boden, Semriach** 51 F1
9714 **Boden, Stockenboi** 59 H2
7562 **Bodenalpe** 41 G5
8861 **Bodendorf** 48 D3
9551 **Bodensdorf** 60 C2
9163 **Bodental** 61 E4
3293 **Bodingbach** 21 H5
4591 **Bodinggraben** 20 C6
6675 **Bogen** 28 A4
9580 **Bogenfeld** 60 C3
4963 **Bogenhofen** 18 B1
2125 **Bogenneusiedl** 14 C3
3071 **Böheimkirchen** 23 E1
4190 **Böheimschlag** 10 B3
2601 **Böhler** 24 A4
3340 **Böhlerwerk** 21 F4
4193 **Böhmdorf** 10 C3
3910 **Böhmhöf** 12 A3
3920 **Böhmsdorf** 11 G2
6952 **Bolgenach** 27 E4
6830 **Bonacker** 40 C1
8385 **Bonisdorf** 52 C5
3073 **Bonnleiten** 23 F2
4172 **Böschl** 10 A4
3473 **Bösendürnbach** 13 E3
3910 **Bösenneunzen** 12 A1
9103 **Bösenort** 61 H1
5222 **Bradirn** 18 B3
5733 **Bramberg am Wildkogel** 45 G1
8184 **Brand, Anger** 37 H6
6622 **Brand, Berwang** 28 B6
6708 **Brand, Bludenz** 40 C3
3873 **Brand, Gmünd** 3 G5
3053 **Brand, Laaben** 23 F2
6410 **Brand, Telfs** 29 E6
3531 **Brand, Waldhausen** 12 B3
3873 **Brand-Nagelberg** 3 H5
8962 **Brandalm** 34 B4
5550 **Brandalm, Höggen** 33 G6
6290 **Brandberg** 44 C2
6234 **Brandenberg** 30 C5
3332 **Brandhof** 21 E3
8635 **Brandhof, Gußwerk** 37 E2
8172 **Brandlucken** 37 G5
6365 **Brandseite** 31 G5
6600 **Brandstatt** 28 B4
4531 **Brandstatt, Bad Hall** 20 B3
4070 **Brandstatt, Eferding** 9 H6
9854 **Brandstatt, Malta** 47 G4
3270 **Brandstatt, Saffen** 22 A4
4890 **Brandstatt, Sankt Georgen im Attergau** 18 D4
3270 **Brandstatt, Scheibbs** 22 A3
8653 **Brandstatt, Stanz im Mürztal** 37 G4
4775 **Brauchsdorf** 9 E5
4162 **Bräuerau** 9 G2
5280 **Braunau am Inn** 18 A1
3650 **Braunegg** 12 A5
9345 **Braunsberg** 49 E6
3714 **Braunsdorf** 13 F1
4283 **Brawinkl** 11 E6
6830 **Brederis** 40 B1
6900 **Bregenz** 26 C4
4772 **Breiningsdorf** 9 E6
4921 **Breiningsham** 19 E1
4722 **Breitau, Bruck-Waasen** 9 F6
8932 **Breitau, Weißenbach an der Enns** 35 H1
4062 **Breitbrunn** 20 A1
8160 **Breitegg** 51 H1
4785 **Breiteich** 8 D3
4075 **Breitenaich** 19 H1
4893 **Breitenau** 18 C5
4624 **Breitenau, Gunskirchen** 19 G2
4591 **Breitenau, Molln** 20 C5
2624 **Breitenau, Neunkirchen** 24 A6
8614 **Breitenau, Sankt Jakob** 37 F5
8162 **Breitenau, Unterneudorf** 51 F1
3334 **Breitenau, Weyer Markt** 21 F5
8573 **Breitenbach** 50 C2
6252 **Breitenbach am Inn** 30 D5
8312 **Breitenbach, Ottendorf an der Rittschein** 52 B2
8225 **Breitenbach, Pöllau** 38 A6
5630 **Breitenberg** 46 D2
4650 **Breitenberg, Lambach** 19 G3
7091 **Breitenbrunn** 25 E3
8253 **Breitenbrunn, Waldbach** 38 A3
2833 **Breitenbuch, Bromberg** 38 D1
8082 **Breitenbuch, Zerlach** 51 H4
3580 **Breiteneich, Horn** 13 E1
3252 **Breiteneich, Wieselburg** 22 A2
8421 **Breitenfeld am Tannenriegel** 51 H5
8313 **Breitenfeld an der Rittschein** 52 B3
3800 **Breitenfeld, Göpfritz an der Wild** 4 B6
8061 **Breitenfeld, Sankt Radegund bei Graz** 51 G1
2384 **Breitenfurt** 24 A1
8924 **Breitengries** 36 B1
8071 **Breitenhilm** 51 G3
1220 **Breitenlee** 14 C6
4753 **Breitenried** 19 E1
4691 **Breitenschützing** 19 F3
1140 **Breitensee** 15 E6
3950 **Breitensee, Gmünd** 3 G6
2734 **Breitensohl** 23 G6
2673 **Breitenstein, Prein an der Rax** 38 A1
9300 **Breitenstein, Sankt Veit an der Glan** 49 G6
2014 **Breitenwaida** 13 G3
6600 **Breitenwang** 28 C4
5563 **Breitlahnalm** 47 H1
4906 **Breitsach** 19 E2
2285 **Breitstten** 14 D6
8720 **Breitwiesen, Knittelfeld** 50 B1
4702 **Breitwiesen, Wallern an der Trattnach** 19 H1
6933 **Brenden** 26 D4
9346 **Brenitz** 49 E6
9181 **Brental** 61 E4
8763 **Bretstein** 35 F6
6600 **Bretterhof** 27 H6
3292 **Brettl** 21 H4
3633 **Brettlers** 11 H4
3011 **Brettwies** 23 H1
9560 **Briefelsdorf** 61 E1
6850 **Brittenberg** 26 D5
6364 **Brixen im Thale** 31 F5
6230 **Brixlegg** 30 C5
9853 **Brochendorf** 47 H5
8063 **Brodersdorf** 51 H2
8063 **Brodingberg** 51 H2
6934 **Brögen** 26 D4
6361 **Bromberg** 31 F4
3912 **Bromberg, Grafenschlag** 11 H4
2833 **Bromberg, Thernberg** 38 D1
3650 **Bruck am Ostrong** 12 A6
6262 **Bruck am Ziller** 30 C6
4722 **Bruck an der Aschach** 9 F6
5672 **Bruck an der Großglocknerstraße** 46 B1
8251 **Bruck an der Lafnitz** 38 B4
2460 **Bruck an der Leitha** 25 E2
8600 **Bruck an der Mur** 37 E5
4490 **Bruck bei Tödling** 20 C1
2734 **Bruck, Puchberg am Schneeberg** 23 G6
4271 **Bruckangern** 11 E3
3333 **Bruckbach** 21 F4
5700 **Bruckberg** 46 B1
6314 **Bruckberg** 31 E5
5571 **Bruckdorf, Mariapfarr** 48 A2
5584 **Bruckdorf, Zederhaus** 47 G2
4372 **Brückelwald** 11 G5
6262 **Bruckerberg** 30 C6
9371 **Brückl** 61 G1
8625 **Brücklergraben** 37 E2
4901 **Bruckmühl, Ampflwang im Hausruckwald** 19 E3
8786 **Bruckmühl, Rottenmann** 35 F3
2460 **Bruckneudorf** 25 E3
3921 **Bruderndorf** 11 F2
2004 **Bruderndorf, Niederhollabrunn** 14 A3
3921 **Bruderndorferwald** 11 F3
8441 **Brudersegg** 51 F6
9863 **Brug, Rennweg am Katschberg** 47 H4
6973 **Brugg** 26 B5
3751 **Brugg, Sigmundsherberg** 13 E1
9330 **Brugga** 49 G5
9962 **Bruggen** 45 G5
9761 **Bruggen, Greifenberg** 59 E1
6500 **Bruggen, Landeck** 42 A3
9963 **Bruggeralm** 45 G6
8172 **Bründl, Hohenau an der Raab** 37 G5
4760 **Bründl, Raab** 9 E6
4760 **Brüning** 9 E6
3380 **Brunn a. d. Erlauf** 22 A1
3595 **Brunn a. d. Wild** 12 C1
3522 **Brunn a. Wald** 12 B3
2345 **Brunn am Gebirge** 24 A2
2823 **Brunn an der Pitten** 24 A6
2721 **Brunn an der Schneebergbahn** 23 H5
3494 **Brunn im Felde** 13 E4
5145 **Brunn im Gries** 18 A2
5342 **Brunn, Abersee** 33 G1
3925 **Brunn, Arbesbach** 11 H4
3851 **Brunn, Dobersberg** 4 A4
8924 **Brunn, Fehring** 52 C4
5330 **Brunn, Fuschl am See** 33 F1
8544 **Brunn, Pölfing** 63 E1
3104 **Brunn, Pyhra** 23 E1
8740 **Brunn, Sankt Michael in Obersteiermark** 36 C5
5201 **Brunn, Seekirchen am Wallersee** 18 B6
3830 **Brunn, Waidhofen an der Thaya** 4 A6
8924 **Brunn, Wildalpen** 36 C2
9963 **Brunnaim** 45 G5
6272 **Brunnalm** 44 D1
4463 **Brunnbach** 20 D6
4571 **Brunnental** 20 A6
4780 **Brunnenthal** 8 D4
4622 **Brunnern** 20 A2
4310 **Brunngraben** 20 D1
8444 **Brünngraben** 51 F6
4461 **Brunngraben** 20 C4
4431 **Brunnhof** 20 D3
3931 **Brunnhöf** 11 G1
3250 **Brunning** 22 A2
3571 **Brunnkirchen** 12 D5
3212 **Brunnrotte** 22 C4
8481 **Brunnsee** 52 A6
4822 **Brunntalalpe** 33 H2
4190 **Brunnwald** 10 B4
6644 **Bschlabs** 42 A1
5760 **Bsuch** 32 C5
8471 **Bubenberg** 63 H1
8562 **Bubendorf, Mooskirchen** 51 E4
7441 **Bubendorf, Pilgersdorf** 39 E4
3354 **Bubendorf, Wolfsbach** 21 E3
3372 **Buch** 21 H2
6200 **Buch** 30 B6
6960 **Buch** 26 D4
4952 **Buch, Altheim** 18 B1
5131 **Buch, Franking** 17 H3
8046 **Buch, Stattegg** 51 F1
6392 **Buchau** 31 H5
6212 **Buchau, Eben am Achensee** 30 B5
8911 **Buchau, Weng bei Admont** 35 G2
3830 **Buchbach** 4 A6
3072 **Buchbach, Stössing** 23 F2
2630 **Buchbach, Ternitz** 38 B1
3571 **Buchberg a. Kamp** 12 D2
8262 **Buchberg bei Ilz** 52 B2
6341 **Buchberg** 31 F3
5500 **Buchberg, Bischofshofen** 33 F5
5622 **Buchberg, Goldegg** 46 D1
3264 **Buchberg, Gresten** 21 H4
8162 **Buchberg, Passail** 37 G6
8621 **Buchberg, Sankt Ilgen** 36 D3
4863 **Buchberg, Seewalchen am Attersee** 19 E5
3562 **Buchberger Waldhütten** 12 D2
6731 **Buchboden** 40 D1
9141 **Buchbrunn** 61 H3
5661 **Bucheben** 46 D2
3632 **Buchegg, Schönbach** 11 H4
8063 **Buchegg, St. Ruprecht an der Raab** 51 H1
3282 **Büchel** 22 A3
2392 **Buchelbach** 23 H2
6780 **Buchen** 41 E3
4812 **Buchen, Pinsdorf** 19 G5
8553 **Buchenberg** 62 D1
9141 **Buchhalm** 62 A2
4175 **Buchholz, Herzogsdorf** 10 A4
9521 **Buchholz, Treffen** 60 B2
4611 **Buchkirchen** 19 H1
8160 **Büchl** 51 H1
3312 **Buchleiten** 21 F2
4443 **Buchschachen, Maria Neustift** 20 D4
7411 **Buchschachen, Markt Allhau** 38 C5
7411 **Buchschachner Berghäuser** 38 C5
9560 **Buchscheiden** 60 D2
8162 **Buchtal** 37 G6
8190 **Buckenberg** 37 H5
5571 **Bueggen** 48 A2
6867 **Bühel** 26 D5
2185 **Bullendorf** 14 D2
5591 **Bundschuh** 48 A3
2630 **Bürg** 23 G6
7474 **Burg** 39 F6
4531 **Burg, Bad Hall** 20 A3
6323 **Burg, Bad Häring** 31 E4
4431 **Burg, Haag** 20 D2
9981 **Burg, Kals am Großglockner** 46 A4
9912 **Burg, Oberassling** 58 A1
8291 **Burgau, Bad Waltersdorf** 52 C1
4854 **Burgau, Weißenbach am Attersee** 19 E6
8291 **Burgauberg** 52 D1
8530 **Burgegg** 51 E6
6960 **Burgen** 26 D4
8623 **Bürgeralm** 36 D3
3591 **Burgerwiesen** 12 D1
8241 **Burgfeld, Dechantskirchen** 38 B4
8350 **Burgfeld, Fehring** 52 C4
4190 **Burgfried, Bad Leonfelden** 10 B3
5400 **Burgfried, Hallein** 32 D2
8903 **Burgfried, Lassing** 52 B4
8903 **Burgfried, Rottenmann** 35 E4
9900 **Burgfrieden** 58 A1
6105 **Burggraben** 29 F5
5274 **Burgkirchen** 18 A2
3730 **Burgschleinitz** 13 E2
6234 **Burgstall** 30 C4
8162 **Burgstall, Arzberg** 51 G1
8452 **Burgstall, Großklein** 63 F1
3034 **Burgstall, Maria-Anzbach** 23 G1
6290 **Burgstall, Mayrhofen** 44 C3
9433 **Burgstall, Sankt Andrä** 62 B1
6444 **Burgstein** 42 D4
5730 **Burk** 45 H1
5111 **Bürmoos** 17 H4
6764 **Bürstegg** 41 F1
8786 **Büschendorf** 35 F3
3240 **Busendorf** 22 B2
3713 **Buttendorf** 13 E2

C

3430 **Chorherrn** 13 H6
3233 **Christenberg** 22 C2
4400 **Christkindl** 20 C3
9064 **Christofberg** 61 G1
2422 **Csardahof** 25 G2

D

9545 **Dabor** 48 A6
3292 **Dachsbach** 22 A5
3753 **Dallein** 5 E6
4581 **Dambach** 35 F1
8262 **Dambach, Ilz** 52 B2
4641 **Dambach, Neuhofen an der Krems** 20 B2
4170 **Dambergschlag** 10 A3
9782 **Damer** 58 C1
4170 **Damreith** 9 H3
9241 **Damtschach** 60 C2
6884 **Damüls** 40 D1
4950 **Dangfling** 18 B1
3623 **Dankholz** 12 B4
4323 **Danndorf** 11 F6
4971 **Danner** 18 D1
4656 **Danzlau** 19 H4
3595 **Dappach** 12 C1
5582 **Dasl** 47 H3
4273 **Dauerbach** 11 F4
4542 **Dauersdorf** 20 A4
4202 **Davidschlag** 10 B4
9990 **Debant** 46 B6
9220 **Deber** 60 D3
9816 **Dechantalm** 47 E6
8241 **Dechantskirchen** 38 C4
8490 **Dednitz** 64 C1
3352 **Dehendorf** 21 E3
4550 **Dehenwang** 20 A3
9334 **Deinsberg** 49 G5
9064 **Deinsdorf** 61 G2

69

3200 Fridau 22 D1
2133 Friebritz 14 B1
8794 Friedauwerk 36 C4
8240 Friedberg 38 C4
5211 Friedburg 18 B4
5721 Friedensbach 46 A1
3224 Friedenstein 22 B6
3533 Friedersbach 12 A2
2640 Friedersdorf 38 B1
4873 Friedhalbing 18 D3
9555 Friedlach 61 E1
3922 Friedreichs 11 G2
2424 Friedrichshof 25 F3
9360 Friesach 49 G4
8114 Friesach, Gratkorn 51 F1
4902 Friesam 19 F2
9184 Frießnitz 60 D3
4063 Frindorf, Haid 20 B1
8062 Frindorf, Kumberg 51 G2
4170 Frindorf, Rohrbach in Oberösterreich 9 H3
3661 Fritzelsdorf 12 A6
9624 Fritzendorf 59 G3
6122 Fritzens 44 A1
4941 Fritzging 18 D2
6553 Frödenegg 42 A3
9654 Frohn 58 B2
8130 Frohnleiten 37 E6
2821 Frohsdorf 24 A6
8841 Frojach 49 F2
3932 Fromberg 11 H1
6824 Frommengärsch 40 B2
6414 Fronhausen 42 D1
2084 Fronsburg 5 E5
4351 Froschau 21 F1
9131 Froschendorf 61 G2
2680 Fröschnitz 38 A2
5661 Fröstberg 46 D2
3842 Frühwärts 4 A5
8355 Frutten 52 B5
3323 Fryenstein 21 G1
8953 Fuchsberg, Donnersbach 34 D4
3062 Fuchsberg, Kirchstetten 23 F1
2286 Fuchsenbigl 15 E6
8764 Fuchsgraben 35 F6
9560 Fuchsgruben 60 D1
8903 Fuchslucken 35 E3
5121 Fucking 17 H3
6263 Fügen 30 C6
6263 Fügenberg 30 C6
3125 Fugging 12 D6
3591 Fuglau 12 D2
2093 Fugnitz 5 E6
6543 Fuhrmannsloch 42 A6
2532 Füllenberg 23 H2
2002 Füllersdorf 13 H3
2293 Fünfhaus, Marchegg 15 F5
3171 Fünfhaus, Randegg 23 E4
8181 Fünfing 51 H2
8261 Fünfing bei Gleisdorf 52 A2
4271 Fünfling, Freistadt 10 D3
3684 Fünfling, Sankt Oswald 21 H1
3684 Fünflingeramt 21 H1
5274 Fürch 18 A1
3680 Fürholz 21 H1
5141 Furkern 17 H4
4172 Fürling 10 A4
4293 Fürling, Gutau 11 E4
4150 Fürling, Rohrbach 9 H3
4274 Fürling, Schönau im Mühlkreis 11 E5
9586 Fürnitz 60 B3
8953 Furrach 34 D5
5082 Fürstenbrunn 32 D1
8280 Fürstenfeld 52 C3
8624 Fürstner 37 E3
8982 Furth 34 C3
2564 Furth an der Triesting 23 G3
3511 Furth bei Göttweig 12 D5
8524 Furth, Bad Gams 51 E5
3071 Furth, Böheimkirchen 23 E1
2013 Furth, Göllersdorf 13 H3
5721 Fürth 46 B1
3241 Furth, Mank 22 B3
5230 Furth, Mattighofen 18 B2
8755 Furth, Thalheim 49 H1
8782 Furth, Treglwang 35 H4
3192 Furthof 22 D4
3595 Fürwald 12 C1
6832 Furx 40 B1
5672 Fusch an der Glocknerstraße 46 B1
5330 Fuschl am See 33 F1
6972 Fußach 26 B4

G

2724 Gaaden, Hohe Wand 23 H5
2531 Gaaden, Mödling 24 A2
8731 Gaal 35 H6
8731 Gaalwaldhütte 35 H6
7521 Gaas 53 F2
8424 Gabersdorf 51 H6
9141 Gablern 62 A3
3003 Gablitz 13 H6
8132 Gabraun 37 F5
5630 Gadaunern 47 E2
2565 Gadenweith, Pottenstein 23 H3
2631 Gadenweith, Ternitz 23 G6
3334 Gaflenz 21 F5
3324 Gafring 21 G3
6165 Gagers 43 G2
8793 Gai 36 C5
4300 Gaibling 21 E2
6672 Gaicht 28 B5
6672 Gaichtpaß 28 B5
8654 Gaihof 37 H4
9781 Gailberg 58 C1
9601 Gailitz 60 A3
9602 Gailtal 60 A3
3720 Gaindorf 13 F2
2540 Gainfarn 24 A4
6712 Gais 40 C2
9360 Gaisberg 49 G4
2225 Gaiselberg 14 D2
4942 Gaiserding 18 C1
8564 Gaisfeld 51 E3
8783 Gaishorn am See 35 G4
5261 Gaismannslohen 18 A2
3464 Gaisruck 13 H4
2533 Gaisrücken 23 G2
6974 Gaißau 26 B4
5421 Gaißau, Krispl 33 E2
4191 Gaisschlag 10 B3
8551 Gaißeregg 63 E1
6522 Gaiswies 42 B3
8993 Gaiswinkel 34 B2
4171 Gaiszeile 10 A4
9754 Gajach 59 F1
4240 Galgenau 10 D4
4553 Galgenau 20 A5
6791 Galgenul 40 D4
8190 Gallbrunn, Birkfeld 37 H5
2454 Gallbrunn, Trautmannsdorf a. d. Leitha 24 D2
8790 Galleiten 36 B3
4950 Gallenberg 18 B1
8714 Galleralm 36 B6
4731 Gallham 9 G6
8990 Gallhof 34 B3
9132 Gallizien 61 H3
8153 Gallmannsegg 50 C1
4210 Gallneukirchen 10 C5
4713 Gallspach 19 G1
6200 Gallzein 30 B6
6563 Galtür 41 F5
3292 Gaming 21 H4
9330 Gaming, Mölbling 49 G6
3292 Gamingrotte 22 A5
7535 Gamischdorf 53 E2
8200 Gamling 52 A2
8462 Gamlitz 63 G1
9064 Gammersdorf 61 G1
6791 Gampaping 40 D4
6562 Gampele 41 F5
4851 Gampern 19 E4
6780 Gamplaschg 40 D3
8130 Gams 37 E6
8922 Gams bei Hieflau 36 A2
9861 Gamschitz 47 H5
3171 Gamsenhof 23 E4
8922 Gamsforst 36 B2
8524 Gamsgebirg 51 E5
8130 Gamsgraben 37 E6
6580 Gand 41 G2
7535 Gangelberg 53 E1
3122 Gansbach 12 C6
9102 Gänsdorf 61 H1
2230 Gänserndorf 14 D5
2230 Gänserndorf Süd 14 D5
5591 Ganslberg 48 B3
9971 Ganz, Matrei in Osttirol 45 H4
8680 Ganz, Mürzzuschlag 37 H2
3900 Ganz, Schwarzenau 12 A1
8680 Ganz-Alm 37 H2
6780 Ganzanahl 40 D3
3151 Ganzendorf 22 D2
5524 Gappen, Annaberg-Lungötz 33 G4
9815 Gappen, Reißeck 47 F5
8541 Garanas 50 D6
3283 Garenberg 22 A4
6791 Garfrescha 41 E4
6787 Gargellen 40 D5
6733 Garlitt 40 D1
2126 Garmanns 14 B2
3542 Garmanns, Gföhl 12 C3
3343 Garnberg 21 F5
5431 Garnei 33 E2
4591 Garnweid 20 B5
3852 Garolden 4 A5
8160 Garrach 51 G1
3571 Gars am Kamp 12 D2
4451 Garsten 20 C3
9321 Garzern 49 G6
8764 Gasbachl 35 F6
8616 Gasen 37 G5
8616 Gasenbach 37 G5
4673 Gaspoltshofen 19 F2
9342 Gassarest 49 E5
6156 Gasse, Gries am Brenner 43 H4
6105 Gasse, Leutasch 29 F6
8564 Gasselberg 51 E3
8753 Gasselsdorf 49 H1
8443 Gasselsdorf, Gleinstätten 63 F1
9542 Gassen, Afritz 60 B1
4371 Gassen, Dimbach 11 G6
4716 Gassen, Hofkirchen an der Trattnach 19 F1
3393 Gassen, Matzleinsdorf 22 B1
9714 Gassen, Stockenboi 59 H1
8642 Gassing 37 E4
5212 Gasteig 18 C4
6167 Gasteig, Fulpmes 43 G4
5431 Gasteig, Golling an der Salzach 33 E3
6060 Gasteig, Hall in Tirol 44 A1
6322 Gasteig, Wörgl 31 E4
9322 Gasteige 49 G5
2640 Gasteil 38 B1
3200 Gasten 22 D2
3852 Gastern 4 A5
9762 Gatschach 59 F1
8961 Gatschberg 34 C5
8943 Gatschen 34 D4
2474 Gattendorf 25 F2
8342 Gatteregg 52 A4
6272 Gattererberg 44 C1
4150 Gatteragßling 9 H3
4784 Gattern 8 D3
9102 Gattersdorf 61 H1
3200 Gattmannsdorf 22 D1
4742 Gattring, Pram 19 E1
3143 Gattring-Raking 23 E1
2133 Gaubitsch 14 B1
3730 Gauderndorf 13 E1
6774 Gauen 40 D4
4950 Gaugsham 18 B1
8442 Gauitsch 51 G6
3172 Gaupmannsgraben 23 F3
8793 Gausendorf 36 C5
4760 Gautzham 9 F6
2191 Gaweinstal 14 C3
4701 Gebersdorf 19 G1
3311 Gebetsberg 21 F2
3943 Gebharts 3 H6
2115 Gebmanns 14 B3
4682 Geboltskirchen 19 E2
6143 Gedeir 43 H3
8054 Gedersberg 51 F3
3494 Gedersdorf 13 E4
3170 Gegend Egg 23 F3
4894 Gegend, Oberhofen am Irrsee 18 C5
2662 Gegend, Schwarzau im Gebirge 23 E5
5731 Gehralm 45 G1
6767 Gehren 41 F1
2860 Gehring 38 D3
8274 Geier 52 C1
8911 Geiergraben 35 G2
4922 Geiersberg 19 E1
4252 Geierschlag 11 F4
4191 Geierschlag, Helfenberg 10 A3
9064 Geiersdorf 61 G2
4943 Geinberg 18 C1
8632 Geisberg 48 C3
6293 Geiselalm 44 B2
2064 Geiselbrechthof 14 A1
8274 Geiseldorf 52 B1
4762 Geiselham 9 F6
4160 Geiselreith 9 H2
8153 Geistthal 50 D1
2002 Geitzendorf 13 H3
3133 Gemeinlebarn 13 F5
4083 Gemersdorf 9 G5
9421 Gemmersdorf 62 B1
9805 Gendorf 47 G6
9640 Gentschach 58 D2
3800 Georgenberg, Göpfritz an der Wild 4 B6
5431 Georgenberg, Kuchl 33 E2
5652 Geralm, Dienten am Hochkönig 32 C6
2093 Geras 4 D6
2731 Gerasdorf am Steinfeld 23 H6
2201 Gerasdorf bei Wien 14 B5
8413 Gerbersdorf 51 G5
7540 Gerersdorf 53 E2
3361 Gerersdorf, Aschbach Markt 21 F2
4531 Gerersdorf, Neuhofen an der Krems 20 B2
3650 Gerersdorf, Pöggstall 12 A6
3385 Gerersdorf, Sankt Pölten 22 D1
3443 Gerersdorf, Sieghartskirchen 13 G6
5132 Geretsberg 17 H3
2811 Geretschlag 38 D2
4153 Geretschlag, Peilstein im Mühlviertal 9 G2
5122 Geretsdorf 18 B2
5212 Geretseck 18 C4
9543 Gerger 60 B1
2471 Gerhaus 25 F2
6952 Gerisgschwend 27 E5
9754 Gerlamoos 59 F1
3931 Gerlas 11 H2
4863 Gerlham 19 E5
5760 Gerling 32 C6
4113 Gerling, Aschach an der Donau 10 A5
6281 Gerlos 44 D2
6280 Gerlosberg 44 D2
6281 Gerlostal 44 D2
3593 Germanns, Horn 12 C1
3910 Germanns, Zwettl 12 A1
3053 Gern 23 F2
3392 Gerolding 12 C6
6091 Geroldsbach 43 G1
3910 Gerotten 12 A2
8962 Gersdorf 34 C4
8212 Gersdorf an der Feistritz 52 A1
8472 Gersdorf an der Mur 63 H1
8524 Gersdorf, Bad Gams 51 E5
8265 Gersdorfberg 52 A1
3314 Gerstberg 21 E2
9413 Gertraud 50 B5
3903 Gerweis 12 A1
9913 Geselhaus 57 H1
4882 Gessenschwand 18 D6
4890 Geßlingen 18 D5
8850 Geßtüthof 49 E3
3710 Gettsdorf 13 F2
3131 Getzersdorf 13 E5
3122 Geyersberg 12 C5
6952 Gfäll 27 E5
8240 Gfangen 38 C5
3542 Gföhl 12 C3
4730 Gföll 32 A2
6531 Gfrans 42 B4
6883 Giblen 27 E6
4642 Giering 20 A3
8354 Gießelsdorf 52 B5
6108 Gießenbach 29 F6
8562 Gießenberg 51 E4
2372 Gießhübl, Mödling 24 A2
3051 Gießhübl, Neulengbach 23 F1
5122 Gietzing 18 A3
3470 Gigging, Kirchberg am Wagram 13 F4
8083 Gigging, St. Stefan im Rosental 51 H4
6553 Giggl 42 A3
5133 Gilgenberg am Weilhart 17 H2
3844 Gilgenberg, Waldkirchen an der Thaya 4 B4
3613 Gillaus 12 B4
8282 Gillersdorf 52 D3
3251 Gimpering 21 H3
3331 Gimpersdorf 21 F3
8793 Gimplach 36 C4
4961 Gimpling 18 B1
5600 Ginau 33 F6
3270 Ginning 22 A3
5121 Ginshöring 17 H2
5134 Ginshöring, Schwand im Innkreis 17 G3
2143 Ginzersdorf 14 D1
6295 Ginzling 44 C3
9863 Girlitzalm 47 H4
7301 Girm 39 G2
6800 Gisingen 40 B1
9170 Glainach 61 F3
9300 Glandorf 61 G1
9555 Glanegg 61 E1
9560 Glanhofen 60 D2
6361 Glantersberg 31 E5
9132 Glantschach, Gallizien 61 H3
9556 Glantschach, Sankt Veit an der Glan 61 E1
8463 Glanz an der Weinstraße 63 G1
9971 Glanz 45 H4
9702 Glanz, Ferndorf 60 A1
9773 Glanz, Irschen 58 D1
8773 Glarsdorf 36 B5
5061 Glasenbach 32 D1
3053 Glashütte, Laaben 23 F2
5582 Glashütte, St. Michael im Lungau 48 A3
7442 Glashütten bei Langeck im Bgld. 39 E4
7435 Glashütten bei Schlaining 39 E5
2534 Glashütten, Alland 23 G2
8530 Glashütten, Deutschlandsberg 50 D6
7540 Glasing 53 F2
9772 Glatschach 58 D1
8953 Glattalm 35 E6
8082 Glatzau 51 H4
8342 Glatzental 52 A5
3704 Glaubendorf 13 G3
8093 Glauning 52 A6
2812 Gleichenbach 39 E2
8344 Gleichenberg Dorf 52 B5
8973 Gleiming 33 H5
8720 Glein, Knittelfeld 50 C1
9431 Glein, Wolfsberg 50 B6
8720 Gleingraben 50 C1
4407 Gleink 20 C3
4580 Gleinkerau 35 F1
8443 Gleinstätten 51 F6
8522 Gleinz 51 E6
8200 Gleisdorf 52 A2
3332 Gleiß 21 F3
2831 Gleißenfeld 38 C1
9111 Gletschach 62 A1
6154 Glinzen 44 A3
2282 Glinzendorf 14 D6
9142 Globasnitz 62 A3
8354 Globitsch 52 B5
3524 Gloden 12 B4
9346 Glödnitz 48 D5
2640 Gloggnitz 38 B1
8421 Glojach 51 H5
3233 Glosbach 22 B3
4391 Gloxwald 21 G1
4170 Gmain 10 A3
3663 Gmaining 11 H6
8654 Gmein 37 H4
4752 Gmeinedt 9 E6
6281 Gmünd, Gerlos 44 D2
3950 Gmünd, Schrems 3 G6
9853 Gmünd, Spittal an der Drau 47 H5
4810 Gmunden 19 G5
4813 Gmundnerberg 19 F5
2152 Gnadendorf 14 B1
8072 Gnaning 51 G4
8982 Gnanitz 34 D3
8342 Gnas 52 B5
3500 Gneixendorf 12 D4
9563 Gnesau 60 C1
8330 Gniebing 52 B4
8261 Gnies 52 B1
5023 Gnigl 18 A6
9761 Gnoppnitz 59 E1
3493 Gobelsburg 13 E4
3592 Gobelsdorf 12 C1
7461 Goberling 39 E5
8720 Gobernitz 50 B1
3150 Göblasbruck 22 D2
4910 Gobrechtsham 18 D2
9634 Goderschach 59 E3
9585 Gödersdorf 60 B3
9421 Goding 50 C6
9991 Gödnach 46 C6
6811 Göfis 40 B1
9560 Goggau 49 E6
3714 Goggendorf 13 F2
9300 Goggerwenig 61 G1
2093 Goggitsch, Geras 4 D6
8321 Goggitsch, St. Margarethen an der Raab 51 H3
6353 Going am Wilden Kaiser 31 G4
5071 Gois 32 C1
9635 Goldberg, Dellach 58 D2
4521 Goldberg, Schiedlberg 20 B2
5622 Goldegg 32 D6
8443 Goldes 63 F1
3464 Goldgeben 13 H4
4100 Goldwörth 10 A6
9913 Goll 57 H1
3441 Gollarn 13 G6
5611 Gollegg 47 E1
5661 Gollehenalm 46 C2
4300 Gollensdorf 20 D1
2013 Göllersdorf 13 H3
8200 Göllesberg 52 A2
3381 Golling a. d. Erlauf 22 A1
5440 Golling an der Salzach 33 E3
8635 Gollrad 37 E2
7122 Gols 25 F4
9161 Göltschach 61 F3
4923 Gonetsreith 18 D2
9143 Gonowetz 62 B3
3800 Göpfritz an der Wild 12 B1
3822 Göpfritzschlag 4 B5
4780 Gopperding 8 D5
3874 Gopprechts 3 H5
9951 Göriach 46 A6
8625 Göriach, Aflenz Kurort 37 E3
9613 Göriach, Feistritz an der Glan 60 A3
9161 Göriach, Köttmannsdorf 61 E3
9991 Göriach, Lienz 46 C6
9812 Göriach, Mühldorf 47 G6
9220 Göriach, Velden am Wörthersee 60 D2
9584 Goritschach, Finkenstein 60 B3
9132 Goritschach, Gallizien 61 G3
9210 Goritschach, Pörtschach am Wörthersee 61 E2
9131 Goritschach, Rottenstein 61 G3
9133 Goritschach, Sittersdorf 61 H3
9500 Goritschach, Villach 60 B3
8490 Goritz bei Radkersburg 64 C1
9843 Göritz, Großkirchheim 46 C5
8605 Göritz, Parschlug 37 E4
4542 Göritz, Wartberg a. d. Krems 20 A4
9462 Görlitzen 50 B4
6791 Gortipohl 41 E4
9962 Görtschach 45 H5
9201 Görtschach, Klagenfurt 61 E2
9615 Görtschach, Presseggen 59 H3
9521 Görtschach, Villach 60 B2
4824 Gosau 33 H3
9527 Göschelsberg 48 D6
3822 Goschenreith 4 B5
3843 Goschenreith am Taxenbache 4 A5
8482 Gosdorf 64 A1
8482 Gösing am Wagram 13 F4
3221 Gösing an der Mariazeller Bahn 22 B5
3763 Goslarn 4 D6
8700 Göß 36 D5
3644 Goßam 12 B6
9314 Gösseling 61 G1
9141 Gösselsdorf 62 A3
8966 Gössenberg 34 B5
8071 Gössendorf 51 G3
8521 Gössendorf 51 F5
8344 Gossendorf 52 B4
9872 Gössering 47 H6
8793 Gößgraben 36 B4
9871 Gössing 47 H6
8993 Gößl 34 C2
8591 Gößnitz 50 C3
9832 Gößnitz, Außerfragant 46 D5
9844 Gößnitz, Heiligenblut 46 B4
8051 Gösting, Graz 51 F2
2225 Gösting, Zistersdorf 15 E2
3361 Göstling 21 F3
3345 Göstling an der Ybbs 21 G6
2641 Göstritz 38 A1
9991 Götschach 46 C6
2632 Götschach 38 B1
8861 Gotschidl 48 D3
4212 Götschka 10 D5
9173 Gotschuchen 61 G3
3324 Göttersdorf 21 G3
9020 Gottesbichl 61 F2
8212 Gottesgraben 52 A1
9241 Gottestal 60 C3
4741 Gotthaming 19 E1
8820 Gotthardsdorf 49 G3
3623 Gotthartschlag 12 A4
2464 Göttlesbrunn 25 E2
8403 Göttling 51 G5
8715 Gottsbach 50 B1
3370 Gottsbach 21 H2
3650 Gottsberg 12 A6
3680 Gottsdorf 22 A1
8160 Götzenbichl 51 H1
2434 Götzendorf an der Leitha 24 C3
8761 Götzendorf, Oberkurzheim 49 H1
4152 Götzendorf, Rohrbach in Oberösterreich 9 H3
8243 Götzendorf, Schäffern 38 D4
2245 Götzendorf, Velm-Götzendorf 15 E3
6091 Götzens 43 G1
6840 Götzis 26 B6
3830 Götzles 4 B6
6840 Götznerberg 26 B6
3261 Götzwang 21 H3
3830 Götzweis 4 A6
3033 Götzwiesen 23 G1
9122 Grabelsdorf 61 H3
8983 Graben, Bad Mitterndorf 34 C3
8530 Graben, Deutschlandsberg 50 D5
4392 Graben, Dorfstetten 11 G5
4650 Graben, Edt bei Lambach 19 G3
4982 Graben, Kirchdorf am Inn 18 C1
3342 Graben, Opponitz 21 G5
3263 Graben, Sankt Leonhard am Wald 21 G3
2662 Graben, Schwarzau im Gebirge 23 E6
8850 Grabenberg 49 E3
5571 Grabendorf 48 A2
3244 Grabenegg 22 A2
9343 Grabenig 49 E5
3041 Grabensee 13 G6
8563 Grabenwarth 51 E4
2563 Grabenweg 23 H4
9461 Gräbern 50 B5
8342 Grabersdorf 52 A5
9150 Grablach 62 B3
8911 Grabnerhof 35 G3
6780 Grabs 40 D3
4580 Gradau 20 B5
8593 Graden, Köflach 50 C2
8731 Graden, Seckau 36 A6
9843 Gradenalm 46 B5
8580 Gradenberg 50 C3
9062 Gradenegg, Moosburg 61 E2

9556 Gradenegg, Sankt Veit an der Glan 61 E1
8142 Gradenfeld 51 F4
9362 Grades 49 E4
9473 Graditschach 62 B2
9065 Gradnitz, Ebental 61 F3
3910 Gradnitz, Zwettl-Niederösterreich 12 A2
4133 Grafenau 9 G4
9103 Grafenbach 62 A1
2632 Grafenbach, Ternitz 38 B1
9831 Grafenberg, Flattach 46 D5
3722 Grafenberg, Straning-Grafenberg 13 F1
8510 Grafendor bei Stainz 51 E5
8232 Grafendorf bei Hartberg 38 B5
9360 Grafendorf, Friesach 49 G5
9634 Grafendorf, Gundersheim 59 E2
9900 Grafendorf, Lienz 46 B6
3485 Grafenegg 13 E4
3283 Grafenmühl 22 A4
7423 Grafenschachen 38 C5
3912 Grafenschlag 12 A3
3902 Grafenschlag, Vitis 4 A6
9131 Grafenstein 61 G3
2126 Grafensulz 14 B2
6314 Grafenweg 31 E5
3484 Grafenwörth 13 E4
8503 Graggerer 51 F5
4951 Graham 18 C1
8583 Grail 50 D4
3524 Grainbrunn 12 A4
6651 Gramais 42 A1
4201 Gramastetten 10 B5
2620 Gramatl 38 C1
2440 Gramatneusiedl 24 C2
2852 Grametschlag 38 D4
3874 Grametten 3 H4
6673 Grän 28 A4
5580 Granglitzalmen 48 B2
8172 Granitz 37 G5
8742 Granitzen 49 H3
9470 Granitztal-Sankt Paul 62 B1
9470 Granitztal-Sankt Weißenegg 62 B1
3671 Granz 22 A1
4175 Grasbach 10 A5
4813 Grasberg 19 F5
6215 Grasbergalm 30 A5
8443 Graschach 51 F6
8641 Graschnitz 37 F4
8641 Graschnitzgraben 37 F4
8510 Graschuh 51 E5
8091 Grasdorf 52 A5
6474 Graslehn 42 B3
8820 Graslupp 49 F3
9300 Graßdorf 61 F1
6524 Grasse 42 B4
3213 Grasserrotte 22 B4
8624 Graßnitz 37 E3
8471 Graßnitzberg 63 H1
9754 Gratalalm 47 E6
8101 Gratkorn 51 F2
9523 Gratschach 60 C2
9341 Gratschitz 49 F5
8112 Gratwein 51 E2
9300 Gray 48 D5
9300 Gray, Frauenstein 49 F6
8010 Graz 51 G3
8775 Grazerberg 36 A5
6283 Greider 44 C2
9761 Greifenburg 59 E1
3422 Greifenstein 14 A5
6352 Greiln 31 F4
8524 Greim 50 D5
3300 Greimpersdorf 21 G2
4360 Grein 21 F1
4360 Greinburg 21 F1
7534 Greinerhäuser 52 D1
4273 Greinerschlag 11 F4
4312 Greinsberg 10 D6
3300 Greinsfurth 21 F2
8511 Greisdorf 51 E4
4230 Greisingberg 10 D6
6542 Greit 42 A5
8543 Greith, Deutschlandsberg 51 E6
8112 Greith, Gratwein 51 E2
8230 Greith, Hartberg 38 B5
6474 Greith, Jerzens 42 B2
8733 Greith, Kraubath an der Mur 36 B6
8632 Greith, Mariazell 36 D1
8691 Greith, Mürzzuschlag 37 G1
8820 Greith, Neumarkt in der Steiermark 49 G3
2724 Greith, Neunkirchen 23 G6
8761 Greith, Pöls 49 H1
8321 Greith, Predlitz 48 C3
8171 Greith, Sankt Kathrein am Offenegg 37 G6
8102 Greith, Semriach 37 F6
8625 Greith, Turnau 37 E2
6236 Greithalm 30 D6
8530 Gressenberg 50 D6
3264 Gresten 21 H4
9121 Greuth 61 H2
9182 Greuth, Maria Elend 60 D4
3100 Griechenberg 12 D6
6553 Gries 42 A3
6156 Gries am Brenner 43 H4
6182 Gries im Sellrain 43 F2
6631 Gries, Ehrwald 28 D5
9761 Gries, Greifenburg 59 E1
5400 Gries, Hallein 33 E2
3500 Gries, Krems 12 D4
9854 Gries, Malta 47 H5
5310 Gries, Mondsee 18 D4
4501 Gries, Neuhofen an der Krems 20 B2
6444 Gries, Oberlängenfeld 43 E4
9863 Gries, Rennweg am Katschberg 47 H4
3281 Gries, Scheibbs 22 A3
5662 Gries, Taxenbach 46 C1
4870 Gries, Vöcklamarkt 18 D6
5584 Gries, Zederhaus 47 G2
3920 Griesbach, Groß-Gerungs 11 G3
3874 Griesbach, Haugschlag 3 H4
3822 Griesbach, Karlstein an der Thaya 4 B5
8380 Grieselstein 52 D4
6370 Griesenau 31 G3
3370 Griesheim 21 H1
8911 Grieshof 35 G3
2770 Grieshof, Gutenstein 23 E5
4710 Grieskirchen 19 G1
5761 Grießbachwinkl 32 C5
5711 Grießner Almen 32 A5
5661 Grieswiesalm 46 C3
9112 Griffen 62 A1
8160 Grillbichl 51 G1
9571 Grillenberg, Albeck 48 D6
2560 Grillenberg, Hernstein 23 H4
3385 Grillenhöfe 22 D1
3950 Grillenstein 3 G6
5261 Grillham 18 A2
9562 Grilzgraben 60 C1
9634 Griminitzen 59 E3
2840 Grimmenstein 38 C2
3644 Grimsing 12 B6
6522 Grimstein 42 B4
6591 Grins 42 A3
6094 Grinzens 43 G1
1190 Grinzing 14 A6
8383 Gritsch 52 C4
8960 Gritschenberg 34 D4
9962 Gritzen 45 G5
6622 Gröben 28 C5
5571 Gröbendorf 48 A2
8962 Gröbming 34 B5
5082 Grödig 32 D1
7433 Grodnau 39 E4
9773 Gröfelhof 58 D1
3641 Groisbach, Aggsbach-Markt 12 B6
2534 Groisbach, Alland 23 H3
3922 Groißenbrunn 15 F6
4341 Groißing 21 E1
4680 Grolzham 19 E2
2020 Groß 13 G2
8522 Groß Sankt Florian 51 F6
3834 Groß-Eberharts 4 A5
3920 Groß-Gerungs 11 G3
3920 Groß-Grundholz 11 G3
2225 Groß-Inzersdorf 14 D2
1210 Groß-Jedlersdorf 14 B5
2221 Groß-Schweinbarth 14 D4
3812 Gross-Siegharts 4 B6
3240 Großaigen 22 B2
5611 Großarl 47 E1
2540 Großau, Bad Vöslau 24 A3
3824 Großau, Raabs an der Thaya 4 C5
2654 Großau, Reichenau an der Rax 38 A1
7511 Großbachselten 39 E6
9061 Großbuch 61 E2
3580 Großburgstall 12 D1
9872 Großdombra 47 H6
6863 Großdorf, Egg 26 D5
9981 Großdorf, Kals am Großglockner 46 A4
6361 Großdostalm 30 D6
3345 Große Egg 36 B1
8311 Große Egg, Markt Hartmannsdorf 52 B3
2203 Großebersdorf 14 B5
9431 Großedling 50 B6
9701 Großegg 59 H1
3950 Großeibenstein 3 G6
5611 Großellmau 47 E1
8742 Größenberg 50 A2
9103 Großenegg 62 A1
2212 Großengersdorf 14 C5
5441 Großenhof 33 G3
4931 Großenreith 18 C2
4882 Großenschwendt 18 D5
2301 Großenzersdorf 14 C6
4371 Großerlau 11 G6
8412 Großfeiting 51 H4
8081 Großfelgitsch 51 G4
3830 Großgerharts 4 A5
8484 Großgharter 52 B6
8321 Großglawoggen 52 A3
3910 Großglobnitz 12 A1
5084 Großgmain 32 C2
5233 Großgollern 18 A3
8700 Großgößgraben 36 D5
3913 Großgöttfritz 12 A3
3041 Großgraben 13 F6
8541 Großgraden 51 E6
3334 Großgschnaidt 21 E5
4731 Größgstötten 11 E3
3107 Großhain 12 D6
2034 Großharras 14 A1
8272 Großhart 52 B1
4072 Großhart, Alkoven 20 A1
8265 Großhartmannsdorf 52 B2
3900 Großhaselbach 12 B1
3910 Großhaslau 12 A2
3611 Großheinrichschlag 12 B4
3961 Großhöbarten 11 H1
2282 Großhofen 14 D6
7051 Großhöflein 24 C5
8430 Grössing 51 G6
8355 Größing 52 B6
2062 Großkadolz 5 H6
3903 Großkainraths 12 A1
9843 Großkirchheim 46 C4
8452 Großklein 63 G1
4442 Großkohlergraben 20 D4
9376 Großkoll 49 H4
2533 Großkrottenbach 23 G2
4625 Großkrottendorf 19 G2
2143 Großkrut 14 D1
4812 Großkufhaus 19 F5
8455 Großlieschen 63 F1
8734 Großlobming 50 A2
6272 Großmärz 44 C1
3920 Großmeinhardts 11 H3
3711 Großmeiseldorf 13 F3
4540 Großmengersdorf 20 B3
2603 Großmittel 24 B4
4143 Großmollsberg 9 F4
3542 Großmotten 12 B3
2002 Großmugl 14 A3
7540 Großmürbisch 53 F3
7452 Großmutschen 39 G3
3961 Großneusiedl 11 G1
2042 Großnondorf, Hollabrunn 13 G1
3524 Großnondorf, Zwettl 12 B4
5151 Großolching 18 A5
3922 Großotten 11 G2
3633 Großpertenschlag 11 G4
8211 Großpesendorf 52 A1
7503 Großpetersdorf 39 E6
4772 Großpichl 9 E6
4874 Großpiesenham 18 D2
8742 Großprethal 50 A3
3390 Großpriel 22 B1
3341 Großprolling 21 G5
3862 Großradischen 3 H4
4463 Großraming 20 D5
3031 Großraßberg 23 G1
3931 Großreichenbach 11 G1
8931 Großreifling 36 A2
3524 Großreinprechts 12 B4
3741 Großreipersdorf 13 F1
4751 Großreiting 19 E1
3471 Großriedenthal 13 F3
3902 Großrupprechts 3 H6
2114 Großrußbach 14 B3
3123 Großrust 12 D6
5144 Großschieder 18 A3
3382 Großschollach 22 B1
3922 Großschönau 11 G2
3384 Großsierning 22 C1
8561 Großsöding 51 E3
8961 Großsölk 34 C5
5660 Großsonnberg 46 C1
8265 Großsteinbach 52 B1
2013 Großstelzendorf 13 H3
8114 Großstübing 51 E1
8401 Großsulz 51 G4
3812 Großtaxen 4 A4
4183 Großtraberg 10 B4
9500 Großvassach 60 B2
8664 Großveitsch 37 F2
8463 Großwalz 63 G2
7304 Großwarasdorf 39 F2
3243 Großweichselbach 22 B1
3701 Großweikersdorf 13 G3
3910 Großweißenbach 12 A3
3704 Großwetzdorf 13 G3
3701 Großwiesendorf 13 G4
4774 Großwiesenhart 8 D5
8263 Großwilfersdorf 52 C2
3970 Großwolfgers 11 G1
8580 Großwöllmiß 50 D3
8455 Großwuggitz 63 F1
8505 Grötsch 51 G5
2873 Grottendorf, Feistritz am Wechsel 38 C2
3542 Grottendorf, Gföhl 12 C3
8430 Grottenhof 51 G6
9344 Grua 49 E6
2262 Grub an de March Stillfried 15 E4
3650 Grub bei Aschelberg 12 A6
8522 Grub bei Groß Sankt Florian 51 E6
8333 Grub I, Riegersburg 52 B3
8345 Grub II 52 B5
3633 Grub im Thale 11 H4
3071 Grub, Böheimkirchen 23 E1
4264 Grub, Grünbach 10 D3
3761 Grub, Horn 12 C1
3383 Grub, Hürm 22 C1
4291 Grub, Lasberg 10 D4
4443 Grub, Maria Neustift 21 E4
3364 Grub, Neuhofen an der Ybbs 21 G3
3200 Grub, Ober Grafendorf 22 D2
5661 Grub, Rauris 46 D1
4150 Grub, Rohrbach in Oberösterreich 9 H4
3351 Grub, Sankt Peter in der Au 20 D3
4784 Grub, Schardenberg 8 D4
2832 Grub, Scheiblingkirchen 38 D1
2392 Grub, Sittendorf 23 H2
6252 Grub, Wörgl 30 D4
3042 Grub, Würmla 13 F6
4644 Grubbach 19 H5
8673 Grubbauer 38 A3
8274 Grubberg 52 C1
8511 Grubberg, Stainz 51 E4
8062 Grubberg, Weiz 51 G1
9971 Gruben, Matrei in Osttirol 45 H4
5591 Gruben, Thomatal 48 A3
2392 Gruberau 23 H2
6361 Gruberberg 31 E5
3712 Grübern 13 E3
5090 Grubhof 32 B3
5731 Grubing 45 G1
4743 Grübl 19 E1
5242 Grubmühl 18 C2
8461 Grubtal 63 G1
8493 Gruisla 52 C6
6283 Grün 44 C2
6425 Grün 42 D1
9961 Grünalm 45 H6
8522 Grünau an der Laßnitz 51 F6
4645 Grünau im Almtal 19 H6
4950 Grünau 18 C1
3852 Grünau, Gastern 4 A4
8630 Grünau, Mariazell 22 B6
4312 Grünau, Reid in der Riedmark 10 D6
3202 Grünau, Sankt Pölten 22 C2
3841 Grünau, Windigsteig 4 A6
4623 Grünbach 19 H2
2733 Grünbach am Schneeberg 23 G6
4264 Grünbach, Freistadt 10 D3
3961 Grünbach, Gmünd 11 H1
3911 Grünbach, Rappottenstein 11 H3
3580 Grünberg 12 C1
2373 Grünburg 49 H6
9620 Grünburg, Hermagor 59 F2
6850 Grund 26 D5
2041 Grund, Wullersdorf 13 G2
6365 Gründau 31 F6
4400 Gründberg 20 C3
3142 Grunddorf, Herzogenburg 13 F6
3485 Grunddorf, Langenlois 13 E4
8993 Grundlsee 34 B2
6143 Grünhöfe 44 A3
3233 Grünsbach 22 C2
6230 Grünsbach 30 C5
5620 Grünsteinalm 32 D6
2654 Grünsting 38 A1
4160 Grünwald 9 H2
3123 Grünz 12 D6
9341 Gruschitz 49 F5
9342 Gruska 49 E6
9113 Grutschen 62 B1
9962 Gsaritzen 45 G5
9962 Gsaritzer Alm 45 G5
8171 Gschaid 37 H6
8190 Gschaid bei Birkfeld 37 H5
8160 Gschaid bei Weiz 37 G6
2852 Gschaidt 38 C4
3195 Gscheid 22 C6
3195 Gscheidl 22 D6
8990 Gschlößl 34 B3
6470 Gschnallenhöfe 42 B2
6150 Gschnitz 43 G4
8632 Gschöder 36 C2
9702 Gschriet 60 A1
5342 Gschwandt 33 G1
4816 Gschwandt 19 G5
5660 Gschwandtnerberg 32 C6
8130 Gschwendt, Frohnleiten 37 F6
3622 Gschwendt, Kotters 12 B4
5233 Gschwendt, Mattighofen 18 A3
6283 Gschwendt, Mayrhofen 44 C2
8130 Gschwendt, Sankt Radegund bei Graz 51 G1
5350 Gschwendt, Strobl 33 G1
6416 Gschwent 42 D1
5442 Gseng 33 G3
8790 Gsoll 36 B3
4591 Gstadt, Molln 20 B5
3342 Gstadt, Opponitz 21 F5
5143 Gstaig 18 A3
6542 Gstalden 41 H5
8913 Gstatterboden 35 H3
8820 Gstein 49 G3
4293 Gsteinet 11 E4
3281 Gstetten 22 A3
3350 Gstetten, Haag 21 E2
3074 Gstetten, Michelbach 23 E2
3213 Gstettengegend 22 C4
3184 Gstettenhof 22 C4
4072 Gstocket 10 A6
4070 Gstöttenau 9 H6
8605 Gugga 37 E4
8124 Guggenbach 51 E1
9655 Guggenberg, Hermagor 59 F3
9653 Guggenberg, Lesachtal 58 B2
4963 Guggenberg, St. Peter am Hart 18 B1
5023 Guggenthal 18 B6
8081 Guggitzgraben 51 H4
3861 Guggus 3 H4
6283 Guglberg 44 C2
4933 Gügling 18 C2
4191 Guglwald 10 A3
4251 Gugu 11 E3
9360 Gulitzen 49 G5
3691 Gulling 21 H1
8786 Gulling, Oppenberg 35 E5
9131 Gumisen 61 G3
9722 Gummern 60 B2
8952 Gumpenstein 34 D4
5163 Gumperding, Perwang am Grabensee 18 A4
3042 Gumperding, Würmla 13 F6
3713 Gumping 13 E2
4874 Gumpling 17 H4
8254 Gumpold 38 A4
4062 Gumpolding 20 A1
2352 Gumpoldskirchen 24 A2
3251 Gumprechtsfelden 22 A2
4643 Gundendorf 19 H4
4652 Gundersdorf 19 H3
9316 Gundersdorf, Friesach 49 F5
9064 Gundersdorf, Klagenfurt 61 G2
8511 Gundersdorf, Lannach 51 E4
8413 Gundersdorf, Ragnitz 51 G5
9634 Gundersheim 59 E2
5142 Gundertshausen 18 A3
6370 Gundhabing 31 G5
4961 Gundholling 18 B1
9423 Gundisch 62 C1
8453 Gündorf 63 F1
6460 Gunglgrün 42 B2
3361 Gunnersdorf 21 F3
3142 Gunnersdorf, Weißenkirchen an der Perschling 13 F6
7435 Günseck 39 E4
2525 Günselsdorf 24 A4
4623 Gunskirchen 19 G2
4550 Guntendorf 20 A3
4170 Günterreith 9 H2
2042 Guntersdorf 13 G1
2625 Guntrams 24 A6
2353 Guntramsdorf 24 B2
9341 Gunzenberg 49 F5
4923 Gunzing 18 D2
9342 Gurk, Althofen 49 F5
9563 Gurk, Feldkirchen in Kärnten 60 D1
9065 Gurnitz 61 G3
6150 Gurns 43 G4
4942 Gurten 18 C1
6820 Gurtis 40 B2
9100 Gurtschitschach 62 A2
4222 Gusen 20 D1
7540 Güssing 53 E2
9832 Gußnigberg 46 D6
8632 Gußwerk 37 E1
8761 Gusterheim 49 H1
3620 Gut am Steg 12 B5
4293 Gutau 11 E5
8543 Gutenacker 51 F6
3454 Gutenbrunn, Herzogenburg 13 E6
3665 Gutenbrunn, Zwettl 11 H5
8353 Gutendorf 52 C4
9010 Gutendorf, Klagenfurt 61 G2
2325 Gutenhof 24 B2
4300 Gutenhofen 20 D2
2734 Gutenmann 23 G6
4874 Gutensham 18 D2
2770 Gutenstein 23 F5
6644 Gutschau 28 A6
9372 Gutschen 49 H6
9334 Guttaring 49 G5
9334 Guttaringberg 49 G5
7535 Güttenbach 53 E1
3834 Guttenbrunn, Heidenreichstein 3 H6
4242 Guttenbrunn, Hirschbach im Mühlkreis 10 C4
2163 Guttenbrunn, Ottenthal 6 C6
3212 Guttenhofgegend 22 C4
4070 Güttlfeld 9 H6
4720 Güttling 9 F6
9951 Gwabl 46 A6
9342 Gwadnitz 49 F6
6791 Gweilalpe 40 D4
9361 Gwerz 49 E4
6425 Gwiggen 42 D1

H

3300 Haaberg 21 F2
5163 Haag 18 B4
3350 Haag, Amstetten 21 E2
4654 Haag, Bad Wimsbach-Neydharting 19 F2
4060 Haag, Linz 20 B1
9064 Haag, Magdalensberg 61 G2
8344 Haag, Merkendorf 52 B5
3040 Haag, Neulengbach 23 F1
4134 Haag, Putzleinsdorf 9 G4
4654 Haag, Stadl Paura 19 G3
3250 Haag, Wieselburg 22 A2
4421 Haagen 20 C4
4284 Haarland 11 E6
5733 Habach 45 G1
6230 Habach, Münster 30 C5
6380 Habachhofen 31 H4
8361 Habegg 52 C3
9112 Haberberg 62 A1
6370 Haberberg, Kitzbühel 31 G5
6382 Haberberg, Sankt Johann in Tirol 31 H4
3281 Haberleiten 22 B3
4645 Habernau 34 C1
4924 Haberpoint 18 C4
3300 Habersdorf, Amstetten 21 G2
3041 Habersdorf, Asperhofen 13 F6
8230 Habersdorf, Hartberg 38 B6
2860 Habich 38 D4
6433 Habichen 42 D2
6553 Habigen 41 H4
4171 Habring 10 A4
4204 Habruck, Bad Leonfelden 10 B4
3521 Habruck, Weinzierl am Walde 12 B5
5532 Hachau 33 H5
4101 Hachlham 9 H5
2802 Hackbichl 39 E1
7540 Hackenberg 53 E2
5141 Hackenbuch 17 H4
4725 Hackendorf 9 F4
8292 Hackerberg 52 C1
1130 Hacking 24 A1
4761 Hacking, Enzenkirchen 9 E5
4251 Hacklbrunn 11 E3
4273 Hackstock 11 F4
8573 Hadergasse 50 D1
5121 Hadermarkt 17 G3
8553 Hadernigg 62 D1
4211 Hadersdorf 10 C5
1861 Hadersdorf 13 E4
9623 Hadersdorf, Kerschdorf 59 H3
8652 Hadersdorf, Kindberg 37 F3
1140 Hadersdorf, Wien 14 A6
3422 Hadersfeld 14 A5
2822 Haderswörth 24 A6
2061 Hadres 5 H6
4654 Hafeld 19 H3
8605 Hafendorf, Kapfenberg 37 E4
9344 Hafendorf, Weitensfeld im Gurktal 49 E6
3385 Hafnerbach 22 C1
2571 Hafnerberg 23 G3
8921 Hafnerboden 36 A2
7543 Hafnergraben 53 E2
8793 Hafning 36 C4
2620 Hafning, Wartmannstetten 38 C1
8160 Hafning, Weiz 51 H1
6233 Hagau 30 C5
3293 Hagen 22 B5
6932 Hagen 26 D4
3041 Hagenau 13 G6
4963 Hagenau, Braunau am Inn 18 A1
4100 Hagenau, Ottensheim 10 A6
3345 Hagenbach, Göstling a. d. Ybbs 21 H6
8774 Hagenbach, Kalwang 36 A5
2133 Hagenberg 14 B1
4232 Hagenberg im Mühlkreis 10 D5
2102 Hagenbrunn 14 B5
2133 Hagendorf 14 B1
7522 Hagensdorf im Burgenland 53 F3
6655 Hägerau 41 G1
6182 Haggen 43 E2
3041 Haghöfen 13 G6

3003 Höbersbach 13 H6
2191 Höbersbrunn 14 C3
2011 Höbersdorf 13 H4
2193 Hobersdorf 14 D2
4775 Höbmannsbach 8 D5
9932 Hoch Berg 57 G1
2840 Hoch Egg 38 C2
9372 Hoch Feistritz 49 H6
8212 Hoch Langegg 52 A1
8354 Hoch Straden 52 B5
5542 Höch, Flachau 33 G5
8444 Höch, St. Andrä-Höch 51 F6
6108 Hochalm 29 H5
5620 Höchalpl 47 E1
7423 Hochart 38 C4
6471 Hochasten 42 B2
3344 Hochau 21 G6
4694 Hochbau 19 G4
5423 Hochbrunn 33 E2
3003 Hochbuch 13 H6
5133 Hochburg 17 H3
5122 Hochburg, Hochburg-Ach 17 H2
7533 Hocheck, Litzelsdorf 52 D1
4891 Hochleck, Pöndorf 18 C3
9713 Hochegg 59 H1
3051 Hocheichberg 23 F1
8311 Hochenegg 52 A2
8463 Hochenegg, Leutschach 63 G2
6395 Hochfilzen 32 A5
7560 Hochfinstermünz 42 A5
8591 Hochgößnitz 50 C3
3073 Hochgschaid 23 F2
6456 Hochgurgl 43 E6
4170 Hochhausen 9 H3
3263 Hochkoglberg 21 G3
4162 Hochkraml 9 G2
5743 Hochkrimml 45 E2
6888 Hochkrumbach 41 F1
4923 Hochkuchl 18 D2
4853 Hochleckenhaüs 19 E6
6154 Hochmark 44 A3
2852 Hochneukirchen 38 D3
9314 Hochosterwitz 61 G1
6380 Hochreit 31 H4
8283 Hochreit 22 A4
3345 Hochreit, Göstling an der Ybbs 21 G6
3193 Hochreit, St. Aegyd am Neuwalde 23 E5
3251 Hochrieß 22 A2
9571 Hochrindl 48 D6
2384 Hochrotherd 23 H1
6450 Hochsölden 42 D5
6973 Höchst 26 B5
6290 Hochstegen 44 C3
6290 Hochstein 44 D3
7442 Hochstraß 39 F4
3033 Hochstraß, Pressbaum 23 G2
8184 Hochstraße 51 F1
8572 Hochtregist 50 D3
9632 Hochwart 59 F2
8230 Hochwarth 38 B5
2802 Hochwolkersdorf 39 E1
6311 Hochzeil 30 D5
6236 Hochzeile 30 D6
6170 Hochzirl 43 F1
5212 Höcken 18 C4
2770 Hödl 23 G5
2451 Hof am Leithaberge 24 D3
5322 Hof bei Salzburg 18 B6
8355 Hof bei Straden 52 B6
6741 Hof 40 D2
4773 Hof, Andorf 8 D6
9143 Hof, Bleiburg 62 A3
9844 Hof, Heiligenblut 46 C4
6361 Hof, Hopfgarten im Brixental 31 F5
9961 Hof, Hopfgarten in Defereggen 45 H5
8324 Hof, Kirchberg an der Raab 52 A3
8733 Hof, Kraubath an der Mur 36 B6
4671 Hof, Lambach 19 G3
8301 Höf, Laßnitzhöhe 51 H2
3034 Hof, Neulengbach 23 G1
4181 Höf, Oberneukirchen 10 A4
4910 Hof, Ried im Innkreis 18 D2
5760 Höf, Saalfelden am Steinernen Meer 32 C5
5582 Höf, Sankt Michael im Lungau 48 A3
9920 Höf, Strassen 57 H1
5660 Höf, Taxenbach 46 C1
5602 Hof, Wagrain 33 F6
3354 Hof, Wolfsbach 21 E3
9861 Hofalm 48 B5
8130 Hofamt, Frohnleiten 37 E6
3192 Hofamt, Hohenberg 22 D5
3621 Hofarnsdorf 12 C5
3354 Höfart 21 E3
4443 Hofberg 21 E5
6811 Hofen 40 B1
6820 Hofen 40 B2
5261 Höfen, Helpfau-Uttendorf 18 B2
6600 Höfen, Reutte 28 B5
8812 Hoferdorf 49 G3
9571 Hofern, Albeck 48 D6
4553 Hofern, Kirchdorf an der Krems 20 A4
2070 Hofern, Retz 5 F6
2870 Hoffeld 38 C2
8221 Hofing 52 A1
4300 Hofkirchen 20 D2
4716 Hofkirchen an der Trattnach 19 F1
8224 Hofkirchen bei Hartberg 38 A6
4142 Hofkirchen im Mühlkreis 9 G4
4492 Hofkirchen im Traunkreis 20 C2
3251 Höfl 21 H3
8481 Höfla 52 A6
8350 Höflach, Fehring 52 C4
8330 Höflach, Petersdorf 52 B4
6952 Höfle 27 E5
3421 Höflein an der Donau 14 A5
2732 Höflein an der Hohen Wand 25 E2
9074 Höflein, Keutschach am See 61 E3
9585 Höfling 60 C3
9560 Höfling, Feldkirchen in Körnten 60 D2
8182 Höfling, Puch bei Weiz 52 A1
5602 Hofmark 33 F6
4282 Höfnerberg 11 F5
2571 Höfnergraben 23 G3
3291 Hofrotte, Gaming 22 A4
3212 Hofrotte, Schwarzenbach an der Pielach 22 B4
3213 Hofstadtgegend 22 B4
3034 Hofstatt a. Anzbach 23 G1
2842 Hofstatt, Grimmenstein 38 D2
7361 Hofstatt, Lutzmannsburg 39 G3
3500 Hofstatt, Senftenberg 12 D4
8162 Hofstatt-Schwarzwald 37 H6
8200 Hofstätten an der Raab 52 A2
8483 Hofstätten bei Deutsch Goritz 52 A6
8062 Hofstätten, Kumberg 51 G1
8343 Hofstätten, Trautmannsdorf in Oststeiermark 52 B5
3202 Hofstetten, Grünau 22 C2
4343 Hofstetten, Mitterkirchen 21 E1
3123 Hofstetten, Obritzberg 12 D6
3393 Hofstetten, Zelking 22 A1
4673 Höft 19 F2
5121 Hofweiden 17 G3
5550 Höggen 33 G6
5660 Högmoos 46 C1
5242 Höh 18 B3
9074 Höhe 61 E3
8162 Hohen Au an der Raab 37 G6
3192 Hohen Berg 23 E4
8045 Hohen Berg, Graz 51 F1
8943 Hohen Berg, Irdning 52 A2
8323 Hohen Egg 51 H3
8182 Hohen Ilz 37 H6
9602 Hohen Thurn 60 A3
8241 Hohenau am Wechsel 38 B4
2273 Hohenau an der March 15 F1
3843 Hohenau, Dobersberg 4 A4
6281 Hohenaualm 45 E3
8943 Hohenberg 34 D4
3962 Höhenberg 3 F6
9121 Höhenbergen 61 H2
5733 Hohenbramberg 45 F1
8271 Hohenbrugg 52 B1
8352 Hohenbrugg an der Raab 52 C4
4490 Hohenbrunn 20 C1
3911 Hohendorf 11 H3
6741 Hoheneck 42 C2
3945 Hoheneich 3 H6
6845 Hohenems 26 C6
8967 Höhenfeld 34 B5
9330 Hohenfeld, Althofen 49 G5
8524 Hohenfeld, Bad Gams 51 E5
9201 Hohenfeld, Klagenfurt 61 E2
8181 Hohenkogl 51 H1
3343 Hohenlehen 21 F5
9375 Hohenpressen 49 H4
4443 Hohenreith 21 E4
2223 Hohenruppersdorf 14 D3
4152 Hohenschlag 9 G3
4284 Hohensteg 10 D6
9556 Hohenstein 61 F1
8785 Hohentauern 35 G5
5061 Höhenwald 33 E1
3822 Hohenwarth, Karlstein an der Thaya 4 B4
3472 Hohenwarth, Ravelsbach 13 F3
4906 Hohenzell 19 E2
8542 Hohlbach 51 E6
6541 Hohlenegg 42 B4
5093 Hohlwegen 32 C4
5251 Höhnhart 18 C2
6263 Holdernach, Fügen 30 C6
6555 Holdernach, Kappl 41 H3
6405 Höll 43 E1
7474 Höll, Deutsch Schützen-Eisenberg 53 F1
8632 Höll, Güswerk 36 D2
2873 Hollabrunn, Feistritz am Wechsel 38 C2
2020 Hollabrunn, Weinviertel 13 G2
8983 Hollalm 34 C3
8151 Höllberg 51 E3
9941 Hollbruck 57 H2
3263 Hölle 23 E4
8102 Hollegg 37 F6
3830 Hollenbach 4 B5
9071 Hollenburg, Köttmannsdorf 61 F3
3500 Hollenburg, Krems an der Donau 13 E5
8530 Hollenegg 51 E6
3343 Hollenstein an der Ybbs 21 F6
3932 Hollenstein, Kirchberg am Walde 11 H1
2812 Hollenthon 38 D2
6290 Hollenzen 44 C2
8784 Hölleralm 35 F4
8854 Hollerberg 48 C2
2802 Hollerberg, Hochwolkersdorf 39 E1
2471 Hollern 25 F2
8653 Hollersbach 37 G4
5731 Hollersbach im Pinzgau 45 G1
9334 Hollersberg 49 G5
5222 Höllersberg 18 B3
2751 Hölles 24 A4
8083 Höllgrund 52 A4
8741 Hölltal 50 A2
5120 Holz 17 H4
6600 Holz, Wängle 28 B4
3293 Holzapfel 21 H5
8924 Holzäpfeltal 36 C1
8250 Holzbauern 38 A4
8151 Holzberg 51 E3
6215 Holzer 30 C4
5563 Holzeralm 47 H2
5122 Holzgassen 17 G2
6654 Holzgau 41 G1
8934 Holzgraben 35 G1
4901 Holzham, Ottnang am Hausruck 19 E2
6363 Holzham, Westendorf 31 F5
4614 Holzhausen 20 A1
4502 Holzhäusl 20 B2
3294 Holzhüttenboden 22 A6
3252 Holzing 22 A2
4084 Hölzing 9 G5
6416 Holzleiten 42 D1
3350 Holzleiten, Haag 21 E2
4331 Holzleiten, Naarn im Machlande 21 E1
4905 Holzleithen 19 E2
8323 Holzmannsdorf 51 H3
5131 Holzöster 17 H3
3351 Holzschachen 21 E3
2534 Holzschlag, Alland 23 G3
7435 Holzschlag, Bernstein 39 E4
4164 Holzschlag, Schwarzenberg im Mühlkreis 9 G1
4221 Holzwinden 10 C6
6934 Hompmann 26 D4
8665 Hönigsberg 37 H2
8301 Hönigtal 51 G2
8274 Hopfau 38 C6
5723 Hopfbachalm 46 A2
5660 Hopfberg 46 C1
6361 Hopfgarten im Brixental 31 E5
9961 Hopfgarten in Defereggen 45 H5
8993 Hopfgarten, Grundlsee 34 B2
8924 Hopfgarten, Wildalpen 36 C1
9754 Hopfgartneralm 59 E1
4591 Hopfing 20 B6
5142 Höpfling 17 H3
6425 Höpperg 42 D1
4673 Hörbach 19 F2
4152 Hörbich 9 G4
8530 Hörbing 51 E6
6912 Hörbranz 26 C3
2130 Hörersdorf 14 C1
3511 Hörfarth 12 D5
8103 Hörgas 51 E2
3243 Hörgerstall 22 B2
3240 Hörgstberg 22 B2
4121 Hörhag 9 H4
5230 Höring 18 A3
7312 Horitschon 39 G2
4170 Hörleinsödt 10 A3
3910 Hörmanns 12 A1
3870 Hörmanns bei Litschau 3 G4
3961 Hörmanns bei Weitra 11 G1
8552 Hörmsdorf 63 E1
3580 Horn 12 D1
6600 Hornberg 28 B5
4371 Hornberg, Dimbach 11 G6
5121 Hörndl 17 G3
8162 Hörndler 37 G6
2812 Horndorf 38 D2
2114 Hornsburg 14 B3
7053 Hornstein 24 C4
2733 Hornungstal 23 G6
4063 Hörsching 20 A1
3240 Hörsdorf 22 B2
4343 Hörstorf 21 E1
4070 Hörstorf, Eferding 9 H6
9020 Hörtendorf 61 G2
3911 Hörweix 11 H3
9123 Horzach II 61 H3
9300 Hörzendorf 61 F1
4280 Hörzenschlag 11 G4
4924 Höschmühl 18 D2
3383 Hösing 22 C2
3323 Hößgang 21 G1
8502 Hötschdorf 51 F4
6020 Hötting 43 G1
2870 Hottmannsgraben 38 C2
3753 Hötzelsdorf 4 D6
4792 Hötzenberg 9 E4
4770 Hötzlarn 9 E6
4622 Hub 20 A2
6800 Hub, Feldkirch 40 A1
5133 Hub, Gilgenberg am Weilhart 17 H3
6932 Hub, Langen bei Bregenz 26 D4
3392 Hub, Schönbühel-Aggsbach 12 B6
4982 Hub, St. Georgen bei Obernberg am Inn 8 C6
8046 Hub, Stattegg 51 F2
5272 Hub, Treubach 18 B1
5612 Hubalm 47 F2
6934 Huban 26 D4
3341 Hubberg 21 G4
9953 Huben 46 A5
6444 Huben, Oberlängenfeld 42 D4
9920 Huben, Sillian 57 G1
3372 Hubertendorf 21 H2
8621 Hubostinggraben 36 D3
4121 Hühnergeschrei 9 H4
9811 Hühnersberg 47 G6
4770 Humerleiten 9 E6
5233 Humertsham 18 A3
3632 Hummelberg 11 H4
5721 Hummersdorf, Piesendorf 46 A1
8490 Hummersdorf, Radkersburg Umgebung 64 C1
9125 Humtschach 62 A2
4672 Hundhagen 19 G2
4523 Hundsberg 11 E3
4293 Hundsdorf 10 D5
9543 Hundsdorf, Arriach 60 B1
5630 Hundsdorf, Bad Hofgastein 46 D2
9181 Hundsdorf, Ferlach 61 E4
9361 Hundsdorf, Friesach 49 F4
8112 Hundsdorf, Gratwein 51 E2
5661 Hundsdorf, Rauris 46 C1
9470 Hundsdorf, Sankt Paul im Lavanttal 62 B1
5660 Hundsdorf, Taxenbach 32 D6
5671 Hundsdorf, Zell am See 46 C1
4142 Hundsfülling 9 G4
4611 Hundsham 19 H1
2405 Hundsheim 25 F1
3512 Hundsheim, Mautern an der Donau 12 D5
6020 Hungerburg 43 H1
9300 Hunnenbrunn 49 F6
4613 Hupfau 20 A1
3383 Hürm 22 C1
8484 Hürth 52 B6
8422 Hütt 51 H6
5511 Hüttau 33 F5
6373 Hütte, Kitzbühel 31 G6
6345 Hütte, Kössen 31 G2
1140 Hütteldorf 14 A6
3452 Hütteldorf, Atzenbrugg 13 F6
3032 Hutten 23 G1
2840 Hütten, Grimmenstein 38 C2
5771 Hütten, Leogang 32 B5
9375 Hüttenberg 49 G4
9530 Hüttendorf, Bad Bleiberg 60 A3
2130 Hüttendorf, Mistelbach 14 C2
5473 Huttererböden 35 E2
4343 Hütting 21 E1
5612 Hüttschlag 47 F2
6235 Hygna 30 C6
3920 Hypolz 11 G3

I

5142 Ibm 17 H3
7562 Idalpe 41 G5
3544 Idolsberg 12 C2
5753 Igelsberg 32 A6
3313 Igelschwang 21 E2
4171 Iglbach 9 H4
6080 Igls 43 H2
5511 Iglsbach 33 F5
5584 Ilgalm 47 F2
8953 Ilgenberg 34 D4
8221 Illensdorf 52 B1
9584 Illitsch 60 C4
3874 Illmanns 3 H4
3851 Illmau 4 A4
7142 Illmitz 25 E5
8262 Ilz 52 B2
8211 Ilztal 52 A1
6444 Im Brand 43 E4
4644 Im Fleck 19 H5
8255 Im Graben 38 A4
8653 Im Hochegg 37 G4
8700 Im Tal 36 C5
3541 Imbach 12 D4
4671 Iming 19 F3
5450 Imlau 33 E5
2022 Immendorf 13 H1
3852 Immenschlag 4 A5
6262 Imming 30 C6
4951 Imolkam 18 C1
6460 Imst 42 C1
6491 Imsterau 42 B2
6491 Imsterberg 42 B2
8813 Imtal 49 E3
6780 In den Stocken 41 E3
3443 In der Au 13 H6
2000 In der Au, Stockerau 14 A5
3443 In der Bonna 13 G6
4331 In der Haid 21 E1
3193 In der Klaus 22 D5
4563 In der Krems 20 A5
8691 In der Naß 37 H1
8190 In der Teitz 37 H5
6752 Inerwald 41 E3
8720 Ingering I 50 A1
8731 Ingering II 36 A6
9361 Ingolsthal 49 F4
3701 Inkersdorf 13 G4
4070 Inn, Fraham 10 A6
4632 Inn, Pichl bei Wels 19 G2
4170 Innenschlag 10 A3
6553 Inner 41 H3
6780 Inner-Buchen 41 E3
2870 Inneraigen 38 C2
6236 Inneralpbach 30 D6
6993 Innerbödmen 27 F6
4591 Innerbreitenau 20 C5
9541 Innere Einöde 60 B1
9311 Innere Wimitz 49 E6
6082 Innerellbögen 43 H2
8786 Innerer Sonnberg 35 F3
8674 Inneres Kaltenegg 38 A3
3192 Innerfahrafeld 22 D4
9831 Innerfragant 46 D5
3052 Innerfurth 23 G2
4812 Innergrub 19 F5
9971 Innergschlöß 45 H3
6675 Innergschwend 28 A4
6522 Innergufer 42 B3
3171 Innerhalbach 23 E4
4871 Innerhörgersteig 18 D3
5743 Innerkeesalm 45 F3
9862 Innerkrems 48 A4
6780 Innerkristberg 41 E3
6830 Innerlaterns 40 C1
3052 Innermanzing 23 G2
2870 Innerneuwald 38 B2
9861 Innernöring 47 H5
4681 Innernsee 19 F1
4323 Innerstein 11 F6
6272 Inneröfen 44 D1
4661 Innerroh 19 G4
5310 Innerschwand 18 D6
9543 Innerteuchen 60 C1
6154 Innervals 44 A4
9932 Innervillgraten 57 G1
6383 Innerwald 31 H3
6060 Innerwald, Gnadenwald 44 A1
8621 Innerzwain 36 D3
3383 Inning 22 C1
6020 Innsbruck 43 H1
4083 Innzell 9 G4
3040 Inprugg 23 F1
9702 Insberg 60 A1
4064 Intenham 20 A1
2823 Inzenhof 38 D1
7540 Inzenhof, Güssing 53 E3
8412 Inzenhof, Wildon 51 G4
1230 Inzersdorf 24 B1
4560 Inzersdorf im Kremstal 20 A5
3130 Inzersdorf ob der Traisen 13 E5
6401 Inzing 43 F1
4481 Ipfdorf 20 C1
8952 Irdning 34 D4
3011 Irenental 23 H1
3754 Irnfritz 4 D6
3754 Irnfritz-Messern-Bahnhof 4 C6
4623 Irnharting 19 G2
4742 Irringsdorf 19 E1
5204 Irrsdorf 18 C4
9773 Irschen 58 D1
6561 Ischgl 41 G4
9991 Iselsberg 46 C6
3691 Isperdorf 21 H1
6281 Issalm 45 E2
6215 Issalm 30 C4
6863 Ittensberg 26 D5
6361 Itter 31 E5
8300 Itterdörfl 31 E5
5020 Itzling 18 A6
4720 Itzling, Kallham 9 F6

J

7503 Jabing 39 E6
7540 Jackelberg 53 E2
9620 Jadersdorf 59 F2
5431 Jadorf 33 E2
5204 Jagdhub 18 C5
3923 Jagenbach 11 H2
8091 Jagerberg 52 A5
4794 Jageredt 20 A4
6382 Jageregg 31 H4
2662 Jagerhof 23 E5
4761 Jagern 9 E5
8544 Jagernigg 63 E1
4931 Jagleck 18 C3
8091 Jahrbach 52 A5
3910 Jahrings 11 H2
4591 Jaidhaus 20 C6
3542 Jaidhof 12 C3
5273 Jaiding 18 C2
4820 Jainzen 33 H1
9433 Jakling 62 B1
8822 Jakobsberg 49 G3
7302 Jakobshof 39 G2
8354 Jamm 52 C5
8354 Jammberg 52 B5
8081 Jammering 51 H4
3763 Japons 4 D6
8113 Jaritzberg 51 E2
3830 Jarolden 4 B5
3653 Jasenegg 12 A6
3830 Jasnitz 4 A6
8643 Jasnitz, Allerheiligen im Mürztal 37 F4
8612 Jassing 36 C3
8920 Jassingau 36 A3
3902 Jaudling 4 A6
9346 Jauernig 48 D5
4170 Jaukenberg 9 H3
9142 Jaunstein 62 A3
8623 Jauring 37 E3
4614 Jebenstein 20 A1
4673 Jebing 19 F3
5141 Jedendorf 18 A4
2264 Jedenspeigen 15 E3
5583 Jedl 47 G3
5222 Jeging 18 B3
3522 Jeitendorf 12 B3
6200 Jenbach 30 B6
9631 Jenig 59 F3
8380 Jennersdorf 52 D4
9133 Jerischach 61 H3
6474 Jerzens 42 C3
9963 Jesachalm 45 F6
5722 Jesdorf 46 A1
3484 Jettsdorf 13 E4
5661 Jetzbachalm 32 C6
2053 Jetzelsdorf 5 G6
3042 Jetzing 13 F6
3902 Jetzles 4 A6
3223 Joachimsberg 22 B5
3972 Joachimstal 11 E2
8283 Jobst 52 C2
6373 Jochberg, Kitzbühel 31 G6
5731 Jochberg, Mittersill 45 G1
5731 Jochbergthurn 45 G1
6373 Jochbergwald 31 G6
4841 Jocheredt 19 F3
3610 Joching 12 C5
4850 Jochling 19 E4
3041 Johannesberg, Asperhofen 13 G6
9470 Johannesberg, St. Paul im Lavanttal 62 B1
2094 Johannesthal 4 D5
4690 Johannisthal 19 F3
9371 Johannserberg 61 H1
8912 Johnsbach 35 H3
8350 Johnsdorf 52 C4
7093 Jois 25 E3
8355 Jörgen 52 B6
7431 Jormannsdorf 38 D5
3224 Josefsberg 22 B5
3920 Josefsdorf 11 H3
3224 Josefsrotte 22 B5
3874 Josefsthal 3 G4
8403 Jöß 51 G5
3441 Judenau 13 G6
8750 Judenburg 49 H2
4493 Judendorf 20 C3
8111 Judendorf, Graz 51 F2
8700 Judendorf, Leoben 36 D5

8530 **Klosterwinkel** 50 *D5*
8982 **Klum** 34 *C3*
2651 **Knappenberg** 38 *A1*
9376 **Knappenberg, Hüttenberg** 49 *H5*
9062 **Knasweg** 61 *E2*
4784 **Kneiding** 9 *E4*
3341 **Knieberg** 21 *G4*
4572 **Kniewas** 20 *A6*
8562 **Kniezenberg** 51 *E4*
3350 **Knillhof** 20 *D2*
8720 **Knittelfeld** 50 *B1*
3253 **Knocking** 22 *A1*
6306 **Knoll** 31 *F4*
3195 **Knollenhals** 22 *C6*
3261 **Knolling** 21 *H3*
2662 **Knollnhof** 22 *D5*
2734 **Knöpflitz** 23 *F6*
8720 **Kobenz** 50 *B1*
4923 **Kobernaußen** 18 *D2*
7332 **Kobersdorf** 39 *E2*
6542 **Kobl** 42 *A5*
6842 **Koblach** 26 *B6*
3910 **Koblhof** 12 *A2*
6370 **Kochau** 31 *G5*
3642 **Kochholz** 12 *C6*
3372 **Köchling** 21 *H2*
9920 **Köckberg** 57 *G1*
4184 **Köckendorf** 10 *A3*
9141 **Köcking** 62 *A3*
9981 **Ködnitz** 46 *A4*
6441 **Köfels** 42 *D3*
6481 **Köfels** 42 *C4*
7540 **Köferberg** 52 *D3*
3641 **Köfering** 12 *B6*
8580 **Köflach** 50 *D3*
3344 **Kogelsbach** 21 *G5*
3820 **Koggendorf** 4 *B5*
7441 **Kogl im Burgenland** 39 *E4*
8922 **Kogl, Gams bei Hieflau** 36 *A2*
4656 **Kogl, Gmunden** 19 *H5*
8822 **Kogl, Mühlen** 49 *H4*
3443 **Kogl, Sieghartskirchen** 13 *G6*
8551 **Kogl, Weiz** 63 *E1*
6652 **Köglen** 41 *H1*
8691 **Koglergraben** 37 *H1*
8191 **Koglhof** 37 *H5*
8243 **Koglreith** 38 *C3*
3921 **Kogschlag** 11 *G2*
7512 **Kohfidisch** 53 *E1*
8691 **Kohlbachgraben** 37 *H1*
8341 **Kohlberg** 52 *A4*
8455 **Kohlberg, Arnfels** 63 *F1*
5723 **Köhlbichl** 46 *A1*
8323 **Kohldorf** 51 *H3*
9141 **Kohldorf, Rottenstein** 61 *G3*
9125 **Kohldorf, Völkermarkt** 62 *A2*
8680 **Kohleben** 37 *H2*
4924 **Kohleck** 18 *D3*
6345 **Kohlental** 31 *G3*
8362 **Kohlgraben** 52 *C3*
4193 **Kohlgrub** 10 *C3*
4902 **Kohlgrube** 19 *F2*
8795 **Kohlleiten** 52 *B5*
8573 **Kohlschwarz** 50 *D2*
6351 **Kohlstatt** 31 *F4*
4802 **Kohlstatt, Ebensee** 19 *F6*
4464 **Kohlstatt, Kleinreifling** 21 *E6*
9920 **Kolbental** 57 *G1*
8712 **Köllach** 36 *D5*
8353 **Kölldorf** 52 *C5*
9433 **Kollegg** 50 *B6*
4550 **Kollendorf** 20 *A3*
4154 **Kollerschlag** 9 *G3*
3943 **Kollersdorf** 3 *H6*
3474 **Kollersdorf, Kirchberg am Wagram** 13 *F4*
8114 **Kollmanngraben** 51 *E1*
3814 **Kollmitz** 4 *C5*
3321 **Kollmitzberg** 21 *G1*
3820 **Kollmitzdörfl** 4 *C5*
3814 **Kollmitzgraben** 4 *C5*
2222 **Kollnbrunn** 14 *C3*
3662 **Kollnitz** 12 *A6*
4362 **Kollroßdorf** 11 *F6*
5661 **Kolm-Saigurn** 46 *D3*
8302 **Kolmegg** 51 *H3*
6114 **Kolsass** 44 *A1*
6114 **Kolsassberg** 44 *A1*
3925 **Komau** 11 *G3*
8411 **Komberg** 51 *F5*
9150 **Kömmel** 62 *B2*
6543 **Kompatsch** 42 *A6*
5632 **Kompergalm** 46 *D2*
6534 **Komperdellalpe** 42 *A4*
6343 **Köndlötz** 31 *F2*
8121 **Königgraben** 51 *E1*
4251 **Königsau** 11 *E3*
3230 **Königsbach, Rabenstein an der Pielach** 22 *C3*
3914 **Königsbach, Waldhausen** 12 *A3*
5120 **Königsberg** 17 *H4*
2870 **Königsberg, Aspang Markt** 38 *C2*
3345 **Königsberg, Göstling an der Ybbs** 21 *G6*
3344 **Königsbergau** 21 *G6*
2202 **Königsbrunn** 14 *B5*
3465 **Königsbrunn am Wagram** 13 *F4*
7563 **Königsdorf** 52 *D3*
2851 **Königsegg** 38 *D3*
2462 **Königshof** 25 *E3*
3433 **Königstetten** 13 *H5*
4280 **Königswiesen** 11 *F5*
3340 **Konradsheim** 21 *E4*
9581 **Kopein** 60 *C3*
8224 **Kopfing bei Kaindorf** 38 *B6*
4794 **Kopfing im Innkreis** 9 *E5*
4794 **Kopfingerdorf** 9 *E5*
2305 **Kopfstetten** 25 *E1*
4904 **Köppach** 19 *F3*
8242 **Köppel** 38 *B4*
8225 **Köppelreith** 38 *A5*
4572 **Koppen** 35 *E1*
5020 **Koppl** 18 *B6*
8565 **Köppling** 51 *E3*
9135 **Koprein-Petzen** 62 *A4*
9135 **Koprein-Petzen Sonnseite** 62 *A4*
8544 **Kopreinig** 63 *F1*
8542 **Korbin** 51 *E6*
9652 **Kornat** 58 *C2*
8113 **Kornberg** 51 *E2*
3524 **Kornberg, Lichtenau im Waldviertel** 12 *B4*
3364 **Kornberg, Neuhofen an der Ybbs** 21 *G3*
8242 **Kornegg** 38 *B4*
2000 **Korneuburg** 14 *A5*
3385 **Korning** 22 *C1*
8552 **Kornriegl** 63 *E2*
9587 **Korpitsch** 60 *B3*
4550 **Körzendorf** 20 *A3*
9854 **Koschach** 47 *G4*
6345 **Kössen** 31 *G2*
9065 **Kossiach** 61 *F3*
6433 **Kössl** 42 *D2*
4654 **Kößlwang** 19 *G3*
9231 **Köstenberg** 60 *D2*
9623 **Köstendorf** 59 *H3*
5203 **Köstendorf** 18 *B5*
7512 **Koteziken** 53 *E1*
3251 **Koth** 22 *A2*
3293 **Kothbergtal** 21 *H5*
8741 **Kothgraben** 50 *B2*
5201 **Kothgumprechting** 18 *A5*
8510 **Kothvogel** 51 *E5*
9411 **Kötsch** 50 *A6*
9640 **Kötschach** 58 *D2*
5640 **Kötschachdorf** 47 *E3*
5640 **Kötschachtal** 47 *E3*
9344 **Kötschendorf** 49 *E6*
8200 **Kötschmanngraben** 51 *H2*
2093 **Kottaun** 4 *D5*
9560 **Köttern** 48 *D6*
3623 **Kottes** 12 *B4*
4482 **Kötting** 20 *D1*
3200 **Kotting** 22 *D1*
2542 **Kottingbrunn** 24 *A4*
3372 **Kottingburgstall** 21 *H2*
8250 **Kottingdorf** 38 *B4*
3943 **Kottinghörmanns** 3 *G6*
2135 **Kottingneusiedl** 6 *B6*
3920 **Kottingnondorf** 11 *H3*
2640 **Köttlach** 38 *B1*
9071 **Köttmannsdorf** 61 *E3*
3841 **Kottschallings** 4 *A6*
9521 **Köttwein** 60 *B2*
3571 **Kotzendorf** 13 *E2*
2444 **Kotzenmühle** 24 *C3*
8063 **Kotzersdorf** 51 *G2*
8570 **Kowald** 50 *D3*
9542 **Kraa** 60 *B1*
8301 **Krachelberg** 51 *G3*
7572 **Kracherberg** 52 *D2*
3443 **Kracking** 13 *G6*
5584 **Kraglau** 47 *H2*
3372 **Krahof** 21 *G2*
6653 **Kraichen** 41 *H1*
9311 **Kraig** 49 *F6*
8046 **Krail** 51 *F2*
4863 **Kraims, Alt-Lenzing** 19 *E4*
4861 **Kraims, Lenzing** 19 *E4*
9587 **Krainberg** 60 *B4*
5301 **Kraiwiesen** 18 *B6*
8854 **Krakaudorf** 48 *D2*
8854 **Krakauhintermühlen** 48 *C2*
8854 **Krakauschatten** 48 *C2*
5761 **Krallerwinkl** 32 *C5*
8162 **Krammersdorf** 37 *G6*
8692 **Krampen** 37 *G1*
6233 **Kramsach** 30 *C5*
4663 **Kranabeth** 19 *G4*
8452 **Kranach, Großklein** 63 *G1*
8463 **Kranach, Leutschach** 63 *G1*
9863 **Krangl** 47 *H4*
2640 **Kranichberg** 38 *B1*
4817 **Kranichsteg** 19 *G5*
7540 **Kranigraben** 53 *E3*
8731 **Kranzhütte** 35 *H6*
3122 **Krapfenberg** 12 *C6*
3341 **Krapfenleiten** 21 *G5*
9541 **Kras** 60 *B2*
9620 **Kraschach** 59 *F3*
9843 **Kraß** 46 *C4*
9341 **Kraßnitz, Straßburg** 49 *F5*
9344 **Kraßnitz, Weitensfeld-Flattnitz** 49 *E5*
8454 **Krast** 63 *F1*
9321 **Krasta** 49 *G6*
8714 **Kraubath an der Mur** 36 *B6*
8522 **Kraubath in der Weststeiermark** 51 *F5*
8714 **Kraubathgraben** 36 *B6*
9360 **Kräuping** 49 *G4*
8920 **Krautgarten** 36 *A3*
8922 **Krautgraben** 36 *A2*
4932 **Kraxenberg, Kirchheim im Innkreis** 18 *C2*
2851 **Kraxenberg, Krumbach** 38 *D3*
5612 **Kree** 47 *F2*
5612 **Kreealm** 47 *F2*
9062 **Kreggab** 61 *E2*
3340 **Kreilhof** 21 *F4*
3150 **Kreisbach** 22 *D2*
8982 **Kreit, Tauplitz** 34 *C3*
6271 **Kreith** 44 *B1*
2534 **Kreith, Alland** 23 *H3*
2831 **Kreith, Feistritz am Wechsel** 38 *C1*
6162 **Kreith, Mutters** 43 *G2*
3500 **Krems an der Donau** 12 *D4*
4560 **Krems, Kirchdorf a. d. Krems** 20 *A5*
8570 **Krems, Voitsberg** 51 *E3*
9862 **Kremsberg** 48 *A4*
9102 **Kremschitz** 61 *H1*
4053 **Kremsdorf, Haid** 20 *B1*
4563 **Kremsdorf, Kirchdorf an der Krems** 20 *A5*
4550 **Kremsegg** 20 *A3*
4550 **Kremsmünster** 20 *A3*
4721 **Krena** 9 *F6*
4632 **Krenglbach** 19 *H1*
8625 **Krenn** 37 *F2*
8333 **Krennach** 52 *B3*
8934 **Krennbauer** 35 *G1*
3343 **Krenngraben** 21 *F6*
7031 **Krensdorf** 24 *B5*
3361 **Krenstetten** 21 *E3*
8530 **Kresbach** 51 *E6*
9612 **Kreublach** 59 *H3*
4820 **Kreutern** 33 *H1*
9065 **Kreuth** 61 *G3*
9631 **Kreuth ob Rattendorf** 59 *F2*
9556 **Kreuth, Feldkirchen in Kärnten** 49 *E6*
9640 **Kreuth, Kötschach** 58 *D2*
2763 **Kreuth, Pernitz** 23 *G4*
3443 **Kreuth, Sieghartskirchen** 13 *G6*
2880 **Kreuzbauern** 38 *B2*
5500 **Kreuzberg** 33 *E5*
9462 **Kreuzberg, Bad Sankt Leonhard im Lavanttal** 50 *A4*
8583 **Kreuzberg, Edelschrott** 50 *C3*
9640 **Kreuzberg, Kötschach** 58 *D2*
2650 **Kreuzberg, Payerbach** 38 *A1*
8542 **Kreuzberg, Wies** 63 *E1*
8442 **Kreuzegg** 51 *F6*
9341 **Kreuzen, Friesach** 49 *F5*
9711 **Kreuzen, Pogöriach** 59 *H2*
5122 **Kreuzlinden** 17 *H2*
3283 **Kreuzthonen** 22 *B4*
8162 **Krichenlee** 37 *G6*
4284 **Kriechbaum** 11 *E6*
8670 **Krieglach** 37 *G3*
4162 **Kriegwald** 9 *G2*
8153 **Krienz** 50 *D1*
9800 **Krieselsdorf** 59 *H1*
4550 **Krift** 20 *A4*
5743 **Krimml** 45 *F2*
6281 **Krimmlalm** 44 *D1*
6365 **Krinberg** 31 *G5*
8931 **Krippau** 36 *A1*
5421 **Krispl** 33 *E2*
9132 **Kristan** 61 *H4*
4470 **Kristein** 20 *C1*
9141 **Kristendorf** 62 *A3*
3420 **Kritzendorf** 14 *A5*
7522 **Kroatisch Ehrensdorf** 53 *F2*
7361 **Kroatisch Geresdorf** 39 *G3*
7302 **Kroatisch Minihof** 39 *G2*
8384 **Kroatisch Tschantschendorf** 53 *E2*
9064 **Krobathen** 61 *G2*
8483 **Krobathen, Deutsch Goritz** 52 *B6*
8382 **Kroboteck** 52 *D3*
8265 **Kroisbach an der Feistritz** 52 *B1*
8321 **Kroisbach an der Raab** 52 *A3*
8241 **Kroisbach, Dechantskirchen** 38 *C4*
8043 **Kroisbach, Graz** 51 *G2*
4710 **Kroisbach, Grieskirchen** 19 *G1*
8225 **Kroisbach, Pöllau** 38 *A6*
3314 **Kroisbach, Strengberg** 21 *E2*
7423 **Kroisegg** 38 *C5*
3323 **Kroißenreith** 21 *G1*
3282 **Kröll** 22 *A3*
3363 **Kröllendorf** 21 *F3*
3442 **Kronau** 13 *G5*
4372 **Kronberg, Altmelon** 11 *G5*
3244 **Kronberg, Ruprechtshofen** 22 *A2*
2133 **Kronberg, Wolkersdorf** 14 *C4*
4201 **Kronbitedt** 10 *B5*
3925 **Kronegg** 11 *G4*
3340 **Kronhobl** 21 *F4*
9635 **Kronhof** 58 *D3*
8345 **Kronnersdorf** 52 *B6*
3550 **Kronsegg** 12 *D3*
4484 **Kronstorf** 20 *D2*
4650 **Kropfing** 19 *G3*
6393 **Kröpfl** 32 *A4*
3074 **Kropfsdorf** 23 *E3*
6167 **Krößbach** 43 *G3*
5671 **Krössenbach** 46 *B1*
8522 **Krottendorf an der Laßnitz** 51 *E6*
8563 **Krottendorf bei Ligist** 51 *E3*
8385 **Krottendorf bei Neuhaus am Klausenbach** 52 *C5*
8083 **Krottendorf im Saßtal** 52 *A5*
4532 **Krottendorf, Bad Hall** 20 *B3*
8072 **Krottendorf, Fernitz** 51 *G4*
8954 **Krottendorf, Gröbming** 34 *C4*
7540 **Krottendorf, Güssing** 53 *E2*
3350 **Krottendorf, Haag** 20 *D3*
8605 **Krottendorf, Kapfenberg** 37 *E4*
9472 **Krottendorf, Lavamünd** 62 *C2*
3362 **Krottendorf, Öhling** 21 *F2*
9913 **Krottendorf, Sankt Veit an der Glan** 61 *G1*
4312 **Kruckenberg** 10 *D6*
8530 **Kruckenberg, Trahütten** 51 *E6*
3593 **Krug** 12 *C2*
3250 **Krügling** 22 *A2*
8911 **Krumau** 35 *G3*
3543 **Krumau a. Kamp** 12 *C2*
3543 **Krumauer Waldhütten** 12 *C2*
6942 **Krumbach** 26 *D4*
2851 **Krumbach, Kirchschlag in der Buckligen Welt** 38 *D3*
8553 **Krumbach, St. Oswald ob Eibiswald** 62 *D1*
8832 **Krumegg** 49 *F1*
8832 **Krumegg, Oberwölz** 51 *H3*
8793 **Krumpen** 36 *C4*
9201 **Krumpendorf am Wörther See** 61 *E2*
8790 **Krumpental** 36 *B3*
8983 **Krungl** 34 *C3*
8342 **Krusdorf** 52 *B5*
3511 **Krustetten** 13 *E5*
2671 **Küb** 38 *A1*
4784 **Kubing** 19 *F1*
4741 **Kubing, Wendling** 8 *D4*
5431 **Kuchl** 33 *E3*
3643 **Kuffarn** 12 *B6*
3125 **Kuffern** 12 *D5*
6330 **Kufstein** 31 *F3*
8111 **Kugelberg** 51 *E2*
2813 **Kühbach** 38 *D2*
6850 **Kühberg** 26 *C6*
8455 **Kühberg, Eibiswald** 63 *F1*
4272 **Kühberg, Weitersfelden** 11 *E3*
8411 **Kühberg, Wildon** 51 *G5*
5340 **Kühleiten** 33 *F1*
3730 **Kühnring** 13 *E2*
9125 **Kühnsdorf** 61 *H2*
6182 **Kühtai** 43 *E2*
9620 **Kühweg, Hermagor** 59 *G3*
9612 **Kühweg, Nötsch im Gailtal** 59 *H3*
8181 **Kühwiesen** 51 *H1*
7543 **Kukmirn** 52 *D2*
6215 **Külermahd** 30 *C4*
8820 **Kulm am Zirbitz** 49 *G3*
8212 **Kulm bei Weiz** 52 *A1*
7521 **Kulm im Burgenland** 53 *F2*
4203 **Kulm, Altenberg bei Linz** 10 *C5*
8972 **Kulm, Schladming** 34 *A5*
8223 **Kulm, Stubenberg am See** 38 *A6*
2831 **Kulm, Warth** 38 *C1*
2870 **Kulma** 38 *C2*
8182 **Kulming** 52 *A1*
8183 **Külml** 37 *H6*
8062 **Kumberg** 51 *G1*
4751 **Kumpfmühl** 19 *E1*
3192 **Kumpfmühle** 23 *E4*
8753 **Kumpitz** 49 *H1*
6250 **Kundl** 30 *D5*
3200 **Kuning** 22 *D2*
8342 **Künnegg** 52 *A5*
8854 **Künsten** 48 *D2*
3335 **Küpfern** 21 *E5*
6524 **Kupphof** 42 *C4*
4442 **Kürnberg, Kleinraming** 20 *D4*
3352 **Kürnberg, Sankt Peter in der Au** 20 *D4*
4502 **Kurzenkirchen** 20 *B2*
6361 **Kurzer Grund** 31 *E6*
8793 **Kurzheim** 36 *C4*
8413 **Kurzragnitz** 51 *H5*
3944 **Kurzschwarza** 3 *H6*

L

8401 **Laa** 51 *F4*
2136 **Laa an der Thaya** 6 *B6*
2381 **Laab im Walde** 24 *A1*
5280 **Laab** 18 *A1*
3003 **Laabach** 23 *F3*
3053 **Laaben** 23 *F2*
3233 **Laach** 22 *C3*
8490 **Laafeld** 64 *C1*
9170 **Laak** 61 *F3*
8554 **Laaken** 62 *D2*
4663 **Laakirchen** 19 *G4*
3650 **Laas** 12 *A6*
9831 **Laas, Flattach** 46 *D5*
8130 **Laas, Frohnleiten** 37 *F6*
9231 **Laas, Köstenberg** 60 *D2*
9640 **Laas, Kötschach** 58 *D2*
8733 **Laas, Kraubath an der Mur** 36 *B6*
9702 **Laas, Paternion** 60 *A1*
8355 **Laasen** 49 *E2*
9543 **Laastadt** 60 *B1*
4261 **Labach** 10 *D3*
6365 **Labalm** 31 *F6*
6555 **Labebne** 41 *H4*
9371 **Labegg** 61 *G1*
5550 **Labeneckalm** 33 *G6*
9611 **Labientschach** 60 *A3*
8462 **Labitschberg** 63 *G1*
8200 **Labuch** 51 *H2*
8423 **Labuttendorf** 51 *H6*
3243 **Lachau** 22 *B2*
6572 **Lache** 41 *H3*
5431 **Lacher** 33 *E3*
5661 **Lachkendlalm** 46 *D2*
2113 **Lachsfeld** 14 *A3*
8831 **Lachtal** 49 *F1*
6370 **Lachtal** 31 *H5*
8172 **Lacken** 37 *G5*
4101 **Lacken, Feldkirchen an der Donau** 10 *A5*
7322 **Lackenbach** 39 *F2*
7321 **Lackendorf** 39 *F2*
3295 **Lackenhof** 22 *A5*
9931 **Lackenkammeralm** 45 *H6*
9556 **Ladein** 61 *E1*
2126 **Ladendorf** 14 *C2*
5630 **Laderding** 47 *E2*
9411 **Lading** 50 *A6*
3522 **Ladings** 12 *B3*
5531 **Ladis** 42 *B3*
6542 **Lafairs** 42 *A4*
5630 **Lafen** 47 *E2*
8233 **Lafnitz** 38 *B5*
6112 **Lager Walchen** 44 *A2*
6600 **Lähn** 28 *B5*
6621 **Lähn, Bichlbach** 28 *C5*
4830 **Lahn, Hallstatt** 34 *A3*
8565 **Lahn, Voitsberg** 51 *E4*
5742 **Lahn, Wald im Pinzgau** 45 *F1*
5261 **Lahnau** 18 *A2*
6511 **Lahnbach** 42 *B2*
9932 **Lahnberg** 45 *G6*
8694 **Lahnsattel** 22 *D6*
4802 **Lahnstein** 34 *A1*
5751 **Lahntal** 32 *B6*
6150 **Lahnwiesen** 43 *G4*
4240 **Lahrndorf, Freistadt** 10 *C3*
4451 **Lahrndorf, Steyr** 20 *C4*
5500 **Laideregg** 33 *E5*
6283 **Laimach** 44 *C2*
3663 **Laimbach am Ostrong** 12 *A6*
4511 **Laimgräben** 20 *A2*
9833 **Lainach** 46 *C6*
8921 **Lainbach** 36 *A2*
8793 **Laintal** 36 *C4*
4894 **Laiter** 18 *C5*
4650 **Lambach** 19 *G3*
8680 **Lambach, Mürzzuschlag** 37 *H2*
8812 **Lambach, Neumarkt in Steiermark** 49 *F2*
8411 **Lamberg** 51 *F5*
9161 **Lambichl** 61 *F3*
4772 **Lambrechten** 8 *D6*
8600 **Laming** 37 *E4*
4212 **Lamm** 10 *C4*
9571 **Lamm, Albeck** 48 *D6*
9104 **Lamm, Sankt Andrä** 50 *A6*
5584 **Lamm, Sankt Michael im Lungau** 47 *H2*
2533 **Lammerau** 23 *G2*
5324 **Lammerbach** 33 *F2*
9872 **Lammersdorf** 48 *A6*
5523 **Lammertal** 33 *F4*
9833 **Lamnitz** 46 *D6*
9805 **Lampersberg** 47 *G6*
4133 **Lampersdorf** 9 *G4*
8505 **Lamperstätten** 51 *F5*
9472 **Lamprechtsberg** 62 *C1*
5112 **Lamprechtshausen** 17 *H4*
9981 **Lana** 46 *A4*
8693 **Lanau** 37 *G1*
6774 **Land** 40 *D3*
8673 **Landau** 37 *H4*
9321 **Landbrücken** 49 *G6*
6500 **Landeck** 42 *A3*
2486 **Landegg** 24 *B4*
4762 **Landersberg** 9 *F5*
3124 **Landersdorf, Herzogenburg** 12 *D6*
3500 **Landersdorf, Krems an der Donau** 12 *D4*
5233 **Landerting** 18 *A3*
9853 **Landfrass** 47 *H5*
3252 **Landfriedstetten** 22 *A2*
3123 **Landhausen** 12 *D6*
8280 **Landherbergen** 52 *C3*
5450 **Landl** 33 *E4*
6335 **Landl, Thiersee** 30 *D3*
8092 **Landorf** 52 *A5*
8424 **Landscha an der Mur** 51 *H6*
8160 **Landscha bei Weiz** 51 *H1*
8720 **Landschach, Apfelberg** 50 *B1*
2632 **Landschach, Ternitz** 38 *B1*
7341 **Landsee** 39 *E2*
4273 **Landshut** 11 *F4*
9523 **Landskron** 60 *C2*
6293 **Lanersbach** 44 *B3*
8403 **Lang** 51 *G5*
8403 **Langaberg** 51 *G5*
9841 **Langang** 46 *C6*
2770 **Längapiesting** 23 *F5*
4645 **Langau** 19 *H6*
7434 **Langau, Bernstein** 39 *E4*
2091 **Langau, Geras** 5 *E5*
3294 **Langau, Lackenhof** 22 *A5*
9184 **Langdorf** 60 *D3*
4941 **Langdorf** 18 *D1*
7442 **Langeck im Burgenland** 39 *E4*
8332 **Langedl** 52 *A3*
2870 **Langegg** 38 *C3*
8303 **Langegg bei Graz** 51 *H3*
8321 **Langegg, Gleisdorf** 51 *H3*
8463 **Langegg, Leutschach** 63 *G2*
8463 **Langegg, Reichenfels** 50 *A4*
9433 **Langegg, Sankt Andrä** 62 *A1*
3872 **Langegg, Schrems** 3 *H6*
6932 **Langen bei Bregenz** 26 *D4*
8274 **Längenbach** 52 *C1*
6941 **Langenegg** 26 *D5*
4300 **Langenhart** 20 *D2*
3425 **Langenlebarn Unteraigen** 13 *H5*
3550 **Langenlois** 12 *D4*
4722 **Langenpeuerbach** 9 *F6*
3442 **Langenrohr** 13 *G5*
3442 **Langenschönbichl** 13 *G5*
6691 **Langenschwand** 27 *H3*
4310 **Langenstein** 20 *C1*
7304 **Langental** 39 *G3*
8665 **Langenwang** 37 *G2*
2103 **Langenzersdorf** 14 *B5*
6361 **Langer Grund** 31 *E6*
6553 **Langesthei** 41 *H3*
3970 **Langfeld** 11 *F1*
4272 **Langfirling** 11 *E4*
6541 **Langhaus** 42 *B4*
6330 **Langkampfen** 31 *E4*
3142 **Langmannersdorf** 13 *E6*
4643 **Langpettenbach** 19 *H4*
5324 **Langreith** 33 *E1*
3921 **Langschlag** 11 *F3*
3912 **Langschlag, Grafenschlag** 12 *A4*
3944 **Langschwarza** 3 *H6*
2663 **Langseite** 23 *E5*
3012 **Langseiten** 23 *H1*
4731 **Langstögen** 9 *G6*
4870 **Langwies, Vöcklamarkt** 19 *E4*
9341 **Langwiesen** 49 *F5*
9622 **Langwiesen, Sankt Lorenzen im Gitschtal** 59 *F2*
7540 **Langzeil** 53 *E3*
4180 **Langzwettl** 10 *B4*
8850 **Lanken** 49 *E2*
8502 **Lannach** 51 *E4*
6072 **Lans** 43 *H1*
9721 **Lansach** 60 *A2*
8943 **Lantschern** 34 *D4*
4320 **Lanzenberg** 11 *E6*
2326 **Lanzendorf** 24 *B2*
4283 **Lanzendorf, Bad Zell** 11 *E5*
3071 **Lanzendorf, Böheimkirchen** 23 *E1*
2130 **Lanzendorf, Mistelbach** 14 *C2*
9131 **Lanzendorf, Poggersdorf** 61 *G2*
2821 **Lanzenkirchen** 24 *A6*
4113 **Lanzersdorf** 9 *H4*

8222 Maria Fieberbründl 52 A1
9500 Maria Gail 60 C3
9614 Maria Graben 59 H3
3400 Maria Gugging 14 A5
9334 Maria Hilf 49 G5
9363 Maria Höfl 49 E4
3752 Maria im Gebirge 5 E6
3140 Maria Jeutendorf 13 E6
3643 Maria Laach am Jauerling 12 B6
4493 Maria Laah 20 C2
3642 Maria Langegg 12 C5
8591 Maria Lankowitz 50 C3
2326 Maria Lanzendorf 24 B2
9655 Maria Luggau 58 B2
4443 Maria Neustift 21 E4
5020 Maria Plain 18 A6
3454 Maria Ponsee 13 F5
9161 Maria Rain 61 F3
2041 Maria Roggendorf 13 H2
9422 Maria Rojach 62 B1
9063 Maria Saal 61 F2
5241 Maria Schmolln 18 B2
9614 Maria Schnee 59 H3
8820 Maria Schönanger 49 F3
2642 Maria Schutz 38 A2
3341 Maria Seesal 21 G5
3672 Maria Taferl 22 A1
6143 Maria Waldrast 43 H3
9082 Maria Wörth 61 E3
8750 Mariabuch 50 A2
8043 Mariagrün 51 F2
9963 Mariahilf 45 F5
2770 Mariahilfberg 23 F5
8812 Mariahof 49 G3
5571 Mariapfarr 48 A2
7433 Mariasdorf 38 D5
6322 Mariastein 31 E4
6233 Mariatal 30 C5
2020 Mariathal 13 H2
8044 Mariatrost 51 G2
8630 Mariazell 22 B6
7302 Marienhof 39 H3
8570 Mariensee 38 B3
3172 Mariental 23 F3
3213 Markenschlagrotte 22 B4
4272 Markersdorf 11 E4
3385 Markersdorf a. d. Pielach 22 C1
3040 Markersdorf, Neulengbach 13 F6
4273 Markersreith 11 F4
2282 Markgrafneusiedl 14 C6
3841 Markl 4 A6
4303 Marksee 20 D1
6234 Markstein 30 C4
7411 Markt Allhau 38 C6
8311 Markt Hartmannsdorf 52 B2
7464 Markt Neuhodis 39 F5
2753 Markt Piesting 23 F4
4490 Markt Sankt Florian 20 C1
7341 Markt Sankt Martin 39 F2
2294 Markthof 15 E5
2292 Markthof, Engelhartstetten 15 F6
3180 Marktl, Lilienfeld 22 D3
8345 Marktl, Straden 52 B6
9833 Marnkasern 46 D6
4020 Marreith, Freistadt 10 C4
4293 Marreith, Gutau 11 E5
4682 Marschalling 19 F2
6644 Martinau 28 A6
5582 Martiniberg 48 A3
3664 Martinsberg 12 A5
2223 Martinsdorf 14 D3
6741 Marul 40 D2
4312 Marwach 10 D6
7221 Marz 24 B6
5600 Maschl 33 E6
3233 Massendorf 22 B2
8670 Massing 37 G2
8720 Maßweg 50 A1
6562 Mathon 41 G4
7428 Matin 40 C3
6143 Matrei am Brenner 43 H3
9971 Matrei in Osttirol 45 H4
9181 Matschach 61 E4
9423 Matschenbloch 62 C1
9623 Matschiedl 59 H3
6774 Matschwitz 40 D3
8452 Mattelsberg 51 G6
7210 Mattersburg 24 B6
5230 Mattighofen 18 B3
9816 Mattlalm 47 F5
9652 Mattling 58 C2
5163 Mattsee 18 B4
9872 Matzelsdorf, Döbriach 60 A1
3713 Matzelsdorf, Eggenburg 13 E2
8411 Matzelsdorf, Hengsberg 51 G5
4212 Matzelsdorf, Neumarkt im Mühlkreis 10 D5
8422 Matzelsdorf, Sankt Nikolai ob Draßling 51 H5
4521 Matzelsdorf, Sierning 20 B3
2243 Matzen 14 D4
2751 Matzendorf 24 A4
3385 Matzersdorf 22 D1
4612 Matzing 19 H5
5164 Matzing, Obertrum am See 18 A5
3393 Matzleinsdorf 22 B1
3830 Matzles 4 B6
3841 Matzlesschlag 4 B6
6534 Matzlewald 42 B4
8954 Matzling 34 C4
2301 Matzneusiedl 24 D1
1230 Mauer 24 A1
3362 Mauer bei Amstetten 21 F3
3382 Mauer bei Melk 22 C1
3001 Mauerbach 13 H6
5270 Mauerkirchen 18 B2
9371 Mauern 61 H1
6150 Mauern 43 H3
5612 Maurach, Hüttschlag 47 F2
6200 Maurach, Jenbach 30 C6
5092 Maurach, Lofer 32 A3
6791 Mauren 40 D4
4643 Mauß 19 H5
2225 Maustrenk 14 D2
9555 Mautbrücken 61 E1
3140 Mauterheim 13 E6
3512 Mautern a. d. Donau 12 D5
8774 Mautern in Steiermark 36 B5
3512 Mauternbach 12 D5
9462 Mauterndorf, Bad Sankt Leonhard im Lavanttal 50 B4
8761 Mauterndorf, Pöls 49 G1
8970 Mauterndorf, Schladming 34 A5
5570 Mauterndorf, Tamsweg 48 A2
4310 Mauthausen 20 D1
9701 Mauthbrücken 59 H1
9640 Mauthen 58 D2
3192 Mauthof 22 D4
8131 Mautstatt 37 F5
5112 Maxdorf 17 H4
8082 Maxendorf 51 H4
2063 Maxhof 5 H6
4252 Maxldorf 11 F3
8430 Maxlon 51 G6
3662 Mayerhofen 12 A6
5632 Mayerhofen, Dorfgastein 47 E1
3122 Mayerhöfen 12 C6
9361 Mayerhöfen 49 F4
3074 Mayerhöfen, Michelbach Markt 23 E2
3910 Mayerhöfen, Zwettl 12 A1
2532 Mayerling 23 H3
4653 Mayersdorf, Eberstalzell 19 H4
8151 Mayersdorf, Hitzendorf 51 E3
5090 Mayrberg 32 B3
5602 Mayrdörfl 33 F6
4784 Mayrhof 8 D3
9963 Mayrhof 45 G5
4770 Mayrhof, Andorf 8 D6
4280 Mayrhof, Königswiesen 11 F5
4074 Mayrhof, Stroheim 9 G5
4271 Mayrhöfen 10 D4
5730 Mayrhofen, Mittersill 45 H1
5751 Mayrhofen, Zell am See 32 B6
6290 Mayrhofen, Zell am Ziller 44 C2
5023 Mayrwies 18 A6
3071 Mechters 23 E1
6166 Medraz 43 G3
4714 Meggenhofen 19 F2
8324 Mehlteuer 52 A3
6900 Mehrerau 26 C4
6230 Mehrn 30 C5
4941 Mehrnbach 18 D1
3511 Meidling 12 D5
8103 Meierhof, Gratwein 51 E2
2294 Meierhof, Wilfersdorf 14 D2
3354 Meilersdorf 21 E2
3931 Meinhartsschlag 11 H1
6812 Meiningen 40 B1
3841 Meires 4 A6
9312 Meiselding 49 F6
3541 Meislingeramt 12 C4
4460 Meissenedt 20 C5
6867 Meisten 26 D5
4230 Meitschenhof 10 D6
3390 Melk 22 B1
8042 Mellach, Fernitz 51 G4
9624 Mellach, Hermagor 59 G3
9341 Mellach, Straßburg 49 F5
6881 Mellau 26 D6
8463 Mellentin 63 G2
8781 Melling 36 A4
9972 Mellitz 45 H5
9624 Mellweg 59 G3
8923 Mendling 36 B1
3800 Merkenbrechts 12 B1
8344 Merkendorf 52 B5
3382 Merkendorf, Schollach 22 B1
3843 Merkengersch 4 B5
3631 Merkengerst 12 B5
2115 Merkersdorf, Ernstbrunn 14 A2
2082 Merkersdorf, Hardegg 5 F5
4650 Mernbach 19 G3
3911 Merzenstein 11 H3
8042 Messendorf 51 G3
9433 Messensach 62 B1
9920 Messensee 57 H1
3761 Messern 12 C1
9363 Metnitz, Friesach 49 E4
9813 Metnitz, Möllbrücke 47 G6
4342 Mettensdorf 21 F1
8092 Mettersdorf, am Saßbach 52 A6
9433 Mettersdorf, Sankt Andrä 51 F5
9433 Mettersdorf, St. Andrä 62 B1
4931 Mettmach 18 C2
5152 Michaelbeuern 18 A4
7535 Michaeler Berghäuser 53 E1
9372 Michaelerberg, Brückl 61 H1
8962 Michaelerberg, Gröbming 34 C5
4712 Michaelnbach 9 G6
3074 Michelbach Dorf 23 E2
3074 Michelbach Markt 23 E2
2833 Michelbach, Bromberg 38 D1
9322 Micheldorf 49 G5
4563 Micheldorf in Oberösterreich 20 A5
9624 Micheldorf, Hermagor 59 G3
3451 Michelhausen 13 G6
3452 Michelndorf 13 F6
9782 Michelsberg 58 C1
2151 Michelstetten 14 B2
9953 Michlbach 46 A5
8444 Michlgleinz 51 F6
6142 Mieders 43 H2
7503 Miedlingsdorf 39 E6
4193 Miesenbach 10 B3
8190 Miesenbach bei Birkfeld 38 A5
2761 Miesenbach, Pernitz 23 G5
3270 Miesenbach, Scheibbs 22 A4
6363 Miesenbachalm 31 F6
2833 Miesleiten 38 D1
5144 Miesling 18 A3
5252 Migelsbach 18 C2
4852 Miglberg 19 E5
9133 Miklauzhof 61 H3
6167 Milders 43 F3
9872 Millstatt 47 H6
6491 Mils bei Imst 42 B2
6060 Mils 44 A1
4981 Minaberg 8 C6
3720 Minichhofen 13 F2
8384 Minihof-Liebau 52 C5
4962 Mining 18 B1
8311 Minireith 52 A2
9372 Mirning 49 H6
8422 Mirnsdorf 51 H6
7511 Mischendorf 53 E1
4866 Misling 19 E6
5591 Mislitzalm 48 B4
8482 Misselsdorf 64 A1
3751 Missingdorf 13 E1
2130 Mistelbach 14 C2
4613 Mistelbach bei Wels 20 A1
3922 Mistelbach, Großschönau 11 G1
4284 Mistlberg 11 E6
9620 Mitschig 59 F3
6710 Mitteläule 40 C2
6425 Mittelberg 42 D1
6733 Mittelberg, Fontanella 27 F6
3550 Mittelberg, Langenlois 12 D3
6710 Mittelberg, Nenzing 40 B2
6481 Mittelberg, Sankt Leonhard im Pitztal 42 D5
3542 Mittelbergeramt 12 D3
9972 Mitteldorf 45 H4
9843 Mitteldorf, Döllach 46 C5
9843 Mitten 46 C4
3224 Mitter am Erlaufsee 22 B6
4363 Mitter-Pabneukirchen 11 F6
6395 Mitter-Warming 32 A4
3621 Mitterarnsdorf 12 C5
8993 Mitterau 34 B2
3292 Mitterau, Gaming 21 H5
3385 Mitterau, Prinzersdorf 22 C1
4264 Mitterbach 10 D3
8616 Mitterbach, Gasen 37 G5
8691 Mitterbach, Kapellen 37 H1
8720 Mitterbach, Knittelfeld 50 B1
3193 Mitterbach, Sankt Aegyd am Neuwalde 22 D5
5505 Mitterberg 33 E5
7563 Mitterberg, Fürstenfeld 52 D2
9754 Mitterberg, Greifenburg 59 F1
8294 Mitterberg, Hartberg 38 C6
8665 Mitterberg, Langenwang 37 G2
8583 Mitterberg, Modriach 50 C4
9712 Mitterberg, Paternion 60 A1
5591 Mitterberg, Ramingstein 48 B3
5580 Mitterberg, Tamsweg 48 A3
3262 Mitterberg, Wang 21 H3
7532 Mitterbergen, Litzelsdorf 52 D1
7551 Mitterbergen, Rohr im Burgenland 52 D2
5500 Mitterberghütten 33 E5
4906 Mitterbreitsach 19 E2
4183 Mitterbrunnwald 10 B4
4980 Mitterding 8 C6
8230 Mitterdombach 38 B6
8181 Mitterdorf an der Raab 51 H1
8662 Mitterdorf im Mürztal 37 G3
8755 Mitterdorf, Judenburg 49 H2
9564 Mitterdorf, Patergassen 48 C6
8843 Mitterdorf, Sankt Peter am Kammersberg 49 E2
9342 Mitterdorf, Straaßburg 49 E5
4362 Mitterdörfl 11 F6
2812 Mittereck, Hollenthon 38 D2
8383 Mittereck, Jennersdorf 52 D4
6622 Mitteregg 28 B6
2872 Mitteregg, Aspang Markt 38 C3
9572 Mitteregg, Deutsch Griffen 48 D6
8593 Mitteregg, Graden 50 C2
8081 Mitteregg, Hausmannsttätten 51 H3
8584 Mitteregg, Hirschegg 50 C3
8505 Mitteregg, Kitzeck im Sausal 51 G6
8943 Mitteregg, Oppenberg 35 E4
4594 Mitteregg, Steinbach an der Steyr 20 C4
5211 Mittererb 18 C4
7572 Mittererlau 52 D2
3072 Mitterfeld 23 E1
8332 Mitterfladnitz 52 A3
4731 Mittergalisbach 9 H6
8323 Mittergoggitsch 51 H3
2020 Mittergrabern 13 G2
3361 Mitterhausleiten 21 E3
2164 Mitterhof 6 B6
5751 Mitterhofen 32 B6
5741 Mitterhohenbramberg 45 F1
5230 Mitterholzleiten 18 B2
8764 Mitterhuber 35 F6
4343 Mitterkirchen im Machland 21 F1
4600 Mitterlaab 19 H1
8413 Mitterlabill 51 H5
6335 Mitterland 31 E3
8302 Mitterlaßnitz 51 H2
8734 Mitterlobming 50 B2
3042 Mittermoos 13 F6
7534 Mittermühle 52 D1
3133 Mitterndorf 13 E5
2441 Mitterndorf an der Fischa 24 C3
4771 Mitterndorf, Diersbach 9 E5
5122 Mitterndorf, Hochburg 17 H2
3664 Mitterndorf, Martinsberg 12 A5
3452 Mitterndorf, Michelhausen 13 F6
3691 Mitterndorf, Nöchling 21 G1
4801 Mitterndorf, Traunkirchen 19 F6
4614 Mitterperwend 20 A1
7350 Mitterpullendorf 39 F3
3383 Mitterradl 22 C2
3533 Mitterreith 12 A2
2070 Mitterretzbach 5 G6
4873 Mitterriegl 19 E3
5522 Mitterscharten 33 G5
3921 Mitterschlag, Langschlag 11 F3
4841 Mitterschlag, Ungenach 19 E3
5730 Mittersill 45 H1
3470 Mitterstockstall 13 F4
4573 Mitterstoder 35 E1
8553 Mitterstraßen 63 E1
4824 Mittertal 33 H3
4210 Mittertreffling 10 C6
9102 Mittertrixen 61 H1
4820 Mitterweißenbach 34 A1
4582 Mitterweng 35 F1
6236 Mitterzeile 30 D6
8511 Mitterzirknitz 51 E4
9580 Mittewald 60 C3
9912 Mittewald an der Drau 58 A1
9500 Mittewald ob Villach 60 B2
9125 Mittlern 62 A2
8131 Mixnitz 37 F5
6274 Mizunalm 44 C1
8740 Möbersdorf 50 A2
3644 Mödelsdorf 12 B6
8763 Möderbrugg 35 G6
4541 Möderndorf 20 B4
9620 Möderndorf, Hermagor 59 F3
9063 Möderndorf, Maria Saal 61 F1
8642 Mödersdorf 37 E4
2340 Mödling 24 A2
3900 Modlisch 12 A1
8583 Modriach 50 C4
3580 Mödring 12 D1
9363 Mödring 49 E4
9363 Mödring 49 E5
9345 Mödritsch 49 E5
3820 Modsiedl 4 C5
8382 Mogersdorf 52 D4
6900 Möggers 26 C3
8822 Mohndorf 49 G3
3910 Moidrams 12 A2
9141 Mökriach 61 H3
9330 Mölbling 49 G6
3580 Mold 13 E1
2831 Molfritz 38 C1
3562 Mollands 13 E3
9813 Möllbrücke 47 F6
3653 Mollenburg 12 A6
3653 Mollendorf 12 A6
3430 Mollersdorf 13 G5
2514 Möllersdorf 24 B3
8505 Mollitsch 51 F5
2111 Mollmannsdorf 14 B4
4154 Mollmannsreith 9 G3
4591 Molln 20 B5
4323 Mollnegg 21 E1
2620 Mollram 23 H6
2851 Möltern 38 D3
2880 Molz 38 B2
9701 Molzbichl 59 H1
2880 Molzegg 38 B2
4281 Mönchdorf 11 F5
8742 Mönchegg 49 H3
7123 Mönchhof 25 F4
7461 Mönchmeierhof 39 E5
4281 Mönchwald 11 F5
5310 Mondsee 18 C6
4252 Monegg 11 E3
8522 Mönichgleinz 51 F6
2872 Mönichkirchen 38 C3
8252 Mönichwald 38 B4
3524 Moniholz 12 B3
6791 Montafoner Ausle 41 E4
6780 Montiola 40 D3
4654 Moorbad 19 G3
3970 Moorbad Harbach 11 F1
6105 Moos 29 E6
4053 Moos, Ansfelden 20 B2
9150 Moos, Bleiburg 62 B2
4470 Moos, Enns 20 C1
9132 Moos, Gallizien 61 G3
9344 Moos, Glödnitz 48 D5
8903 Moos, Liezen 35 E3
5233 Moos, Pischelsdorf am Engelbach 18 B3
8542 Moos, Schwanberg 51 E6
9962 Moos, St. Veit in Defereggen 45 H5
5580 Moos, Tamsweg 48 B2
6473 Moosanger 42 B3
8632 Moosbach 37 E1
5271 Moosbach 18 B2
6391 Moosbach, Fieberbrunn 31 H4
8764 Moosbach, Möderbrugg 35 F6
3184 Moosbach, Türnitz 22 D4
8960 Moosberg 34 C4
3452 Moosbierbaum 13 F5
2440 Moosbrunn 24 B3
9062 Moosburg 61 E2
5141 Moosdorf 18 A4
9953 Mooser, Huben 46 A5
5570 Moosham 48 A3
4943 Moosham, Altheim 18 C1
4800 Moosham, Attnang 19 E5
4710 Moosham, Grieskirchen 19 G1
5161 Moosham, Salzburg 18 A6
8962 Mooshaim 34 C5
9931 Mooshofalm 45 H6
6074 Mooshöfe 43 H1
8934 Mooshöhe 35 G1
8630 Mooshuben 22 C6
8562 Mooskirchen 51 E4
8921 Mooslandl 36 A2
4730 Moospolling 9 G6
9712 Mooswald 60 A1
7072 Mörbisch am See 24 D6
3653 Mörenz 12 A6
8321 Morgensdorf 52 A2
3542 Moritzreith 12 C3
6330 Morsbach 31 E3
4982 Mörschwang 8 C6
4771 Mörstalling 9 E5
8160 Mortantsch 51 G1
5580 Mörtelsdorf 48 B2
8793 Mörtendorf 36 C5
3580 Mörtersdorf 13 E2
9842 Mörtschach 46 C5
5020 Morzg 32 D1
7540 Moschendorf 53 F2
8755 Möschitzgraben 49 G2
9374 Mösel 49 H5
9714 Mösel, Stockenboi 59 G2
6361 Mosen 30 C5
6361 Mosen, Hopfgarten im Brixental 31 F5
4870 Mösendorf 18 D4
6345 Moserberg 31 G2
9433 Mosern 50 B6
6100 Mösern 29 F6
9361 Moserwinkl 49 F4
4816 Mosham, Gmunden 19 G5
4431 Mosing 20 D3
9375 Mosinz 49 H4
6283 Mösl 44 C2
4841 Mösl 19 E3
5531 Möslehen 33 G5
8961 Mößna 34 D6
3820 Mostbach 4 B5
4273 Mötlas 11 F5
6820 Motten 40 B2
3860 Motten, Heidenreichstein 3 H5
3532 Mottingeramt 12 B3
6423 Mötz 42 D1
3424 Muckendorf an der Donau 13 H5
3650 Muckendorf, Pöggstall 12 A5
8785 Müdringhütte 35 G5
8152 Muggauberg 51 E3
8451 Muggenau, Leibnitz 51 G5
8505 Muggenau, Sankt Nikolai im Sausal 51 G6
2763 Muggendorf, Pernitz 23 G4
8345 Muggendorf, Straden 52 B5
8082 Muggenthalberg 51 H4
6600 Mühl 28 B4
8911 Mühlau, Admont 35 F2
6391 Mühlau, Fieberbrunn 31 H4
6020 Mühlau, Innsbruck 43 H1
4451 Mühlbach 20 C4
3473 Mühlbach a. Manhartsberg 13 E3
5505 Mühlbach am Höchkönig 33 E6
3972 Mühlbach, Bad Großpertholz 11 F2
5630 Mühlbach, Dorfgastein 47 E1
3920 Mühlbach, Groß-Gerungs 11 G3
5732 Mühlbach, Hollersbach im Pinzgau 45 G1
5732 Mühlbach, Jochberg 45 G1
4073 Mühlbach, Linz 10 B6
5722 Mühlbach, Niedernsill 46 A1
5102 Mühlbach, Obertrum am See 18 A5
9863 Mühlbach, Rennweg am Katschberg 47 H4
4864 Mühlbach, Sankt Georgen im Attergau 19 E5
9184 Mühlbach, Sankt Jakob im Rosental 60 D3
6380 Mühlbach, Sankt Johann in Tirol 31 H4
4801 Mühlbachberg 19 F6
4451 Mühlbachgraben 20 C4
6143 Mühlbachl 43 H3
2124 Mühlberg 15 E1
6306 Mühlbichl 31 F4
4722 Mühlbrenning 9 F6
3622 Mühldorf 12 B5
8330 Mühldorf bei Feldbach 52 B4
8741 Mühldorf, Eppenstein 50 A2
9814 Mühldorf, Möllbrücke 47 F6
4644 Mühldorf, Scharnstein 19 H5
9433 Mühldorf, St. Andrä 62 B1
6850 Mühlebach 26 C5
3335 Mühlein 21 E5
8822 Mühlen 49 G3
3580 Mühlfeld 12 D1
3151 Mühlgang 22 D2
8385 Mühlgraben 52 C4
3242 Mühlgraben, Texingtal 22 B3
4540 Mühlgrub 20 B4
4961 Mühlheim am Inn 18 B1
3200 Mühlhofen 22 D2
3251 Mühling 22 A2
4101 Mühllacken 10 A5
2301 Mühlleiten, Groß-Enzersdorf 24 C1
4866 Mühlleiten, Unterach am Attersee 18 D6
4432 Mühlrading 20 D2
8984 Mühlreith 18 D4
8984 Mühlreith, Bad Mitterndorf 34 B3
6082 Mühltal, Fulpmes 43 H2
5122 Mühltal, überacker 17 H2
6341 Mühltal 31 F3
4655 Mühlthal, Vorchdorf 19 H4
6311 Mühlthal, Wildschönau 30 D5
7223 Mühlviertel 39 E1
7540 Mühlwinkel 53 E2
5583 Muhr 47 H3
4906 Mühring 19 E2
8524 Müllegg 51 E5
7052 Müllendorf 24 C5
9585 Müllnern, Finkenstein 60 B3
9132 Müllnern, Gallizien 61 H3
2482 Münchendorf 24 B2
3822 Münchreith an der Thaya 4 B5
5221 Mundenham 18 B4
5222 Munderfing 18 B3
4742 Mundorfing 19 E1
6370 Münichau 31 G5
3240 Münichhofen 22 B2
4400 Münichholz 20 C3
3623 Münichreith 12 B5
3662 Münichreith am Ostrong 12 A6
2122 Münichsthal 14 B4
8790 Münichtal 36 B3
6200 Münster 30 C5
4980 Münsteuer 8 D6
5101 Muntigl 18 A6
6832 Muntlix 40 B1
3921 Münzbach, Langschlag 11 F2
4323 Münzbach, Perg 11 E6
3633 Münzenberg 11 G4
4792 Münzkirchen 9 E4
8850 Murau 49 E3

4342 **Obergassolding** 21 *F1*
4201 **Obergeng** 10 *B4*
6653 **Obergiblen** 41 *H1*
8344 **Obergiem** 52 *B4*
8342 **Obergnas** 52 *A5*
9062 **Obergöriach** 60 *D2*
9413 **Obergösel** 50 *C5*
9751 **Obergottesfeld** 59 *F1*
2020 **Obergrabern** 13 *G2*
3200 **Obergrafendorf** 22 *C2*
8430 **Obergralla** 51 *G6*
9821 **Obergratschach** 47 *F5*
8160 **Obergreith** 51 *H1*
8455 **Obergreith, Wies** 63 *F1*
9112 **Obergreutschach** 50 *A6*
6651 **Obergrießau** 41 *H1*
6094 **Obergrinzens** 43 *G1*
2013 **Obergrub** 13 *H3*
6652 **Obergrünau** 41 *H1*
4673 **Obergrünbach** 19 *G2*
3822 **Obergrünbach, Karlstein an der Thaya** 4 *C5*
8522 **Obergrünbach, Lichtenau im Waldviertel** 12 *B3*
4593 **Obergrünburg** 20 *B4*
4523 **Obergründberg** 20 *B3*
9161 **Oberguntschach** 61 *F3*
6450 **Obergurgl** 43 *E6*
3264 **Obergut** 21 *G4*
6433 **Obergut** 42 *D2*
8455 **Oberhaag** 63 *F1*
5211 **Oberhaft** 18 *B4*
8911 **Oberhall** 35 *G3*
3454 **Oberhameten** 13 *E6*
4101 **Oberhart, Sankt Martin im Mühlkreis** 9 *H5*
4642 **Oberhart, Sattledt** 19 *H3*
4600 **Oberhart, Wels** 20 *A2*
4072 **Oberhartheim** 20 *A1*
7434 **Oberhasel** 39 *E4*
4910 **Oberhaslberg** 18 *D1*
6555 **Oberhaus** 41 *H3*
8967 **Oberhaus** 34 *A5*
9963 **Oberhausalm** 45 *F5*
2301 **Oberhausen** 24 *C1*
2011 **Oberhautzental** 13 *H4*
4861 **Oberhehenfeld** 19 *E5*
4652 **Oberheischbach** 19 *H3*
8380 **Oberhenndorf** 52 *D3*
4242 **Oberhirschgraben** 10 *C4*
4611 **Oberhochrenz** 19 *H1*
2662 **Oberhof** 22 *D5*
6281 **Oberhof, Krimml** 45 *E2*
5622 **Oberhof, Schwarzach im Pongau** 33 *E6*
3910 **Oberhof, Seefeld** 5 *H6*
9363 **Oberhof-Schattseite** 48 *D5*
9363 **Oberhof-Sonnseite** 48 *D4*
4894 **Oberhofen am Irrsee** 18 *C5*
6405 **Oberhofen im Inntal** 43 *E1*
6380 **Oberhofen** 31 *H4*
2732 **Oberhöflein, Höflein an der Hohen Wand** 23 *H5*
2084 **Oberhöflein, Weitersfeld** 5 *E6*
4741 **Oberhöglham** 19 *F1*
8820 **Oberholz** 49 *F3*
5230 **Oberholzleiten** 18 *B2*
4352 **Oberhörnbach** 21 *F1*
3281 **Oberhub** 22 *A3*
9500 **Oberiederaun** 60 *B3*
6531 **Oberinntal** 42 *B4*
5230 **Oberirnprechting** 18 *A3*
8505 **Oberjahring** 51 *G6*
4144 **Oberkappel** 9 *F3*
6361 **Oberkaralm** 44 *D1*
8345 **Oberkarla** 52 *B6*
3413 **Oberkirchbach** 14 *A6*
3920 **Oberkirchen, Groß Gerungs** 11 *G2*
3343 **Oberkirchen, Hollenstein an der Ybbs** 21 *F6*
6845 **Oberklien** 26 *C6*
3345 **Oberkogelsbach** 21 *G6*
7435 **Oberkohlstätten** 39 *E5*
9815 **Oberkolbnitz** 47 *F6*
8334 **Oberkornbach** 52 *B4*
9853 **Oberkreuschlach** 47 *H5*
2124 **Oberkreuzstetten** 14 *B3*
5743 **Oberkrimml** 45 *E2*
3052 **Oberkühberg** 23 *F2*
8761 **Oberkurzheim** 49 *H1*
1100 **Oberlaa** 24 *B1*
8355 **Oberlaasen** 52 *B6*
8081 **Oberlabill** 51 *H4*
4190 **Oberlaimbach** 10 *B3*
3971 **Oberlainsitz** 11 *F2*
8362 **Oberlamm** 52 *C3*
3334 **Oberland** 21 *F5*
4101 **Oberlandshaag** 9 *H5*
4802 **Oberlangbath** 19 *F6*
5423 **Oberlangenberg** 33 *E2*
6941 **Oberlangenegg** 26 *D5*
6444 **Oberlängenfeld** 42 *D4*
6322 **Oberlangkampfen** 31 *E4*
8552 **Oberlatein** 63 *E1*
8530 **Oberlaufenegg** 51 *E6*
8934 **Oberlaussa** 35 *G2*
4311 **Oberlebing** 11 *E6*
6764 **Oberlech** 41 *F2*
5453 **Oberlehen** 33 *F4*
9951 **Oberleibnig** 46 *A5*
9412 **Oberleidenberg** 50 *A5*
4722 **Oberleinsbach** 9 *F6*
2032 **Oberleis** 14 *B2*
6352 **Oberleiten** 31 *F4*
3325 **Oberleiten, Amstetten** 21 *H2*
4894 **Oberleiten, Straß im Attergau** 18 *D5*
3962 **Oberlembach** 3 *F6*
8962 **Oberlengdorf** 34 *C4*
4592 **Oberleonstein** 20 *B5*
9981 **Oberlesach** 46 *A4*
6600 **Oberletzen** 28 *B4*
9900 **Oberlienz** 46 *A6*
8271 **Oberlimbach** 52 *C1*
5230 **Oberlindach** 18 *B3*
2201 **Oberlisse** 14 *B5*
3601 **Oberloiben** 12 *C5*
7451 **Oberloisdorf** 39 *F3*
8230 **Oberlungitz** 38 *C5*
8462 **Oberlupitscheni** 63 *G1*
4723 **Obermaggau** 9 *F5*
5222 **Obermaisling** 18 *A3*
2011 **Obermallebarn** 13 *H3*
3121 **Obermamau** 12 *D6*
2073 **Obermarkersdorf** 5 *F6*
4271 **Obermarreith** 11 *E3*
9972 **Obermauer** 45 *H4*
4150 **Obermayrhof** 9 *G3*
3123 **Obermerking** 12 *D6*
9131 **Obermieger** 61 *G3*
6414 **Obermieming** 42 *D1*
3141 **Obermiesting** 13 *E6*
9872 **Obermillstatt** 47 *H6*
5241 **Oberminathal** 18 *B2*
9113 **Obermitterdorf** 62 *A2*
2084 **Obermixnitz** 5 *E6*
8773 **Obermochi** 36 *C5*
9620 **Obermöschach** 59 *F3*
4131 **Obermühl an der Donau** 9 *H4*
9300 **Obermühlbach** 49 *F6*
5733 **Obermühlbach** 45 *G1*
6105 **Obern, Leutasch** 29 *E6*
6154 **Obern, Steinach am Brenner** 44 *A3*
2070 **Obernalb** 5 *F6*
9123 **Obernarrach** 61 *H3*
6156 **Obernberg am Brenner** 43 *H4*
4982 **Obernberg am Inn** 11 *C6*
4133 **Obernberg** 9 *G4*
3133 **Oberndorf am Gebirge** 13 *E5*
3620 **Oberndorf am Jauerling** 12 *B5*
3820 **Oberndorf bei Raabs** 4 *C5*
4690 **Oberndorf bei Schwanenstadt** 19 *F3*
3823 **Oberndorf bei Weikertschlag** 4 *C4*
3130 **Oberndorf in der Ebene** 13 *E6*
6372 **Oberndorf in Tirol** 31 *G4*
4770 **Oberndorf, Andorf** 9 *E5*
3661 **Oberndorf, Artstetten** 12 *A6*
6341 **Oberndorf, Ebbs** 31 *F3*
4210 **Oberndorf, Gallneukirchen** 10 *C5*
4816 **Oberndorf, Gmunden** 19 *G5*
4714 **Oberndorf, Meggenhofen** 9 *F6*
4690 **Oberndorf, Oberndorf bei Schwanenstadt** 19 *F2*
4274 **Oberndorf, Schönau im Mühlkreis** 11 *E5*
6322 **Oberndorf, Wörgl** 31 *E4*
8225 **Oberneuberg** 38 *B5*
8162 **Oberneudorf** 37 *F6*
4160 **Oberneudorf** 9 *G2*
4181 **Oberneukirchen** 10 *B4*
3920 **Oberneustift** 11 *H3*
3322 **Obernhof** 21 *G2*
3473 **Obernholz** 13 *E3*
8211 **Obernitschaberg** 52 *A2*
9634 **Obernölbling** 58 *D2*
3914 **Obernondorf** 12 *A3*
4263 **Obernschlag** 11 *E3*
3293 **Oberois** 21 *H5*
2000 **Oberolberndorf** 13 *H4*
4720 **Oberolzing** 19 *F1*
9571 **Oberort** 48 *D6*
9344 **Oberort, Weitensfeld-Flattnitz** 49 *E6*
4363 **Oberpabneukirchen** 11 *F6*
2013 **Oberparschenbrunn** 13 *H3*
4263 **Oberpaßberg** 10 *D3*
4153 **Oberpeilstein** 9 *G3*
9953 **Oberpeischlach** 46 *A5*
6173 **Oberperfuss** 43 *F1*
7332 **Oberpetersdorf** 39 *E2*
6410 **Oberpettnau** 43 *F1*
3820 **Oberpfaffendorf** 4 *C5*
2753 **Oberpiesting** 23 *H4*
4840 **Oberpilsbach** 19 *F3*
6600 **Oberpinswang** 28 *B4*
9781 **Oberpirkach** 58 *C1*
5322 **Oberplainfeld** 18 *B6*
4463 **Oberplaißa** 21 *E5*
3564 **Oberplank** 12 *D3*
7463 **Oberpodgoria** 39 *E5*
8295 **Oberprätis** 38 *A5*
9451 **Oberpreitenegg** 50 *C5*
8141 **Oberpremstätten** 51 *F4*
4742 **Oberprenning** 19 *E1*
8353 **Oberpretal** 52 *C5*
9473 **Oberpudlach** 62 *C2*
7350 **Oberpullendorf** 39 *F3*
8484 **Oberpurkla** 52 *B6*
3911 **Oberrabenthan** 11 *H3*
7371 **Oberrabnitz** 39 *E3*
3231 **Oberradl** 22 *C1*
3105 **Oberradlberg** 13 *E6*
8413 **Oberragnitz** 51 *H5*
5091 **Oberrain** 32 *B2*
8480 **Oberrakitsch** 52 *A6*
4725 **Oberranna** 9 *F4*
4264 **Oberrauchenödt** 10 *D3*
3720 **Oberravelsbach** 13 *F3*
4844 **Oberregau** 19 *F4*
5751 **Oberreit** 32 *B6*
8332 **Oberreith, Auersbach** 52 *A3*
3553 **Oberreith, Langenlois** 12 *D3*
8933 **Oberreith, Sankt Gallen** 35 *H2*
8212 **Oberrettenbach** 52 *A1*
6444 **Oberried** 42 *D3*
4170 **Oberriedl** 10 *A3*
9653 **Oberring** 58 *C2*
5163 **Oberröd** 18 *A4*
8294 **Oberrohr, Rohr bei Hartberg** 38 *C6*
4532 **Oberrohr, Rohr im Kremstal** 20 *B3*
8583 **Oberrohrbach** 50 *C4*
3163 **Oberrohrbach, Hainfeld** 23 *E2*
2105 **Oberrohrbach, Leobendorf** 14 *A4*
8093 **Oberrosenberg** 52 *A6*
8160 **Oberrossegg** 51 *G1*
8511 **Oberrossegg, Stainz** 51 *E4*
5282 **Oberrothenbuch** 17 *H2*
9963 **Oberrotte** 45 *F5*
4202 **Oberrudersbach** 10 *B4*
4070 **Oberrudling** 9 *H6*
4720 **Oberrühringsdorf** 9 *F6*
8263 **Obersacherberg** 52 *C2*
8232 **Obersafen** 38 *C5*
8225 **Obersaifen** 38 *A5*
4720 **Obersameting** 19 *F1*
9122 **Obersammelsdorf** 61 *H3*
4070 **Oberschaden** 9 *H6*
4612 **Oberscharten** 19 *H1*
4641 **Oberschauersberg** 19 *H2*
5440 **Oberscheffau** 33 *F3*
4553 **Oberschlierbach** 20 *A5*
3240 **Oberschmidbach** 22 *B2*
4053 **Oberschnadt** 20 *B2*
8044 **Oberschöckl** 51 *G2*
2153 **Oberschoderlee** 14 *A1*
9587 **Oberschütt** 60 *B3*
7432 **Oberschützen** 38 *D5*
4671 **Oberschwaig** 19 *G3*
4240 **Oberschwandt** 10 *C3*
8471 **Oberschwarza** 63 *H1*
8983 **Obersdorf, Bad Mitterndorf** 34 *B3*
2120 **Obersdorf, Wolkersdorf im Weinviertel** 14 *C4*
4823 **Obersee** 34 *A3*
2283 **Obersiebenbrunn** 14 *D5*
9100 **Obersielach** 62 *A2*
4202 **Obersonnberg** 10 *B4*
4730 **Oberspaching** 9 *G6*
8483 **Oberspitz** 52 *B6*
4484 **Oberstallbach** 20 *C2*
6343 **Obersteigenthal** 31 *F2*
2042 **Obersteinabrunn** 13 *G1*
6215 **Obersteinberg** 30 *C4*
4190 **Oberstiftung** 10 *B4*
2023 **Oberstinkenbrunn** 13 *H1*
3470 **Oberstockstall** 13 *F4*
8324 **Oberstorcha** 52 *A4*
3910 **Oberstrahlbach** 11 *H2*
4800 **Oberstraß** 19 *F4*
2225 **Obersulz** 14 *D3*
6150 **Obertal, Gschnitz** 43 *G4*
8970 **Obertal, Rohrmoos-Untertal** 34 *A6*
8611 **Obertal, St. Katherein a. d. Laming** 36 *D4*
5562 **Obertauern** 47 *H1*
3572 **Obertautendorferamt** 12 *C2*
4223 **Oberthal** 10 *C6*
3672 **Oberthalheim** 22 *A1*
4632 **Oberthambach** 19 *G1*
4600 **Oberthan** 19 *H2*
8734 **Oberthann** 50 *A2*
3701 **Oberthern** 13 *G3*
3763 **Oberthumeritz** 4 *D6*
2095 **Oberthürnau** 4 *D5*
8224 **Obertiefenbach** 52 *C3*
9942 **Obertilliach** 58 *A2*
9161 **Obertöllern** 61 *F3*
4184 **Obertraberg** 10 *A3*
4715 **Obertrattnach** 19 *F1*
4830 **Obertraun** 34 *A3*
8990 **Obertressen** 34 *B2*
4723 **Obertreßleinsbach** 9 *F5*
2572 **Obertriesting** 23 *F3*
6200 **Obertroi** 30 *C6*
5162 **Obertrum am See** 18 *A5*
8130 **Obertrumm** 51 *F1*
9546 **Oberturn** 48 *B6*
3324 **Oberumberg** 21 *G2*
5620 **Oberuntersberg** 33 *E6*
9821 **Obervellach** 47 *E5*
9620 **Obervellach, Hermagor** 59 *G2*
8481 **Obervögau** 51 *H6*
4331 **Oberwagram** 21 *E1*
3100 **Oberwagram, Sankt Pölten** 23 *E1*
8563 **Oberwald** 50 *D4*
8240 **Oberwaldbauen** 38 *C4*
4183 **Oberwaldschlag** 10 *B4*
4522 **Oberwallern** 20 *B4*
4113 **Oberwallsee** 10 *A5*
3910 **Oberwaltenreith** 12 *A3*
2522 **Oberwaltersdorf** 24 *B3*
4882 **Oberwang** 18 *D6*
6395 **Oberwarming** 32 *A5*
7400 **Oberwart** 38 *D6*
8750 **Oberweg** 49 *H2*
6143 **Oberweg** 44 *A3*
4730 **Oberwegbach** 9 *G6*
2295 **Oberweiden** 15 *E5*
5230 **Oberweinberg** 18 *B3*
4664 **Oberweis** 19 *G4*
5221 **Oberweißau** 18 *B4*
5582 **Oberweißburg** 47 *H3*
8330 **Oberweißenbach** 52 *B4*
4211 **Oberweitersdorf** 10 *C5*
9241 **Oberwernberg** 60 *C2*
9374 **Oberwietingberg** 49 *H5*
6363 **Oberwindau** 31 *F5*
3130 **Oberwinden** 13 *E6*
4263 **Oberwindhaag** 10 *D3*
3970 **Oberwindhag** 11 *G2*
8962 **Oberwinkl** 34 *B4*
4203 **Oberwinkl, Kirchschlag bei Linz** 10 *B5*
5026 **Oberwinkl, Salzburg** 33 *E1*
9231 **Oberwinklern** 60 *C2*
4710 **Oberwödling** 19 *G1*
3124 **Oberwölbling** 12 *D5*
4493 **Oberwolfern** 20 *C3*
9543 **Oberwöllan** 60 *B1*
9500 **Oberwollanig** 60 *B2*
8832 **Oberwölz** 49 *F1*
9131 **Oberwuchel** 61 *G2*
3311 **Oberzeillern** 21 *F2*
8762 **Oberzeiring** 49 *G1*
4212 **Oberzeiß** 10 *C4*
8091 **Oberzirknitz** 52 *A5*
2000 **Oberzögersdorf** 13 *H4*
3100 **Oberzwischenbrunn** 23 *E1*
8262 **Obgrün** 52 *B2*
6364 **Obing** 31 *F5*
8960 **Öblarn** 34 *C4*
2061 **Obritz** 13 *H1*
3123 **Obritzberg** 12 *D6*
6464 **Obstarrenz** 42 *C1*
6416 **Obsteig** 42 *D1*
8853 **Obsthurn** 32 *B4*
3335 **Obsweyer** 21 *E5*
6522 **Obwals** 42 *B3*
8853 **Ocherling** 48 *D2*
3261 **Ochsenbach** 21 *H3*
3151 **Ochsenburg** 22 *D2*
9064 **Ochsendorf** 61 *G2*
3244 **Ockert** 22 *A2*
8190 **Öd** 37 *H5*
5730 **Ödalpe** 45 *H2*
2734 **Ödenhof, Puchberg am Schneeberg** 23 *G6*
2880 **Ödenhof, St. Corona am Wechsel** 38 *B2*
4161 **Ödenkirchen** 9 *G2*
2560 **Ödlitz** 23 *H4*
3241 **Oed an der Mank** 22 *B2*
3261 **Oed bei Ernegg** 21 *H3*
3312 **Oed, Amstetten** 21 *F2*
3321 **Oed, Ardagger Markt** 21 *G1*
3122 **Oed, Dunkelsteinerwald** 12 *C6*
8311 **Oed, Markt Hartmannsdorf** 52 *B3*
3665 **Oed, Martinsberg** 12 *A5*
6344 **Oed, Walchsee** 31 *G3*
2755 **Oed, Waldegg** 23 *G4*
3211 **Oedgegend** 22 *C4*
8361 **Oedgraben** 52 *C3*
3762 **Oedt a. d. Wild** 4 *C6*
8330 **Oedt bei Feldbach** 52 *B4*
3251 **Öed bei Purgstall** 22 *A3*
8413 **Oedt, Ragnitz** 51 *G5*
4170 **Oedt, Rohrbach in Oberösterreich** 9 *H3*
5760 **Oedt, Saalfelden am Steinernen Meer** 32 *C5*
4050 **Oedt, Traun** 20 *B1*
3282 **Oedwies** 22 *A3*
3362 **Oehling** 21 *F2*
5302 **Oelling** 18 *B5*
4150 **Oepping** 9 *H3*
3443 **Oepping** 13 *G6*
6433 **Oetz** 42 *D2*
2512 **Oeynhausen** 24 *B3*
5440 **Ofenau** 33 *E3*
3251 **Ofenbach** 22 *A2*
2880 **Ofenbach, Kirchberg am Wechsel** 38 *B2*
2821 **Ofenbach, Walpersbach** 24 *A6*
2832 **Ofenbachgraben** 38 *C1*
2852 **Ofenegg** 38 *D4*
8113 **Offenbach** 51 *E2*
8172 **Offenegg** 37 *H5*
4625 **Offenhausen** 19 *G2*
5242 **Offenschwandt** 18 *C2*
4802 **Offensee** 34 *B1*
4064 **Oftering** 20 *A1*
6524 **Ögg** 42 *B4*
6534 **Ögg** 42 *B4*
7063 **Oggau** 24 *D5*
9183 **Ogrisalm** 61 *E4*
4694 **Ohlsdorf** 19 *F4*
4152 **Ohnerstorf** 9 *G3*
4784 **Ohrhalling** 8 *D3*
5143 **Oichten** 18 *A4*
3343 **Oisberg** 21 *F6*
8622 **Oisching, Etmißl** 36 *D3*
8632 **Oisching, Gußwerk** 37 *E1*
3332 **Oismühle** 21 *F4*
8503 **Oisnitz** 51 *F5*
7534 **Olbendorf** 52 *D1*
3473 **Olbersdorf** 13 *E3*
2151 **Olgersdorf** 14 *B2*
4490 **Ölkam** 20 *C1*
3004 **Ollern** 13 *H6*
3061 **Ollersbach** 23 *F1*
2252 **Ollersdorf** 15 *E4*
7533 **Ollersdorf im Burgenland** 52 *D1*
4663 **Ölling, Laakirchen** 19 *G4*
5582 **Ölling**, 17 *G3*
5583 **Öllschützen** 47 *G3*
9360 **Olsa** 49 *G4*
9701 **Olsach** 59 *H1*
9341 **Olschnögg** 49 *F5*
6094 **Omes** 43 *G1*
5143 **Öppelhausen** 18 *A3*
8786 **Oppenberg** 35 *E4*
3342 **Opponitz** 21 *G5*
9805 **Orienburg** 59 *G1*
4951 **Ornading** 18 *C1*
3380 **Ornding** 22 *B1*
4722 **Ort an der Straß** 9 *F6*
4974 **Ort im Innkreis** 18 *D6*
4810 **Ort, Gmunden** 19 *G5*
5261 **Ort, Helpfau-Uttendorf** 18 *B2*
9451 **Ort, Preitenegg** 50 *B4*
4866 **Ort, Unterach am Attesee** 8 *D6*
3264 **Örtemühle** 21 *H4*
8240 **Ortgraben** 38 *C4*
2304 **Orth an de Donau** 24 *D1*
2673 **Orthof** 38 *A1*
2763 **Ortmann** 23 *G4*
9100 **Oschenitzen** 62 *A2*
7064 **Oslip** 24 *D5*
8750 **Ossach** 49 *H2*
3130 **Ossarn** 13 *E6*
9570 **Ossiach** 60 *C2*
9520 **Ossiachberg** 60 *C1*
6441 **Östen** 42 *D2*
6784 **Ostergunten** 27 *E6*
5121 **Ostermiething** 17 *H4*
4974 **Osternach** 8 *D6*
5280 **Osternberg** 18 *A1*
6323 **Osterndorf** 31 *E4*
6441 **Österreuten** 42 *D2*
8530 **Osterwitz** 50 *D5*
3541 **Ostra** 12 *C4*
9570 **Ostriach** 60 *C2*
8573 **Oswaldgraben** 50 *C2*
9500 **Oswaldiberg** 60 *B2*
2881 **Ottenbach** 38 *A2*
8461 **Ottenberg** 63 *H1*
8312 **Ottendorf an der Rittschein** 52 *B3*
2002 **Ottendorf, Großmugl** 14 *A3*
5233 **Ottendorf, Pischelsdorf am Engelsbach** 18 *A2*
3314 **Ottendorf, Strengberg** 21 *E2*
5143 **Ottenhausen** 18 *A3*
3032 **Ottenheim** 23 *G1*
4372 **Ottenschlag** 11 *G5*
4204 **Ottenschlag im Mühlkreis** 10 *C4*
3631 **Ottenschlag, Waldviertel** 12 *A4*
4100 **Ottensheim** 10 *A6*
3701 **Ottenthal** 13 *F3*
2163 **Ottenthal** 6 *C6*
4780 **Otterbach** 8 *D4*
5143 **Otterfing** 18 *A4*
8543 **Otternitz** 51 *F6*
2880 **Otterthal** 38 *B2*
9781 **Ötting** 58 *C1*
5760 **Otting** 32 *B5*
9064 **Ottmanach** 61 *G1*
4901 **Ottnang am Hausruck** 19 *F3*
4560 **Ottsdorf** 20 *A5*
4600 **Ottstorf** 20 *A2*
3622 **Ötz** 12 *B5*
3622 **Ötzbach** 12 *B5*
4874 **Ötzling** 19 *E2*

P

8862 **Paal** 48 *C3*
8332 **Paalsdorf** 52 *A3*
2130 **Paasdorf** 14 *C2*
4291 **Paben** 10 *D4*
9360 **Pabenberg** 49 *G4*
4881 **Pabing** 18 *D5*
4363 **Pabneukirchen** 11 *F6*
8673 **Pacher** 37 *H4*
8075 **Pachern** 51 *G3*
8831 **Pachern** 49 *F2*
2471 **Pachfurth** 25 *E2*
4523 **Pachschallern** 20 *C3*
8584 **Pack** 50 *C4*
8583 **Packwinkel-Schattseite** 50 *C4*
6154 **Padaun** 43 *H4*
6094 **Pafnitz** 43 *G2*
9422 **Paierdorf** 62 *B1*
8101 **Pail** 51 *F2*
9431 **Paildorf** 50 *B6*
8741 **Paisberg** 50 *A2*
8820 **Paischg** 49 *G3*
9121 **Pakein** 61 *G2*
8621 **Palbersdorf** 37 *E3*
8341 **Paldau** 52 *A4*
8923 **Palfau** 36 *A1*
5541 **Pallehen** 33 *G6*
3522 **Pallweis** 12 *B3*
4864 **Palmsdorf** 19 *E5*
8600 **Palot** 37 *E4*
3511 **Palt** 12 *D5*
2182 **Palterndorf** 15 *E2*
5221 **Palting** 18 *B4*
3062 **Paltram** 23 *F1*
2422 **Pama** 25 *G2*
7152 **Pamhagen** 25 *F6*
4360 **Panholz** 21 *G1*
4163 **Panidorf** 9 *G1*
6263 **Pankrazberg, Fügen** 30 *C6*
6271 **Pankrazberg, Uderns** 44 *C1*
3233 **Panschach** 22 *C2*
4160 **Panyhaus** 9 *H2*
3141 **Panzing** 13 *E6*
8911 **Paradies** 35 *G3*
7463 **Parapatitschberg** 39 *E5*
2232 **Parbasdorf** 14 *D5*
6561 **Pardatschalpe** 41 *G4*
3662 **Pargatstetten** 12 *A6*
3720 **Parisdorf** 13 *F2*
3353 **Parkfried** 21 *E3*
7111 **Parndorf** 25 *F3*
4865 **Parschallen** 19 *E6*
8605 **Parschlug** 37 *E4*
6543 **Partitsch** 42 *A5*
5222 **Parz** 18 *B4*
4710 **Parz, Grieskirchen** 19 *G1*
4681 **Parz, Haag am Hausruck** 19 *F2*
4720 **Parzleithen** 19 *F1*
4061 **Pasching, Traun** 20 *B1*
4085 **Pasching, Waldkirchen am Wesen** 9 *G5*
6561 **Pasnatsch** 41 *G4*
6830 **Paspels** 40 *B1*
8162 **Passail** 37 *G6*
3742 **Passendorf** 5 *E6*
9321 **Passering** 49 *G6*
9624 **Paßriach** 59 *G3*
5730 **Paßthurn** 45 *G1*
6281 **Pasteinalm** 45 *E2*
9135 **Pasterk** 61 *H5*
9564 **Patergassen** 48 *B6*
9711 **Paternion** 60 *A1*
9900 **Patriasdorf** 46 *B6*
6082 **Patsch** 43 *H2*
4910 **Pattigham** 18 *D2*
8355 **Patzen** 52 *B6*
2153 **Patzenthal** 14 *A1*
2153 **Patzmannsdorf** 14 *A1*
3511 **Paudorf** 12 *D5*
2424 **Paulahof** 25 *G3*
7132 **Paulhof** 25 *F5*
4794 **Paulsdorf** 9 *F4*
8332 **Paurach** 52 *B4*
8720 **Pausendorf** 50 *A1*
4760 **Pausing** 9 *F6*
2662 **Pax** 23 *E5*

9413 Vorderlimberg 50 B5
4052 Vordermayrberg 20 B1
8794 Vordernberg 36 C4
4154 Vordernebelberg 9 G2
9861 Vordernöring 47 H5
4162 Vorderschiffl 9 G2
4841 Vorderschlag 19 E3
4843 Vorderschlagen 19 E3
5630 Vorderschneeberg 47 E2
8831 Vorderschönberg 49 F2
5323 Vorderschroffenau 33 E1
8551 Vordersdorf 63 E1
5324 Vordersee 33 F1
9753 Vordersiflitz 59 G1
4574 Vorderstoder 35 E1
4824 Vordertal 33 H3
4575 Vordertambergau 35 E1
9441 Vordertheißenegg 50 B5
6335 Vorderthiersee 31 E3
8785 Vordertriebental 35 G5
8961 Vorderwald 34 C5
5742 Vorderwaldberg 45 F1
4191 Vorderweißenbach 10 A3
6363 Vorderwindau 31 F5
5563 Vorderwinkel 47 H2
9543 Vorderwinkl 60 C1
9413 Vorderwölch 50 B5
5431 Voregg 33 E3
8713 Vorlobming 36 C6
4310 Vormarkt 20 D1
5143 Vormoos 18 A3
4081 Vornholz, Hartkirchen 9 H5
8250 Vornholz, Wenigzell 38 A4
5661 Vorstandrevier 46 D2
9564 Vorwald, Patergassen 48 B6
8781 Vorwald, Wald am Schoberpaß 35 H4
2331 Vösendorf 24 B1
2630 Vöstenhof 38 B1
8321 Vötz 52 A3

W

8345 Waasen am Berg 52 B5
4722 Waasen 9 F6
5271 Waasen, Altheim 18 B2
3062 Waasen, Kirchstetten 23 F1
3370 Waasen, Neumarkt an der Ybbs 21 H2
3372 Waasen, Neustadl an der Donau 21 G2
3281 Waasen, Oberndorf an der Melk 22 A2
8345 Waasenberg 52 B5
9121 Wabelsdorf 61 G2
8843 Wachenberg 48 D2
9560 Wachsenberg 60 D1
9900 Wacht 58 C1
4441 Wachtberg, Behamberg 20 D3
3922 Wachtberg, Großschönau 11 G2
9142 Wackendorf 62 A3
4070 Wackersbach 9 H6
8273 Wagenbach 52 B1
5580 Wagenberg 48 B2
8435 Wagendorf, Hartberg 38 C5
3443 Wagendorf, Sieghartskirchen 13 G6
8423 Wagendorf, St. Veit am Vogau 51 H6
5230 Wagenham 18 B3
4594 Wagenhub 20 B4
8271 Wagerberg 52 C1
8071 Wagersbach 51 G3
9556 Waggendorf 61 F1
4950 Wagham 18 C1
4775 Wagholming 8 D5
4775 Waging 9 E5
8435 Wagna 51 G6
5441 Wagner 33 G3
8401 Wagnitz 51 G4
4343 Wagra 21 E1
5602 Wagrain 33 E6
3483 Wagram a. Wagram 13 E4
2304 Wagram an der Donau 25 E1
3133 Wagram o. d. Traisen 13 E5
4303 Wagram, Sankt Pantaleon 20 D1
4061 Wagram, Traun 20 B1
4070 Wagrein 9 H6
5241 Wahrleiten 18 C2
5421 Waidach, Hallein 33 E2
6345 Waidach, Kössen 31 G2
5151 Waidach, Obendorf bei Salzburg 18 A5
9781 Waidach, Oberdrauburg 58 D1
9631 Waidegg 59 F3
3595 Waiden 12 C1
2263 Waidendorf 15 E3
4521 Waidern 20 B3
4600 Waidhausen 19 H2
3830 Waidhofen an der Thaya 4 B6
3340 Waidhofen an der Ybbs 21 F4
9170 Waidisch 61 F4
2761 Waidmannsfeld 23 G5
6384 Waidring 31 H3
9971 Waier 45 H4
9560 Waiern 60 D1
9761 Waisach 59 E1
9102 Waisenberg 61 H1
8190 Waisenegg 37 H5
3100 Waitzendorf, Sankt Pölten 22 D1
2073 Waitzendorf, Schrattenthal 5 F6
4730 Waizenkirchen 9 G6
7210 Walbersdorf 24 C6
5672 Walchen, Grundalm 46 C2
8960 Walchen, Öblarn 34 C5
5721 Walchen, Piesendorf 46 A1
4870 Walchen, Sankt Georgen im Attergau 18 D4
9941 Walcher 57 H2
3343 Walcherbauer 21 F6
6344 Walchsee 31 G2
4971 Walchshausen 18 D1
4291 Walchshof 10 D4
8781 Wald am Schoberpaß 35 H4
5742 Wald im Pinzgau 45 F1
8510 Wald in der Weststeiermark 51 E5
5324 Wald, Faistenau 33 F1
6471 Wald, Imst 42 C2
6416 Wald, Obsteig 42 D1
3143 Wald, Pyhra 23 E2
6433 Wald, Silz 42 D2
8691 Waldbach, Kapellen 37 H1
8253 Waldbach, Wenigzell 38 A4
4240 Waldburg 10 C4
9020 Walddorf 61 F2
8082 Waldegg, Kirchbach in Steiermark 51 H4
2754 Waldegg, Markt Piesting 23 H5
3961 Waldenstein, Gmünd 11 G1
9400 Waldenstein, Wolfsberg 50 B5
4272 Waldfeld 11 E4
7431 Waldgebiet 39 E5
3910 Waldhams 11 H2
3914 Waldhausen 12 B3
4391 Waldhausen im Strudengau 11 G6
4184 Waldhäuser 10 A3
3004 Waldheim 13 H6
3844 Waldhers 4 B4
5441 Waldhof, Abtenau 33 F3
2571 Waldhof, Altenmarkt a. d. Triesting 23 G3
4111 Walding 10 A6
4085 Waldkirchen am Wesen 9 G5
3844 Waldkirchen an der Thaya 4 B4
3133 Waldlesberg 13 E5
4623 Waldling 19 H2
4595 Waldneukirchen 20 B4
4843 Waldpoint 19 E3
5201 Waldprechting 18 A5
3812 Waldreichs 4 B6
8344 Waldsberg 52 B5
8505 Waldschach 51 F6
6323 Waldschönau 31 E4
8051 Waldsdorf 51 F2
8122 Waldstein 51 E1
4924 Waldzell 18 D2
3752 Walkenstein 13 E1
8262 Walkersdorf 52 B2
3492 Walkersdorf a. Kamp 13 E4
6391 Wall 31 H4
8382 Wallendorf 52 D3
4780 Wallensham 8 D4
4701 Wallern 19 H1
7151 Wallern im Burgenland 25 G6
8800 Wallersbach 49 F1
2571 Wallgraben 23 G3
9974 Wallhorn 45 G4
8162 Wallhütten 51 G1
4906 Walling 19 E2
5441 Wallingwinkel 33 F3
3193 Wällischgraben 22 D5
3363 Wallmersdorf 21 F3
5203 Wallsberg 18 B5
3313 Wallsee 21 F2
2822 Walpersbach 24 A6
3664 Walpersdorf 12 A5
3130 Walpersdorf, Herzogenburg 13 E5
5071 Wals 32 C1
4880 Walsberg 18 D5
5071 Walserberg 32 C1
8630 Walstern 22 C6
8712 Waltenbach 36 D5
8042 Waltendorf, Graz 51 G3
3042 Waltendorf, Würmla 13 F6
3970 Walterschlag 11 G2
3931 Walterschlag, Schweiggers 11 H1
3632 Walterschlag, Traunstein 12 A4
2265 Waltersdorf an der March 15 E2
2134 Waltersdorf bei Staatz 14 C1
8750 Waltersdorf, Judenburg 49 H1
4872 Waltersdorf, Neukirchen a. d. Vöckla 19 E3
2170 Walterskirchen 14 D1
8354 Waltra 52 B5
5145 Walzing 18 A2
2485 Wampersdorf 24 B4
6542 Wand 42 A5
8920 Wandau 36 A2
9103 Wandelitzen 61 H1
3262 Wang 21 H3
5122 Wanghausen 17 G2
2473 Wangheim 25 F2
6293 Wanglalm 44 B2
6600 Wängle 28 B4
4800 Wankham 19 F4
5302 Wankham 18 B5
5142 Wannersdorf, Eggelsberg 18 A3
8130 Wannersdorf, Frohnleiten 37 E6
3200 Wantendorf 22 D2
4560 Wanzbach 20 A5
3573 Wanzenau 12 D2
4441 Wanzenöd 20 D3
8742 Warbach 50 A3
4931 Warmanstadl 18 C3
6395 Warming 32 A4
8530 Warnblick 51 E6
3932 Warnungs 12 A1
4552 Wartberg an der Krems 20 A4
8661 Wartberg im Mürztal 37 G3
4224 Wartberg ob der Aist 10 D5
3730 Wartberg, Eggenburg 13 F1
4271 Wartberg, Sankt Oswald bei Freistadt 10 D4
6767 Warth 41 F1
3204 Warth, Rabenstein an der Pielach 22 C3
2831 Warth, Scheiblingkirchen 38 C1
2620 Wartmannstetten 38 C1
9556 Wasai 61 E1
2083 Waschbach 5 F5
2452 Wasenbruck 24 C3
8753 Wasendorf 50 A1
4843 Wassenbach 19 E3
4571 Wasserböden 20 A6
3140 Wasserburg 13 E6
2371 Wassergspreng 24 A2
9125 Wasserhofen 61 H2
4643 Wasserhub 19 H4
5571 Wassering 48 B2
8733 Wasserleith 36 B6
6780 Wasserstubenalpe 41 E3
9620 Watschig 59 F3
6112 Wattenberg 44 A1
6112 Wattens 44 A1
2051 Watzelsdorf 13 G1
3100 Watzelsdorf, Sankt Pölten 22 D1
7543 Watzen 52 D2
3452 Watzendorf, Atzenbrugg 13 F6
8820 Watzendorf, Kulm am Zirbitz 49 G3
4741 Watzing 19 F1
4673 Watzing, Gaspoltshofen 19 F2
4793 Watzing, St. Roman 9 E4
5204 Watzlberg 18 C4
3922 Watzmanns 11 G2
4182 Waxenberg 10 A4
8184 Waxenegg 37 H6
4283 Weberberg 11 E5
5602 Weberland 33 F6
4141 Weberschlag 9 G3
5132 Webersdorf 17 H3
4813 Weberstorf 19 F5
8054 Webling 51 F3
3250 Wechling 21 H2
6114 Weer 44 A1
6133 Weerberg 44 B1
3281 Weg 22 A2
3150 Wegbach 22 D2
4894 Wegdorf 18 C5
3385 Weghof 22 C1
4872 Wegleiten 19 E4
2640 Wegscheid 38 B1
3593 Wegscheid a. Kamp 12 C2
5441 Wegscheid, Abtenau 33 F3
8634 Wegscheid, Gußwerk 37 E1
3243 Wegscheid, Sankt Leonhard am Forst 22 B1
3153 Wehrabach 22 D3
4142 Wehrbach 9 G4
5233 Wehrsdorf 18 A3
4675 Weibern 19 F2
4724 Weibing 9 F5
2620 Weibnitz 38 C1
4160 Weichsberg 9 H2
5141 Weichsee 17 H4
8382 Weichselbaum 52 D4
8632 Weichselboden 36 D1
4502 Weichstetten 20 B2
4655 Weidach 19 G4
6105 Weidach, Seefeld in Tirol 29 F6
6343 Weidau 31 F2
3004 Weideck 13 H6
7121 Weiden am See 25 F3
7463 Weiden bei Rechnitz 39 E5
4273 Weidenau 11 F4
3184 Weidenaurotte 22 C4
9635 Weidenburg 58 D2
3632 Weidenegg 11 H4
3970 Weidenhöfe 11 G1
4730 Weidenholz 9 G6
5134 Weidenthal 17 H2
4101 Weidet 9 H6
3040 Weiding 23 F1
3400 Weidling, Klosterneuburg 14 A5
1140 Weidlingau 24 A1
3400 Weidlingbach, Klosterneuburg 14 A6
3013 Weidlingbach, Tullnerbach 23 G1
6900 Weienried 26 C3
4531 Weifersdorf 20 B2
2483 Weigelsdorf, Ebreichsdorf 24 B3
4115 Weigelsdorf, Kleinzell im Mühlkreis 9 H4
4904 Weigensam 19 F3
4553 Weigersdorf, Kirchdorf an der Krems 20 A5
4551 Weigersdorf, Kremsmünster 20 A3
4190 Weigetschlag 10 B3
4204 Weignersdorf 10 B5
3251 Weigstadt 22 A3
6380 Weiherndorf 31 G4
2253 Weikendorf 15 E4
5760 Weikersbach 32 B5
2722 Weikersdorf am Steinfelde 24 A5
4133 Weikersdorf 9 G4
4211 Weikersdorf, Gallneukirchen 10 C5
3823 Weikertschlag an der Thaya 4 C4
3972 Weikertschlag, Bad Großpertholz 11 F2
3623 Weikertschlag, Kottes 12 B4
5163 Weikertsham 18 A4
4984 Weilbach, Obernberg am Inn 18 C1
4633 Weilbach, Wels 19 G2
6833 Weiler 40 B1
5134 Weilhart 17 H2
4490 Weilling 20 C1
8352 Weinberg an der Raab 52 C4
7423 Weinberg im Burgenland 38 D4
9772 Weinberg, Dellach im Drautal 59 E1
4674 Weinberg, Gaspoltshofen 19 F2
4292 Weinberg, Kefermarkt 10 D4
4625 Weinberg, Offenhausen 19 G2
8221 Weinberg, Pischelsdorf in der Steiermark 52 A1
9133 Weinberg, Sittendorf 61 H3
8274 Weinberg, St. Magdalena am Lemberg 38 C6
3200 Weinburg 22 C2
8481 Weinburg am Saßbach 52 A6
4432 Weindlau 20 D2
9314 Weindorf 49 G6
3812 Weinern 4 C6
5630 Weinetsberg 46 D2
2832 Weingart 38 D1
7471 Weingebirge 39 F5
7372 Weingraben 39 E3
8044 Weinitzen 51 F2
8461 Weinleiten 63 G1
3800 Weinpolz 4 B6
3680 Weins 21 H1
2114 Weinsteig 14 B3
4251 Weinviertl 11 E3
8143 Weinzettl 51 F4
3250 Weinzierl 22 A2
3610 Weinzierl a. Walde 12 C4
3452 Weinzierl, Atzenbrugg 13 F6
4190 Weinzierl, Bad Leonfelden 10 B3
4432 Weinzierl, Ernsthofen 20 D2
3385 Weinzierl, Hafnerbach 22 D1
4563 Weinzierl, Micheldorf in Oberösterreich 20 A5
4320 Weinzierl, Perg 21 E1
3004 Weinzierl, Sieghartskirchen 13 G6
3071 Weisching 23 E1
6416 Weisland 42 D1
6330 Weißach 31 E3
6352 Weißachgraben 31 F4
5093 Weißbach bei Lofer 32 B4
9346 Weißberg 48 D5
9622 Weißbriach 59 F2
3932 Weißenalbern 11 H1
9714 Weißenbach 59 G2
4854 Weißenbach am Attersee 19 E6
6671 Weißenbach am Lech 28 B5
8932 Weißenbach an der Enns 35 H1
2564 Weissenbach an der Triesting 23 G3
8940 Weißenbach bei Liezen 35 E3
2371 Weißenbach bei Mödling 24 A2
4822 Weißenbach, Bad Goisern 33 H2
3852 Weißenbach, Gastern 4 A4
2640 Weißenbach, Gloggnitz 38 B1
9563 Weißenbach, Gnesau 60 C1
4573 Weißenbach, Hinterstoder 34 D2
8082 Weißenbach, Kirchbach in Steiermark 51 H4
5431 Weißenbach, Kuchl 33 E3
4462 Weißenbach, Reichraming 20 C5
3193 Weißenbach, Sankt Aegyd am Neuwalde 22 D5
8813 Weißenbach, Sankt Lambrecht 49 F3
8967 Weißenbach, Schladming 34 B5
5350 Weißenbach, Strobl 33 G2
3242 Weißenbach, Texing 22 B3
9500 Weißenbach, Villach 60 B2
8323 Weißenbachegg 51 H4
3293 Weißenbachl 21 H5
7435 Weißenbachl 39 E4
9473 Weißenberg, Lavamünd 62 C1
4501 Weißenberg, Neuhofen an der Krems 20 B2
3142 Weißenkirchen a. d. Perschling 13 E6
3610 Weißenkirchen i. d. Wachau 12 C4
4890 Weißenkirchen im Attergau 18 D5
9971 Weißenstein 45 H4
9150 Weißenstein, Bleiburg 62 B2
9721 Weißenstein, Feistritz an der Drau 60 A2
8451 Weißheim 51 G6
4616 Weißkirchen an der Traun 20 A2
8741 Weißkirchen in Steiermark 50 A2
5571 Weißpriach 48 A2
3650 Weißpyhra 12 A6
6850 Weißtannen 26 D5
8934 Weißwasser 35 G1
3350 Weistrach 21 E3
6380 Weitau 31 G4
3653 Weiten 12 A6
5441 Weitenau 33 F3
9463 Weitenbach 50 A4
9122 Weitendorf 61 H3
8410 Weitendorf, Wildon 51 F5
3652 Weitenegg 22 B1
9344 Weitensfeld im Gurktal 49 E6
3107 Weitern 12 D6
3653 Weiterndorf 12 B6
4851 Weiterschwang 19 E4
4622 Weitersdorf 20 A2
2084 Weitersfeld 5 E6
8473 Weitersfeld an der Mur 64 A1
4272 Weitersfelden 11 E4
3372 Weitgraben 21 G2
3970 Weitra 11 F1
9375 Weitschach 49 H5
8484 Weixelbaum 52 B6
8421 Weixelberg, Kaindorf 52 B1
3664 Weixelberg, Martinsberg 12 A5
4431 Weixelgarten 20 D3
6481 Weixmannstall 42 C4
8160 Weiz 51 H1
8113 Weizberg 51 E2
9162 Weizelsdorf 61 E3
8160 Weizer-Zeil 37 G6
4591 Welchau 20 C6
7503 Welgersdorf 39 E6
9072 Wellersdorf 61 E3
4600 Wels 20 A2
9312 Welsbach 49 F5
8383 Welten 52 C4
8383 Weltenberg 52 C4
9972 Welzelach 45 G4
4453 Wendbach 20 C5
4741 Wendling 19 E1
8911 Weng bei Admont 35 G3
4952 Weng im Innkreis 18 B1
5122 Weng, Burghausen 17 H2
4716 Weng, Grieskirchen 19 F1
5203 Weng, Neumarkt am Wallersee 18 B5
5622 Weng, Schwarzach im Pongau 32 D6
6621 Wengle 28 C5
8521 Wenigggleinz 51 F6
8254 Wenigzell 38 A4
8274 Wenireith 38 B6
8763 Wenischgraben 35 G6
3763 Wenjapons 4 C6
9833 Wenneberg 46 C6
5733 Wenns, Bramberg am Wildkogel 45 G1
6473 Wenns, Imst 42 B2
3343 Wenten 21 F6
4091 Wenzelberg 9 F4
2152 Wenzersdorf 14 B2
7331 Weppersdorf 39 F2
5132 Werberg 17 H3
5450 Werfen 33 E4
5453 Werfenweng 33 F5
8402 Werndorf 51 G4
3100 Wernersdorf, Neidling 12 D6
8551 Wernersdorf, Wies 63 E1
4773 Wernhartsgrub 8 D6
2650 Werning 38 A1
4783 Wernstein am Inn 8 D4
4952 Wernthal 18 B1
3531 Werschenschlag 12 B3
9562 Werschling 60 D1
3822 Wertenau 4 B5
5202 Wertheim 18 C5
9612 Wertschach 59 H3
4085 Wesenufer 9 F4
9150 Wesnitzen 62 B2
6991 Westegg 27 F6
6363 Westendorf 31 F5
7161 Westhof 25 G5
8521 Wettmannstätten 51 F5
8200 Wetzawinkel 52 A2
4363 Wetzelsberg 11 F5
8083 Wetzelsdorf bei Jagerberg 52 A5
8083 Wetzelsdorf in der Weststeiermark 51 F5
8330 Wetzelsdorf, Auersbach 52 B3
8052 Wetzelsdorf, Graz 51 F3
2170 Wetzelsdorf, Poysdorf 14 C1
8503 Wetzelsdorfberg 51 F5
4092 Wetzendorf 9 E4
3124 Wetzlarn 12 D6
3594 Wetzlas 12 B2
2114 Wetzleinsdorf 14 B3
3823 Wetzles, Raabs an der Thaya 4 B4
3970 Wetzles, Weitra 11 G1
3130 Wetzmannsthal 13 E5
8130 Weyer 37 E6
5733 Weyer 45 G1
3335 Weyer Markt 21 E5
4810 Weyer, Gmunden 19 G5
5120 Weyer, Ostermiething 17 H4
4616 Weyerbach 20 A2
2031 Weyerburg 13 H2
8962 Weyern, Gröbming 34 B4
8720 Weyern, Spielberg bei Knittelfeld 50 B1
3121 Weyersdorf 12 D6
4852 Weyregg am Attersee 19 E5
4493 Wickendorf 20 C2
8311 Widenwinkel 52 A3
6883 Wieden 27 E6
8643 Wieden, Allerheiligen im Mürztal 37 F4
5630 Wieden, Bad Hofgastein 46 D2
8191 Wieden, Koglhof 37 H6
8903 Wieden, Lassing 35 E4
8162 Wieden, Passail 37 G6
3231 Wieden, Sankt Margarethen an der Sierning 22 C1
8542 Wieden, Sankt Martin im Sulmtal 51 E6
8345 Wieden-Klausen 52 B6
3491 Wiedendorf 13 E3
7540 Wiederberg 53 E3
3902 Wiederfeld 4 A6
9150 Wiederndorf 62 B2
9564 Wiederschwing, Patergassen 48 B6
9714 Wiederschwing, Zlan 59 H1
9564 Wiedweg 48 B6
9360 Wiegen 49 G4
3664 Wiehalm 12 A5
8553 Wiel St. Anna 62 D1
3950 Wielands 3 G6
3912 Wielands, Grafenschlag 11 H3
3150 Wielandsberg 22 D2
3130 Wielandsthal 13 E6
3862 Wielings 3 H5
8461 Wielitsch 63 H1
1010 Wien 14 C6
4272 Wienau 11 E3
9314 Wiendorf 61 G1
2351 Wiener Neudorf 24 A2
2700 Wiener Neustadt 24 A5
3223 Wienerbruck 22 B5
2435 Wienerherberg 24 C2
8993 Wienern 34 B2
2514 Wienersdorf 24 A3
3812 Wienings 4 B6
3644 Wienzierl 22 B1
8093 Wiersdorf 52 A5
8551 Wies, Eibiswald 63 E1
3240 Wies, Mank 22 B2
6481 Wiese 42 C3
8421 Wiesein 51 H5
3142 Wieselbruck 13 F6
3250 Wieselburg 22 A2
6952 Wieseln 27 E5
8504 Wieselsdorf 51 F5
2020 Wieselsfeld 13 H2
9912 Wiesen, Anras 58 A1
3071 Wiesen, Böheimkirchen 23 F1
9544 Wiesen, Feld am See 60 B1
2003 Wiesen, Leitzersdorf 14 A4
9654 Wiesen, Maria Luggau 58 B2
7203 Wiesen, Mattersburg 24 B6
4812 Wiesen, Pinsdorf 19 F5
9462 Wiesenau, Bad St. Leonhard im Lavantal 50 B4
4866 Wiesenau, Unterach am Attersee 18 D6
8312 Wiesenberg 52 C3
4753 Wiesenberg, Taiskirchen im Innkreis 9 E6
6370 Wiesenegg-Grüntal 31 G5
3161 Wiesenfeld 23 E3
8243 Wiesenhöf 38 C4
6060 Wiesenhof, Absam 44 A1
6524 Wiesenhof, Kaunerberg 42 C4

Y

Z

Tettnang 7 km
Ravensburg 22 km
Weingarten 27 km
467

Wangen (Allgäu) 16 km
Leutkirch 36 km
Ravensburg 34 km
96

Memmingen 59'
München 2h 8'
IC/EC

Isny 24 km
Kempten 54 km
12

31
Friedrichshafen 9 km
Überlingen 42 km
Stockach 58 km
IC/EC
Friedrichshafen 19'

308
Scheidegg 9 k
Lindenberg (A 11 km
Oberstaufen 31 km
Immenstadt 48 km

Betznau
Götzenweiler
Esseratsweiler
Bettensweiler
Hergensweiler
Niederstaufen

Berg
Dentenweiler
Doberatsweiler
Pechtensweiler

Kressbronn am Bodensee
Kümmertsweiler
Rengersweiler
Höhenreute
Weißensberg
Sigmarszell

Gattnau
Eggatsweiler
Golfclub Bodensee-Weißensberg
Schlachters

Selmnau
Hengnau
Tauben-berg
OBER-REITNAU
Weißensberg
Thumen
Sigmarszell
Zeisertsweiler
Hohenweiler

Retterschen
Hattnau
Hege
UNTER-REITNAU
SCHÖNAU
HOYREN
Bösenreutin
Berg
Mariastern

Bf. Kressbronn
Bf. Nonnenhorn
Nonnenhorn
Bf. Wasserburg (Bodensee)
Bodolz
AESCHACH
REUTLIN
Hörbranz

Wasserburg (Bodensee)
Bf. Enzisweiler
Enzisweiler
BAD SCHACHEN
Bf. Lindau-Aeschach
Alter Lindauer Friedhof
Lindau
Hörbranz-Lochau
Blackenreute

Reutenen
INSEL
Haus zum Cavazzen
Bregenzer Str.
ZECH

Peterskirche
Lindau Hbf. **91**

LINDAU (Bodensee)

Bf. Lochau-Hörbranz
Lochau
Eichenberg

B o d e n s e e

Bf. Bregenz Hafen

BREGENZ
Seebühne & Festspielhaus
Bregenz Hbf.
Tannebach
Pfänder 1062

RIEDEN-
Casino-Stadion
Bregenz Weidach
St. Gallus
Pfänderbahn

VORKLOSTER
Marien-berg
Fluh

Flughafen St. Gallen 3 km
Rorschach 6 km
St. Gallen 15 km
1

91

S6 S4 S2
Rorschach 6'
St. Gallen 24'

NSG Rohrspitz
Hard
Bf. Riedenburg
202

IC/EC ICE
St. Gallen 23'
Zürich 1h 27'

S p e i c h e n - W i e s e n
Mittelweiherburg
Kennelbach

7 **13**
Flughafen St. Gallen 3 km
Rorschach 6 km
Arbon 12 km
St. Gallen 17 km
Konstanz 39 km

Unterdorf
Fußach
202
Langener Str.
Wolfurt

Gaißau
Höchst
Bf. Hard-Fußach
Bf. Lauterach
190
Bf. Wolfurt

Rheineck
203
Lauterach
B i l d s t e i n

Rheineck
7
Wolfurt-Lauterach
12

Walzenhausen
13
ICE
Bf. Lustenau
Schweizer Ried
Bf. Schwarzach in Vorarlberg

Bf. St. Margrethen
St. Margrethen
Bf. Lustenau-Markt
Schwarzach in Vorarlberg

200
Alberschwende 3 km
Egg 8 km
Immenstadt 48 km

Kellenberg
Willen
13
RHEINDORF
Stiglingen
Ammenegg

Schachen
Au (SG)
14
Dornbirn-Nord
HASEL-STAUDEN
Oberfallenberg

Altstätten 4 km
St. Gallen 28 km
13

Sulzbach
Au
2
Lustenau
KIRCHDORF
SCHWEFEL
Bf. Dornbirn

Reute (AR)
Berneck
13
Dornbirn-Süd
Stadion Birkenwiese
Sankt Martin
DORNBIRN

S4
Buchs SG 30'

Heerbrugg
E 60
HASEN-FELD
204
Lustenauer Str.
Watzenegg

S2
Altstätten 2'
IC/EC
Chur 1h 37'

Balgach
Heerbrugg
203
18
OBERDORF
KEHLEGG

13
Widnau
A14
Flughafen Hohenems-Dornbirn
190
HATLER-DORF
GÜTLE

Rebstein
Rebstein-Marbach
Widnau
Schnitter
Schweizer Str.

Vaduz 30 km
Chur 69 km
13

Feldkirch 17 km
Bludenz 37 km
St. Anton 76 km
A14

203
Hohenems 4 km
Götzis 9 km
Feldkirch 21 km

IC/EC
Feldkirch 25'

190
Hohenems 4 km
Götzis 9 km
Feldkirch 21 km

90

Salzburg 1 : 100.000

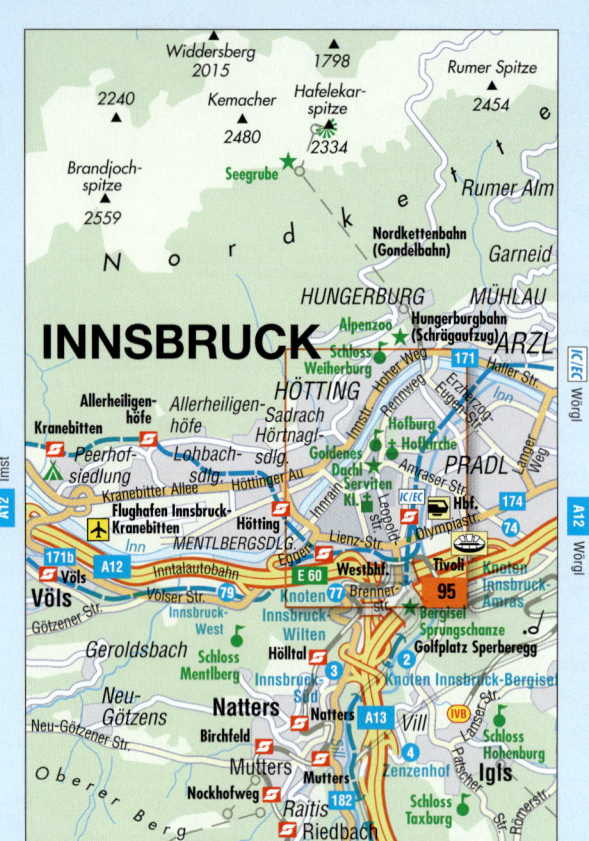

Graz 1 : 110.000

1 : 110.000 **Klagenfurt**

1 : 15.000 **Innsbruck**

95

Bad Leonfelden 26 km
L-HARBACH 0,5 km

127 L-KATZBACH 4 km
L-DORNACH 3,5 km 129

A7 Freistadt 37km

A7
L-VOEST 4 km
L-NIEDERNHA[RT]
5 km

L-HAGEN 300 m
L-PÖSTLING-BERG 4 km

127 Puchenau 3,5 km

Industriegelän[de]
1 km

129 L-ST. MARGARETHEN 1,5 km

→ A7 0,5
Messe Linz
1 km

Leonding 3 km

Steyregg 4,5 k[m]
→ A7 1 k[m]

ICE IC/EC
Wien 2h

250 500 m

Leonding 4 km 139
Traun 7 km
Flughafen Linz 10 km
Wels 25 km

ICE IC/EC
Salzburg 1h 15'
Passau (D) 1h 18'
Nürnberg (D) 2h 6'

→ A7 300 m
L-UFER 6 km
Enns 16 km

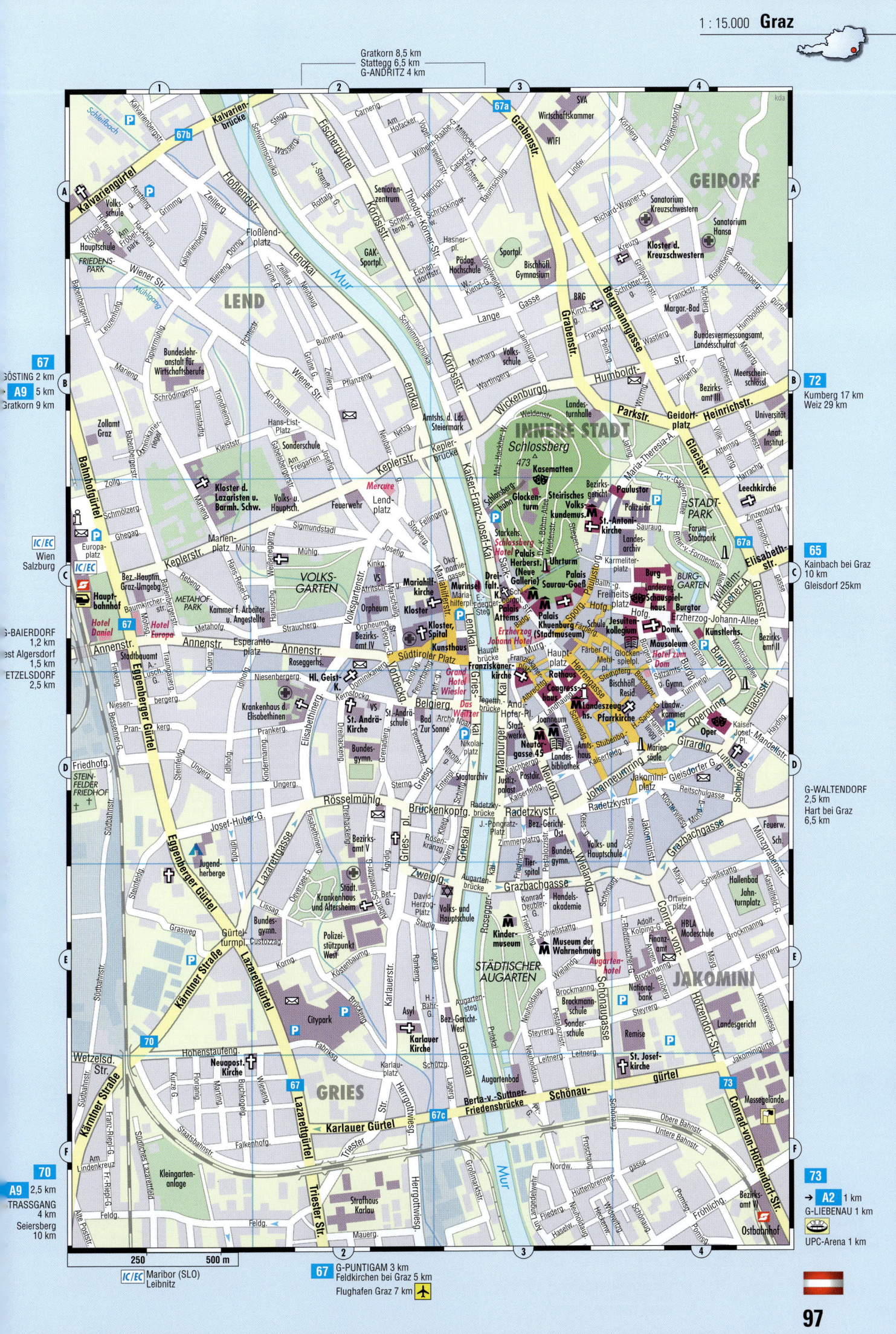

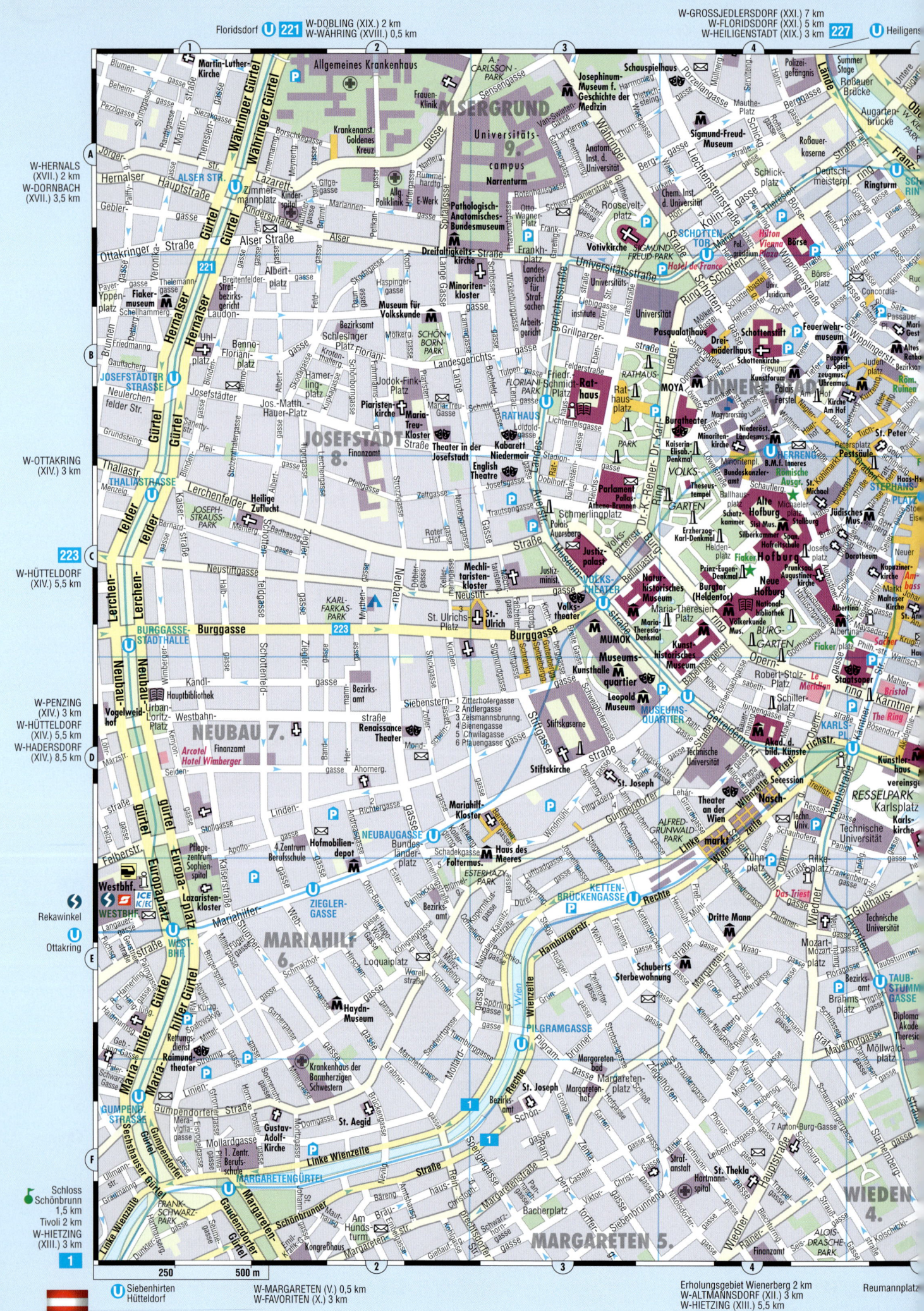

Trenčín
Poprad *IC/EC*
Komárno

Modra 26 km
Pezinok 20 km
BA-RAČA 5 km **502**

Trnava 43 km
Senec 23 km
→ **D1** 6 km

stanica
Bratislava-Nové Mesto 0,5 km

61
→ **D1** 6 km
Bernolákovo 13 km
Senec 22 km
Trnava 42 km

572
Letisko M.R.
Štefánika 4 km
BA-VRAKUŇA 5 km
Most pri Bratislave
11 km

→ **572** 1,5 km
BA-VRAKUŇA
6,5 km

63
BA-PODUNAJSKÉ
BISKUPICE 5 km
Rovinka 10,5 km
Dunajská
Lužná 12,5 km
Šamorín 20 km

D1
BA-PODUNAJSKÉ
BISKUPICE 5 km
Rovinka 10,5 km
Dunajská
Lužná 12,5 km
Šamorín 20 km

BA-PODUNAJSKÉ
BISKUPICE 8 km
Rovinka 13,5 km

NOVÉ MESTO
PASIENKY
ŠTRKOVEC
RUŽINOV
NIVY

Trnavská cesta
Bajkalská ul.
Tomášikova ul.
Rožňavská
Ružinovská ulica
Račianska ul.
Legionárska ul.
Karadžičova
Mlynské nivy
Prievozská ul.
Kosická ul.
ul. Mlynské nivy

Zimný prístav
Dunaj
Most Apollo
Prístavný most

61
BA-PETRŽALKA 1 km
Petržalka/Berg (A) 7 km
Hainburg a.d.Donau (A) 16 km
Wien (A) 63 km
→ **D2** 5 km → Jarovce/Kittsee (A) 15 km
→ Čunovo/Rajka (H) 23 km

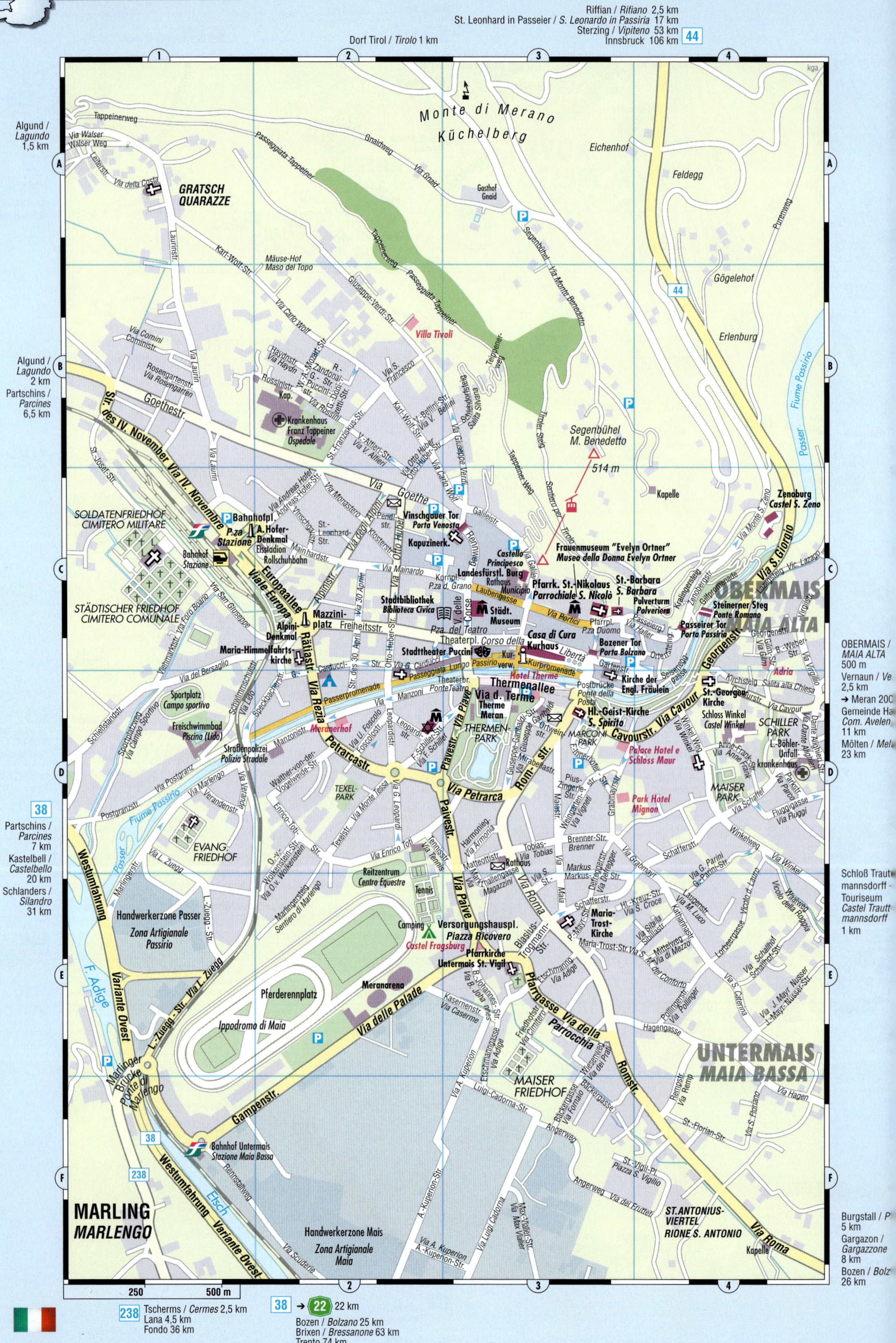

Meran/Merano 1 : 15.000

Riffian / Rifiano 2,5 km
St. Leonhard in Passeier / S. Leonardo in Passiria 17 km
Sterzing / Vipiteno 53 km
Innsbruck 106 km 44

Dorf Tirol / Tirolo 1 km

kga

Monte di Merano
Küchelberg

Eichenhof
Feldegg

Gögelehof

GRATSCH
QUARAZZE

Tappeinerweg
Gnaidweg
Gasthof Gnaid

44

Erlenburg

Villa Tivoli

Segenbühel
M. Benedetto
514 m

Kapelle

Zenoburg
Castel S. Zeno

Algund / Lagundo 1,5 km

Algund / Lagundo 2 km
Partschins / Parcines 6,5 km

Goethestr.
Krankenhaus
Franz Tappeiner
Ospedale

Str. des IV. November Via IV. Novembre

SOLDATENFRIEDHOF
CIMITERO MILITARE

Bahnhofpl.
P.za Stazione
A. Hofer-Denkmal
Eisstadion
Rollschuhbahn

Bahnhof
Stazione

STÄDTISCHER FRIEDHOF
CIMITERO COMUNALE

Vinschgauer Tor
Porta Venosta
Kapuzinerk.

Castello
Principesco
Landesfürstl. Burg
Rathaus
Municipio

Frauenmuseum "Evelyn Ortner"
Museo della Donna Evelyn Ortner

St.-Barbara
S. Barbara

OBERMAIS
MAIA ALTA

Via S. Giorgio

Europaallee
Viale Europa

Mazzinipl.
Freiheitsstr.
Alpini-Denkmal
Maria-Himmelfahrts-kirche

Stadtbibliothek
Biblioteca Civica
Städt. Museum

Pfarrk. St.-Nikolaus
Parrochiale S. Nicolò

Pulverturm
Polveriera

Steinerner Steg
Ponte Romano
Passeirer Tor
Porta Passiria

Theaterpl.
Theater
Stadttheater Puccini

Casa di Cura
Kurhaus

Bozener Tor
Porta Bolzano

Adria

OBERMAIS / MAIA ALTA 500 m
Vernaun / Ve 2,5 km
→ Meran 200
Gemeinde Ha
Com. Avelen 11 km
Mölten / Mel 23 km

Sportplatz
Campo sportivo
Freischwimmbad
Piscina (Lido)

Railastr.
Rezia
Petrarcastr.

Thermenallee
Therme Meran
THERMEN-PARK

Hl.-Geist-Kirche
St.-Georgen-Kirche
Schloss Winkel
Castel Winkel

Kirche der Engl. Fräulein

SCHILLER PARK

Meranhof
Straßenpolizei
Polizia Stradale

Via d. Spirito

Palace Hotel e
Schloss Maur

MAISER PARK

Park Hotel Mignon

Via Petrarca
Via Palade
Via Piave

Partschins / Parcines 7 km
Kastelbell / Castelbello 20 km
Schlanders / Silandro 31 km

EVANG. FRIEDHOF

TEXEL-PARK

Reitzentrum
Centro Equestre
Tennis

Rathaus

Maria-Trost-Kirche

Schloß Traut mannsdorff -
Touriseum
Castel Trautt mannsdorff 1 km

Versorgungshauspl.
Piazza Ricovero
Castel Fragsburg
Pfarrkirche
Untermais St. Vigil

Meranarena

Pferderennplatz

Via delle Palade

Ippodromo di Maia

MAISER FRIEDHOF

Pfarrgasse Via della Parrocchia

UNTERMAIS
MAIA BASSA

Via Roma

Westumfahrung
Variante Ovest

Handwerkerzone Passer
Zona Artigianale Passirio

Martinger Brücke
Ponte di Marlengo

Gampenstr.

Bahnhof Untermais
Stazione Maia Bassa

38
238

MARLING
MARLENGO

Handwerkerzone Mais
Zona Artigianale Maia

ST. ANTONIUS-VIERTEL
RIONE S. ANTONIO

Burgstall / P 5 km
Gargazon / Gargazzone 8 km
Bozen / Bolz 26 km

250   500 m

238 Tscherms / Cermes 2,5 km
Lana 4,5 km
Fondo 36 km

38 → 22 22 km
Bozen / Bolzano 25 km
Brixen / Bressanone 63 km
Trento 74 km

Ulica Napaší A/B8
Ulica Odbojárov B7
Ulica Pri starej prachárni B7
Ulica Priekopy B8
Ulica Prokopa Veľkého A1–B3
Ulica Riznerova ulica D/E2
Ulica Slávičie údolie C1–D2
Ulica Strmá cesta E2
Ulica Šoltésovej C/D6
Ulica V. Tegelhoffa A7
Ulica V záhradách D1/2
Ulica Vodný vrch E3
Úprkova ulica A/B1
Urbánkova ulica C3
Ursínyho ulica A5–B6
Vajanského nábrežie E5/6
Vajnorská ulica A7–B6
Valchárska ulica E7
Vančurova ulica A4
Vančurova ulica B4
Vazovova ulica C5/6
Važecká ulica A2
Velehradská ulica D6/7
Ventúrska ulica E4
Vetvová ulica D1
Vidlicová ulica A3–B4
Viedenská cesta F3–5
Viktorínova ulica C7
Višňová ulica A2/3
Vlčkova ulica C/D3
Votrubova ulica E7
Vysoká ulica D4
Wilsonova ulica C5/6
Za Sokolovňou B3
Záhradnícka ulica C8–D5
Záhrebská ulica C5
Zámocká ulica E3
Zborovská ulica B8
Zelinárska ulica C8
Zochova ulica D3
Zrinskeho ulica D2/3
Zvolenská ulica D8
Žabotova ulica B/C4
Železničiarska ulica B/C4
Žellova ulica B/C7
Žiarska ulica D2
Židovská ulica E3
Žilinská ulica C4
Žižkova ulica E1/2
Župné námestie D3/4

Bregenz 91

Altreuteweg A4
Am Bächle B1
Am Brand B4
Am Steinenbach A4
Am Tannenbach A4
Amtstorstr. C4
Ankergasse B1
Anton-Schneider-Str. A/B4
Anton-Walser-Gasse C3
Arlbergstr. C2
Auf der Matte B/C1
August-Grube-Weg C1
Babenwohlweg C3
Bachgasse B2
Bahnhofstr. B2/3
Beergasse B1
Belruptstr. A/B4
Berg-Isel-Weg C4
Bergmannstr. B4
Bergstr. B4
Blumenstr. B/C3
Bodangasse B1
Brandgasse B4
Broßwaldengasse B2
Claudiusweg C2
Cosmus-Jenny-Str. C2
Deuringstr. B4
Diedogasse B2
Druckergasse A/B1
Drususgasse C3
Ebnergasse B4
Eichholzstr. B4
Eponastr. B/C4
Eragasse C2
Feldweg C1
Festpl. A1/2
Fischergasse B1
Franz-Josef-Weizenegger-Weg A4
Fritz-Mayer-Pl. B2
Fritzstr. B1/2
Gallusstr. B/C3
Gebhard-Flatz-Str. C3
Georgenschildstr. B/C4
Gerberstr. B3
Geserstr. B1
Gilmgasse C1
Glockengieße C3
Grundreute A4
Hadrianweg C3
Hagenstr. B3
Heldendankstr. B2–C1
Hundertpfundstr. C3
Ilgagasse B/C2
Im Dorf C3
In der Braike B1
In der Holzbündt C1
Jahnstr. B3
Jodok-Fink-Str. C3
Josef-Huter-Str. C2
Kaiser-Josef-Str. B3
Kaiserstr. B3
Kapuzinergasse C3
Kaspar-Schoch-Str. C2/3
Kirchstr. B/C3
Klostergasse B2/3
Kolpingpl. B4
Kolumbanstr. C3
Kornmarktpl. B3/4
Kornmarktstr. A/B4
Kuengasse C1
Leutbühel B3/4
Manliusweg C3
Mariahilfstr. C1/2
Martinsgasse B4
Maurachgasse B4
Mehrerauer Str. B1/2
Meinradgasse A/B1
Merbodgasse B2
Metzgerbildstr. C3
Michael-Gaismayr-Str. C1
Michl-Felder-Str. A4
Mildenbergstr. C4
Montfortstr. B3
Ölrainstr. B3–C2
Ovidstr. C3
Parkweg B3
Pedenzstr. C3
Pfänderweg A/B4
Pfarrgasse C1
Platz der Wiener Symphoniker B2
Pulverturmgasse C2
Quellenstr. B/C2
Radbahngasse C1/2
Ransperggasse B2
Rathausstr. B3
Reichsstr. A4
Reutegasse B/C1
Rhäticusstr. C3
Rheinstr. B2–C1
Rieder Gasse C2/3
Römerstr. B3–C2
Rummergasse B1
Sägergasse A1–B2
Samuel-Spindler-Weg B/C2
Sandgrubenweg C2
Schanzweg A4
Schedlerstr. C4
Scheffelstr. A/B4
Scheibengasse B4
Schillerstr. A/B4
Schloßbergstr. C3/4
Schoellergasse C2
Schulgasse B3
Schulsteig B3
Seepromenade A3
Seestr. A4–B3
St.-Anna-Str. B3
Stadionstr. B2
Stadtsteig B4
Steinbruchgasse A/B4
Stockachgasse B1
Strandweg A1–4
Thalbachbergstr. C4
Thalbachgasse B/C4
Thermenstr. C2/3
Tiberiusstr. C2/3
Vorklostergasse B1–C2
Weiherstr. B3
Weißenreuteweg B4
Willimargasse C2/3
Wolfeggstr. B3
Wuhrbaumweg B/C1

Graz 97

Adolf-Kolping-Gasse E4
Ägydigasse D/E2
Afritschgasse C2
Albert-Schweitzer-Gasse D/E2
Albrechtgasse D3
Alte Poststr. F1
Am Damm B1/2
Am Freigarten B2
Am Fröbelpark A1
Am Hofacker A2
Am Langedelwehr F3
Am Lindenkreuz F1
Andräugasse C/D2
Andreas-Hofer-Pl. D3
Annenstr. C1/2
Anton-Fürster-Weg A3
Anzengrubergasse E4
Arche Noah D3
Arnold-Luschin-Gasse C/D1
Attemsgasse B4
Augartenbrücke E3
Augartensteg E3
Austeingasse A1
Babenbergerstr. A–C1
Badgasse C3
Bahnhofgürtel B/C1
Ballhausgasse C3/4
Baumkircherstr. C1
Baumschulgasse A3
Belgiergasse D2/3
Bergmanngasse A3–B4
Berta-von-Suttner-Friedensbrücke F3
Bessemergasse D1
Bethlehemgasse E2
Bienengasse A2–B1
Bischofpl. D4
Brandhofgasse C4
Brockmanngasse E3/4
Brückengasse E2
Brückenkopfgasse D2/3
Buchkogelgasse F1
Bürgergasse C/D4
Buhnengasse B2
Burggasse C/D4
Burgring C/D4
Carnerigasse A2
Charlottendorfgasse A4
Conrad-von-Hötzendorf-Str. E/F4
Custozzagasse E1/2
Darmstadtgasse B1
David-Herzog-Pl. E2/3
Defreggergasse D3
Dominikanergasse C/D2
Dominikanerriegel B1
Dorngasse A1
Dr.-Karl-Böhm-Allee B/C3
Dreihackengasse D2
Eggenberger Gürtel C–E1
Eichendorffstr. A2/3
Elisabethinergasse C/D2
Elisabethstr. C4
Entenpl. D2/3
Erzherzog-Johann-Allee C4
Esperantopl. C1/2
Europapl. C1
Fabriksgasse E/F2
Färber Pl. C3
Färbergasse C3/4
Falkenhofgasse F1/2
Feldgasse F1/2
Fellingergasse C2/3
Feuerbachgasse C3–D2
Fichtestr. B1/2
Finkengasse C/D1
Fischergürtel A2
Fliedergasse F3
Florianigasse F1
Floßlendpl. A2
Floßlendstr. A1/2
Franckstr. A4–B3
Franz-Riepl-Gasse F1
Franziskanerpl. C/D3
Freiheitspl. C4
Friedhofgasse D1
Friedrich-von-Gagern-Allee B/C4
Friedrichgasse D/E3
Fröbelgasse A1
Fröhlichgasse F4
Froschaugasse F3
Gabelsbergerstr. B/C2
Geidorfpl. B4
Ghegagasse C1
Girardigasse D4
Glacisstr. B–D4
Gleisdorfer Gasse D4
Glockenspielpl. C4
Goethestr. B4
Grabenstr. A/B3
Grasweg D/E1
Grazbachgasse D4–E3
Grenadiergasse D2
Griesgasse C3–D2
Grieskai C–F3
Griespl. D/E2
Grillparzerstr. A/B4
Grimmgasse A1
Großmarktstr. F3
Grüne Gasse A/B2
Gürtelturmpl. E1
Hackhergasse A/B1
Hamerlinggasse D4
Hans-List-Pl. D4
Hans-Resel-Gasse C1/2
Hans-Sachs-Gasse D4
Hanuschgasse C2
Harrachgasse B/C4
Haselweg F3
Hasnerpl. A3
Hauptbrücke C3
Hauptpl. C/D3
Haydngasse D4
Hecken. F3–G4
Heinrich-Casper-Gasse A2/3
Heinrichstr. B4
Hermann-Bahr-Gasse E2/3
Herrengasse C3–D4
Herrgottwiesgasse F2
Hilgergasse B4
Hirtengasse A1
Hofgasse C3/4
Hohenstaufengasse E2–F1
Hüttenbrennergasse F3/4
Humboldtstr. A/B4
Idlhofgasse C2–E1
Jahngasse B3/4
Jakob-Redtenbacher-Gasse E4
Jakominigürtel E/F4
Jakominipl. D4
Jakoministr. D/E4
Johann-Strauß-Gasse A2
Johanneumring D3/4
Josef-Huber-Gasse D1/2
Josef-Pongratz-Pl. D3
Josefigasse B/C2
Kärntner Str. E/F1
Kaiser-Franz-Josef-Kai B/C3
Kaiser-Josef-Pl. D4
Kaiserfeldgasse D3/4
Kalchberggasse D3
Kalvarienbergstr. A/B1
Kalvarienbrücke A1/2
Kalvariengürtel A1
Karlauer Gürtel F2/3
Karlauerstr. E/F2
Karlaupl. F2
Karmeliterpl. C3/4
Kastellfeld-Gasse E4
Keesgasse D3
Keplerbrücke B3
Keplerstr. B2–C1
Kernstockgasse D2
Kindermanngasse D2
Kinkgasse C1
Kirchengasse B3
Kleegasse D3
Kleiststr. B1/2
Klosterwiesgasse D/E4
Körblergasse A3–B4
Körösistr. A2–B3
Köstenbaumgasse E2
Konrad-Deubler-Gasse E3
Korngasse E2
Kreuzgasse A3/4
Kurze Gasse F1
Lagergasse D–F3
Laimburggasse B3
Landhausgasse D3
Lange Gasse A/B3
Lazarettgürtel D2–F2
Leitnergasse E/F3
Lendkai A2–C3
Lendpl. C2
Leuzenhofgasse A/B1
Lindweg A3
Lissagasse E2
Luthergasse D4
Major-Hackher-Weg B/C3
Mandellstr. D4
Marburger Kai C/D3
Maria-Theresia-Allee B/C4
Mariahilfer Pl. C3
Mariahilfer Str. C2/3
Mariengasse B/C1
Marienpl. C1
Marschallgasse C2
Martingasse F1
Mauergasse F2
Maygasse E4
Mehlpl. C3
Metahofgasse C1/2
Millöckergasse A3
Mohsgasse C1
Mondscheingasse D4
Montclairallee C/D4
Mozartgasse B4
Muchargasse B3
Mühlgasse C1/2
Münzgrabenstr. D/E4
Murgasse C3
Netzgasse B2
Neubaugasse A–C2
Neuholdaugasse E/F3
Neutorgasse D3
Niesenbergergasse D1/2
Nikolaigasse D3
Nikolaipl. D3
Nordweg F3
Obere Bahnstr. F4
Ökonomiegasse C3
Oeversee-Gasse D/E2
Opernring D4
Orpheumgasse C2
Ortweinpl. E4
Papiermühlgasse B1
Parkstr. B3/4
Paulustorgasse C3
Peinlichgasse B3/4
Pestalozzistr. D–F3
Pflanzengasse B2
Plankengasse F3
Pomisgasse F4
Prankergasse D1/2
Pulakai E/F3
Quergasse C/D1
Radetzkybrücke D3
Radetzkystr. D3/4
Rankengasse E/F2
Raubergasse D3
Rebengasse C1
Reitschulgasse D4
Richard-Wagner-Gasse A3/4
Ritter-von-Formentini-Allee C4
Rösselmühlgasse D2
Roseggerkai D/E3
Rosenberggasse A/B4
Rosenberggürtel A/B4
Rosenkranzgasse D2/3
Rottalgasse A2
Sackstr. C3
Salzamtsgasse C/D4
Sankt-Georgen-Gasse C2
Sauraugasse C3/4
Scheidtenbergergasse A2
Schießstattgasse D4–E3
Schiffgasse D3
Schlögelgasse D4
Schloßbergpl. C3
Schmiedgasse D3
Schmölzergasse C1
Schönaugasse D–F4
Schönaugürtel F3/4
Schröckingerweg A2/3
Schrödingerstr. B1
Schröttergasse A/B4
Schützgasse F2/3
Schwimmschulkai A1–B3
Sigmundstadlg C2
Sporgasse C3
Staatsbahnstr. F1/2
Stadlgasse E2/3
Steggasse A2
Steinfeldgasse D/E1
Stempfergasse D3/4
Sterngasse D2
Steyrergasse E3/4
Stiegengasse C3
Stockergasse C2/3
Strauchergasse C2
Stubenberggasse D3/4
Südbahnstr. D–F1
Südliches Lazarettfeld F1
Südtiroler Pl. C2/3
Tegetthoffbrücke D3
Theodor-Körner-Str. A2–B3
Traungauergasse C/D1
Triester Str. F2
Trondheimgasse B1
Tummelpl. C/D4
Ungergasse D1/2
Untere Bahnstr. F4
Villefortgasse B4
Vogelweiderstr. A2–B3
Volksgartenstr. C2
Vorbeckgasse C/D2
Wartingergasse B3
Wassergasse B4
Weißeneggergasse C2
Weldenstr. B/C3
Wetzelsdorfer Str. E/F1
Wickenburggasse B3
Widowitzgasse F3/4
Wielandgasse D/E3
Wiesengasse E/F2
Wilhelm-Fischer-Allee C4
Wilhelm-Kienzl-Gasse A/B3
Wilhelm-Raabe-Gasse A2/3
Wormgasse B4
Zeillergasse A/B2
Zimmerplatzgasse D3
Zinzendorfgasse C4
Zollgasse B/C1
Zweiglgasse E2/3

Innsbruck 95

Adamgasse D3
Ampferestr. D1
Amraser Str. D4
Andreas-Hofer-Str. D/E2
Andreas-Hofer-Weg F1/2
Anichstr. D2/3
Anton-Eder-Str. D4
Anton-Melzer-Str. E3
Anton-Rauch-Str. A4
Anzengruberstr. D4
Arthur-Haidl-Promenade D/E1
Bachlechnerstr. D/E1
Bauerngasse B1
Bergiselweg F3
Bienerstr. B3/4
Bildgasse B1
Bildweg B1
Blasius-Hueber-Str. C1–D2
Blücherstr. B3
Botanikerstr. C1
Bozner Pl. D3
Brandjochstr. C1
Brennerstr. F2/3
Brixner Str. D3
Brückenpl. C4
Bruneckerstr. C/D3
Bürgerstr. C/D2
Burggraben C3
Burgstadlweg A/B1
Christoph-Probst-Pl. D1
Claudiapl. B4
Claudiastr. B4
Colingasse C/D2
Conradstr. A/B4
Daxgasse B1
Defreggerstr. D4
Dorfgasse B1
Dr.-Ingasse-Riehl-Str. E1
Dr.-Karl-von-Grabmayr-Str. E3
Dr.-Sigismund-Epp-Weg C2
Dreiheiligenstr. C4
Duilestr. F3
Eduard-Wallnöfer-Pl. D3
Egger-Lienz-Str. E1–3
Elisabethstr. B4
Erlerstr. C3
Erzherzog-Eugen-Str. A/B4
Falkstr. A/B4
Fallbachgasse B2/3
Fallmerayerstr. D2
Feldstr. E2/3
Fischnalerstr. D1
Franz-Fischer-Str. E2/3
Franz-Greiter-Promenade A/B3
Franz-Gschnitzer-Promenade D/E1
Frau-Hitt-Str. C1
Frauenanger E3
Friedensbrücke D4
Friedrich-Str. C2/3
Fritz-Konzert-Str. E3
Fritz-Pregl-Str. D/E2
Fürstenweg C/D1
Gänsbacherstr. B3/4
Gaswerkstr. C4
Goethestr. B4
Gramartstr. A1
Graßmayrstr. E3
Grillparzerstr. C4
Gumppstr. D4
Gutenbergstr. A4
Haller Str. A4
Haspingerstr. E2
Haydnplatz A4
Haymongasse E3
Heiliggeiststr. D3
Heinrich-Süß-Weg A3
Helblingstr. E/F4
Herrengasse C2/3
Herzog-Otto-Str. B3–C2
Herzog-Siegmund-Ufer C2
Hexeng. B2
Hinterwaldnerstr. B/C1
Höhenstr. A/B2
Hörmannstr. D4
Höttinger Au C2–D1
Höttinger Auffahrt C1
Höttinger Gasse C2
Hofgasse C3
Hoher Weg A3
Hohlweg F3
Holzhammerstr. E1
Hormayrstr. E1
Hugo-Wolf-Str. A4
Hunoldstr. D4
Ingasse-Thommen-Str. E1
Ingenieur-Etzel-Str. B/C4
Ingenieur-Etzel-Viadukt B4
Innallee B3–C2
Innbrücke C2
Innerkoflerstr. D/E1
Innrain C2–E1
Innstr. A3–C2
Jahnstr. C4
Kärntner Str. B/C4
Kaiser-Franz-Josef-Str. B4
Kaiser-Josef-Str. D2
Kaiserjägerstr. B/C3
Kapuzinergasse B/C4
Karl-Kapferer-Str. B3
Karl-Rahner-Pl. C3
Karl-Schönherr-Str. B3
Karmelitergasse E3
Karwendelstr. E1/2
Kirschentalgasse C2
Klara-Pölt-Weg C3
Klausenerstr. C1
Klostergasse F3
Knollerstr. D4
Kochstr. B3/4
König-Laurin-Str. C4
Körnerstr. C/D4
Kohlstattgasse C4
Kohlweg C1
Leipziger Pl. D4
Leopoldstr. D3–F3
Liebeneggstr. E3
Löfflerweg A/B2
Mandelsbergerstr. E1
Maria-Theresien-Str. C/D3
Mariahilfstr. C2
Marktgraben C2
Maxmilianstr. D2/3
Meinhardstr. C3
Mentlgasse D3
Meraner Str. D3
Michael-Gaismair-Str. D3
Montessoristr. E4
Mozartstr. B4
Müllerstr. D2/3
Museumstr. C3
Nageletalweg B2
Neuhauserstr. E3
Neurauthgasse E3
Oerleyweg E3
Olympia Brücke E4
Olympiastr. E3/4
Oppolzerstr. C1
Paschbergweg E4
Pastorstr. F3
Pater-Reinisch-Str. F3
Peter-Mayr-Str. D/E2
Pfarrgasse C2/3
Pradler Brücke C4
Pradler Pl. C4
Pradler Str. C4
Prandtauer Ufer C2–D1
Probstenhofweg B2
Raimundstr. A4
Rechengasse D1
Rennweg A4–C3
Richard-Wagner-Str. A4–B3
Richardsweg A4
Riedgasse B2
Saggenufer A4
Salurner Str. D3
Schidlachstr. E3
Schießstandgasse B1
Schillerstr. B4
Schillerweg A3/4
Schlerngasse B2
Schlossergasse C2
Schmiedgasse C4
Schmuckgasse C4
Schneeburggasse B/C1
Schöpfstr. D1–E3
Schubertstr. B4
Schulgasse B1
Schumannstr. A4
Seilergasse C2
Sennstr. A4
Siebererstr. B4
Sillbrücke F4
Sillgasse C3
Sillufer D/E4
Sonnenburgstr. E2
Sonnenstr. C1
Speckbacherstr. E2
St-Nikolaus-Gasse B2
Stafflerstr. E2/3
Steinbruchstr. A2–B1
Sternwartestr. C1
Sterzinger Str. D3
Sticklessteig F4
Stiftgasse C3
Südbahnstr. D/E3
Südtiroler Pl. D3
Templstr. D3
Tschamlerstr. E3
Tschurtschentalerstr. B3
Universitätsstr. C3/4
Unterbergerstr. D1
Verdroßpl. A4
Viktor-Dankl-Str. A/B4
Weiherburggasse A3–B2
Weinhartstr. C4
Wiesengasse E4
Wilhelm-Greil-Str. C/D3
Zeughausgasse C4
Zollerstr. E2

Klagenfurt 98

Achazelsgasse D4
Adlergasse C/D3
Adolf-Kolping-Gasse C/D2
Aichelburg-Labia-Str. A/B1
Ainethgasse E3/4
Akazienhofstr. A2/3
Alfred-Kubin-Gasse A1
Alter Pl. C2/3
Am Mühlgang A1
An der Walk B4
Ankershofenstr. E1/2
Apfelgasse E1
Arnulfpl. D3
Auer-von-Welsbach-Str. A/B4
Auergasse D4
August-Jaksch-Str. D1/2
Aussiger Str. B4
Ausstellungsstr. D2
Bachweg A1
Bahnhofstr. D/E3
Bahnstr. E1–4
Bahnweg A4
Beethovenpl. C1
Beethovenstr. C1
Benediktinerpl. C/D2
Billrothstr. E/F2
Birnengasse E1
Bischof Dr. Köstner Pl. F2
Blumengasse A1–B2
Bozener Gasse F3
Brateläckerstr. B4
Brucknerweg B1
Brunnpl. C3
Buchengasse D2/3
Burggasse C3
Carl-Maria-von-Weber-Gasse E1
Christof-Martin-Wieland-Gasse D1
Damaschkestr. B1
Dammgasse A/B4
Deutenhofenstr. B1/2
Dietrichstr. D1
Domgasse C/D3
Dompl. D3
Dr. Arthur-Lemisch-Pl. C3
Dr. Franz-Palla-Gasse A3–B2
Dr. Franz-Reinprecht-Weg A1
Dr. Georg-Graber-Weg A2/3
Dr. Herrmann-Gasse C/D2
Dr. Tschauko-Gasse F2
Dürerstr. A1
Durchlaßstr. A3/4
Ebenweg F3
Eckengasse D1

Egerstr. *B/C2*
Eggergasse *C2*
Elisabethpromenade *A3–B4*
Enzenbergstr. *C/D4*
Eppenstr. *D2*
Ernst-Wlattnig-Gasse *F1*
Färbenweg *A1*
Feldgasse *A4*
Feldhofgasse *E/F2*
Feldkirchner Str. *A1–C2*
Feldmarschall-Conrad-Pl. *C3*
Fercherstr. *C/D1*
Ferdinand-Jergitsch-Str. *C1*
Ferlacher Zeile *F2*
Feschnigstr. *A2/3*
Festungsweg *D1*
Feuerbachgasse *E3/4*
Flatschacher Str. *E4–F2*
Fleischbankgasse *C3*
Fleischmarkt *C3*
Florian-Gröger-Str. *E2/3*
Franz-Wurm-Weg *A/B1*
Friedelstr. *D1*
Funderstr. *D3/4*
Funkhausallee *D2*
Gabelsbergerstr. *D4–E3*
Gartengasse *E2/3*
Gasometergasse *D3/4*
Georg-Lora-Str. *B3*
Gerberweg *E4*
Getreidegasse *C3*
Ghegagasse *E3*
Glanweg *A2*
Glashüttenstr. *B/C4*
Goeßgasse *C2*
Goethestr. *E2–F1*
Grete-Bittner-Str. *A1/2*
Grete-Schoderböck-Gasse *E2*
Griesgasse *F1*
Grillparzerstr. *A4*
Grüngasse *E4*
Gugitzstr. *A4*
Gutenbergstr. *B2*
Hafengasse *C2*
Hans-Sachs-Str. *D1–E2*
Hasnerstr. *C3/4*
Hauptschulgasse *A3*
Hausergasse *D1*
Heftergasse *C1*
Heidengasse *A3/4*
Heidenhofgasse *A4*
Heiligengeistpl. *C2*
Heimgartenweg *E/F1*
Heinrich-Heine-Gasse *F2*
Heinzgasse *D2*
Heizhausgasse *E3/4*
Henselstr. *B1*
Herbertstr. *B1–C2*
Herrengasse *C2*
Herthaweg *E4*
Hertzweg *A2*
Herwiggasse *E3*
Heupl. *C3*
Hirschenwirtstr. *E/F1*
Hölderlinweg *E1*
Hoffmanngasse *C/D2*
Hügelweg *A2*
Hugo-Wolf-Gasse *E2*
Humboldtstr. *D/E1*
Jahnstr. *B2*
Jahrmarktgasse *B4*
Jakob-Unrest-Gasse *B4*
Jesserniggstr. *D3/4*
Johann-Burger-Str. *B4*
Johann-Hiller-Str. *E1/2*
Johann-Prettner-Weg *A3*
Johann-Thys-Zeile *B4*
Josef-Gruber-Str. *E1*
Josef-Mickl-Gasse *D2*
Josef-Wolfgang-Dobernig-Str. *C2*
Karawankenzeile *E2/3*
Kardinalpl. *C3*
Karfreitstr. *C/D3*
Karl-Ebner-Str. *A4*
Karl-Friedrich-Gauß-Str. *A4*
Karl-Marx-Str. *E/F2*
Karnerstr. *B/C1*
Kassingasse *F3*
Kaufmanngasse *D2*
Kellerstr. *B1*
Kempfstr. *D3*
Khevenhüllerstr. *C1/2*
Kinkstr. *C1*
Kinopl. *E3*
Kirchengasse *E3–F4*
Klammgasse *A4*
Kleinegasse *A4*
Kneippgasse *F3*
Koningsbergerstr. *E/F4*
Koschatstr. *C1/2*
Koschutastr. *D4*
Krainerweg *A4*
Kramergasse *C3*
Kraßniggstr. *B2–4*
Kriegerdenkmalgasse *E1*
Krieglacher Weg *E/F1*
Krobathgasse *B1*
Kumpfgasse *C/D4*
Lagerhausstr. *B4*
Lannerstr. *E2*
Lastenstr. *D3–E4*
Laubenweg *B1*
Lechnerweg *A/B4*
Ledererstr. *E4*
Lendgasse *C2*
Lerchenfeldstr. *B/C1*
Lessinggasse *E/F3*
Lexergasse *B1*
Lichtenfelsgasse *D2*
Lidmanskygasse *D3*
Lindengasse *F1*
Linsengasse *C1/2*
Lisztgasse *E1*
Lobisserweg *B1*
Lochsgasse *E3*
Lodengasse *F1*
Loiblzeile *F2*
Lorenz-Kheppiz-Gasse *D/E2*
Ludwiggasse *E/F4*
Magazingasse *B2*
Mai-Str. *C2/3*
Marhofgasse *B4*
Maria-Ebner-Eschenbach-Gasse *E1*
Mariannengasse *C3/4*
Markus-Jabornegg-Weg *B1*
Marsgasse *E4*
Martin-Luther-Pl. *C1*
Max-Reger-Gasse *E1*
Maximilianstr. *E1/2*
Meisengasse *E2*
Merkurgasse *E4*
Messepl. *D2*
Mießtaler Str. *D3/4*
Millöckerstr. *E2*
Mössingerstr. *F2/3*
Mondgasse *B2–C3*
Morogasse *B3/4*
Mosteckypl. *C4*
Mühlgasse *A1/2*
Muldenweg *A1*
Museumgasse *D3*
Nestroygasse *F3*
Neuer Pl. *C2/3*
Neunergasse *C4*
November Str. *E3*
Oberlerchergasse *B1*
Oleandergasse *D2*
Osmanweg *E2*
Papiermühlgasse *F3*
Paradeisergasse *C3*
Paschingergasse *D1*
Paul-Mühlbacher-Weg *A/B1*
Paulitschgasse *D3*
Pernhartgasse *C2*
Pfarrhofgasse *C2*
Pfarrpl. *C2/3*
Philipp-Lenard-Gasse *E1/2*
Pierlstr. *C/D1*
Pischeldorfer Str. *A4–C3*
Platzgasse *D3*
Postgasse *C2*
Priesterhausgasse *C3*
Prinz-Eugen-Str. *E1*
Prinzhoferstr. *D2*
Prof.-Deutsch-Gasse *A4–B3*
Prof.-Dr.-Kahler-Pl. *B1*
Purtscherstr. *C2/3*
Radetzkystr. *B1–C2*
Reiherweg *A1*
Reinholdweg *F2*
Richard-Wagner-Str. *D1/2*
Rizzistr. *C/D1*
Robert-Musil-Str. *A4*
Roseggerstr. *E1/2*
Rosentaler Str. *D2–F1*
Rudolfsbahngürtel *C–E4*
Salmstr. *C3*
Sandgasse *A4*
Sariastr. *C3/4*
Sattnitzgasse *F3*
Schaumgasse *E1*
Scheffelgasse *E/F3*
Schlachthofstr. *B/C4*
Schloßweg *A1*
Schmalgasse *E3*
Schmalzberglweg *B1*
Schmelzhüttenstr. *F1*
Schützenstr. *D1*
Schwalbengasse *A3*
Seegasse *F2/3*
Seenußgasse *E1*
Selmaweg *E1*
Siemensstr. *B/C2*
Singerberggasse *F2*
Siriusstr. *D/E4*
Sonnengasse *A2/3*
Sonnwendgasse *E2/3*
Spitalbergweg *A3*
Sponheimerstr. *D2*
Sportstr. *B2*
St. Primus-Weg *A1*
St. Ruprechter Str. *D2–F3*
St. Veiter Ring *C2/3*
St. Veiter Str. *A–C3*
Stauderpl. *C2*
Sterneckstr. *C1/2*
Sterngasse *E2*
Strutzmannstr. *D1/2*
Südbahngürtel *E3/4*
Südring *F1–4*
Tabakgasse *C2*
Tarviser Str. *C2–D1*
Taurerstr. *D4*
Teichstr. *B1*
Theatergasse *C2/3*
Theaterpl. *C2*
Tiergartengasse *B1*
Trautenbergstr. *A2*
Triplatstr. *F4*
Türkgasse *E2*
Turmgasse *A1/2*
Ufergasse *B4*
Ursulinengasse *C2*
Valentin-Leitgeb-Str. *D2*
Viktringer Ring *D3*
Viktringer Str. *D2*
Villacher Ring *C/D2*
Villacher Str. *C2–D1*
Völkermarkter Ring *C/D3*
Völkermarkter Str. *C3/4*
Waaggasse *C3*
Waagpl. *C3*
Waidmannsdorfer Str. *D–F1*
Walnußweg *A2*
Walter-von-der-Vogelweide-Pl. *E3*
Wehrweg *A1*
Weinaschgasse *A2*
Wiegelegasse *F1*
Wiener Gasse *C3*
Wiesbadener Str. *C2/3*
Wilhelm-Meister-Weg *E1*
Wulfengasse *D3*
Wurmbstr. *E3*
Ziehrerstr. *B4*
Ziggulnstr. *A/B1*
Zwanzigerstr. *B/C4*

Lindau 91

Achstr. *A3*
Aeschacher Ufer *A/B2*
Alter Schulpl. *B2*
Am Rehberg *A3*
Anheggerstr. *A3*
Auf dem Wall *B2*
Auf der Mauer *B2*
Bahnhofpl. *C1*
Bei der Heidenmauer *B2*
Berliner Pl. *A4*
Bismarckpl. *C2*
Bleicheweg *A3/4*
Bregenzer Str. *A4–B3*
Brettermarkt *C2*
Brougierstr. *A2/3*
Bühlweg *A2*
Bürgermeister-Thorman-Weg *A1/2*
Chelles-Allee *B2*
Dammsteggasse *C1*
Europapl. *B3*
Fischergasse *B/C2*
Friedrichshafener Str. *A2*
Giebelbachstr. *A1/2*
Hafenpl. *C1/2*
Hasenweidweg *A2–B3*
Heckenweg *A2*
Herbergsweg *A4*
Heyderstr. *A2*
Hintere Insel *C1*
Hofstattgasse *B2*
Holdereggenstr. *A2*
Hundweilerpl. *A3*
Hundweilerstr. *A3*
In der Grub *B/C2*
Inselgraben *C1/2*
Jungfernburgstr. *A2*
Kälberweidweg *A3*
Karl-Sting-Str. *A3*
Karl-Wolfahrt-Str. *A3*
Kemptener Str. *A4*
Kolpingstr. *A3*
Krölstr. *A2/3*
Kronengasse *C2*
Ladestr. *B3/4*
Lärchengasse *A2*
Langenweg *A2–B3*
Laubeggengasse *A2*
Linggstr. *C2*
Lotzbeckweg *A1/2*
Ludwig-Kick-Str. *A2/3*
Ludwigstr. *C1/2*
Marktpl. *B/C2*
Maximilianstr. *C1/2*
Naeherweg *A2*
Paradiespl. *B/C2*
Pulverturmweg *C1*
Rainhausgasse *A3*
Reichspl. *C2*
Rickenbacher Str. *A4*
Ruberpl. *C2*
Schmiedgasse *B2*
Schoblochweg *A3*
Schrannenpl. *C1/2*
Schützinger Weg *C1*
Seebrücke *B2/3*
Seeheim *B3*
Seeparkpl. *C1*
Spengelinweg *A1/2*
Stiftspl. *C2*
Storchengasse *B/C2*
Strohmayrweg *A2*
Tannhofweg *A3*
Thierschbrücke *B1*
Thierschstr. *B/C1*
Uferweg *B4*
Uferweg *C1*
Wackerstr. *A2*
Zeppelinstr. *C1*
Zwanzigerstr. *B2*

Linz 96

Adalbert-Stifter-Pl. *B/C2*
Alter Markt *C1/2*
Altstadt *C2*
Am 25er Turm *A4*
Am Urfahraner Gewerbehof *A2*
Am Winklerwald *F1*
Am Winterhafen *A4*
Anastasius-Grün-Str. *E3*
Andreas-Hofer-Pl. *F3*
Andreas-Hofer-Str. *F3*
Anzengruberstr. *E3/4*
Aubergstr. *A/B1*
Auerspergstr. *D2*
Auf der Gugl *D/E1*
Bahnhofpl. *E/F2*
Bahnhofstr. *E2/3*
Bahrgasse *F3*
Bauernberggasse *D1*
Baumbachstr. *D1/2*
Beethovenstr. *E2*
Bergschlößlgasse *E1/2*
Bernardistr. *E1*
Bernaschkepl. *B1*
Bethlehemstr. *C2/3*
Bischofstr. *C/D2*
Bismarckstr. *D2/3*
Blütenstr. *A1/2*
Blumauer Pl. *E3*
Blumauer Str. *D4–E3*
Bockgasse *E1/2*
Böhmerwaldstr. *E2*
Brahmsstr. *F1*
Breitwiesergutstr. *F3/4*
Brucknerstr. *F3*
Bürgerstr. *D2/3*
Bulgaripl. *F4*
Coulinstr. *E2*
Damaschkestr. *A1*
Dametzstr. *C2–D3*
Darrgutstr. *C/D4*
Derfflinger Str. *C4*
Deublerstr. *F1/2*
Dierzerstr. *F4*
Dimmelstr. *C1*
Dinghoferstr. *C–E3*
Domgasse *C2*
Drouotstr. *F4*
Dürrnbergerstr. *F3*
Duftschmidgasse *D1*
Ederstr. *D/E2*
Edlbacherstr. *F3*
Ehrensteinweg *A/B4*
Eignerstr. *F4*
Eisenbahnbrücke *A3*
Eisenbahngasse *C2*
Eisenhandstr. *C3–D4*
Elisabethstr. *C3*
Ernst-Koref-Promenade *A3–B2*
Europapl. *D4*
Fabrikstr. *B2/3*
Fadingerstr. *C/D3*
Ferihumerstr. *A2–B1*
Fiedlerstr. *B1*
Figulystr. *E2*
Fischergasse *B1*
Flügelhofgasse *C1*
Flußgasse *B1*
Franckstr. *D4*
Freistädter Str. *A1/2*
Friedhofstr. *E3/4*
Friedrichstr. *B1/2*
Froschberg *E/F1*
Gärtnerstr. *E2*
Gallanderstr. *A4*
Garnisonstr. *C4*
Gerstnerstr. *B1/2*
Gesellenhausstr. *D2*
Gewerbepark Urfahr *A2*
Ghegastr. *F2*
Göllerichstr. *F1*
Goethestr. *D3–4*
Graben *C2*
Greinerhofgasse *A1*
Grillparzerstr. *E3–F4*
Gruberstr. *B3–C4*
Grünauerstr. *D4*
Gstöttnerhofstr. *A1/2*
Güntherstr. *A/B1*
Gürtelstr. *E/F4*
Gushausgasse *B/C1*
Händelstr. *F1*
Hafenstr. *A3/4*
Hafferlstr. *D2*
Hafnerstr. *D2*
Hagenstr. *B1*
Hamerlingstr. *E4–F3*
Handel-Mazzetti-Str. *E2*
Hanriederstr. *F1/2*
Harrachstr. *C2/3*
Hasnerstr. *F3/4*
Hauptpl. *C2*
Hauptstr. *A/B1*
Heimlhofstr. *B4*
Heinrich-Gleißner-Promenade *A3–B2*
Herrenstr. *C/D2*
Hessenpl. *D3*
Hinsenkamppl. *B1*
Hirschgasse *C/D1*
Hörmannstr. *F2*
Hörschingergutstr. *A1*
Hofberg *C1/2*
Hofgasse *C1/2*
Hofmeindlweg *F1*
Holzstr. *A3–B4*
Honauerstr. *B/C3*
Hopfengasse *D1/2*
Hoppichlerstr. *A/B1*
Hueberstr. *B4*
Huemerstr. *C3*
Hugo-Wolf-Str. *F1*
Humboldtstr. *D/E3*
Hyrtlstr. *C4*
Im Hühnersteig *B4*
Im Tal *B/C1*
Im Weingarten *D1*
Im Weitzenfeld *D1*
Jägerstr. *A/B1*
Jahnstr. *B1*
Jaxstr. *F4*
Johann-Konrad-Vogel-Str. *D2/3*
Johann-Strauß-Str. *F1*
Johannesgasse *C1*
Jungwirthstr. *E3*
Kaarstr. *B1*
Kärntner Str. *E2*
Kaisergasse *B/C3*
Kantstr. *D3/4*
Kapellenstr. *B1*
Kaplanhofstr. *B4–C3*
Kapuzinerstr. *D1*
Karl-Wiser-Str. *D/E2*
Kaserngasse *B2/3*
Keimstr. *F1/2*
Kellergasse *E1/2*
Khevenhüllerstr. *C/D4*
Kinderspitalstr. *D4*
Klammstr. *C1/2*
Klosterstr. *C2*
Knabenseminarstr. *A1*
Köglstr. *B4*
Körnerstr. *C3/4*
Krackowizerstr. *F1*
Krankenhausstr. *C4*
Kraußstr. *A2*
Kroatengasse *D1–E2*
Kudlichstr. *F1/2*
Landgutstr. *B1*
Landstr. *D2–E3*
Langgasse *D2*
Lasingergasse *C/D1*
Lastenstr. *D–F4*
Lehárstr. *F1*
Leibnizstr. *B4*
Leithenfeldweg *A/B1*
Lenaustr. *E3/4*
Leonfeldner Str. *A1*
Lerchengasse *B1*
Lessingstr. *C/D1*
Liebigstr. *D4*
Limonigasse *D1*
Lindemayrstr. *A4*
Linke Brückenstr. *A2/3*
Linke Donaustr. *B2*
Lissagasse *F3/4*
Liststr. *D4*
Ludlgasse *B3/4*
Lüfteneggerstr. *B3*
Lustenauer Str. *D3*
Magazingasse *D2*
Makartstr. *E/F4*
Mariahilfgasse *D1*
Marienstr. *C2*
Marktpl. *D4*
Melicharstr. *F3/4*
Minnesängerpl. *F1*
Mozartstr. *C3–D2*
Mühlkreis-Autobahn *A3–B4*
Museumstr. *C2/3*
Nestroystr. *A1*
Neugasse *B1*
Nibelungenbrücke *B1–C2*
Niederreithstr. *F1/2*
Nietzschestr. *B3–C4*
Noßbergerstr. *C3*
Novaragasse *F3*
Obere Donaulände *C1/2*
Obere Donaustr. *B/C1*
Ottensheimer Str. *B/C1*
Parzhofstr. *A1*
Petzoldstr. *A/B4*
Peuerbachstr. *A1/2*
Pfarrpl. *C2*
Pillweinstr. *F3*
Pochestr. *C2/3*
Poschacherstr. *F4*
Posthofstr. *A4*
Promenade *C1/2*
Prunerstr. *B/C2*
Raiffeisenpl. *D4*
Raimundstr. *E4–F3*
Rainerstr. *D/E2*
Rathausgasse *C2*
Rechte Brückenstr. *A/B3*
Rechte Donaustr. *B/C2*
Reindlstr. *A2–B1*
Reischekstr. *C4*
Richard-Wagner-Str. *F4*
Rilkestr. *E4*
Robert-Koch-Str. *C4*
Robert-Stolz-Str. *F1*
Römerbergtunnel *C1*
Römerstr. *C1*
Röntgenstr. *B4*
Roseggerstr. *D/E1*
Rosenauerstr. *A1*
Rosenstr. *B1*
Rudigierstr. *D2*
Rudolfstr. *B1*
Sandgasse *D1–E2*
Sattlerstr. *B/C4*
Scharitzerstr. *D/E3*
Schiedermayrweg *E1*
Schiffbaustr. *A4*
Schillerpl. *D2*
Schillerstr. *D2–4*
Schmidtorstr. *C2*
Schmiedegasse *A1*
Schratzstr. *B1*
Schubertstr. *D3*
Schulertal *D1*
Schulstr. *B1/2*
Schultestr. *F1*
Schwarzstr. *A1*
Seilerstätte *D2*
Severinusweg *A4*
Sintstr. *A4*
Sonnensteinstr. *B1/2*
Sophiengutstr. *F1/2*
Sparkassenpl. *A1*
Spittelwiese *C2*
Stadlbauerstr. *B1*
Starhembergstr. *C3–D4*
Stefan-Fechter-Weg *B2–C3*
Steinbauerstr. *A1*
Steingasse *C2–D1*
Stelzerstr. *B3/4*
Stelzhamerstr. *D/E2*
Stifterstr. *D1/2*
Stockbauernstr. *E1*
Stockhofstr. *D/E2*
Straßerau *A3*
Südtiroler Str. *D/E3*
Taubenmarkt *C2*
Tegetthoffstr. *E2*
Theatergasse *C1/2*
Tiefer Graben *C1*
Tummelpl. *C1*
Unionstr. *F3*
Untere Donaulände *A3–C2*
Verlängerte Kirchengasse *B1/2*
Vierthalerstr. *F4*
Volksfeststr. *C/D3*
Volksgartenstr. *D/E2*
Waldeggstr. *E/F2*
Wallnerstr. *F1*
Waltherstr. *C1–D2*
Webergasse *B1*
Weingartshofstr. *E2*
Weißenwolffstr. *C4*
Wenglerstr. *B4*
Wiener Str. *E3–F4*
Wildbergstr. *A1–B2*
Wischerstr. *A1*
Wüstenrotstr. *D4*
Wurmstr. *D1/2*
Zaunmüllerstr. *F4*
Zellerstr. *B/C1*
Ziegeleistr. *E1–F2*
Zollamtstr. *C2*

Meran/Merano 106

30 Aprile, Via *C/D2*
4 Novembre, Via *B/C1*
A. Kuperion, Via *E3–F2*
A.-Kuperion-Str. *E3–F2*
Adige, Via *E/F3*
Alpini, Via degli *C2*
Alpinistr. *C2*
Andreas Hofer, Via *C2*
Andreas-Hofer-Str. *C2*
Angerweg *F3/4*
Anne Frank, Via *D4*
Anne-Frank-Str. *D4*
Armonia, Via *D3*
B. Johannes, Via *E3*
B.-Johannes-Str. *E3*
B.-Weber-Str. *C4*
Bäckergasse *F3*
Bersaglio, Via del *C2–D1*
Blasius-Trogmann-Str. *E3*
Campo Sportivo, Via *D1*
Carlo Wolf, Via *A1–C3*
Caserme, Via *E2/3*
Cavour, Via *D3/4*
Cavourstr. *D3/4*
Chiesa, Salita alla *C/D4*
Cimitero, Via *E3*
Comini, Via *B1*
Coministr. *B1*
Corse, Via delle *C3*
Corso della Libertà *C2/3*
Costa, Via della *A1*
Dante Alighieri, Via *D/4*
Dante-Alighieri-Str. *D4*
Defregger, Via *D/E3*
Defreggerstr. *D/E3*
Duomo, Piazza *C3*
Enrico Toti, Via *D2/3*
Enrico-Toti-Str. *D2/3*
Etschmanngasse *E/F3*
Europa, Viale *C1/2*
Europaallee *C1/2*
F.-Innerhofer-Str. *D3*
Fluggi, Via *D4*
Fluggigasse *D4*
Fornaio, Via *F3*
Foro Boario, Via *C/D1*
Foscolostr. *D2*
Freiheitsstr. *C2/3*
Friedhofstr. *E3*
Friedrich Schiller, Via *D2/3*
Friedrich-Schiller-Str. *D2/3*
Frutteti, Via die *F3/4*
G. Carducci, Via *C3–D2*
G.-Carducci-Str. *C3–D2*
G.-Donizetti-Str. *B2*
G. Leopardi, Via *D2*
G. Parini, Via *D/E4*
G.-Parini-Str. *D/E4*
G.-Puccini-Str. *B2*
Galilei, Via *C3*
Galileistr. *C3*
Gampenstr. *E3–F1*
Gartenstr. *C3*
Georgenstr. *A–D4*
Gilfpromenade *C4*
Gilm, Via *C/D4*
Gilmstr. *C/D4*
Giuseppe Garibaldi, Via *D3*
Giuseppe Verdi, Via *A1–C3*
Giuseppe-Garibaldi-Str. *D3*
Giuseppe-Verdi-Str. *A1–C3*
Gnaid, Via *A1–3*
Gnaidweg *A1–3*
Goethe, Via *B1–C3*
Goethestr. *B1–C3*
Grabmayr, Via *D3–E4*
Grabmayrstr. *D3*
Hagen, Via *E3–F4*
Hagengasse *E3–F4*
Haller, Via *C3/4*
Harmonieg. *D3*
Haydn, Via *B2*
Haydnstr. *B2*
Heiliges-Kreuz-Str. *E3/4*
J. Mayr Nusser, Via *E4*
J.-Mayr-Nusser-Str. *E/4*
Karl-Wolf-Str. *A1–C3*
Kasernenstr. *E2/3*
Katharinastr. *E4*
Kirchsteig *C/D4*
Klosterstr. *C2*
Kornpl. *C3*
Kralingersteig *C4*
Kurpromenade *C/D3*
L. Zuegg, Via *E1*
L.-Zuegg-Str. *E1*
Laubengasse *C3*
Laugenstr. *E4*
Laurin, Via *A–C1*
Laurinstr. *A–C1*
Lauro, Vicolo d. *D/E4*
Lazago, Vicolo *C/4*
Lazagsteig *C/4*
Leiterstr. *A1*
Leopardistr. *D2*
Lido, Via *C2–D1*
Lorbeergasse *D/E4*
Luigi Cadorna, Via *F3*
Luigi-Cadorna-Str. *F3*
Lungo Passirio, Passeggiata *C3–D2*
M. Luco, Via *E4*
Magazzini, Via *D3*
Maia, Via *D/E3*
Maiastr. *D/E3*
Mainardo, Via *C1–3*
Manzoni, Via *D1–3*
Manzonistr. *D1–3*
Maria-Trost-Str. *E3/4*
Markthalleng. *D3*
Marlengo, Ponte di *E/F1*
Marlengo, Via *D/E1*
Marlinger Brücke *E/F1*
Marlingersteig *D/E2*
Marlingerstr. *D/E1*
Matteottistr. *D3*
Max Vialier, Via *F3*
Max-Vialier-Str. *F3*
Mazziniplatz *C2*
Meinhardstr. *C1–3*
Mezzo, Via di *E4*
Mirabellastr. *D3*
Mittelweg *E4*
Monastero, Via *C2*
Monte Benedetto, Via *A/B3*
Monte San Zeno, Via *B/C4*
Monte Tessa, Via *D2*

O. v. Wolkenstein, Via D/E2
O.-v.-Wolkenstein-Str. D/E2
Ortensteing. C4
Ortweinstr. D3
Otto Huber, Via B3–D2
Otto-Huber-Str. B3–D2
P.-Mayr-Str. E3
Paive, Via D2–E3
Paivestr. D2–E3
Palade, Via delle E3–F1
Parco, Via D4
Parkstr. D4
Parrocchia, Via della E3
Passeiergasse C3/4
Passerpromenade C3–D2
Pendlstr. C2
Petrarca, Via D2/3
Petrarcastr. D2/3
Pfarrgasse E3
Pfarrpl. C3
Piave, Via D2/3
Piavestr. D2/3
Piazza del Grano C3
Pius-Zingerle-Str. D3
Pollinger, Via E4
Pollingerstr. E4
Portici, Via C3
Postbrücke D3
Postgranz, Via D1
Postgranzstr. D1
Prati, Via die E/F3
Purenweg A/B4
R.-Zandonai-Str. B2
Rätiastr. C/D2
Remp, Via E/F4
Rempstr. E/F4
Rennstallweg F2/1
Rennweg C3
Rezia, Via C/D2
Ricovero, Piazza E3
Roggia, Vicolo della D/E4
Roma, Via D3–F
Romstr. D3–F
Rosengarten, Via B1
Rosengartenstr. B1
Rossini, Via B1/2
Rossinistr. B1/2
San Floriano, Via F4
San Francesco, Via B2
San Giorgio, Via A–D4
San Giuseppe, Via B1–C2
San Markus, Via E3
San Vigilio, Piazza F3/4
Santa Caterina, Via E4
Santa Croce, Via E3/4
Santa Maria del Conforto, Via E3/4
Schaffer, Via D–E3
Schafferstr. D–E3
Schallhof, Via E4
Schallhofstr. E4
Schießstandstr. C2–D1
Schlehdorfsteig B3
Schwimmschulstr. C/D1
Scuderie, Via F1/2
Segenbühel A/B3
Seisenegggasse C/D4
Sentiero di Marlengo D/E2
Sentiero per Tirolo B/C3
Sibilla, Via E4
Sibillastr. E4
Silvana, Salita B3
Speckbacherstr. C2–D1
Sportplatzweg D1
St.-Florian-Str. F4
St.-Franziskus-Str. B2
St.-Josef-Str. B1–C2
St.-Leonhard-Str. C2
St.-Markus-Str. E3
St.-Vigil-Pl. F3/4
Str. des 30. April C/D2
Str. des 4. November B/C1
Tappeiner, Passeggiata A1–C4
Tappeinerweg A1–C4
Teippenerweg B3
Tennis, Via D2/3
Tennisstr. D2/3
Terme, Via delle D3
Texelstr. D2
Theaterpl. C3
Thermenstr. D3
Tiroler Steig B/C3
Tobias Brenner, Via D3
Tobias-Brenner-Str. D3
U. Foscolo, Via D2
V. Alfieri, Via B/C2
V.-Alfieri-Str. B/C2
V. Bellini, Via B2/3
V.-Bellini-Str. B2/3
Variante Ovest D1–F2
Verande, Via D1
Verandenstr. D1
Versorgungshauspl. E3
Viehmarktstr. C/D1
Vigneti, Via D3
Vinschgaustr. C2
Virgillio, Via C–D4
Virgilstr. C–D4
Waalweg D4–E
Walser, Via A1
Walser Weg A1
Walther-von-der-Vogelweide-Str. D2
Weingartenstr. D3
Wiesenweg E/F3
Winkel, Via D4–E
Winkelweg D4–E
Wolfgang-Amadeus-Mozart-Str. B2
Zenobergstr. B/C4

Salzburg 93

Akademiestr E3/4
Almgasse E2
Alois-Stockinger-Str. A1
Alpenstr. E4
Alter Markt D2
Altgasse A3
Althofenstr. A1
Am Rainberg D/E1
Anton-Bruckner-Str. F2
Anton-Neumayr-Platz C1
Arenbergstr. D3/4
Arnogasse B3
Arnsdorfgasse A1
Aspergasse E4
Auerspergstr. B1/3
Aufnergasse A3
August-Gruber-Str. A2
Augustinergasse C1
Bäslestr. F1
Basteigasse D3
Bayerhamerstr. A–C3
Beethovenstr. F2/3
Bergerbräuhofstr. A3/4
Bergheimer Str. A1
Bergstr. C2
Bernhard-Paumgartner-Weg C1/2
Blumensteinstr. C4
Bocksbergerstr. F4
Borromäumstr. C4
Breitenfelderstr. A3
Brunnhausgasse E2/3
Bucklreuthstr. D1
Bürglsteinstr. D3/4
Canavalstr. B4
Christian-Doppler-Str. B1
Dariogasse E4
Dietrichsteinstr. F1
Doblerweg B4
Dompl. D2
Dr.-Franz-Rehrl-Pl. D3
Dr.-Karl-Renner-Str. B4
Dr.-Ludwig-Prähauser-Weg D2
Dreifaltigkeitsgasse C2
Elisabethkai B1–C2
Elisabethstr. A/B2
Elsenheimstr. C/D4
Emil-Kofler-Gasse B3
Engelbert-Weiß-Weg A2
Erasmus-Stratter-Str. F4
Ernest-Thun-Str. B1/2
Ernst-Sompek-Str. D1
Erzabt-Klotz-Str. D/E3
Erzbischof-Gebhard-Str. E3
Essergasse F3
Faberstr. B/C2
Fanny-von-Lehnert-Str. A2
Ferdinand-Porsche-Str. A2
Festungsgasse D2/3
Firmianstr. E/F1
Fischer-von-Erlach-Str. F4
Franz-Gruber-Str. F3
Franz-Hinterholzer-Kai D3–E4
Franz-Josef-Kai B/C1
Franz-Josef-Str. B2–C3
Franz-Martin-Str. A1
Franz-Schalk-Str. F2/3
Freisaalweg E3–F4
Friedensstr. F4
Friedrich-Gehmacher-Str. C1
Friesachstr. A1
Fritschgasse B4
Fürstenallee E/F3
Fürstenbrunnstr. D1
Funkestr. B3
Gabelsbergerstr. B2/3
Gaswerkgasse B1
Gebirgsjägerpl. B1
Georg-Muffat-Str. F2
Georg-Wagner-Gasse E3
Getreidegasse D2
Geyergasse F4
Giselakai C2–D3
Glockengasse C3
Gnigler Str. A3/4
Götschenweg F1
Griesgasse C2
Grillparzerstr. B3
Gstättengasse C1
Hans-Pfitzner-Str. F2/3
Hans-Prodinger-Str. B1
Hans-Sachs-Gasse A/B1
Hans-Sedlmayr-Weg E2
Haunspergstr. A/B1
Haydnstr. B2
Hegigasse E1
Hellbrunner Allee F4
Hellbrunner Str. D3–F4
Hermann-Bahr-Promenade D4
Herrengasse D2/3
Hettwerstr. A/B3
Hildmannpl. D1
Hofhaymer Allee F3/4
Hofstallgasse D2
Hubert-Sattler-Gasse B2
Hübnergasse D1
Humboldtstr. B2
Ignaz-Härtl-Str. B4
Ignaz-Harrer-Str. B1
Ignaz-Rieder-Kai D3–E4
Imbergstr. C/D3
Jahnstr. A1/2
Johann-Brunauer-Str. A1
Johann-Wolf-Str. D1
Josef-Mayburger-Kai A/B1
Josef-Preis-Allee D3
Judengasse D2
Julius-Haagn-Str. A1/2
Julius-Raab-Pl. B2
Käutzlgasse A3
Kaigasse D3
Kaiserschützenstr. A2
Kajetanerpl. D3
Kaltnergasse D4
Kapitelgasse D2/3
Kapitelpl. D2
Karl-Höller-Str. E2
Karl-Weiser-Platz D3
Karl-Wurmb-Str. A2
Karolinenbrücke D3
Kleingmainer Gasse F3
König-Ludwig-Str. F1
Konrad-Laib-Str. F4
Künstlerhaus D3
Lagerhausstr. A3
Lasserstr. B2/3
Lastenstr. A2/3
Lehener Brücke B1
Leopoldskroner Allee E1/2
Leopoldskroner Str. E1–F2
Leopoldskronstr. D1
Liechtensteinstr. F1
Lilli-Lehmann-Gasse D4
Lindhofstr. B/C1
Linzer Bundesstr. B4
Linzer Gasse C2/3
Magazinweg A3
Makartkai A/B1
Makartpl. C2
Makartsteg C2
Markus-Sittikus-Str. B1/2
Marx-Reichlich-Str. F4
Mascagnigasse E4
Max-Ott-Pl. B2
Mayr-Melnhof-Gasse D4
Merianstr. B2/3
Mertensstr. A1/2
Michael-Pacher-Str. F4
Mildenburggasse D4
Mirabellpl. C2
Mohrstr. F3
Mozartpl. D2/3
Mozartsteg D3
Mühlbacherhofweg E3
Müllner Hauptstr. B/C1
Müllner Steg C1
Museumpl. C2
Neutorstr. D1
Nikolaus-Lenau-Str. B1
Nonnbergggasse D/E3
Nonntaler Hauptstr. D–F3
Oskar-Kokoschka-Weg D/E2
Paracelsusstr. B2
Paris-Lodron-Str. C2
Pauernfeindstr. B3
Pausingerstr. C4
Pelikanstr. A3
Peregrinstr. E3
Pestalozzistr. A2
Peter-Singer-Gasse E/F3
Petersbrunnstr. D/E3
Pfadfinderweg E3
Pfeiffergasse D3
Philipp-Harpff-Str. B2/3
Pioniersteg A1
Plainstr. A/B2
Platzl C2
Prälat-Winkler-Str. D4
Prinzingerstr. F3
Rainbergstr. D1
Rainerstr. B2
Rehlingenstr. C4
Reichenhaller Str. C/D1
Residenzpl. D2
Richard-Kürth-Str. B4
Robinigstr. A/B4
Röcklbrunnstr. A3–B4
Roittnerstr. B4
Rudolfskai C2–D3
Rudolfspl. D3
Rupertgasse B3
Saint-Julien-Str. B1/2
Salzachgäßchen B1
Samergasse A3/4
Schallmooser Hauptstr. B4–C3
Schießstattstr. A/B1
Schrannengasse C2
Schwarzstr. B1–C2
Schwesternweg F4
Schwimmschulstr. E1
Siebenstädter-Str. A/B1
Sigmund-Haffner-Gasse D2
Sinnhubstr. E1/2
Solaristr. E4
Staatsbrücke C2
Stauffenstr. A1/2
Steinbruchstr. D1
Steingasse C2/3
Steinhauserstr. A4
Steinmetzstr. F3
Stelzhamerstr. B3
Sterneckstr. B3/4
Stethaimerstr. F4
Strubergasse B1
Südtiroler Pl. A2
Sylvester-Oberberger-Str. A1
Tarnoczygasse D4
Tauxgasse F2
Thenngasse A3
Thumegger Str. F2
Universitätspl. D2
Unterbergsstr. D1
Ursulinenpl. C1
Viktor-Keldorfer-Str. E3
Vinzent-M.-Süß-Str. A1
Virgilgasse B3
Vogelweiderstr. A/B3
Wäschergasse E3
Wallnergasse B1
Weiserhofstr. A2/3
Weiserstr. B2
Weitmoserstr. B3
Wiener-Philharmoniker-Gasse D2
Wilhelm-Backhaus-Str. E/F2
Wilhelmsederstr. B3/4
Wolf-Dietrich-Str. B2–C3
Wolfgang-Schaffler-Weg E1/2
Zallweingasse E1
Zugallistr. E3
Zwieselweg F1

Villach 99

10.-Oktober-Str. D2
8.-Mai-Pl. D2
Adalbert-Stifter-Str. A1–B2
Agnes-Greibl-Str. B1/2
Akazienweg B1
Akeleiweg A2
Albrecht-Dürer-Str. E2
Alpen-Adria-Brücke C2
Am Bichl F1
Am Hügel C1–D2
Am Platzl B3
Ankershofengasse C/D3
Antoniensteig B3
Anzengruberstr. D1
Apollopl. C3
Auer-von-Welsbach-Str. E3
Auf der Heide B3
Aufeldgasse E3–F2
August-von-Jaksch-Str. B1/2
Backsteingasse F2
Bad-Wörishofen-Str. A3
Bäckerstr. F2
Bahnhofpl. C3
Bahnhofstr. C3
Bamberger Gasse C2
Bernadottestr. E3
Bertha-von-Suttner-Str. D/E2
Bichlweg F1
Bildstöcklstr. B4
Billrothstr. C4
Blumenstr. E4
Bogenstr. A4
Brandenburgweg A/B4
Brauhausgasse C3
Brucknerweg D1
Burgenlandstr. E4–F3
Burgpl. C2
Campingweg A4
Dammweg A/B4
Dietrichsteingasse C3
Dinzlweg C/D1
Distelweg E4
Dollhopfgasse C3/4
Dr.-Erwin-Schrödinger-Str. A2/3
Dr.-Heinzelmann-Gasse D4
Dr.-Oswin-Moro-Str. D1
Dr.-Semmelweis-Str. D4
Draubermen A1–C2
Draubodenweg B1–C2
Draulände C2/3
Drauparkstr. C2
Draupromenade C2/3
Drausteig E4
Dreschnigstr. C/D4
Edelweißstr. E4
Eduard-Mörike-Weg A4
Eichbichlweg A3
Eisenhammerweg A1
Emil-von-Bering-Str. C4
Engelhofstr. E3
Enzenbergstr. D/E1
Enzianweg E4
Erhard-Hedenig-Str. F2
Ernst-Pliwa-Gasse B4
Esperantostr. F1
Etrichstr. A1
Europapl. C3
Fabriksteig D3
Falkenweg F1
Feldnerstr. C1/2
Feldweg F3
Felix-Dahn-Weg B3
Fercher-von-Steinwand-Str. D3–E2
Fliederstr. F1
Flußgasse C/D3
Forstweg B4
Franz-Jonas-Str. B3/4
Franz-Schneeweiss-Weg A4
Franz-von-Tschabuschnigg-Str. C3/4
Franz-Xaver-Wirth-Str. B1/2
Franz-Xaver-Wulfen-Str. E1
Freihausgasse C/D3
Frühlingsstr. F2
Fuggergasse D3
Gabelsbergerstr. C3
Gartenweg F1
Gaswerkstr. C3/4
Genottealle B/C2
Gerbergasse D3
Gerberstr. C3
Getreideweg F3
Gottfried-Timmerer-Str. B1
Grabenweg C1
Gretlweg A4
Grillparzerstr. B1/2
Gritschacher Str. A/B2
Hamerlingstr. B2
Hammergasse D1
Hans-Gasser-Pl. D2
Hauptpl. C3–D2
Hausergasse D/E3
Haydnstr. E2
Heckenweg F1
Heidenfeldstr. F2/3
Heimstr. B2
Heinrich-von-Kleist-Str. F1/2
Heinrich-von-Türlin-Str. B2
Heizhausstr. D2–F1
Helvetiagasse D4
Herbertgasse F2
Herderstr. B3
Hermann-Findenegg-Weg B3
Hohlweg F1
Hubertusweg F1
Ing.-Julius-Raab-Pl. D2
Ingeborg-Bachmann-Str. A3
Italienerstr. D2–F1
Jabornegg-Altemfels-Str. E/F1
Jägerweg B4
Jakob-Ghon-Allee E3
Jakob-Sereinigg-Siedlung E1
Jakominirain D2
Kärntner Str. E2–F1
Kaigasse C3
Kaiser-Josef-Pl. C2
Kanaltaler Str. B3/4
Kapuzinerwaldsteig A–C1
Karawankenweg F3
Karl-Ghon-Str. D/E1
Karl-Ritter-von-Ghega-Str. B2/3
Karl-Wurmb-Str. B2
Karlgasse C2
Kasmanhuberstr. B/C2
Kassinsteig C2/3
Kelagsiedlung D4
Khevenhüllergasse D3
Kiesweg F3
Kirchenpl. D2
Kirchensteig C1
Klagenfurter Str. C3/4
Klopstockstr. B3
Krummgasse A1
Kurzgasse D/E3
Lederergasse C2/3
Leiningengasse C2–D3
Leitegasse C2
Lenaugasse B3
Lerchenfeldweg F2
Lindenweg A3
Litzelhofenstr. D2
Ludwig-Assmann-Str. D1
Ludwig-Walter-Str. D3–E4
Mangartweg B4
Margarethaweg A3
Margeritenstr. E/F4
Maria-Gailer-Str. E4
Mariannenstr. D1
Marksgasse D2
Markus-Pernhart-Str. B3/4
Marxrain D/E1
Mathias-Lexer-Str. D2
Meerbothstr. B3
Meister-Erhard-Allee B1
Meister-Friedrich-Str. E3/4
Meister-Thomas-Str. A3–B2
Messnergassl C1
Millesistr. D/E1
Mitterlingstr. D3
Mondscheingasse D1
Mondscheingasse F1
Moritschstr. D2/3
Mühlenweg B/C1
Narzissenweg A4
Neckheimstr. E4
Neubaugasse E/F1
Neue Heimat A/B4
Nikolaigasse C3/4
Nikolaipl. C3
Norwegengasse D4
Nürnberger Str. B1
Oberer Heidenweg B2/3
Oberfeldstr. F3
Ossiacher Zeile B4–E2
Othmar-Crusic-Str. E1
Ottokar-Kernstock-Str. C2
Paracelsusgasse C2
Paulaprom. D/E1
Per-Albin-Hansson-Str. E3
Peraustr. D3–E4
Peraustr. D2/3
Pestalozzistr. D2–E3
Peter-Rosegger-Str. B2
Petschenigweg A4
Pfarrsteig A/B4
Pfluggasse F2
Phloxweg E3/4
Piccostr. B3/4
Pischotstr. B2
Postgasse D2
Primus-Lessiak-Str. B3
Purtscherstr. C4
Quergasse D1
Raiblerstr. B3
Ramserweg B4
Randweg B3/4
Rathausgasse C2
Rathauspl. D2
Reinerhofweg F2
Rennsteiner Str. A1–C2
Resselstr. A1–B2
Richard-Wagner-Str. E2/3
Richtstr. F2
Ringmauergasse C/D2
Ritterweg A/B4
Robert-Musil-Str. F3
Robert-Stolz-Str. D2
Röntgenstr. C4
Rudolf-Katnigg-Str. B1/2
Sackgasse F1
Schanzgasse D2
Scheffelgasse B3
Schloßgasse C1
Schnittergasse F1
Scholzstr. D1
Schubertstr. C3–D4
Schützenstr. D/E4
Seebacher B/C4
Seestr. A4
Seilergasse C2
Seitenweg B2
Sensenstr. F1
Siedlerstr. B4
Siemensstr. F4
Sonnenstr. B4
Spitzeckweg A1/2
St.-Johanner Str. D1
St.-Josef-Str. F2
St.-Leonharder Weg B3/4
St.-Magdalener Str. C4
St.-Martiner Str. B1–D2
Stadtbrücke C3
Stefan-Moser-Str. D4
Steinwender Str. C–E2
Straußtr. C4
Suitbert-Lobisser-Weg A2/3
Taferner Str. D3/4
Thomas-Koschat-Str. B2
Tiroler Str. C1–D2
Tischlerweg A4
Tobias-Bürg-Str. F1
Trattengasse C3–D4
Treffner Str. A4–B3
Tschinowitscher Weg F2
Uhlandstr. E3
Ulmenweg A3
Untere Fellacher Str. A1
Unterer Heidenweg B2/3
Urban-Görtschacher-Str. E/F1
Vassacher Schulweg A2/3
Vassacher Str. A/B2
Virgil-Gleisenberger-Str. C3/4
Völkendorfer Str. D1/2
Warmbader Allee E/F1
Warmbader Str. F1
Weißbriachgasse C/D2
Weißenfelser Weg B4
Wenedikterstr. B2
Widmanngasse C/D2
Wiesensteig C1
Wilhelm-Hohenheim-Str. D/E2
Willroiderstr. C2/3
Winkelgasse F2
Wolfram-von-Eschenbach-Str. F3
Zehenthofstr. B4
Zeidler-von-Görz-Str. C3
Zeno-Goess-Str. E1
Zyklamengasse A/B2

Wien 102-103

Adamsgasse B7–C8
Adolf-Blamauer-Gasse E/F7
Aegidigasse E/F1
Afrikanergasse A7
Ahornergasse D2
Akademiestr. C/D5
Albertgasse A–C1
Albertinapl. C4/5
Albertpl. B1/2
Alexander-Poch-Pl. A6
Aloisgasse A7
Alser Str. A1–B3
Am Gestade B5
Am Heumarkt C6–D5
Am Hof B4
Am Hundsturm F2
Am Stadtpark C6
Amerlingstr. D/E2
Amtshausgasse F2
Andlergasse (2) D2
Andreasgasse D/E2
Annagasse C5
Anton-Burg-Gasse (7) F4
Apfelgasse D/E5
Apollogasse D1/2
Apostelgasse D/E8
Arenberggasse E7
Argentinierstr. D5–F6
Arnezhoferstr. A8
Arsenalweg F7/8
Aspangstr. E7–F8
Aspernbrücke B6
Aspernbrückengasse B6
Auerstr. C3
Augartenbrücke A5
Augartenstr. A6
Augustinerbastei C4
Augustinermarkt D7
Augustinerstr. C4/5
Ausstellungsstr. A8/9
Babenbergerstr. C/D4
Bacherpl. F3
Badhausgasse C1/2
Bäckerstr. B5–C6
Bärengasse F2
Ballgasse C5
Ballhauspl. C4
Bandgasseasse C/D2
Bankgasse B4
Barichgasse D8–E7
Barmherzigengasse D7–E8
Barnabitengasse D3
Bartensteingasse B/C3
Barthgasse E9
Bauernmarkt B5
Baumannstr. C/D7
Baumgasse E8–F9
Bayerngasse D6
Beatrixgasse C7–D6
Bechardgasse B/C7
Beethovengasse A3
Beethovenpl. D6
Beheimgasse A1
Bellariastr. C3
Belvederegasse F5/6
Bennogasse A/B1
Bennopl. B1
Berggasse A3/4
Bernardgasse C1/2
Biberstr. B/C6
Bienengasse (4) D3
Blattgasse C7
Blechturmgasse F4
Blindengasse A–C1
Blümelgasse E2
Blütengasse C7/8
Blumauergasse A6/7
Blumengasse A1
Böcklinstr. B8–D9
Boerhaavegasse D/E7
Börsegasse A4–B5
Börsepl. B4
Bösendorferstr. D5
Bognergasse B4/5
Borschkegasse A1/2
Bräuhausbrunnerstr. E4–F2
Bräunerstr. C4/5
Brahmspl. D5–E4
Brandgasse D9
Brandstätte B5
Brauergasse E2
Breite Gasse C/D3
Breitenfeldergasse B1/2
Brucknerstr. D5
Brückengasse F2
Brünnlbadgasse A2
Brunnengasse A/B1
Buchfeldgasse B3
Bürgerspitalgasse E/F1
Bundesländerpl. D2
Burggasse C1–3
Burgring C3/4
Calafattipl. A8
Canovagasse D5
Capistrangasse D3
Castelligasse F3
Charasgasse D7
Christinengasse D5/6
Christophgasse F2/3
Chwilagasse (5) D/E2
Cobdengasse C6
Coburgbastei C5/6
Concordiapl. B5
Corneliusgasse E2/3
Csardastr. B9
Custozzagasse B8–C7
Czapkagasse C7

Czerningasse A7–B6
Daffingerstr. D6
Damböckgasse E2
Dampfschiffstr. B6/7
Danhausergasse E/F5
Dannebergpl. D/E7
Dapontegasse D7
Daungasse B2
Dettergasse B1
Deutschmeisterpl. A4
Dianagasse B7
Dietrichgasse D8
Dietrichgasse D8–E9
Dietrichsteingasse A3/4
Dingelstedtgasse E1
Dißlergasse B7
Ditscheinergasse C7
Doblhoffgasse C3
Döblergasse C2
Domgasse F2
Dominikanerbastei B/C6
Dorotheergasse C4/5
Dr.-Bohr-Gasse F8/9
Dr.-Ignaz-Seipel-Pl. C6
Dr.-Karl-Lueger-Pl. C6
Dr.-Karl-Renner-Ring B4–C3
Drorygasse D/E9
Dürergasse E3
Dumbastr. D5
Dunklergasse F1
Ebendorfer Str. B3
Eggerthgasse E3
Eisvogelgasse F1
Elisabethpl. F5
Elisabethstr. D4/5
Embelgasse F2
Emil-Kralik-Gasse F2
Engelsberggasse D7
Erdberger Lände C8–D9
Erdbergstr. D7–E9
Eschenbachgasse D4
Eslarngasse E7/8
Eßlinggasse A4/5
Estepl. C7
Esterhazygasse E2/3
Europapl. D/E1
Falkestr. C6
Fasangasse E/F7
Faßziehergasse C3
Favoritenstr. E4–F5
Felberstr. D/E1
Felderstr. B3
Feldgasse A/B2
Ferdinandstr. B6/7
Ferstelgasse A3
Feuerbachstr. A9
Fiakerpl. E9
Fichtegasse C/D5
Fillgradergasse D3
Fischergasse B6
Fleischmanngasse E4
Fleischmarkt B5/6
Floragasse E4/5
Florianigasse B1–3
Floßgasse A5
Frankenberggasse E4/5
Frankgasse A/B3
Frankhpl. A/B3
Franz-Hauer-Gasse D8
Franz-Hochedlinger-Gasse A5
Franz-Josefs-Kai A5–B6
Franzensbrücke B7
Franzensbrückenstr. A/B7
Franzensgasse E3/4
Franziskanerpl. C5
Freundgasse E4
Freyung B4
Friedensgasse C/D9
Friedmanngasse B1
Friedrich-Schmidt-Pl. B3
Friedrichstr. D4/5
Fruchtgasse B7
Fruethstr. E9
Fuchsgasse E1
Fügergasse E1
Führichgasse C4/5
Fuhrmannsgasse B2
Gärtnergasse C7
Garbergasse E1/2
Gardegasse C3
Garelligasse A/B3
Garnisongasse A3
Gartengasse F3
Gaudenzdorfer Gürtel F1
Gauermanngasse D4
Gaullachergasse B1
Geblergasse A1
Gebrüder-Lang-Gasse E1
Geologengasse C8
Georg-Coch-Pl. B6
Gerlgasse E7
Gerstnerstr. E1
Gestettengasse E9
Getreidemarkt D4
Geusaugasse C7–D8
Geusaugasse C7
Gfrornergasse F1
Ghegastr. F7
Gießaufgasse F2/3
Gigergasse C6/7
Gilgegasse A2
Girardigasse D4
Glockengasse A6
Göllnergasse D8/9
Gölsdorfgasse B5
Göschlgasse E/F7
Goethegasse C/D4
Göttweigergasse C5
Goldeggasse F5/6
Goldschmiedgasse B/C5
Gonzagagasse A/B5
Gottfried-Keller-Gasse D6
Graben B4–C5
Grabnergasse E/F2
Graf-Starhemberg-Gasse E4–F5
Grailichgasse C7
Graumanngasse F1
Gredlerstr. B6
Griechengasse B5/6
Grillparzerstr. B3/4
Grimmelshausengasse D6
Grohgasse F3
Große Mohrengasse A/B6
Große Neugasse E/F4
Große Pfarrgasse A6
Große Schiffgasse A5
Große Sperlgasse A6
Große Stadtgutgasse A6/7
Grünangergasse C5
Grüngasse E3
Grundsteingasse B1
Günthergasse A3
Gumpendorfer Gürtel F1
Gumpendorfer Str. D4–F1
Gußhausstr. D/E5
Gutenberggasse C/D3
Haarhof B4
Habsburgergasse C4/5
Haeussermanngassse E/F9
Hafengasse E/F8
Hagenmüllergasse D8–E9
Hahngasse A4
Haidgasse A5/6
Haidingergasse D8/9
Haidmannsgasse E1
Hainburger Str. D7–E9
Halbgasse C/D1
Halmgasse C8
Hamburgerstr. E3
Hamerlingpl. B2
Hammer-Purgstall-Gasse A5–B6
Hanglüßgasse E1
Hansalgasse C7
Hanuschgasse C4
Harmoniegasse A3
Harthausergasse F1
Hartmanngasse F4
Haspingergasse B2
Hauptallee A7–C9
Haydngasse E2
Heeresmuseumstr. F7
Hegelgasse C/D5
Hegergasse F7
Heiligenkreuzerhof B5/6
Heinestr. A7
Heinrichsgasse A/B5
Heldenpl. C4
Helferstorfer Str. A/B4
Henneberggasse F9
Henslerstr. C6
Hermanngasse C/D2
Herminengasse A5
Hernalser Gürtel A/B1
Hernalser Hauptstr. A1
Herrengasse B/C4
Heßgasse A/B4
Hetzgasse B7–C8
Heumühlgasse E4
Hießgasse C/D8
Himmelpfortgasse C5
Hintere Zollamtsstr. B/C7
Hintzerstr. D7
Hirschengasse E2
Höfergasse A2
Hörlgasse A4
Hörnesgasse C7–D8
Hofenedergasse A7
Hofgasse F3
Hofmühlgasse E2/3
Hohenstaufengasse A/B4
Hoher Markt B5
Hohlweggasse E/F7
Hollandstr. A6–B5
Holzhausergasse A7
Hornbostelgasse F1
Hugo-Wolf-Gasse E2
Hyegasse E8
Ilgpl. A9
Im Werd A5
Invalidenstr. C6/7
Jacquingasse E7–F6
Jantschweg A8
Jaurésgasse E6/7
Joanelligasse D/E3
Jodok-Fink-Pl. B2
Jörgerstr. A1
Johann-Fürst-Pl. A8
Johann-Strauß-Gasse F4/5
Johannesgasse C5–D6
Josef-Gall-Gasse B8
Josef-Matth.-Hauer-Pl. B1/2
Josefsgasse C3
Josefspl. C4
Josefstädter Str. B1–C3
Juchgasse E7/8
Judenpl. B5
Julius-Raab-Pl. B6
Kärchergasse E/F7
Kärntner Ring D5
Kärntner Str. C/D5
Kaiserallee B9
Kaisergartengasse E7/8
Kaiserstr. C–E1
Kandlgasse D1/2
Kantgasse D5/6
Kardinal-Nagl-Pl. E9
Karlsgasse D/E5
Karlspl. D5
Karmelitergasse A6
Karmeliterpl. A6
Karolinengasse F5/6
Kaunitzgasse E3
Kegelgasse C7/8
Keilgasse E/F7
Keinergasse D/E8
Kellermanngasse C2
Kelsenstr. F7/8
Kenyongasse D1
Kettenbrückengasse E3/4
Khunngasse F7
Kinderspitalgasse A1/2
Kirchberggasse C/D3
Kirchengasse C2–D3
Klagbaumgasse E/F4
Kleeblattgasse B5
Kleine Mohrengasse A6
Kleine Neugasse E4
Kleine Pfarrgasse A5/6
Kleine Sperlgasse A6
Kleine Stadtgutgasse A7
Kleingasse E9
Kleistgasse E/F7
Klimschgasse E7/8
Klopsteinpl. E8
Kochgasse A/B2
Kölblgasse F6/7
Köllnerhofgasse B5
Königseggasse E2
Königsklostergasse D3/4
Körnergasse A/B7
Köstlergasse D/E3
Kohlgasse F2
Kohlmarkt B/C4
Kolingasse A4
Kollergasse C7
Kollergerngasse D2
Kolonitzgasse B7
Kolonitzpl. B/C7
Kolschitzkigasse F5
Komödiengasse A/B6
Kopernikusgasse E3
Kratky-Baschnik-Weg A8
Kreuzherrengasse D5
Krieglergasse B7/8
Krongasse E/F4
Krotenthallergasse B2
Krugerstr. C5
Krummbaumgasse A5/6
Krummgasse D7
Kübeckgasse C/D8
Kühnpl. D/E4
Kumpfgasse C5
Kundmanngasse C8–D7
Kupkagasse B2
Kurrentgasse B5
Kurzbauergasse B8
Kurzgasse E1
Lackierergasse A3
Lagergasse D6
Lagerhausstr. A9
Laimgrubengasse D3–E4
Lambrechtgasse F4
Lammgasse B2
Landesgerichtsstr. B/C3
Landhausgasse B4
Landstraßer Gürtel F6–8
Landstraßer Hauptstr. C6–F8
Langauergasse E1
Lange Gasse A2–C3
Lassing-Leithner-Pl. A/B6
Laudongasse B1–3
Laufbergergasse B8
Laurenzerberggasse B6
Lazarettgasse A1/2
Leberstr. F8
Lechnerstr. D/E9
Lehárgasse D4
Leibenfrostgasse F4
Leichtweg A8/9
Lenaugasse B/C3
Leonhardgasse E9
Leopoldsgasse A5/6
Lerchenfelder Gürtel B/C1
Lerchenfelder Str. C1–3
Lerchengasse B/C2
Lichtenauergasse A/B7
Lichtenfelsgasse B3
Liebenberggasse C6
Liebiggasse B3
Liechtensteinstr. A4
Lilienbrunngasse A/B6
Liniengasse E2–F1
Linke Bahngasse C6–E7
Linke Wienzeile D4–F1
Lissagasse F8
Lisztstr. D5/6
Löhrgasse D1
Löwelstr. B/C4
Löwengasse B7–C8
Löwenherzgasse D8
Loidoldgasse B3
Loquaipl. E2
Lorbeergasse B/C7
Lothringerstr. D5/6
Ludwig-Koeßler-Pl. E9
Luftbadgasse D/E3
Lugeck B5
Lukschgasse D9
Märzstr. D1
Magazingasse E6
Magdalenenstr. E3
Mahlerstr. D5
Makartgasse D4
Malzgasse A5
Marc-Aurel-Str. B5
Marchettigasse E/F2
Margaretengürtel F1/2
Margaretenpl. F3
Margaretenstr. E4–F2
Maria-Eis-Gasse C/D7
Maria-Theresien-Pl. C3/4
Maria-Theresien-St. A5–B4
Maria-Treu-Gasse B2
Mariahilfer Gürtel E/F1
Mariahilferstr. D4–E1
Mariannengasse A2
Marienbrücke B5/6
Markhofgasse E9
Marrokanergasse D6
Martinstr. A1
Marxergasse C6–8
Matthäushofgasse B7
Mauthausgasse F2
Mauthnergasse A2
Max-Winter-Pl. A8
Mayergasse A7
Mayerhofgasse E4/5
Maysedergasse C5
Mechelgasse E6/7
Mechitaristengasse C3
Mentergasse C1
Menzelgasse C1
Meravigliagasse F1
Messenhausergasse D8
Metternichgasse D/E6
Meynertgasse A2
Michaelerpl. C4
Millergasse E1–F2
Millockergasse D4
Minoritenpl. B/C4
Mittelgasse E1
Mittelsteig E/F4
Mölker Bastei B4
Mölkergasse B2
Möllwaldpl. E/F5
Mohsgasse F6/7
Molkereistr. A8
Mollardgasse E3–F1
Mommsengasse E5–F6
Mondscheingasse D2
Moritzgasse F2
Morzinpl. B5
Mostgasse E/F4
Mozartgasse E4/5
Mozartpl. E4
Mühlgasse D/E4
Müllnergasse A4
Münzgasse C6/7
Münzwardeingasse E2
Mumberggasse A8
Museumstr. C3–D4
Myrthengasse C2
Nadlergasse A2
Naglergasse B4
Negerlegasse A/B6
Nelkengasse D2/3
Nepomukgasse A7
Neubaugasse C/D2
Neubaugürtel C/D1
Neudeggergasse C2
Neuer Markt C5
Neulerchenfelder Str. B1
Neulinggasse D6–8
Neumanngasse E4
Neustiftgasse C1–3
Neutorgasse A4–B5
Nevilgasse F2
Nibelungengasse D4
Nickelgasse A5
Nikolsdorfergasse F4
Nordportalstr. A/B9
Novaragasse A6/7
Obere Bahngasse E/F7
Obere Donaustr. A5–B6
Obere Viaduktgasse B/C7
Obere Weißgerberstr. B7
Obermüllnerstr. A8/9
Oberzellergasse E/F8
Odeongasse A6/7
Ölzeltgasse D6
Operngasse C–E4
Opernring C4–D5
Oppolzergasse B4
Oskar-Kokoschka-Pl. C6
Oswald-Thomas-Pl. A8
Ottakringer Str. A/B1
Otto-Bauer-Gasse E2
Otto-Wagner-Pl. A3
Ottogasse E7
Paffrathgasse C/D8
Palffygasse A1
Palmgasse E1
Paniglgasse D4–E5
Pannaschgasse F3
Papagenogasse D4
Paracelsusgasse C8
Parkgasse C/D8
Parkring C6
Passauer Pl. B5
Pater-Schwarz-Gasse F1
Paulanergasse E4/5
Paulusgasse E8–F9
Pauluspl. E9
Payergasse B1
Pelikangasse A2
Pelzgasse D1
Peregringasse A4
Perspektivstr. A8/9
Pestalozzigasse D5
Peterspl. B4/5
Petrusgasse E8
Pettenkofengasse E6/7
Pezzlgasse A1
Pfarrhofgasse D7
Pfauengasse (6) D3
Pfefferhofgasse B7
Pfeilgasse B1–C2
Philharmonikerstr. C5
Phorusgasse F4
Piaristengasse B/C2
Pilgramgasse E/F3
Pillersdorfgasse A6/7
Plankengasse C5
Pliwagasse F1
Plößlgasse E5/6
Porzellangasse A4
Postgasse B/C6
Posthorngasse D7
Praetoriusgasse E6
Präuscherpl. A8
Praterstern A7/8
Praterstr. A7–B6
Preßgasse E4
Prinz-Eugen-Str. D5–F6
Proschkogasse E3
Rabengasse E8/9
Rabenst. B5
Radetzkypl. B7
Radetzkystr. B6/7
Rahlgasse D4
Raimundgasse A5
Rainergasse F4/5
Ramperstorffergasse F3
Ranftlgasse A1
Rasumofskygasse C8–D7
Rathauspl. B3
Rathausstr. B/C3
Rauhensteingasse C5
Rechte Bahngasse C6–E7
Rechte Wienzeile D4–F3
Reichsratsstr. B/C3
Reinprechtsdorfer Str. F2/3
Reischachstr. B6
Reisner Str. D/E6
Renngasse B4/5
Rennweg D5–F9
Resselgasse D4/5
Richtergasse D2
Riemergasse C5/6
Rienößlgasse E4
Riesgasse D7
Rilkepl. D/E4
Rittergasse E4
Robert-Hamerling-Gasse E1
Robert-Stolz-Pl. D4
Robertgasse B7
Rochusgasse D7
Rockhgasse B4
Rondeau A8/9
Rooseveltpl. A3
Rosenbursenstr. B/C6
Roßauer Brücke A4/5
Roßauergasse A4
Rotenhausgasse A3
Rotenkreuzgasse A6
Rotensterngasse A6/7
Rotenturmstr. B/C5
Roter Hof C2
Rotgasse B5
Rotundenallee B9–C8
Rotundenbrücke C8
Rubensgasse F4
Rudolf-von-Alt-Pl. C7/8
Rudolfspl. B5
Rüdengasse D9–E8
Rüdigergasse E3
Rummelhardtgasse A2
Rundweg E/F9
Rustenschacherallee B8–D9
Salesianergasse D/E6
Salmgasse C7
Salzgries B5
Salztorbrücke B5
Salztorgasse B5
Sandwirtgasse E/F2
Sanettystr. B1
Schadekgasse D2/3
Schäffergasse E4
Schallautzer Str. B/C6
Schauflergasse C4
Schauhofergasse D4
Schaumburgergasse F4/5
Schelleingasse F5/6
Schellhammergasse B1
Schellinggasse C/D5
Schenkenstr. B4
Schickgasse A4
Schiffamtsgasse A5
Schikanedergasse E4
Schillerpl. D4
Schimmelgasse E9–F8
Schlachthausgasse E9–F8
Schleifmühlgasse D/E4
Schlesinger Pl. B2
Schlickpl. A4
Schlössergasse B3
Schloßgasse F3/4
Schlüsselgasse E4
Schmalzhofgasse E1/2
Schmelzgasse A6
Schmerlingpl. C3
Schmidgasse B2/3
Schmöllerlgasse E5
Schoellerhofgasse B6
Schönborngasse B2
Schönbrunner Str. F1/2
Schönburgstr. F4/5
Schöngasse F3
Schönlaterngasse B5/6
Schönngasse A9
Schottenbastei B4
Schottenfeldgasse C1–E2
Schottengasse B4
Schottenring A5–B4
Schrankgasse C/D3
Schreygasse A5
Schreyvogelgasse B4
Schrottgasse E8
Schrottgießergasse A6
Schrotzbergstr. A9
Schubertring C6–D5
Schüttelstr. B7–D9
Schützengasse E7
Schulerstr. C5/6
Schwalbenweg D8
Schwarzenbergpl. D5
Schwarzenbergstr. C/D5
Schwarzhorngasse F3
Schwarzingergasse A6
Schwarzspanierstr. A3
Schwedenbrücke B6
Schwedenpl. B6
Schweighofergasse D3
Schweizer Gartenstr. F6/7
Schwindgasse E5
Sebastian-Kneipp-Gasse A9
Sebastianpl. D7
Sechshauser Gürtel F1
Sechskrügelgasse D7
Seidengasse D1/2
Seidlgasse C7
Seilergasse C5
Seilerstätte C5/6
Seisgasse F4/5
Seitenstettengasse B5
Seitzergasse B4/5
Sellenygasse C8
Sensengasse A2/3
Servitengasse A4
Seumegasse F1
Siebenbrunnengasse F3/4
Siebensterngasse D2/3
Siegelgasse C7
Sigmundgasse C/D3
Singer Str. C5
Skodagasse A/B2
Slezakgasse A1
Sonnenfelsgasse B5–C6
Sonnenuhrgasse F1
Spalowskygasse E1
Sparefrohgasse C6
Spengergasse F3
Spiegelgasse C4/5
Spitalgasse A2
Spittelberggasse C/D3
Spörlinggasse E3
Sportklubstr. B8
St.-Johanngasse F2
St.-Nikolaus-Pl. E8/9
St.-Ulrichs-Pl. C2
Stadiongasse B/C3
Stammgasse C7
Stanislausgasse E7
Steggasse E3
Steingasse E8–F7
Stelzhamergasse C6
Stephanspl. C5
Sterngasse B5
Stiegengasse D/E3
Stiftgasse C/D3
Stock-im-Eisen-Pl. C5
Stoffelagasse A/B7
Stolberggasse F4
Stollgasse D1
Stolzenthalergasse B/C1
Straße des Ersten Mai A8–B9
Straußengasse E/F4
Streichergasse D/E7
Strobachgasse E/F3
Strohgasse D6/7
Strohmgasse E/F1
Strozzigasse B/C2
Stubenbastei C6
Stubenring B/C6
Stuckgasse C/D2
Stumpergasse E1–F2
Stuwerstr. A8/9
Südportalstr. B9
Syringgasse A1
Taborstr. A/B6
Tandelmarktgasse A6
Taubstummengasse E5
Technikerstr. D5
Tegetthoffstr. C5
Teinfaltstr. B4
Tempelgasse B6
Thaliastr. C1
Thavonatgasse A3
Thelemanngasse B1
Theobaldgasse D3/4
Theresianumgasse E6–F5
Theresiengasse A1
Thugutstr. C8
Thurngasse A3/4
Tiefer Graben B4/5
Tiergartenstr. C8
Tigergasse B/C2
Tilgnergasse E5
Tongasse D7
Trappelgasse F4
Trattnerhof C5
Traungasse D6
Trautsongasse C3
Treitlstr. D4
Trubelgasse F7
Tuchlauben B4/5
Türkenstr. A3/4
Tulpengasse B3
Turmburggasse E2–F3
Uchatiusgasse C7
Uhlpl. B1
Ullmannstr. F1
Ungargasse C6–F7
Universitätsstr. B3/4
Untere Augartenstr. A5
Untere Donaustr. B6/7
Untere Weißgerberstr. B7–C8
Urban-Loritz-Pl. D1
Van-Swieten-Gasse A3
Veithgasse D/E6
Venediger Au A8
Veronikagasse A/B1
Viaduktgasse B/C7
Viehmarktgasse F8/9
Viktor-Christ-Gasse F3/4
Viktorgasse F5
Vivariumstr. B7/8
Volksgartenstr. C3
Vordere Zollamtsstr. B7–C6
Waaggasse E4
Währinger Gürtel A1/2
Währinger Str. A3–B4
Wällischgasse E9
Waldsteingartenstr. B8/9
Walfischgasse C/D5
Wallgasse E/F1
Wallnerstr. B/C4
Waltergasse F4/5
Wasagasse A3/4
Waschhausgasse B7
Wassergasse D8
Webgasse E2
Wedlgasse E8
Wehrgasse E3/4
Weihburggasse C5/6
Weinlechnergasse E8
Weintraubengasse A7–B6
Weiskirchnerstr. C6
Weißgerberlände B7–C8
Werdertorgasse A5–B4
Westbahnstr. D1/2
Weyrgasse C7
Weyringergasse F5/6
Wickenburggasse B3
Wiedner Gürtel F5/6
Wiedner Hauptstr. D5–F4
Wiesingerstr. B6
Wimbergergasse C/D1
Windmühlgasse D3
Wipplingerstr. A4–B5
Wittelsbachstr. C8
Wohllebengasse E5
Wohlmutstr. A9
Wolfgang-Schmälzl-Gasse A8
Wollzeile B5–C6
Worellstr. E2
Würtzlerstr. E9
Yppenpl. B1
Zaunergasse D5/6
Zedlitzgasse C6
Zeinlhofergasse E3
Zeismannsbrunngasse (3) C2/3
Zelinkagasse A4/5
Zeltgasse C2/3
Zentagasse F3/4
Zeuggasse E4–F3
Ziegelhofengasse E3–F4
Zieglergasse C–E2
Ziehrerpl. D7
Zimmermanngasse A1
Zimmermannpl. A1
Zirkusgasse A/B6
Zitterhofergasse (1) C3
Zollergasse D2
Zufahrtsstr. A8/9

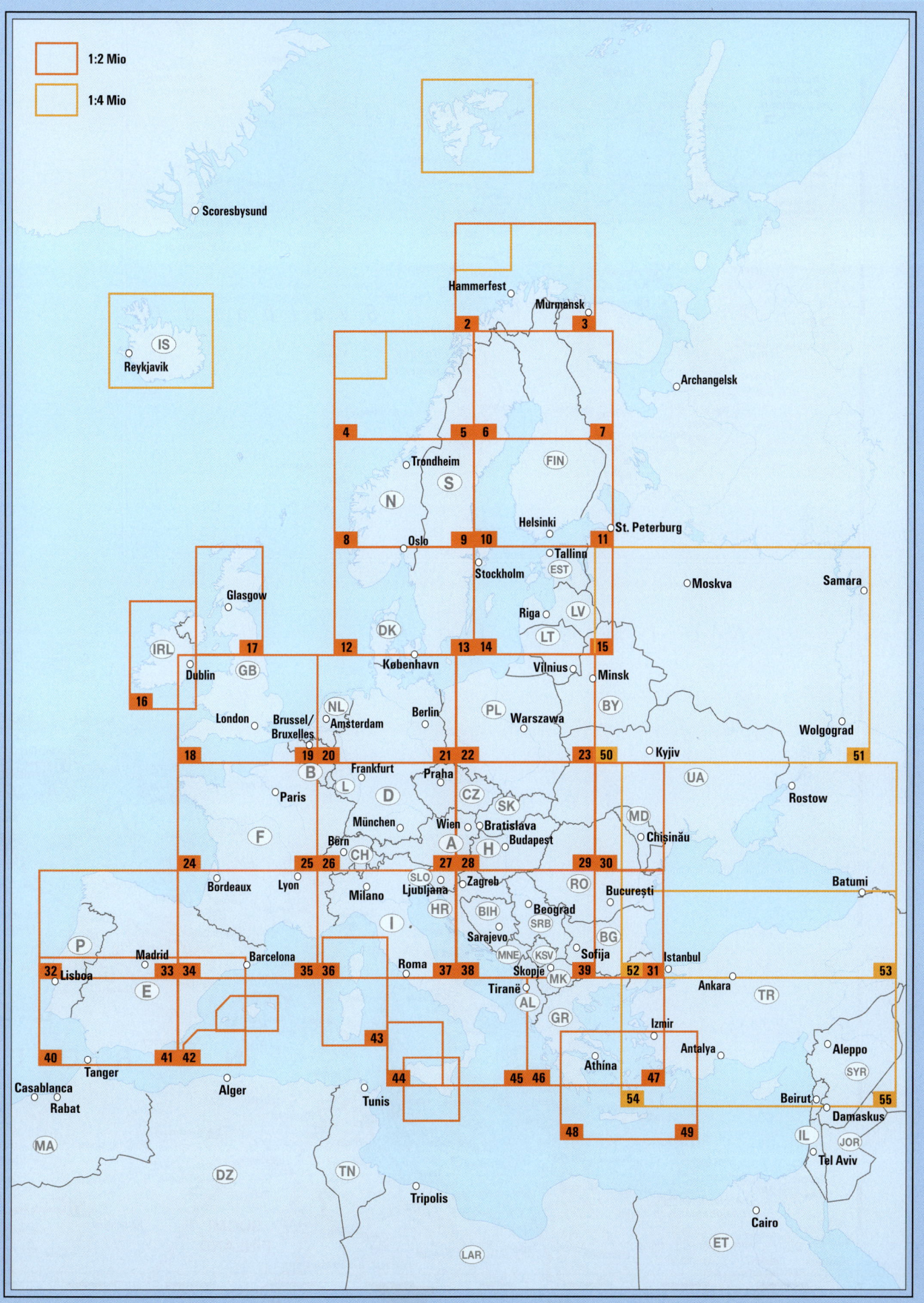

Setermoen 6 km
Narvik 95 km

Karasavvori 91 km
Muonio 179 km
Kiruna (S) 276 km

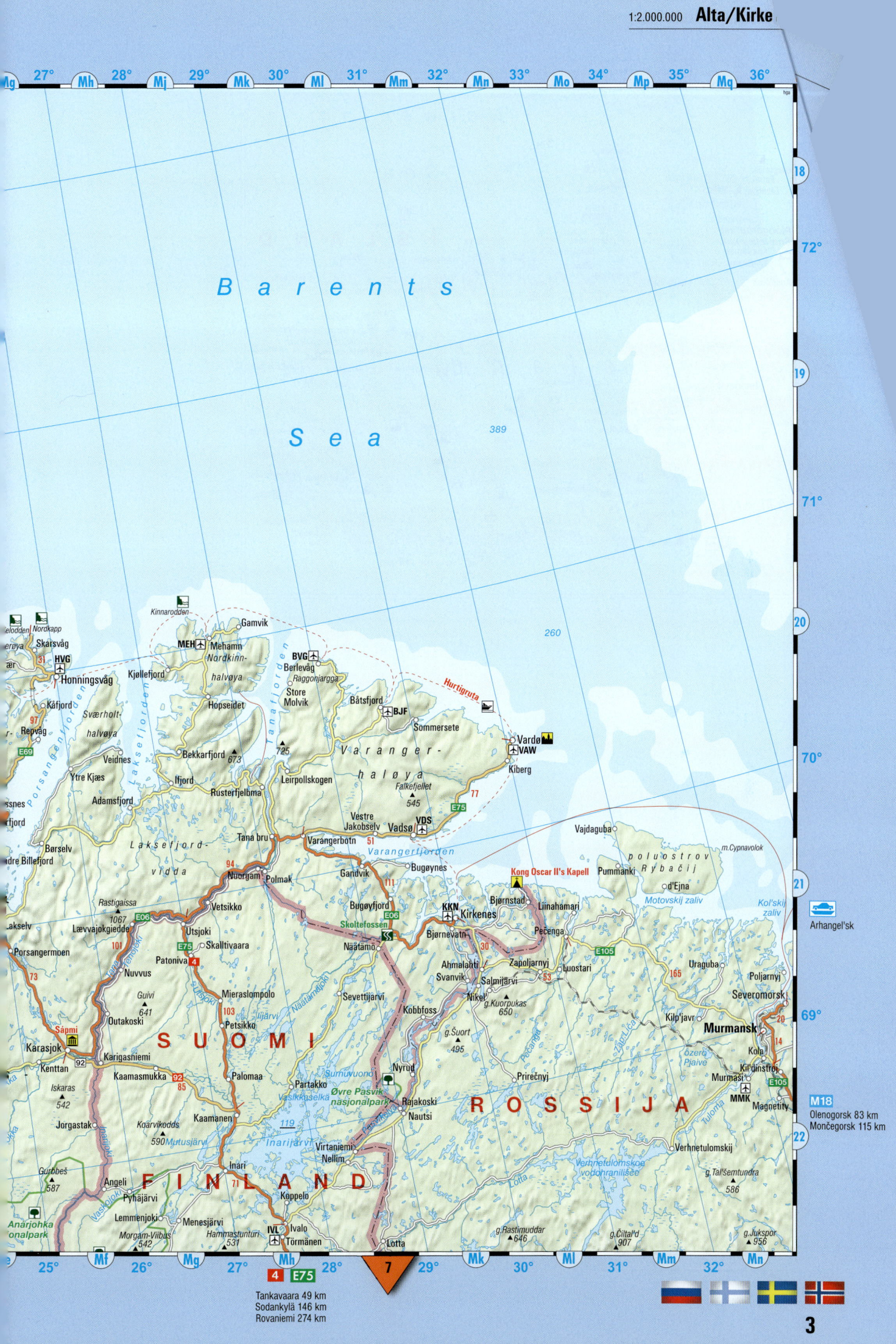

B a r e n t s

S e a

389

260

18

72°

19

71°

20

Kinnarodden

Nordkapp
elodden
erøya
Skarsvåg
ær
31
HVG
Honningsvåg
Kåfjord
97
Repvåg
E69
Veidnes
Ytre Kjæs
Adamsfjord
Børselv
dre Billefjord
fjord
ssnes

Gamvik
MEH Mehamn
Nordkinn-
halvøya
Kjøllefjord
Hopseidet
Bekkarfjord 673
Ifjord
Rusterfjelbma
Leirpollskogen
Tana bru
Varangerbotn

BVG
Berlevåg
Raggohjargga
Store
Molvik
Båtsfjord
725
V a r a n g e r -
h a l ø y a
Falkefjellet
545
Vestre
Jakobselv
Vadsø

Sommerset
BJF
Vardø
VAW
Kiberg
77
E75
VDS
51

Hurtigruta

Kong Oscar II's Kapell

Pummanki
Vajdaguba
p o l u o s t r o v
R y b a č i j
d'Ejna
Motovskij zaliv
m.Cypnavolok
Kol'skij
zaliv

21

Arhangel'sk

Sværholt-
halvøya

Lakseljord-
vidda
94
Nuorgam
Polmak

Varangerfjorden
Bugøynes
Gandvik
Bugøyfjord
E06
Skoltefossen
Näätämö

Rastigaissa
1067
E06
Vetsikko
Útsjoki
Skalltivaara
Patoniva 4

Lævvajokgieddе
Porsangermoen
73
Nuvvus
Guivi
641
Mierashompolo
103
Petsikko

Sevettijärvi

Kobbfoss

Bjørnstad
KKN
Kirkenes
Bjørnevatn
30
Ahmalahti
Svanvik
Salmijärvi
Nikel
g.Kuorpukas
650

Liinahamari
Pečenga
Zapoljarnyj
Luostari
53

g.Suort
495

Uraguba
165

Poljarnyj
Severomorsk

Kilp'javr
69°
Murmansk
Kola
20
14
Murmasi
Kil'dinstroj

E105

S U O M I

Sápmi
Karasjok
92
Kenttan
Iskaras
542
Jorgastak
Gúrbbes
587

Karigasniemi
Kaamasmukka
85
92
Palomaa
Kaamanen
Kôarvikodds
590 Mutusjärvi
119

Partakko
Surnuvuono
Övre Pasvik
nasjonalpark

Nyrud
Rajakoski
Nautsi
Virtaniemi
Nellim

Kobbfoss
Näätämöjoki

g.Kuorpukas

Prirečnyj

R O S S I J A

Pečanga
Verhnetulomskoe
vodohranilišče
Lotta
Verhnetulomskij
g.Tal'šemtundra
586

MMK
Magnetity

M18
Olenogorsk 83 km
Mončegorsk 115 km

22

F I N L A N D
Inari
71
Angeli
Pyhäjoki
Köppelo
Lemmenjoki
Menesjärvi
Morgam-Viibus
542
Hammastunturi
531
IVL
Ivalo
Törmänen
Lotta

Anárjohka
onalpark

Inarijärvi

g.Rastimuddar
646
g.Čiltal'd
907
g.Jukspor
956

24° Jh   24°   22° Jj   Jk   20°   Ka   18°   Kb   6° Lg   7° Lh   8°

Straumnes *Horn*

N o r w e g i a n

Bolungarvík
Ísafjörður
Pingeyri   IFJ   Unaðsdalur
Bildudalur   *Drangajökull*
Raudamýri

Breiðafjörður   Hólmavík

S e a

GRY   Grimsey

Í S L A N D   90

Drangsnes
Skagaströnd   Siglufjörður
Hofsós   SIJ   Ólafsfjörður   *Rifstangi*
Blönduós   Sauðárkrókur   Dalvík   Öxar-   Raufarhöfn
fjörður
SAK   Húsavík   Kópasker
Glaumbær   *Pistilfjörður*
245   Varmahlíð   Svalbarðseyri   Skinnastaður   Langanes
Akureyri   Ásbyrgi   Þórshöfn
AEY   Krafla   Þjóðgarðurinn
Mývatn   Jökulsárgljúfrum   Bakkaflói
818   Dettifoss
Reykjahlíð   Grímsstaðir   Bakkafjörður
Aldeyjarfoss   Vopna-
fjörður

64°   Vopnafjörður

64°   Fossvellir
Borgarfjörður
Egilsstaðir   EGS
Seyðisfjörður
270
Reyðarfjörður   Neskaupstaður

ATLANTIC   Snæfell
1833   Eskifjörður

OCEAN   Skaftafellsjökull   Breiðdalsvík
381   Djúpivogur
Papey

HFN   Höfn
130

1660

V ö r i n g   P l a t e a u

66°

N o r w e g i a n

65°

S e a

96
Halten Bank

64°

20   40   60   80 km   Le   5°   Lf   Lg   7°   Lh   8°   Lj   9°

8

4

Hurtigruta

NORGE

SVERIGE

Vesterålen

Hinnøya

Vesterålsfjorden

Moskenesøya

Hurtigruta

Rago nasjonalpark

Padjelanta nasjonalpark

Saltfjellet-Svartisen nasjonalpark

Børgefjell nasjonalpark

Hurtigruta (Trondheim)

Steinkjer 65 km
Stjørdal 146 km
Trondheim 181 km

Strömsund 106 km
Östersund 206 km

Dorotea 13 km
Strömsund 84 km
Östersund 184 km

Arjeplog 29 km
Arvidsjaur 114 km
Skellefteå 250 km

Sorsele 70 km
Arvidsjaur 153 km
Jokkmokk 311 km

Lycksele 93 km
Umeå 217 km

Abisko
Kiruna

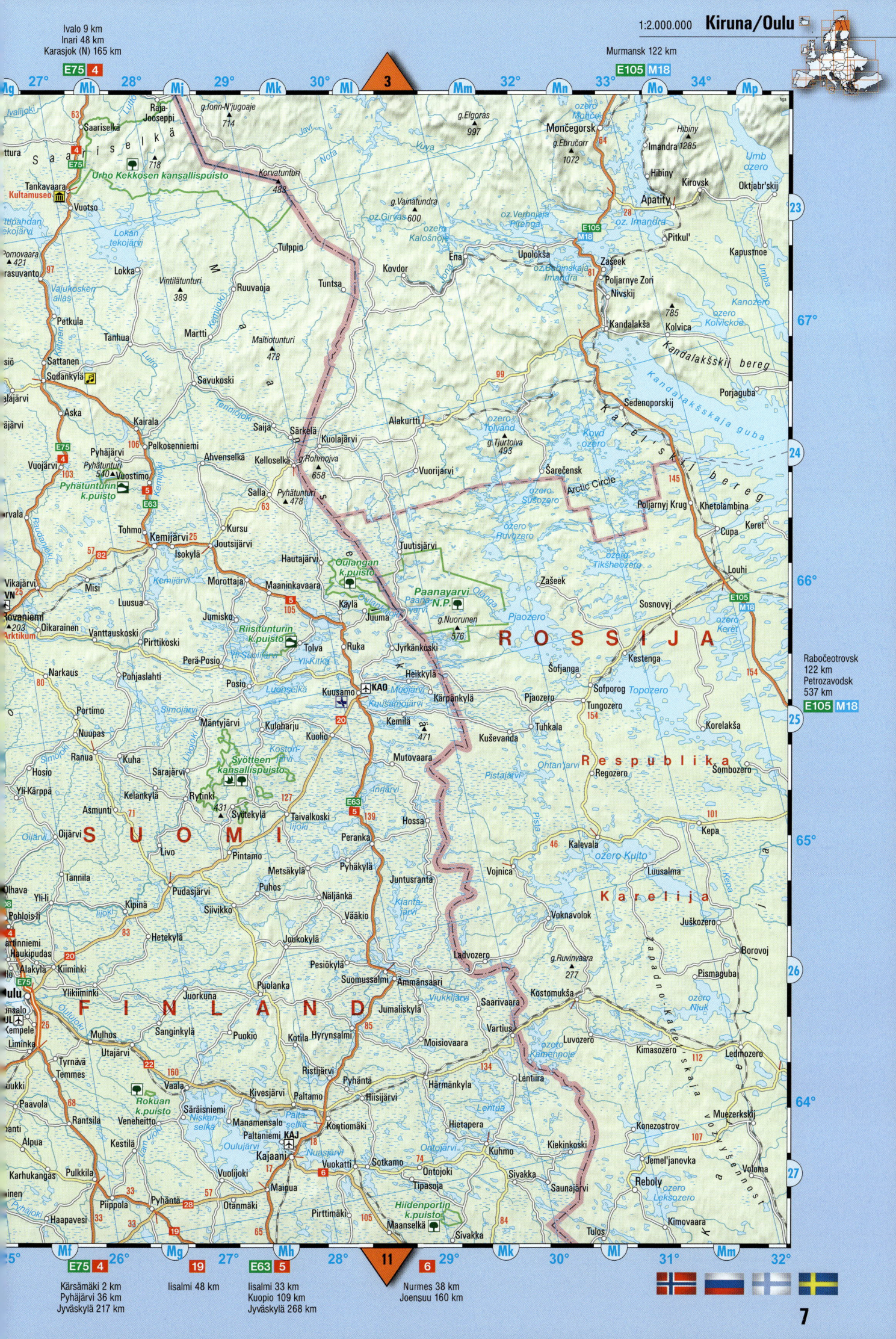

Ivalo 9 km
Inari 48 km
Karasjok (N) 165 km

Murmansk 122 km

Kärsämäki 2 km
Pyhäjärvi 36 km
Jyväskylä 217 km

Iisalmi 48 km

Iisalmi 33 km
Kuopio 109 km
Jyväskylä 268 km

Nurmes 38 km
Joensuu 160 km

Rabočeotrovsk
122 km
Petrozavodsk
537 km

7

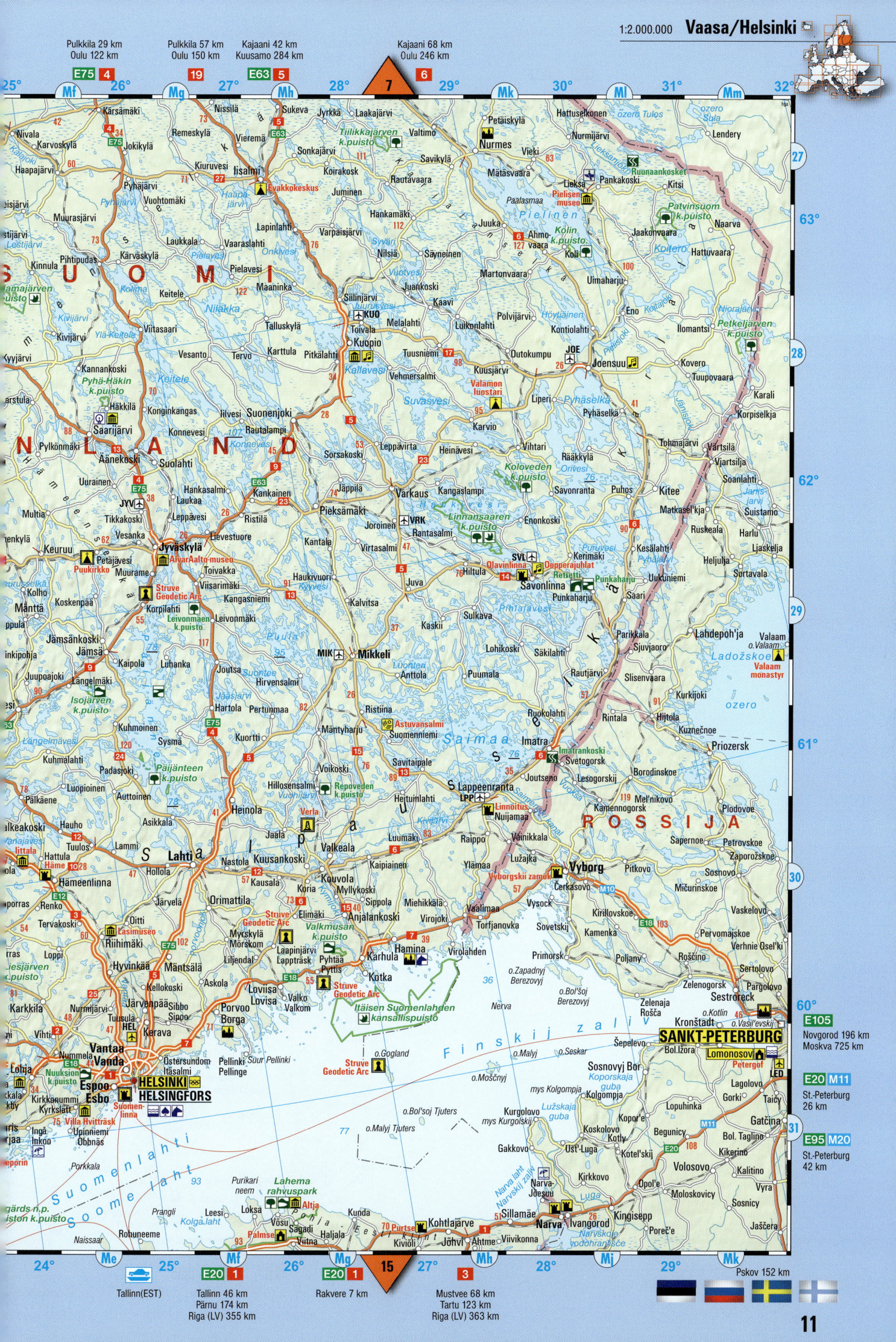

Skare 84 km
Drammen 367 km
Oslo 408 km

Skare 23 km
Voss 158 km
Bergen 258 km

Haukeligrend 18 km
Skare 96 km
Haugesund 213 km

Geilo 149 km
Oslo 3

Bergen

Bergen 118 km

Haukeligrend
6 km

E39 E134 13 8 9 E134 40

Le Lf Lg Lh Lj Lk

4° 5° 6° 7° 8° 9° 10°

31 Haugesund
HAU
Avaldsnes
Utsira
Vikedal
Sand
Marvik
Snøhuten
1606
Hovden
Åmot
Totak
Granherad
Saggrenda
Heddal
stavkirke
Kongsberg
Jazzfestival
Skollenborg
Mjøndalen
Dra
me
Åkrahamn
Karmøy
Kopervik
Nedstrand
Jelsa
Nesvik
Ombo
Totlandsvik
Bykle
1521
Dalen
Seljord
Heddal
Notodden
E134
93
Hof
Hvittingfoss
Skudeneshavn
Bokn
Arsvågen
Hjelmeland
Blåsjøen
Valle
Kviteseid
Bø
Gvarv
Lunde
Ulefoss
Nordagutu
Svarstad
Holmestr
85

59° Utstein Kloster
Norsk oljemuseum
Stavanger
Sola SVG
Finnøy
Vikevåg
Rennesøy
Kvitsøy
Tau
Jørpeland
Preikestolen
1434
Valle
Nisser
Fyrdal
Vrådal
Fyresdal
Nissedal
NORGE
Vrangfoss
sluser
Gvarv
Norsje
Siljan
Skien
Porsgrunn
Kvelde
Tønsb

Riska
Sandnes
Ålgård
Oltedal
Byrkjedal
Sinnes
Austad
Ose
76
Tveitsund
Neslandsvatn
Drangedal
Gjerstad
Stathelle
E18
Langesund
Nevlunghavn
TRF
Sønefjord
Sandøys
Larvik
Staver

Kleppe
Bryne
Nærbø
50
Varhaug
Vigrestad
Sirevåg
Helle-
land
Heskestad
42
Risnes
971
Åseral
Byglandsfjord
Åkernes
9
Dølemo
Åmli
Vegårshei
80
Nelaug
49
Søndeled
Levang
Risør
Lyngør
Tvedestrand

Eigerøya
Egersund
Moi
Sira
12
88
Hauge
Kvinlog
129
Eiken
Hornnes
Iveland
Herefoss
Blakstad
42
Rykene
Eydehavn
Tromøya
Arendal

Flekkefjord
Liknes
Feda
Birkeland
Kønsmo
Hægeland
9
64
Birkeland
Fevik
Grimstad

58° Hidra
Listafjorden
Alleen
Lyngdal
Øyslebø
Mosby
Vennesla
KRS
E18
Høvåg
Lillesand

Borhaug
Farsund
Nodeland
Vigeland
105
Kristiansand
Christiansholm
Flekkerøy

Lindesnes
Lindesnes
Mandal
Farestad
Skjernøy

463

Tórshavn
Seyðisfjörður (IS)

33 81
Hirtshals
Tannis Bugt
Skagens mu
Ålbæk
Stra

Hjørring
Sindal

Fårup
Sommerland
Vrå
Gærum
Frederiksha

Blokhus
Pandrup
60
Brønderslev
Saeb

57° Hanstholm
Klitmøller
Nors
TED
Fjerritslev
97
Brovst
Aabybro
Løgstør
Nibe
AAL Vodskov
Lindholm Høje
Aalborg
Storvorde
E45
58
Hals

Nørre Vorupør
Thisted
Lim-
fjorden
Støvring
Dronning
34

Snedsted
Sundby 88
Fur
Nykøbing M
Selde
Farsø
Np Rebild
Bakker
46
Arden
Hadsund
Als
Øster Hu

Agger
Hurup
99
Mors
Aars
Skørping
13
Hobro
Mariager
Manger Fjord
Bu

Thyborøn
Ydby Hede
Balling
Aalestrup
Spøttrup
Skive
44
Fyrkat
Spentrup
Holbæk
Fjel

Lemvig
Bovbjerg Fyr
Vinderup
Hjerl Hede
Støvring
Viborg
Døm
Randers
Langå
Djurs
Assentoft
Auning
Djurs Somme
Hornslet

Thorsminde
Struer
Vemb
16
56
Bjerringbro
Hadsten
48
Hammel
Den gamle By
Lystrup
Ebel

56° Sønder Nissum
Holstebro
Ulfborg
11
Aulum
KRP
Karup
Kjellerup
Silkeborg
15
By
Framlev
Lisbjerg
Aarhus

Søndervig
Videbæk
Herning
103
Ikast
Virklund
Himmelbjerget
147
Hørning
Århus
Bugt

Hvide Sande
Ringkøbing
Ringkøbing
Fjord
Kibæk
Lind
DANM
171
Brædstrup
Ejer Bavnehøj
Skanderborg
Odder
Samsø

Skjern
Tarm
Brande
Sønder Omme
Give
Tørring
62
Horsens
Hov
Endelave

Nørre Nebel
78
Ølgod
Grindsted
Jelling
E45
Løsning
Hedensted
Brundby

35 Varde
Oksbøl
BLL
Legoland
Runesten
Vejle
Vorbasse
Ødsted
Juelsminde
Fyn
Hove

Blåvands Huk
Blåvand
Fanø
Esbjerg
EBJ
Tjæreborg
E20
Agerbæk
Bramming
Vejen
Vamdrup
Koldinghus
Kolding
68
Fredericia
Egtved
Lunder
skov
Middelfart
Sønderso
Otterup

Nordby
Fanø
Ribe
Gram
11
65
Gabøl
Vejens
Haderslev
Christiansfeld
N. Aaby
E20
Aarup
131
Odense
18

Nationalpark Vadehavet
Fanø Bugt

55°

Lh Lj Lk Li
8 20

20 40 60 80 km

7° 8° 9° E45 10°

Harwich (GB)

Tønder 33 km
Husum (D) 84 km
Hamburg (D) 207 km

Flensburg (D) 51 km
Kiel (D) 147 km
Hamburg (D) 209 km

Kværndrup 25
Faaborg 47
Spodsbjerg 89 k

12

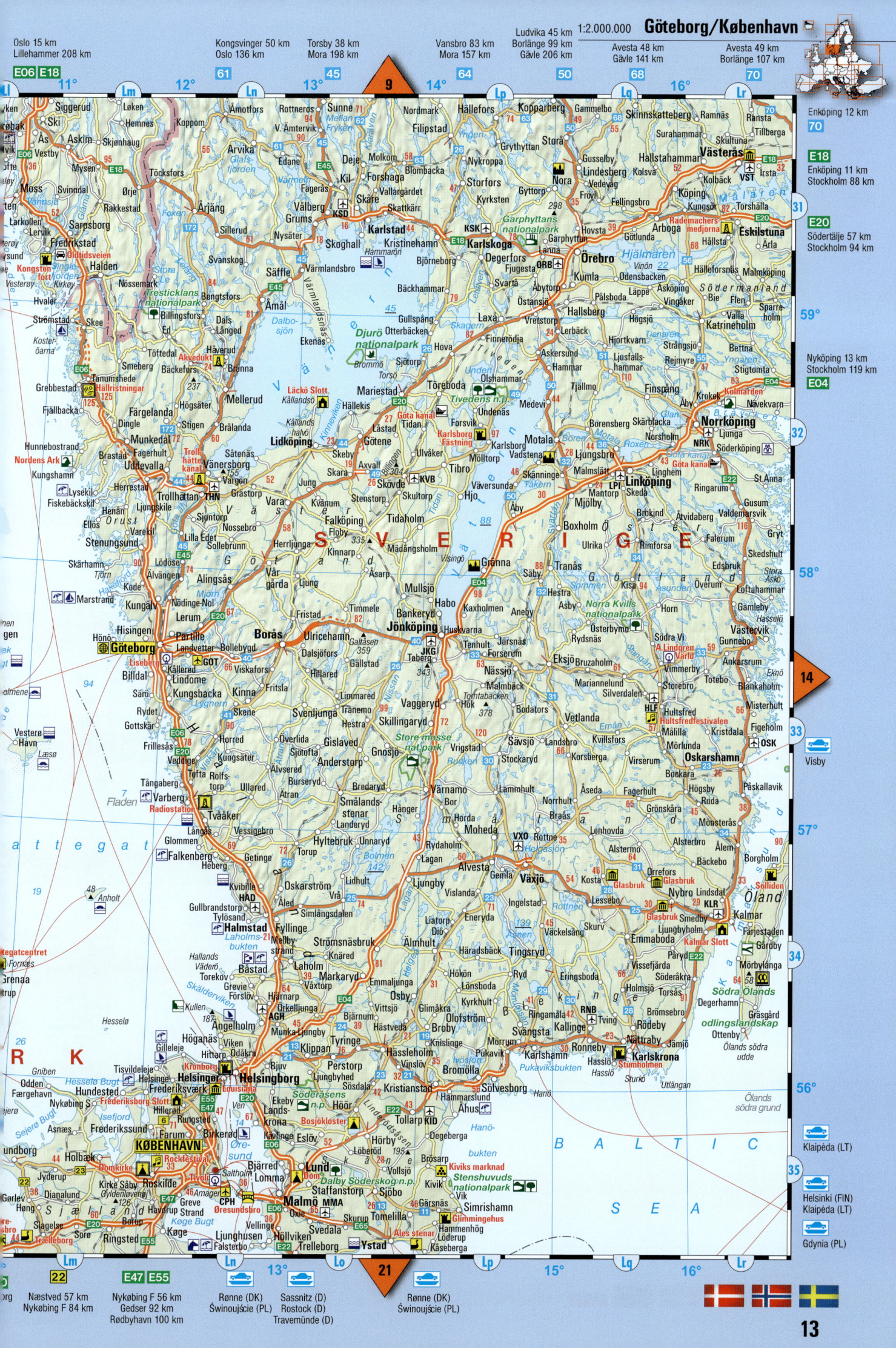

12° 11° 10° 9° 8°
Kj Kk Kl Km Kn

36°
54°
37°
53°
38°
53°
38°
51°
40°

A T L A N T I C

O C E A N

88
97

Tory Island
Inishtrahull
Inishtrahull Sound
Bloody Foreland
Tory Sound
Malin Head
Brinlack
Dunfanaghy
Portsalon
Carndonagh
Aran Island CFN
Dunglow
Glenveagh N.P.
Errigal 752
Buncrana
615
Inishowen
Gweebarra Bay
Letterkenny
Bridge End
LDY
Limavady
Coleraine 13 miles
Belfast 66 miles
Folk Village Museum
Rossan Point
Fintown
Grianan of Aileach
51
37
55°
Glencolumbkille
Ardara
Glenties
11
Londonderry (Derry)
Giant's
E16 1
Killybegs
Donegal
Blue Stack Mts. 676
Ballybofey 15
Lifford
Strabane
Dungiven
52
43
E16 6
Antrim 20 miles
Belfast 39 miles
Slieve League
23
Sperrin Mts. 678
Aughnacloy
M1
Benwee Head
Erris Head
Belmullet
Killala Bay
Ballycastle
Céide Fields
Bundoran 64
Ballyshannon
Newtownstewart
Omagh
Moneymore
Cookstown
Armagh
E18 M1
Lisburn 20 miles
Belfast 30 miles
Mullet Peninsula
Bangor
L. Melvin
Drumcliff
Kesh
Enniskillen
Ballygawley
Dungannon
43
Achill Head
Keel
Achill Island
Mallaranny
Ballycroy N.P.
SXL
Sligo
Manorhamilton
16
Bélcoo
13
Castle Coole
Maguiresbridge
Lisnaskea
Monaghan
Clones
Castleblayney
E01
E01 1
Newry 24 miles
Belfast 34 miles
Clare Island
Inishturk
Inishbofin
Nephin Beg Range
Nephin 806
Castlebar 56
Foxford
Swinford
NOC
Charlestown
Tobercurry
17
45
Ballysadare
Dowra
Boyle
92
Carrick-on-Shannon
Cavan
Cootehill
Carrickmacross
16
M73
Louisburgh
Mweelrea 817
Lough Mask
Westport
5
Leenane
Claremorris
Ballaghaderreen
Lough Allen
Belturbet
L. Oughter
Dundalk
Ardee
54°
Clifden
Connemara N.P.
Slyne Head
Clifden Castle
Connemara
Recess
Maam Cross
Kilmaine
Tuam
Ballyhaunis
Castlerea
Tulsk
80
L. Gowna
Granard
L. Sheelin
Kells
Clogherhead
Slane
Drogheda
IRELAND
ÉIRE
Gorumna Island
Oughterard
98
Roscommon
Longford
Edgeworthstown
Castlepollard
Delvin
Navan
Trim
Gormanston
Inishmore
Dun Aengus Fort
Aran Islands
Spiddle
Black Head
GWY
Oranmore
Galway
Kilcolgan
Mount Bellew
Ballymahon
L. Owel
Mullingar
Kinnegad
Dunshaughlin
Balbriggan
Skerries
Malahide Castle
Inishmaan
Inisheer
Ballyvaughan
Kinvarre
Ballinasloe
Athlone
Moate
L. Ennel
Killbeggan
Innfield
Maynooth
Fairyhouse Racetrack
Lisdoonvarna
Poulnabrone Dolmen
Loughrea
Clonmacnoise
Tullamore
Grand Canal
Dublin/Baile Átha Cliath
Howth
Cliffs of Moher
Burren N.P.
Lahinch
Gort
Portumna
Cloghan
Birr
Port Laoise
Edenderry
Curragh Racetrack
Kildare
M50
Dún Laoghaire
Dublin Bay
37°
Liscannor Bay
Milltown Malbay
Ennistimon
18 105
Ennis
Scarriff
Borrisokane
Slieve Bloom Mts.
526
Mountmellick
E20
Newbridge
Naas
Hollywood
Enniskerry
Glendalough
Bray
Greystones
Douglas (GB)
Holyhead (GB)
Kilkee
Loop Head
Kilbaha
Kilrush
Killimer
Mouth of the Shannon
Kerry Head
SNN
Shannon
Bunratty Castle
Nenagh
Roscrea
Templemore
Silvermine Mts.
693
Abbeyleix
Durrow
E20
Athy
Wicklow Mts. N.P.
924
Laragh
Rathnew
Wicklow
53°
Brandon Head
Brandon Bay
950
Tralee Bay
Tralee
21
Siamsa Tire
108
Camp
Castleisland
Abbeyfeale
Newcastle West
Patrickswell
Adare
Askeaton
Foynes
Tarbert
Ballybunnion
Listowel
Limerick
King John's Castle
24
Milestone
Thurles
Horse & Jockey
63
Urlingford
Rock of Cashel
Kilkenny
9
Tullow
Carnew
Gorey
Wicklow Head
Arklow
53°
Blasket Islands
Gallarus Oratory
Sled Head
Dunbeg Fort
Dingle
Anascaul
Killorglin
Glenbeigh
KFF
Farranfore
Killarney
Kanturk
Charleville
Knocklong
Tipperary
919
Galty Mts.
Caher
Cashel
Callan
Fethard
Clonmel
Gowran Park
Graiguenamanagh
Mt. Leinster 793
Bunclody
47
Carnew
Valentia I.
Bray Head
Cahersiveen
Ring of Kerry
Carrauntoohil 1038
Muckross
837
Rathmore
Mallow
Mitchelstown
77
Fermoy
Lismore
Carrick-on-Suir
New Ross
23
30
Enniscorthy
21
Cahore Point
Waterville
Skellig Michael
Caherdaniel
Iveragh
Killarney N.P.
Kenmare
Sneem
Glengarriff
22
Macroom
Blarney Castle
Blarney
87
Lee
Cork/Corcaigh
Waterford
WAT
Arthurstown
Wexford
Wexford Harbour
Rosslare
38°
Dursey Island
Castletownbere
Bear Island
Bantry Bay
Bantry
Ballydehob
Mizen Head
Crookhaven
Roaringwater Bay
Cape Clear
Drombeg Circle
Galley Head
Clonakilty
Skibbereen
Kinsale
Charles Fort
Old Head of Kinsale
Fota Wildlife Park
Bandon
ORK
Cobh
Ringaskiddy
Cork Harb.
Midleton
25
Youghal
Youghal Bay
E30
Dungarvan
Tramore
Mine Head
Waterford Harbour
Hook Head
Kilmore Quay
Saltee Islands
Carnsore Point
19
Rosslare Harbour
Fishguard (GB)
St. David's Head
St. David's
Ramsey Island
St. David's
St. Bride's Bay
St. George's Channel
52°
51°
87
Nymphe Bank
99
Pembrokeshire Coast National Park
Pembroke (GB)
115
39°

C e l t i c   S e a

20 40 60 80 km

Kn 7° Ko 6° Kp 5°

Roscoff (F)
Roscoff (F) Cherbourg (F)
Swansea (GB)

17

16

21

Helsinki (FIN), Tallinn (EST) Klaipėda (LT), Liepāja (LV) Karlskrona (S) Nynäshamn (S)

Lq 16° Lr 17° Ls 18° **14** Lt 19° Lu 20° Ma

B A L T I C   S E A

35°
55°
Kiel (D)
Travemünde (D)
Rostock (D)
Sassnitz (D)
36°
54°
6 E28
Szczecin 66 km
Świnoujście 104 km
Berlin (D) 203 km
37°
Szczecin 39 km
Świnoujście 117 km
Berlin (D) 184 km
10
21
53°
Szczecin 115 km
Świnoujście 197 km
3
22
Kostrzyn 60 km
Berlin (D) 143 km
38°
2 E30
Słubice 49 km
Frankfurt (O.)
(D) 55 km
Berlin (D) 153 km
52°
Żary 8 km
Cottbus (D) 60 km
Berlin (D) 181 km
12
A18 E36
Żary 26 km
Cottbus (D) 63 km
Berlin (D) 185 km
39°
4 E40
Görlitz (D) 13 km
Bautzen (D) 46 km
Dresden (D) 102 km
51°
40°

Ls 17° Lt **28** Lu 19° Lu 20° Ma

8 E40 A4 **11** E75 **1** E77
Kłodzko 46 km   Katowice 94 km   Tarnowskie Góry 40 km   Katowice 80 km   Jedrzejów 10
Praha (CZ) 182 km   Kraków 171 km   Kraków 165 km   Katowice 69 km   Kraków 85

Gdańsk · Gdynia · Sopot · Słupsk · Koszalin · Kołobrzeg · Olsztyn · Elbląg · Malbork · Grudziądz · Toruń · Bydgoszcz · Włocławek · Płock · Poznań · Gniezno · Konin · Kalisz · Łódź · Zielona Góra · Gorzów Wielkopolski · Legnica · Wrocław · Częstochowa · Kaliningrad

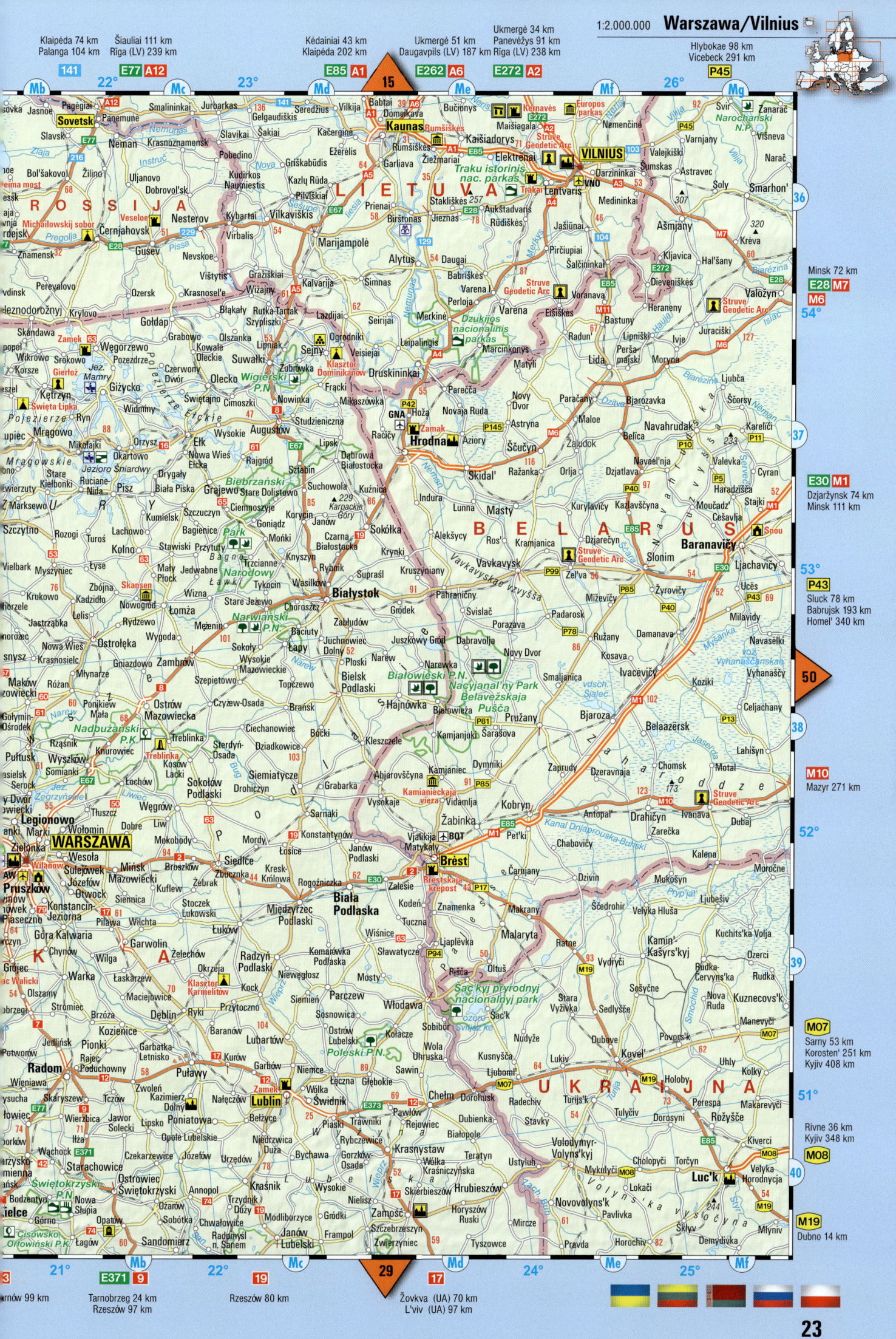

ATLANTIC

OCEAN

PORTUGAL

| 20 | 40 | 60 | 80 km |

A-13	114	40	E802 IP2	7°	523	E803 630
Grândola 57 km	Montemor-o-novo 18 km		Évora 59 km		Badajoz 47 km	Mérida 46 km
Faro 232 km	Faro 238 km		Lisboa 177 km		Évora (P) 151 km	Sevilla 240 km
Sevilla (E) 436 km					Lisboa (P) 269 km	Cádiz 345 km

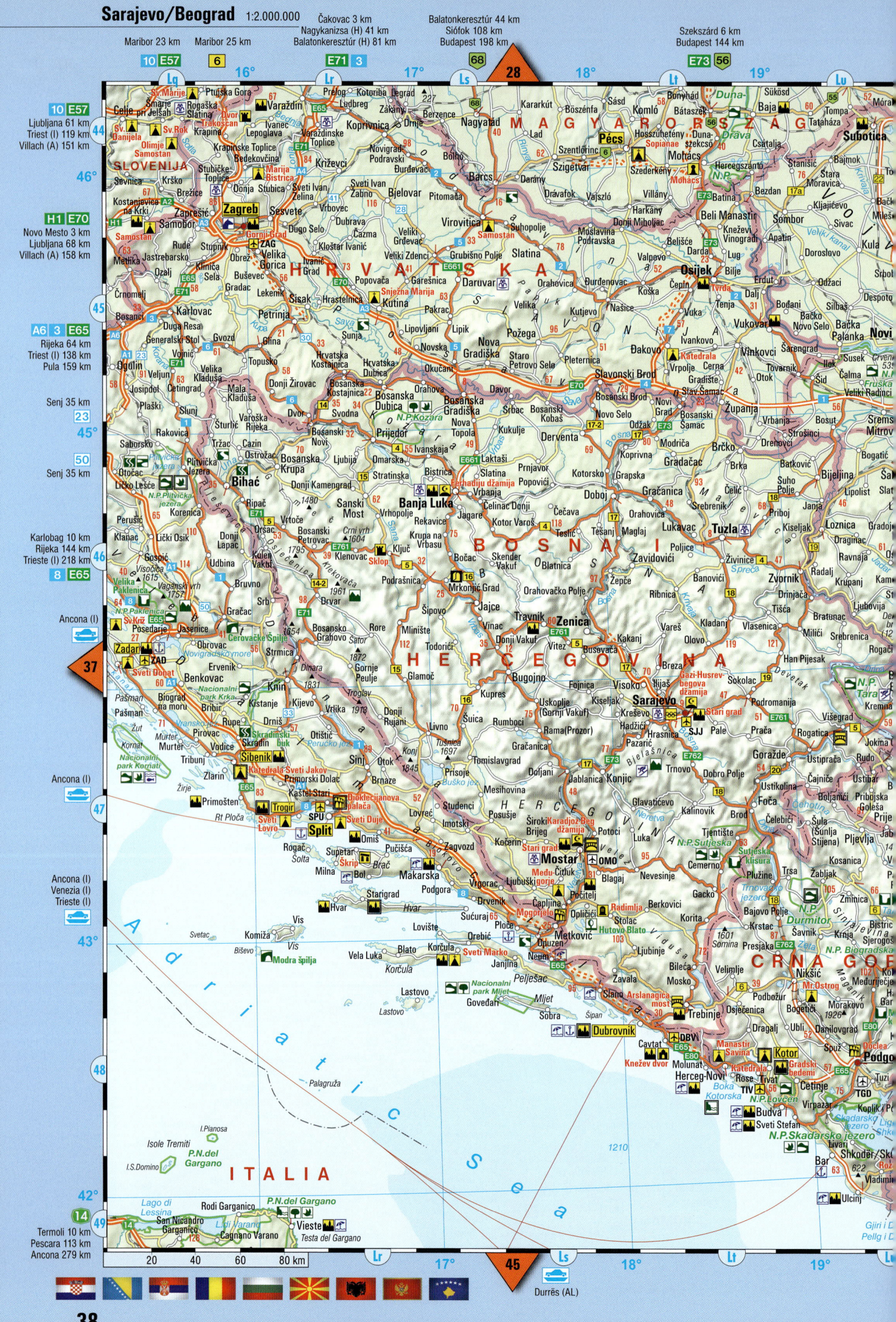

Caldas da Reinha 5 km
Coimbra 136 km
Porto 249 km

Leiria 45 km
Coimbra 103 km
Porto 216 km

Pontão 38 km
Coimbra 87 km
Porto 200 km

Pontão 85 km
Coimbra 134 km
Porto 247 km

Covilhã 61 km
Guarda 104 km
Bragança 304 km

IC1   E80 A-1   110   32   241   E802 IP2

ATLANTIC

OCEAN

Baia de Setúbal

Golfo de Cádiz

PORTUGAL

P.N. de Sintra-Cascais
LISBOA
P.N. da Arrábida

Évora

Badajoz
Mérida

Sevilla

Cádiz

Gibraltar(UK)

(Tanger) Tanjah

MAROC

Ceuta (E) (Sebta)

Tetouan

Islas Canarias

20 40 60 80 km

València/Palma de Mallorca 1:2.000.000

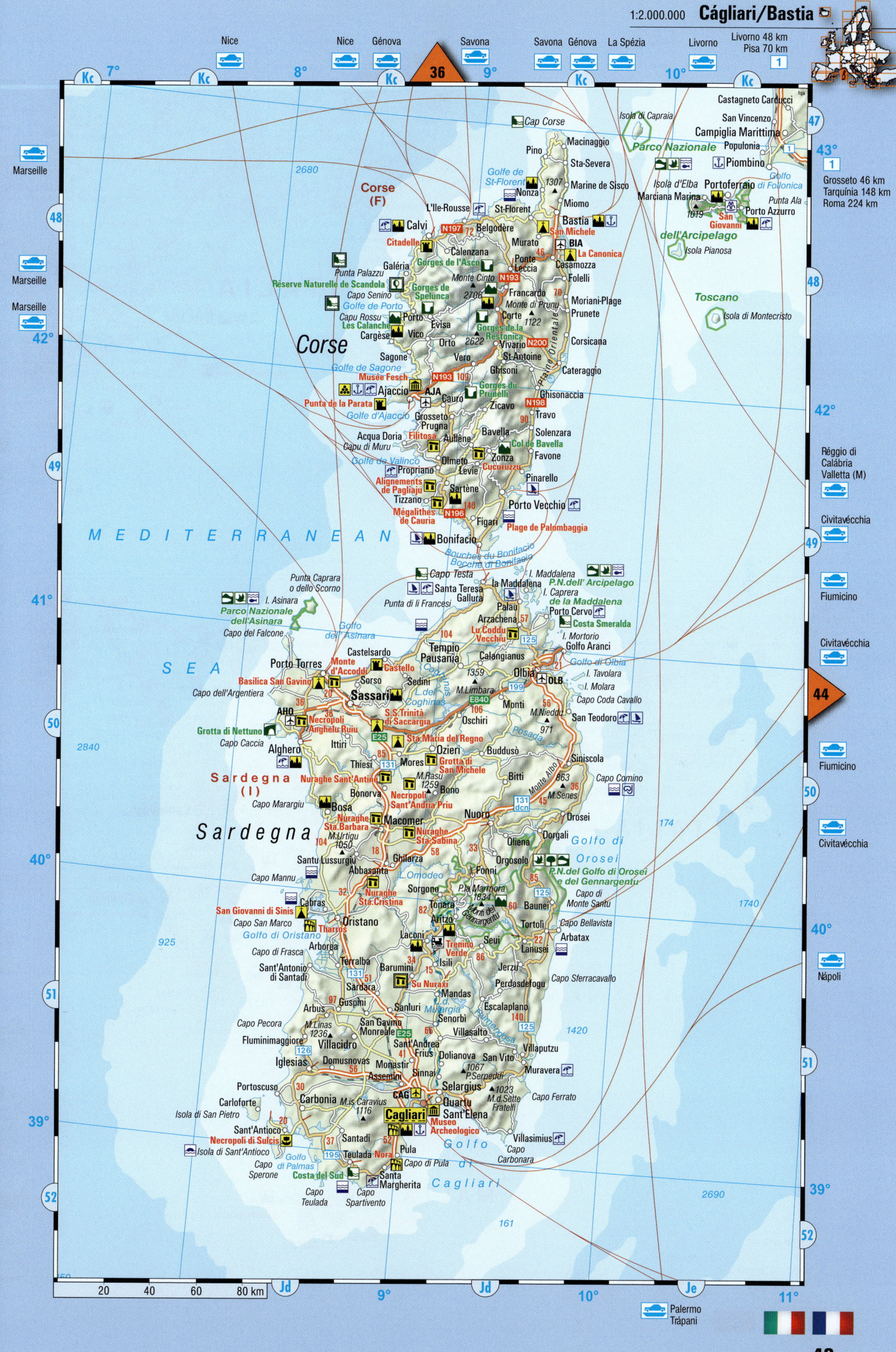

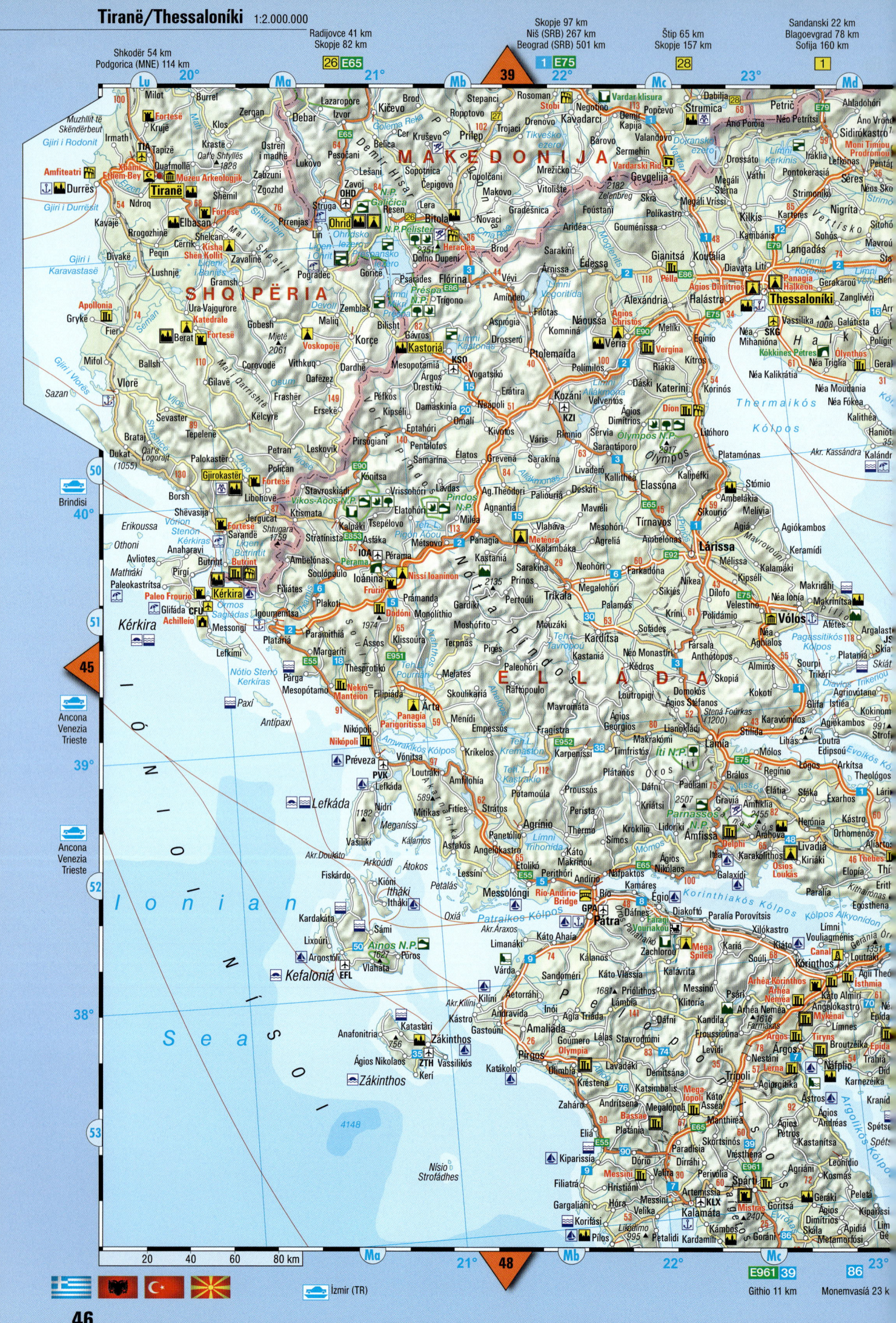

Lárissa 69 km
Thessaloníki 216 km
E65 3

Vólos 29 km
Lárissa 72 km
Thessaloníki 219 km
E75 1
Vólos

Skópelos

Lésvos

Ágios Efstrátios
Thessaloníki

Thessaloníki
Alexandroupoli
Limnos

46

Amfilohía 52 km
Préveza 99 km
Igoumenítsa 190 km
5 E55

Ancona (I)
Kérkira
Sámi

Ancona (I)
Venézia (I)
Trieste (I)

Kostroma 71 km
Jaroslavl' 147 km
Vologda 342 km

Čeboksary 62 km
Novočeboksarsk 82 km
Kazan' 228 km

Čeboksary 48 km
Novočeboksarsk 68 km
Kazan' 178 km

1:4.000.000   **Moskva/Minsk**

A113   42°   Na   44°   Nc   46°   M7   A151   48°   Ne   50°   Nf

Kurmanov   Rodniki   Gorodec   108   Mal.Čuraševo   Kanaš   Kamskoe Ust'e   Bazarnye   Mamykovo   18°
Ivanovo   Paleh   118   Zavolž'e   80   Vorotynec   85   Čiteevo   100   Apastovo   Bulgar   Mataki   Nürlat   54°
Kohma   Juža   GO   Petscherskij   Lyskovo   83   Vurnary   Čavs   Buinsk   Bol.Kandala   Star.Ivanovka
Šuja   Volodarsk   monastyr   Knjažiha   Šumerlja   Batyrevo   Čil'na   Čerdakly   82   Elhovka   Dimitrovgrad
Zolotoe koltso   Dzeržinsk   Bol.Muraškino   Sergač   134   Star.Sajmyrzino   Uljanovsk   Novoouljanovsk   Musorka   192

NIZNIJ NOVGOROD

Transsib   Kovrov   Vjazniki   Vorsma   Pavlovo   Perevoz   Gagino   Bol.Ignatovo   Alatyr'   Astradamovka   (Simbirsk)   Chr'aščevka   60   E30   M5
Kideksa   105   Bogorodsk   141   Rožok   Sačenova   270   107   Tol'jatti   E30   Samara 50 km
Žerkov pokrova na Nerli   Pavlovskoe   Filinskoe   Sakony   Lukojanov   Užovka   Kemlja   Korčevka   Šingilej   Oral 285 km
Vladimir   Kr.Gorbatka   Malyševo   Arzamas   153   Pervomajsk   Atjaševo   110   Karsun   Stepnoe   Teren'ga   100   Samarskaya Luka N.P.
Murom   Kulebaki   Ardatov   Komsomol'skij   Matjunico   Šigony   M5   Oktjabr'sk   19°
Gus'-Hrustal'nyj   Troickij   Vyksa   Gluhove   Pervomajsk   Vertelim   Novotroickoe   Baryš   Star.Račejka   Syzran'   Bezenčuk   52°

Mordovskaja Respublika   Saransk   Inza   Nikol'sk   Kočkarlej   147   Novokašpirskij   Hvorostjanka
Kovylkino   Ruzaevka   143   Ozerki   Nikolaevka   Duhovnickoe   174   Pugačev
Rjazan'   Zubova Poljana   Insar   Lunino   Gorodišče   123   E30   Pavlovka   180   Bol.Ozerki   Šihany   Vol'sk   Balakovo
Niž.Lomov   176   Kamenka   Penza   Russkij   Kameškir   Bazarnyj   Karabulak   155   Podlesnoe   280   20°

ROSSIJSKAJA   Tambov   Saratov   Pokrovsk   Krasnyj Kut   Volgograd

Mj   P19   38°   E40 MO4   Mk   E50 MO3   40°   E40 M4   53   Na   42°   Nb   44°   Nc
36°

Donéc'k 84 km
Maryupol' 204 km

Donéc'k 76 km
Maryupol' 196 km

163 Rostov-na-Donu 91 km
Maryupol' (UA) 261 km
Krasnodar 365 km

51

Slovjans'k 43 km
Charkiv 178 km
Moskva (RUS)
928 km

Kamensk-Sahinskij 40 km
Volgograd 429 km
Moskva 991 km

1:4.000.000   **Odesa/Rostov-na-Donu**

Astrakhan 124 km

P19 38° E40 MO4   40° E40 M4   42° 51 Nb   44° Nc   46° Nd

46°

DOK Débal'ceve   Antracyt Sverdlovs'k   Gukovo   Konstantinovsk   Čilgar   Ulan Érge   A154
Orlivka 85 Jenakijeve   Krasnyj   Šahty Semikarakorsk   Zimovniki   78   Jaškul'
Makijivka   Luč Novošahtinsk   Novočerkassk   Majorskij   180   Remontnoe   Elista   K a l m y k i j a
DONEC'K   Matveev   Novočerkassk   Stanica Veselovskaja   Orlovskij   93   Čograjskoe vdhr.   Komsomolskij
Dokučajevs'k   Kurgan ROSTOV-   Bagaevskaja Proletarsk   Prijutnoe   Adyk
Novoazovs'k   NA-DONU   Aksaj Batajsk   Zernograd Gigant Sal'sk   Solënoe   Južnyj   oz. Dadynskoe
Mariupol'   Azov ROV   Kugej   Celina Sandata Gorodovikovsk Ipatovo   Arzgir   223 70   Turksad   23

R O S S I J A

Mh   805   36° 260   Mj   850   Mk   300   885 40°   360   Diyarbakır 106 km

Kayseri 90 km   Kayseri 95 km   Gürün 39 km   Malatya 100 km   Diyarbakır 59 km
Konya 367 km   Konya 373 km   Malatya 187 km   Gaziantep 352 km   Hasakeh
                                                  Adana 491 km   (SYR) 286 km

53

Legende/Legend/Légende/Legenda

Herausragende Sehenswürdigkeiten
Significant points of interest

Deutsch		Français/Nederlands
Autoroute / Road routes		Route / Autoroute
Bahnstrecke / Rail routes		Ligne ferroviaire / Spoorwegtraject
Hochgeschwindigkeitszug / Highspeed train		Train à Grande Vitesse / Hogesnelheidstrein
Schiffsroute / Shipping routes		Itinéraire en bateau / Scheepsroute
UNESCO-Weltnaturerbe / UNESCO-World Natural Heritage		Patrimoine naturel de l'UNESCO / UNESCO-wereldnatuurerfgoed
Gebirgslandschaft / Mountain landscape		Paysage de montagne / Berglandschap
Felslandschaft / Rock landscape		Paysage rocheux / Rotslandschap
Schlucht/Canyon / Ravine/canyon		Gorge/canyon / Kloof/canyon
Vulkan, erloschen / Extinct volcano		Volcan éteint / Dode vulkaan
Vulkan, aktiv / Active volcano		Volcan en activité / Actieve vulkaan
Geysir / Geyser		Geyser / Geiser
Höhle / Cave		Grotte / Grotten
Gletscher / Glacier		Glacier / Gletsjer
Flusslandschaft / River landscape		Paysage fluvial / Rivierlandschap
Wasserfall/Stromschnelle / Waterfall/rapids		Chute d'eau/rapide / Waterval/stroomversnelling
Seenlandschaft / Lake country		Paysage de lacs / Merenlandschap
Wüstenlandschaft / Desert area		Désert / Woestijnlandschap
Nationalpark (Landschaft) / National park (landscape)		Parc national (paysage) / Nationaal park (landschap)
Nationalpark (Flora) / National park (flora)		Parc national (flore) / Nationaal park (flora)
Nationalpark (Fauna) / National park (fauna)		Parc national (faune) / Nationaal park (fauna)
Nationalpark (Kultur) / National park (cultur)		Parc national (site culturel) / Nationaal park (cultuur)
Naturpark / Nature park		Parc naturel / Natuurpark
Biosphärenreservat / Biosphere reserve		Réserve de biosphère / Biosfeerreservaat
Küstenlandschaft / Coastel landscape		Paysage côtier / Kustlandschap
Fossilienstätte / Fossil site		Site fossile / Fossielenvindplaats
Zoo/Safaripark / Zoo/safari park		Zoo/parc safari / Dierentuin/safaripark
Wildreservat / Wildlife reserve		Réserve animale / Wildreservaat
Whale watching / Whale watching		Observation de baleines / Whale watching
Schutzgebiet für Seelöwen/Seehunde / Protected area for sealions/seals		Réserve naturelle d'otaries/de phoques / Beschermd gebied voor zeeleeuwen/-honden
Insel / Island		Île / Eiland
Strand / Beach		Plage / Strand
Unterwasserreservat / Underwater reserve		Réserve sous-marine / Onderwaterreservaat
UNESCO-Weltkulturerbe / UNESCO-World Cultural Heritage		Patrimoine culturel de l'UNESCO / UNESCO-wereldcultuurerfgoed
Vor- und Frühgeschichte / Pre- and early history		Préhistoire et protohistoire / Prehistorische en vroegste geschiedenis
Prähistorische Felsbilder / Prehistoric rockscapes		Peintures rupestres préhistoriques / Prehistorische rotstekeningen
Minoische Kultur / Minoan culture		Civilisation minoenne / Minoïsche cultuur
Phönikische Kultur / Phoenecian culture		Civilisation phénicienne / Fenicische cultuur
Etruskische Kultur / Etruscan culture		Civilisation étrusqie / Etruskische cultuur
Griechische Antike / Greek antiquity		Antiquité grecque / Griekse oudheden
Römische Antike / Roman antiquity		Antiquité romaine / Romeinse oudheden
Wikinger / Viking		Vikings / Vikingen
Jüdische Kulturstätte / Place of Jewish cultural interest		Site juif / Joodse cultuurhistorische plaatsen

Curiosités remarquables
Opvallende bezienswaardigheden

Deutsch		Français/Nederlands
Christliche Kulturstätte / Places of Christian cultural interest		Site chrétien / Christelijke cultuurhist. plaatsen
Islamische Kulturstätte / Places of Islamic cultural interest		Site islamique / Islamitische cultuurhist. plaatsen
Kulturlandschaft / Cultural landscape		Paysage culturel / Cultuurlandschap
Historisches Stadtbild / Historical city space		Cité historique / Historisch stadsgezicht
Imposante Skyline / Impressive skyline		Gratte-ciel / Imposante skyline
Burg/Festung/Wehranlage / Castle/fortress/fort		Château/forteresse/remparts / Burcht/vesting/verdedigingswerk
Karawanserei / Caravanserai		Caravansérail / Karavanserai
Palast/Schloss / Palace/castle		Palais/château / Paleis/kasteel
Technisches/industrielles Monument / Technical/industrial monument		Monument technique/industriel / Technisch/industrieel monument
Staumauer / Dam wall		Barrage / Stuwdam
Sehenswerter Leuchtturm / Impressive lighthouse		Très beau phare / Bezienswaardige vuurtoren
Herausragende Brücke / Amazing bridge		Pont remarquable / Opvallende brug
Grabmal / Grave		Tombeau / Grafmonument
Kriegsschauplatz/Schlachtfeld / Theatre of war /battlefields		Champs de bataille / Strijdtoneel/slagvelden
Denkmal / Monument		Monument / Monument
Mahnmal / Memorial		Mémorial / Gedenkteken
Spiegel- und Radioteleskop / Space telescope		Télescope astronomique / Ruimtetelescoop
Markt/Basar / Market/bazaar		Marché/bazar / Markt/bazaar
Feste und Festivals / Feasts and festivals		Fêtes et festivals / Feesten en festivals
Museum / Museum		Musée / Museum
Theater / Theatre		Théâtre / Theater
Außergewöhnliche Metropole / Remarkable City		Métropole d'exception / Buitengewone metropolen
Weltausstellung / World exhibition		Exposition universelle / Wereldtentoonstelling
Olympische Spiele / Olympics		Site olympique / Olympiade
Arena/Stadion / Arena/stadium		Arène/stade / Arena/stadion
Rennstrecke / Race track		Circuit automobile / Circuit
Golf / Golf		Golf / Golf
Pferdesport / Horse racing		Équitation / Paardensport
Skigebiet / Skiing area		Station de ski / Skigebied
Segeln / Sailing		Voile / Zeilen
Tauchen / Diving		Plongée / Duiken
Windsurfen / Wind surfing		Planche à voile / Surfen
Wellenreiten / Surfing		Surf / Surfriding
Kanu/Rafting / Canoeing/rafting		Canoë/rafting / Kanoën/rafting
Seehafen / Seaport		Port / Zeehaven
Hochseeangeln / Deep-sea fishing		Pêche en mer / Zeevissen
Wasserski / Waterskiing		Ski nautique / Waterskiën
Badeort / Beach resort		Station balnéaire / Badplaats
Mineralbad/Therme / Mineral/thermal spa		Station hydrothermale / Mineraalbad/thermen
Freizeitpark / Amusement / theme park		Parc de loisirs / Recreatiepark
Spielcasino / Casino		Casino / Casino
Hill Resort / Hill resort		Station de montagne / Hill resort

Ortsnamenverzeichnis/Index of place names
Index des localités/Register van plaatsnamen

A

Å N 9 Ll27
Aabenraa DK 20 Lk35
Aabybro DK 12 Lk33
Aachen D 20 Lg40
Aakirkeby DK 21 Lp35
Aalborg DK 12 Lk33
Aalen D 26 Ll42
Aalestrup DK 12 Lk34
Aalst B 19 Le40
Aalten NL 20 Lg39
Aalter B 19 Ld39
Äänekoski FIN 11 Mf28
Aapua S 6 Md24
Aarau CH 26 Lj43
Aareavaara S 6 Md23
Aarhus DK 12 Ll34
Aars DK 12 Lk34
Aarschot B 20 Le40
Aarup DK 12 Ll35
Aavasaksa FIN 6 Md24
Abanilla E 42 Kt52
Ábano Terme I 37 Lm45
Abarán E 41 Kt52
Abbadia San Salvatore I 37 Lm48
Abbasanta I 43 Lj50
Abbeville F 25 Lb40
Abbeyfeale IRL 16 Kl38
Abbeyleix IRL 16 Kn38
Abbiategrasso I 36 Lj45
Abborrtrask S 6 Lu25
Abbotsbury GB 18 Ks40
Abejar E 33 Ks49
Abelvær N 5 Lm26
Abenójar E 41 Kq52
Abensberg D 27 Lm42
Aberaeron GB 18 Kq38
Aberdeen GB 17 Ks33
Aberfeldy GB 17 Kr34
Abergavenny GB 18 Ks39
Abergele GB 18 Kr37
Abersoch GB 18 Kq38
Aberystwyth GB 18 Kq38
Abetone I 37 Ll46
Abingdon GB 18 Kt39
Abington GB 17 Kr35
Abisko S 6 Lt22
Abjarovščyna BY 23 Md38
Åbo = Turku FIN 10 Mc30
Abony H 28 Lu43
Aboyne GB 17 Ks33
Abrantes P 32 Km51
Abraur S 6 Lt24
Abrud RO 29 Md44
Åby S 13 Lp32
Åby S 13 Lr32
Åbyggeby S 10 Ls30
Åbyn S 6 Mb25
Åbytorp S 13 Lq31
A Cañiza E 32 Km48
Accéglio I 36 Lh46
Acerenza I 45 Lq50
Achim D 20 Lk38
Achnasheen GB 17 Kp33
Aci Castello I 44 Lq53
Aci Catena I 44 Lq53
Acireale I 44 Lq53
Acle GB 19 Lb38
A Coruña E 32 Km53
Acqua Doria F 43 Lj49
Acquapendente I 37 Lm48
Acquasanta Terme I 37 Lo48
Acquasparta I 37 Ln48
Acquaviva delle Fonti I 45 Lr50
Ácqui Terme I 36 Lj46
Acri I 45 Lr51
Acsa H 28 Lu43
Ada SRB 39 Ma45
Adak S 6 Lt25
Ådalsbruk N 9 Lm30
Adámas GR 48 Me54
Adamclisi RO 31 Mh46
Adamova BY 15 Mj35
Adamsfjord N 3 Mg20
Adamuz E 41 Kq52
Adare IRL 16 Km38
Ademuz E 42 Kt50
Adenau D 26 Lg40
Adjud RO 30 Mh44
Adliswil CH 26 Lj43
Adměany BY 23 Mf36
Admont A 27 Lp43
Adolfsstrom S 5 Lr24
Adony H 28 Lt43
Adorf D 27 Ln40
Adra E 41 Kr54
Adrall E 34 Lb48
Adrano I 44 Lp53
Ádria I 37 Ln45
Adunaţii-Copăceni RO 31 Mg46
Adutiškis LT 15 Mg35
Aegviidu EST 15 Mf31
A Estrada E 32 Km48
Aetorráhi GR 46 Mb53
Äetsä FIN 10 Mc29
Afándou GR 49 Mj54
Åfarnes N 8 Lh28
Afétes GR 46 Md51
Afumaţi RO 31 Mg46
Agápi GR 47 Mf53
Agapia RO 30 Mg43
Agde F 35 Ld47
Agen F 34 La46
Agerbæk DK 12 Lj35
Agger DK 12 Lj34
Aggtelek H 29 Ma42
Aghireşu RO 29 Md44
Agiá GR 46 Mc51
Agía Galíni GR 48 Me55
Agía Marína GR 48 Md53
Agía Marína GR 48 Me52
Agía Pelagía GR 48 Mc54
Agía Triáda GR 46 Mb53
Agía Varvára GR 49 Mf55
Agighiol RO 30 Mj45
Ágii Apóstoli GR 48 Md54
Ágii Theódori GR 46 Mb51
Ágii Theódori GR 48 Md53
Aginta RO 29 Me45
Agiókambos GR 46 Mc51
Agiokambos GR 48 Md52
Agiorgítika GR 46 Mc53
Ágios Andréas GR 46 Mc53
Agios Charalampos GR 47 Mf50
Ágios Dimítrios GR 46 Mc50
Ágios Dimítrios GR 48 Mc54
Ágios Efstrátios GR 47 Me51
Ágios Geórgios GR 46 Mb52
Ágios Kírikos GR 49 Mg53
Ágios Mámas GR 48 Me55
Ágios Nikolaos GR 46 Ma53
Ágios Nikólaos GR 46 Mc52
Ágios Nikólaos GR 49 Mf55
Ágios Pétros GR 46 Mc53
Ágios Stéfanos GR 46 Mc51
Agios Theodoros = Çayırova CY 54 Mh28
Ágira I 44 Lp53
Äglen BG 31 Me47
Aglona LV 15 Mg34
Agnantiá GR 46 Mb51
Agnone I 37 Lp49
Ágordo I 37 Ln44
Agramunt E 34 Lb49
Ágreda E 34 Kt49
Agreliá GR 46 Mb51
Agriáni GR 46 Mc53
Agrigento I 44 Lo53
Agrínio GR 46 Mb52
Agriovótano GR 46 Md51
Agrópoli I 44 Lp50
Ågskardet N 5 Lo24
A Guarda E 32 Km49
A Gudiña E 32 Kn48
Agudo E 41 Kq52
Águeda P 32 Km50
Aguilar E 41 Kq53
Aguilar de Campóo E 33 Kq48
Águilas E 41 Kt53
Ahaus D 20 Lh38
Åheim N 8 Lf28
Ahladiá GR 31 Me49
Ahladohóri GR 46 Md49
Ahlainen FIN 10 Mb29
Ahlainen FIN 10 Mb29
Ahlbeck D 21 Lp37
Ahlen D 20 Lh39
Ahmovaara FIN 11 Mk27
Ahrensbök D 21 Ll36
Ahrensburg D 21 Ll37
Ähtäri FIN 10 Me28
Ahtme EST 11 Mh31
Ahtopol BG 31 Mh48
Ahun F 25 Lc44
Åhus S 13 Lp35
Ahvenselka FIN 7 Mj24
Aibar E 34 Kt48
Aichach D 27 Lm42
Aigen A 27 Lo42
Aigen A 27 Lp43
Aigiali GR 49 Mf54
Aigle CH 26 Lg44
Aignay-le-Duc F 19 Le43
Aigre F 24 La45
Aigrefeuille-d'Aunis F 24 Ku44
Aiguebelle F 36 Lg45
Aigues-Mortes F 35 Le47
Aiguilles F 36 Lg46
Aiguillon F 34 La46
Aigurande F 25 Lb44
Ailefroide F 36 Lg46
Ailly-sur-Noye F 25 Lc41
Ainaži LV 15 Me33
Ainhoa F 34 Kt47
Ainsa E 34 La48
Airaines F 25 Lb41
Airasca I 36 Lh46
Aireborough GB 19 Kt37
Aire-sur-l'Adour F 34 Ku47
Aire-sur-la-Lys F 19 Lc40
Airolo CH 26 Lj44
Airvault F 24 Ku44
Aiud RO 29 Md44
Aix-en-Othe F 25 Ld42
Aix-en-Provence F 35 Lf47
Aixe-sur-Vienne F 25 Lb45
Aix-les-Bains F 36 Lf45
Aizenay F 24 Kt44
Aizkrāukle LV 15 Mf34
Aizpute LV 14 Mb34
Ajaccio F 43 Lj49
Ajaureforsen S 5 Lq25
Ajdovščina SLO 37 Lo45
Ajka H 28 Ls43
Ajtos BG 31 Mh48
akasjokisuu FIN 6 Md23
akaslompolo FIN 6 Me23
Akcjabrski BY 50 Me19
Aken D 21 Ln39
Åkernes N 12 Lh32
Åkersberga S 14 Lt31
Åkersjon S 9 Lp27
Åkers styckebruk S 14 Ls31
Akkerfjord N 2 Md20
Aknīste LV 15 Mf34
Åkrahamn N 12 Lf31
Åkran N 9 Ln27
Akranes IS 4 Jj13
Åkrestrømmen N 9 Lm29
Akrotíri GR 49 Mf54
Aksdal N 12 Lf31
Akureyri IS 4 Ka13
Ål N 8 Lj30
Ala S 10 Ls29
Alacant E 42 Ku52
Alaejos E 33 Kp49
Alagna Valésia I 36 Lh45
Alagón E 34 Kt49
Alaharma FIN 10 Mc27
Alakyla FIN 6 Me23
Alakyla FIN 7 Mf25
Alanäs S 9 Lq26
Älandsbro S 10 Ls28
Alange E 40 Ko52
Alanis E 40 Kp52
Alanta LT 15 Mf35
Alaraz E 33 Kp50
Alarcón E 41 Ks51
Ålåsen S 9 Lp27
Alássio I 36 Lj47
Alastaro FIN 10 Mc30
Alatri I 44 Lo49
Alaveteli FIN 10 Md27
Alavieska FIN 6 Me26
Alavus FIN 10 Md28
Alba I 36 Lj46
Albac RO 29 Mc44
Albacete E 41 Kt52
Alba de Tormes E 33 Kp50
Ålbæk DK 12 Ll33
Albaida E 42 Ku52
Alba Iulia RO 29 Md44
Albalate del Arzobispo E 34 Ku49
Albalate de Zorita E 41 Ks50
Alban F 35 Lc47
Albano Laziale I 44 Ln49
Albanyà E 35 Lc48
Albarracín E 42 Kt50
Albena BG 31 Mj47
Albenga I 36 Lj46
Albentosa E 42 Ku50
Albergaria-a-Velha P 32 Km50
Albernoa P 40 Kn53
Alberobello I 45 Ls50
Albersdorf D 20 Lk36
Albert F 25 Lc40
Albertville F 36 Lg45
Albeşti RO 30 Mh44
Albeşti RO 31 Mj47
Albi F 35 Lc47
Albocàsser E 42 La50
Alborea E 42 Kt51
Albox E 41 Ks53
Albstadt D 26 Lk42
Albufeira P 40 Km53
Albuñol E 41 Kr54
Albuquerque E 32 Kn51
Alcácer do Sal P 40 Km52
Alcáçovas P 40 Km52
Alcalá de Guadaira E 40 Kp53
Alcalá de Henares E 33 Kr50
Alcalá del Júcar E 42 Kt51
Alcalá de los Gazules E 40 Kp54
Alcalá del Río E 40 Kp53
Alcalà de Xivert E 42 La50
Alcalá la Real E 41 Kr53
Álcamo I 44 Ln53
Alcanar E 42 La50
Alcanede P 32 Km51
Alcañices E 33 Ko49
Alcañiz E 34 Ku49
Alcántara E 40 Ko51
Alcantarilla E 42 Kt53
Alcaracejos E 41 Kq52
Alcarràs E 34 La49
Alcaudete E 41 Kq53
Alcaudete de la Jara E 41 Kq51
Alcázar de San Juan E 41 Kr51
Alcester GB 18 Kt38
Alcoba de los Montes E 41 Kq51
Alcoentre P 32 Km51
Alcoi E 42 Ku52
Alcolea del Pinar E 33 Ks49
Alconchel E 40 Kn52
Alcorisa E 42 Ku50
Alcoutim P 40 Kn53
Alcoy = Alcoi E 42 Ku52
Alcublas E 42 Ku51
Alcúdia E 42 Ld51
Aldeadávila de la Ribera E 33 Ko49
Aldea del Rey E 41 Kr52
Aldeburgh GB 19 Lb38
Aldenueva del Codonal E 33 Kq49
Aldershot GB 18 Ku39
Åled S 13 Ln34
Aleksandrovac SRB 39 Mb46
Aleksandrovac SRB 39 Mb47
Aleksandrów Kujawski PL 22 Lt38
Aleksandrów Łódzki PL 22 Lu39
Aleksinac SRB 39 Mb47
Ålem S 13 Lr34
Ålen N 9 Lm28
Alençon F 24 La42
Alenquer P 40 Km52
Alès F 35 Le46
Aleşd RO 29 Mc43
Alessándria I 36 Lj46
Ålesund N 8 Lg28
Alexándria GR 46 Mc50
Alexandria RO 31 Mf47
Alexandroupoli GR 47 Mf50
Alfaro E 34 Kt48
Alfarràs E 34 La49
Alfatar BG 31 Mh47
Alfeld D 20 Lk39
Alfonsine I 37 Ln46
Alford GB 17 Ks33
Alford GB 19 La37
Alfta S 9 Lr29
Ålgård N 12 Lf32
Algeciras E 40 Kp54
Alghero I 43 Lj50
Algodonales E 40 Kp54
Algyő H 29 Ma44
Alhama de Aragón E 34 Kt49
Alhama de Granada E 41 Kr54
Alhama de Murcia E 41 Kt53
Alhambra E 41 Kr52
Alhaurín el Grande E 41 Kq54
Ália I 44 Lo53
Aliaga E 42 Ku50
Alíartos GR 48 Md52
Alibunar SRB 39 Ma45
Alicante = Alacant E 42 Ku52
Aliekšycy BY 23 Md37
Álika GR 48 Mc54
Alikí GR 47 Me50
Alíko GR 49 Mf54
Alingsås S 13 Ln33
Aliseda E 40 Ko51
Alivéri GR 48 Me52
Aljezur P 40 Km53
Aljustrel P 40 Km53
Alkmaar NL 20 Le38
Allanche F 35 Lc45
Allariz E 32 Kn48
Allauch F 35 Lf47
Alleen N 12 Lh32
Aller = Cabañaquinta E 33 Kp47
Allersberg D 27 Lm41
Allevard F 36 Lg45
Allinge DK 21 Lp35
Allo E 34 Ks48
Allones F 24 La43
Allos F 36 Lg46
Almacelles E 34 La49
Almada P 40 Kl52
Almadén E 41 Kq52
Almagro E 41 Kr52
Almansa E 42 Kt52
Almanza E 33 Kp48
Almaraz E 41 Kp51
Almarza E 33 Ks49
Almazán E 33 Ks49
Almdalen N 5 Lo25
Almeida P 32 Ko50
Almeirim P 32 Km51
Almelo NL 20 Lg38
Almenara E 42 Ku51
Almenar de Soria E 34 Ks49
Almendral E 40 Ko52
Almendralejo E 40 Ko52
Almere NL 20 Lf38
Almería E 41 Ks54
Almerimar E 41 Ks54
Älmhult S 13 Lp34
Almiropótamos GR 48 Me52
Almirós GR 46 Mc51
Almodôvar P 40 Km53
Almodóvar del Campo E 41 Kq52
Almodóvar del Río E 40 Kp53
Almoharín E 40 Ko51
Almonte E 40 Ko53
Älmsta S 10 Lt31
Almudévar E 34 Ku48
Almuñécar E 41 Kr54
Almunge S 10 Lt31
Alness GB 17 Kq33
Alnwick GB 17 Kt35
Aloja LV 15 Me33
Aloja LV 15 Me33
Álora E 41 Kq54
Alpalhão P 32 Kn51
Alpera E 42 Kt52
Alphen a/d Rijn NL 20 Le38
Alpiarça P 32 Km51
Alpua FIN 7 Mf26
Alquézar E 34 La48
Als DK 12 Ll34
Alsasua E 34 Ks48
Alsfeld D 20 Lk40
Alsike S 14 Ls31
Alsterbro S 13 Lq34
Alstermo S 13 Lq34
Alta N 2 Md21
Altamura I 45 Lr50
Altdorf CH 26 Lj44
Altdorf D 27 Lm41
Altea E 42 Ku52
Altenberg D 27 Lo40
Altenburg D 21 Ln40
Altenkirchen D 20 Lh40
Altenmarkt A 27 Lo43
Altenmarkt A 27 Lp43
Altensteig D 26 Lj42
Altentreptow D 21 Lo37
Alter do Chão P 32 Kn51
Altheim A 27 Lo42
Althofen A 27 Lp44
Alţina RO 29 Me45
Altkirch F 26 Lh43
Altnaharra GB 17 Kq32
Alton GB 18 Ku39
Altötting D 27 Ln42
Altura E 42 Ku51
Alūksne LV 15 Mh33
Alunda S 10 Lt30
Alvalade P 40 Km53
Älvängen S 13 Ln33
Alvdal N 9 Ll28
Älvdalen S 9 Lp29
Alvesta S 13 Lp34
Älvho S 9 Lp29
Ålvik N 8 Lg30
Alvito P 40 Kn52
Älvkarleby S 10 Ls30
Älvros S 9 Ln29
Älvros S 9 Lp28
Älvsbyn S 6 Ma25
Älvsered S 13 Ln33
Alytus LT 23 Me36
Alzey D 26 Lj41
Alzira E 42 Ku51
Ämådalen S 9 Lp29
Amadora P 40 Kl52
Åmål S 13 Ln31
Amalfi I 44 Lp50
Amaliáda GR 46 Mb53
Amándola I 37 Lo48
Amantea I 45 Lr51
Amara RO 31 Mh46
Amarante P 32 Km49
Amărăştii de Jos RO 39 Me47
Amareleja P 40 Kn52
Amárinthos GR 48 Md52
Amaru RO 31 Mg46
Amatrice I 37 Lo48
Ambazac F 25 Lb45
Ambelákia GR 46 Mc51
Ambelónas GR 46 Mc51
Ambelónas GR 46 Ma51
Amberg D 27 Lm41
Ambérieu-en-Bugey F 25 Lf45
Ambert F 35 Ld45
Ambjörby S 9 Lo30
Amble GB 17 Kt35
Ambleside GB 17 Ks36
Amboise F 25 Lb43
Ameixial P 40 Kn53
Amélia I 37 Ln48
Amélie-les-Bains F 35 Lc48
Amelinghausen D 21 Ll37
Amendolara I 45 Lr51
Amersfoort NL 20 Lf38
Amesbury GB 18 Kt39
Amfíklia GR 46 Mc52
Amfilohía GR 46 Mb52
Ámfissa GR 46 Mc52
Amiens F 25 Lc41
Amilly F 25 Lc43
Amíndeo GR 46 Mb50
Åminne S 14 Lt33
Åmli N 12 Lj32
Amlwch GB 18 Kq37
ammansaari FIN 7 Mj26
Ammarnäs S 5 Lr25
Ammochostos CY 54 Mg28
Ammochostos = Gazimağusa CY 54 Mg28
Amolianí GR 47 Md50
Amorgós GR 49 Mf54
Åmot N 8 Lk31
Åmot N 8 Ll29
Åmot N 12 Lj31
Åmot S 9 Lr30
Åmotfors S 13 Ln31
Amou F 34 Ku47
Ampezzo I 27 Ln44
Amplepuis F 25 Le45
Amposta E 42 La50
Åmsele S 6 Lu26
Amsterdam NL 20 Le38
Amstetten A 27 Lp42
Amusquillo E 33 Kq49
Amzacea RO 31 Mj47
Anáfi GR 49 Mf54
Anafonitria GR 46 Ma53
Anagni I 44 Lo49
Anaharavi GR 46 Lu51
Anascaul IRL 16 Kk38
Ånaset S 6 Mb26
Ance LV 14 Mc33
Ancenis F 24 Kt43
Ancerville F 25 Lf42
Ancona I 37 Lo47
Ancy-le-Franc F 19 Le43
Åndalsnes N 8 Lh28
Ånddalsvågen N 5 Ln25
Andebu N 12 Ll31
Andelot F 25 Lf42
Andenes N 2 Lr21
Anderlecht B 19 Le40
Andermatt CH 26 Lj44
Andernach D 26 Lh40
Andernos-les-Bains F 34 Kt46
Anderstorp S 13 Lo33
Andírio GR 46 Mb52
Andoain E 34 Ks47
Andocs H 28 Ls44
Andorra la Vella AND 34 Lb48
Andover GB 18 Kt39
Andratx E 42 Lc51
Andravída GR 46 Mb53
Ándria I 45 Lr49
Andrijevica MNE 39 Lu48
Andrítsena GR 46 Mb53
Ándros GR 48 Me53
Andrychów PL 28 Lu41
Andselv N 2 Lt21
Andújar E 41 Kq52
Anduze F 35 Ld46
Aneby S 13 Lp33
Ånge S 9 Lq28
ange S 9 Lp27
Ängelholm S 13 Ln34
Angeli FIN 3 Mf22
Angelókastro GR 46 Mb52
Angelókastro GR 48 Md53
Ängelsberg S 9 Lq31
Angermünde D 21 Lo37
Angern A 28 Lr42
Angers F 24 Ku43
Angerville F 25 Lb42
Anglès E 35 Lc49
Angles F 24 Kt44
Anglure F 25 Ld42
Angoulême F 24 La45
Angüés E 34 Ku48
Anguse EST 15 Mg31
Anina RO 39 Mb45
Anjalankoski FIN 11 Mg30
Anjan S 9 Ln27
Ankarsrum S 13 Lr33
Ankarvattnet S 5 Lp26
Anklam D 21 Lo37
Ånn S 9 Ln27
Annaberg-Buchholz D 27 Ln40
Annan GB 17 Kr36
Anna Paulowna NL 20 Le38
Annecy F 36 Lg45
Annemasse F 26 Lg44
Annonay F 35 Le45
Annopol PL 23 Mb40
Annot F 36 Lg47
Áno Merá GR 47 Mf53
Áno Poróia GR 46 Md49
Áno Vrondoú GR 46 Md49
Anröchte D 20 Lj39
Ans B 20 Lf40
Ansbach D 27 Ll41
Antequera E 41 Kq54
Anthótopos GR 46 Mc51
Antibes F 36 Lh47
Antíparos GR 47 Mf53
Antnäs S 6 Mb25
Antonin PL 22 Ls39
Antonovo BG 31 Mg47
Antopal' BY 23 Me38
Antrim GB 17 Ko36
Antrodoco I 37 Lo48
Antsla EST 15 Mg33
Anttis S 6 Mc23
Anttola FIN 11 Mh29
Antwerpen B 19 Le39
Anykščiai LT 15 Mf35
Anzin F 19 Ld40
Ánzio I 44 Ln49
Aoiz E 34 Kt48
Aosta I 36 Lh45
Apagy H 29 Mb43
Apahida RO 29 Md44
Apatin SRB 38 Lt45
Ape LV 15 Mg33
Apeldoorn NL 20 Lg38
Apen D 20 Lh37
Apidiá GR 48 Mc54
Apolda D 21 Lm39
Apólonas GR 47 Mf53
Äppelbo S 9 Lo30
Appenzell CH 26 Lk43
Appingedam NL 20 Lg37
Appleby-in-Westmorland GB 17 Ks36
Apricena I 45 Lq49
Aprīķi LV 14 Mb34
Aprilci BG 31 Me48
Aprília I 44 Ln49
Aprilovo BG 31 Mg47
Apšupe LV 15 Md34
Apt F 35 Lf47
Aquiléia I 37 Lo45
Aracena E 40 Ko53
Arad RO 29 Mb44
Aragona I 44 Lo53
Aráhova GR 46 Mc52
Aramits F 34 Ku47
Aranda de Duero E 33 Kr49
Aranda de Moncayo E 34 Kt49
Arandjelovac SRB 39 Ma46
Aranjuez E 33 Kr50
Arantzazu E 34 Ks48
Aras de Alpuente E 42 Kt51
Aravete EST 15 Mf31
Árbatax I 43 Lk51
Arboga S 13 Lq31
Arbois F 26 Lf44
Arboréa I 43 Lj51
Årbostad N 5 Ls22
Arbrå S 9 Lr29
Arbroath GB 17 Ks34
Árbus I 43 Lj51
Arcachon F 34 Kt46
Arc-en-Barrois F 25 Lf43
Arc-et-Senans F 26 Lf43
Archena E 41 Kt52
Archidona E 41 Kq53
Arcidosso I 37 Lm48
Arcis-sur-Aube F 19 Le42
Arco I 37 Ll45
Arco de Baúlhe P 32 Kn49
Arcos de Jalón E 33 Ks49
Arcos de la Frontera E 40 Kp54
Årdalstangen N 8 Lh29
Ardara IRL 16 Km36
Ardee IRL 16 Ko37
Ardeluţa RO 30 Mg44
Arden DK 12 Lk34
Ardentes F 25 Lb44
Ardes F 35 Ld45
Ardgartan GB 17 Kq34
Ardino BG 31 Mf49
Ardisa E 34 Ku48
Ardres F 19 Lb40
Ardrossan GB 17 Kq35
Ardvasar GB 17 Kp33
Åre S 9 Lo27
Arefu RO 31 Me45
Arenas de San Pedro E 33 Kp50
Arendal N 12 Lj32
Arendsee D 21 Lm38
Arenys de Mar E 35 Lc49
Arenzano I 36 Lj46
Areópoli GR 48 Mc54
Arévalo E 33 Kq49
Arezzo I 37 Lm47
Argalastí GR 46 Md51
Argamasilla de Alba E 41 Kr51
Argamasilla de Calatrava E 41 Kq52
Arganda E 33 Kr50
Arganil P 32 Km50
Argelès-Gazost F 34 Ku48
Argelès- sur-Mer F 35 Ld48
Argenta I 37 Lm46
Argentan F 25 La42
Argentat F 35 Lb45
Argenteuil F 25 Lc42
Argenton-Château F 24 Ku44
Argenton-sur-Creuse F 25 Lb44
Argent-sur-Sauldre F 25 Lc43
Árgos GR 46 Mc53
Árgos Orestikó GR 46 Mb50
Argostóli GR 46 Ma52
Arguedas E 34 Kt48
Arhéa Neméa GR 46 Mc53
Ariano Irpino I 44 Lq49
Aridéa GR 46 Mc50
Arieşeni RO 29 Mc44
Arilje SRB 39 Ma47
Arinagour GB 17 Ko34
Ariniş RO 29 Md43
Arinthod F 25 Lf44
Ariogala LT 15 Md35
Arisaig GB 17 Kp34
Arisba GR 47 Mg51
Aritzo I 43 Lk51
Ariza E 34 Ks49
Årjäng S 13 Ln31
Arjeplog S 6 Ls24
Arjona E 41 Kq53
Arkássa GR 49 Mh55
Arkesíni GR 49 Mf54
Arkítsa GR 48 Md52
Arklow IRL 16 Ko38
Arkösund S 14 Lr32
Ärla S 13 Lr31
Arlanc F 35 Ld45
Arles F 35 Le47
Arlon B 26 Lf41
Árma GR 48 Md52
Armagh GB 16 Ko36
Armeniş RO 39 Mc45
Armentières F 19 Lc40
Arnac-Pompadour F 35 Lb45
Arnarstapi IS 4 Jj13
Arnäsvall S 10 Lt27
Arnay-le-Duc F 19 Le43
Arnéa GR 46 Md50
Arnedo E 34 Ks48
Årnes N 9 Lm30
Arnhem NL 20 Lf39
Árnissa GR 46 Mb50
Arnö S 14 Ls32
Arnsberg D 20 Lj39
Arnstadt D 21 Ll40
Arnstein D 26 Lk41
Arona I 36 Lj45
Arosa CH 26 Lk44
Årøysund N 13 Ll31
Arpajon la Norville F 25 Lc42
Arpaşu de Jos RO 39 Me45
Arpela FIN 6 Me24
Arpino I 44 Lo49
Arquata del Tronto I 37 Lo48
Arquillos E 41 Kr52
Arraiolos P 40 Kn52
Arras F 19 Lc40
Arrasate Mondragon E 34 Ks47
Arreau F 34 La48
Arríondas E 33 Kp47
Arronches P 32 Kn51
Arroyo de la Luz E 40 Ko51
Ars-en-Ré F 24 Kt44
Årslev DK 12 Ll35
Årsunda S 9 Lr30
Arsvågen N 12 Lf31
Artà E 42 Ld51
Árta GR 46 Ma51
Artemissía GR 46 Mc53
Artenay F 25 Lb42
Artesa de Segre E 34 Lb49
Arthurstown IRL 16 Ko38
Artziniega E 33 Kr47
Arundel GB 19 Ku40
Arvidsjaur S 6 Lu25
Årvik N 8 Lf28
Arvika S 13 Ln31
Årviksand N 2 Ma20
Arvtrask S 6 Lu26
Arzachena I 43 Lk49
Arzfeld D 26 Lg40
Arzignano I 37 Lm45
Arzúa E 32 Km48
Aš CZ 27 Ln40
Ås N 9 Lm27
Ås N 13 Ll31
Ås S 9 Lp27
Åsarna S 9 Lp28
Åsarp S 13 Lo32
Asby S 13 Lq33
Aschach A 27 Lp42
Aschaffenburg D 26 Lk41
Aschersleben D 21 Lm39
Ascó E 34 La49
Áscoli Piceno I 37 Lo48
Áscoli Satriano I 45 Lq49
Ascona CH 36 Lj44
Åseda S 13 Lq33
Åsele S 10 Ls26
Åselet S 6 Ma25
Åsen S 9 Lo29
Asenovgrad BG 31 Me48
Åseral N 12 Lh32
Asfáka GR 46 Ma51
Ashbourne GB 18 Kt37
Ashburton GB 18 Kr40
Ashby-de-la-Zouch GB 18 Kt38
Ashford GB 19 La39
Ashington GB 17 Kt35
Asiago I 37 Lm45
Asikkala FIN 11 Mf29
Aska FIN 7 Mg23
Askeaton IRL 16 Km38
Asker N 9 Ll31
Askersund S 13 Lp32
Åskiljeby S 6 Ls26
Askim N 13 Lm31
Askola FIN 11 Mf30
Äsköping S 13 Lr31
Askvoll N 8 Lf29
Asmunti FIN 7 Mg25
Asnæs DK 13 Lm35
Ásola I 36 Ll45
Ásolo I 37 Lm45
Aspang Markt A 28 Lr43
Aspe E 42 Ku52
Aspeå S 10 Ls27
Aspet F 34 La47
Aspö S 14 Lr31
As Pontes de García Rodríguez E 32 Kn47
Aspres-sur-Buëch F 35 Lf46
Asprógia GR 46 Mb50
Asprópirgos GR 48 Md52
Aspsele S 10 Lt27
Assémini I 43 Lj51
Assen NL 20 Lg38
Assens DK 21 Lk35
Assentoft DK 12 Ll34
Assisi I 37 Ln47
Aßlar D 26 Lj40
Ássos GR 46 Ma51
Åstad N 5 Lq23
Astaffort F 34 La46
Astakós GR 46 Mb52
Asten NL 20 Lf39
Asti I 36 Lj46
Astipálea GR 49 Mg54
Astorga E 33 Ko48
Åsträsk S 6 Lu26
Astravec BY 23 Mf36
Ástros GR 46 Mc53
Astryna BY 23 Me37
Astudillo E 33 Kq48
Asūne LV 15 Mh34
Asveja BY 15 Mj34
Asypovičy BY 50 Me19
Aszód H 28 Lu43
Aszófő H 28 Ls44
Atarte E 41 Kr53
Atessa I 37 Lp48
Ath B 19 Ld40
Atherstone GB 18 Kt38
Athína GR 48 Md53
Athlone IRL 16 Kn37
Athy IRL 16 Ko38
Atienza E 33 Ks49
Atnbrua N 9 Ll29
Atnmoen N 9 Ll29
Ätran S 13 Ln33
Atri I 37 Lo48
Attleborough GB 19 Lb38
Åttontrask S 6 Lt26
Åtvidaberg S 13 Lq32
Au D 27 Lm42
Aubagne F 35 Lf47
Aubange B 26 Lf41
Aubenas F 35 Le46
Aubergenville F 25 Lb42
Auberive F 25 Lf43
Aubiet F 34 La47
Aubigny-sur-Nère F 25 Lc43
Aubin F 35 Lc46
Aubusson F 25 Lc45
Auce LV 15 Mc34
Auch F 34 La47
Auchterarder GB 17 Kr34
Audierne F 24 Kq42
Audincourt F 26 Lg43
Audru EST 15 Me32
Audruicq F 19 Lc40
Aue D 27 Ln40
Auer = Ora I 27 Lm44
Auerbach D 27 Lm41
Auerbach D 27 Ln40
Aughnacloy GB 16 Ko36
Augsburg D 27 Ll42
Augusta I 44 Lq53
Augustów PL 23 Mc37
Aukštadvaris LT 23 Me36
Auktsjaur S 6 Lu25
Aulla I 36 Lk46
Aullène F 43 Lk49
Aulnay F 24 Ku44
Ault F 19 Lb40
Aulum DK 12 Lj34
Aumale F 25 Lb41
Aumont-Aubrac F 35 Ld46
Aunay-sur-Odon F 24 Ku42
Auneau F 25 Lb42
Auneuil F 25 Lb41
Auning DK 12 Ll34
Aups F 36 Lg47
Aura FIN 10 Mc30
Auray F 24 Ks43
Aurdal N 8 Lk30
Aure N 8 Lj27
Aurich D 20 Lh37
Aurillac F 35 Lc46
Auriol F 35 Lf47
Aurlandsvangen N 8 Lh30
Auronzo di Cadore I 27 Ln44
Aurora RO 31 Mj47
Austad N 12 Lh32
Austevoll N 8 Lf30
Austmarka N 9 Ln30
Austnes N 8 Lg28
Auterive F 34 Lb47
Authon-du-Perche F 25 La42
Auttoinen FIN 11 Mf29
Autun F 19 Le44
Auvillar F 34 La46
Auxerre F 25 Ld43
Auxi-le-Château F 19 Lc40
Auxonne F 25 Lf43
Auzances F 25 Lc44
Availles-Limouzine F 24 La44
Avaldsnes N 12 Lf31
Avallon F 25 Ld43
Avaviken S 6 Lt25
Ávdira GR 47 Me50
Avebury GB 18 Kt39
A Veiga E 33 Kn48
Aveiro P 32 Km50
Avellino I 44 Lp50
Aversa I 44 Lp50
Avesnes-sur-Helpe F 25 Ld40
Avesta S 9 Lr30
Avezzano I 37 Lo48
Aviemore GB 17 Kr33
Avigliana I 36 Lh45
Avigliano I 45 Lq50
Avignon F 35 Le47
Ávila E 33 Kq50
Avilés E 33 Kp47
Avinurme EST 15 Mg32
Avion F 19 Lc40
Avis P 32 Kn51
Avize F 19 Le42
Avlémonas GR 48 Md54
Avliotes GR 46 Lu51
Avlóna GR 48 Md52
Ávola I 44 Lq54
Avram Iancu RO 29 Mb44
Avram Iancu RO 29 Mc44
Avranches F 24 Kt42
Avrig RO 39 Me45
Avrillé F 24 Ku43
Ax-les-Thermes F 35 Lb48
Axmarby S 10 Ls30
Axvall S 13 Lo32
Ayamonte E 40 Kn53
Ayerbe E 34 Ku48
Aylesbury GB 19 Ku39
Ayllón E 33 Kr49
Aylsham GB 19 Lb38
Ayora E 42 Kt51
Ayr GB 17 Kq35
Ayton GB 17 Ks35
Aytré F 24 Kt44
Azaila E 34 Ku49
Azaryčy BY 50 Me19
Azay-le-Rideau F 24 La43
Aziory BY 23 Me37
Azpeitia E 34 Ks47
Azuaga E 40 Kp52

B

Babadag RO 31 Mj46
Babek BG 31 Mf48
Băbeni RO 39 Me45
Babica PL 29 Mb41
Babilafuente E 33 Kp49
Babriškės LT 23 Me36
Babrujsk BY 50 Me19
Babtai LT 23 Md35
Báč SK 28 Ls42
Bacău RO 30 Mg44
Baccarat F 26 Lg42
Băceşti RO 30 Mh44
Bacharach D 26 Lh40
Bachórz PL 29 Mc41
Bačina SRB 39 Mb47
Baciu RO 29 Md44
Baciuty PL 23 Mc37
Bačka Palanka SRB 38 Lu45
Bačka Topola SRB 38 Lu45
Backe S 9 Lr27
Bäckebo S 13 Lr34
Bäckefors S 13 Ln32
Bäckhammar S 13 Lp31
Backnang D 26 Lk42
Bačko Novo Selo SRB 38 Lu45
Bad Aibling D 27 Ln43
Badajoz E 40 Ko52

Badalona E 35 Lc49
Bad Arolsen D 20 Lk39
Bad Aussee A 27 Lo43
Bad Bederkesa D 20 Lj37
Bad Bentheim D 20 Lh38
Bad Bergzabern D 26 Lh41
Bad Berka D 21 Lm40
Bad Berleburg D 20 Lj39
Bad Bevensen D 21 Ll37
Bad Bibra D 21 Lm39
Bad Bramstedt D 21 Lk37
Bad Brückenau D 26 Lk40
Bad Camberg D 26 Lj40
Bad Doberan D 21 Lm36
Bad Driburg D 20 Lk39
Bad Düben D 21 Ln39
Bad Dürkheim D 26 Lj41
Bad Dürrenberg D 21 Ln39
Baden A 28 Lr42
Baden CH 26 Lj43
Baden-Baden D 26 Lj42
Bad Endorf D 27 Ln43
Bad Freienwalde D 21 Lp38
Bad Friedrichshall D 26 Lk41
Bad Gandersheim D 21 Lk39
Bad Gastein A 27 Lo43
Bad Gleichenberg A 28 Lq44
Bad Griesbach D 27 Lo42
Bad Hall A 27 Lp42
Bad Hersfeld D 20 Lk40
Bad Hofgastein A 27 Lo43
Bad Homburg D 26 Lj40
Bad Honnef D 20 Lh40
Badia Gran E 42 Lc51
Bad Ischl A 27 Lo43
Bad Karlshafen D 20 Lk39
Bad Kissingen D 27 Ll40
Bad Kleinen D 21 Lm37
Bad Königshofen D 27 Ll40
Bad Kreuznach D 26 Lh41
Bad Krozingen D 26 Lh43
Bad Laasphe D 20 Lj40
Bad Langensalza D 21 Ll39
Bad Lausick D 21 Ln39
Bad Lauterberg D 21 Ll39
Bad Leonfelden A 27 Lp42
Bad Liebenwerda D 21 Lo39
Bad Mergentheim D 26 Lk41
Bad Münstereifel D 26 Lg40
Bad Muskau D 21 Lp39
Bad Nauheim D 26 Lj40
Bad Neuenahr-Ahrweiler D 26 Lh40
Bad Neustadt D 27 Ll40
Bad Oeynhausen D 20 Lj38
Bad Oldesloe D 21 Ll37
Badonviller F 26 Lg42
Bad Pyrmont D 20 Lk39
Bad Radkersburg A 28 Lq44
Bad Reichenhall D 27 Ln43
Bad Säckingen D 26 Lh43
Bad Salzuflen D 20 Lj38
Bad Salzungen D 21 Ll40
Bad Sankt Leonhard A 27 Lp44
Bad Saulgau D 26 Lk42
Bad Schönborn D 26 Lj41
Bad Schwalbach D 26 Lj40
Bad Schwartau D 21 Ll37
Bad Segeberg D 21 Ll37
Bad Sobernheim D 26 Lh41
Bad Sülze D 21 Ln36
Bad Tölz D 27 Lm43
Bad Urach D 26 Lk42
Bad Vöslau A 28 Lr43
Bad Waldsee D 26 Lk43
Bad Wildungen D 20 Lk39
Bad Wilsnack D 21 Lm38
Bad Windsheim D 27 Ll41
Bad Wünnenberg D 20 Lj39
Bad Wurzach D 26 Lk43
Bad Zwischenahn D 20 Lj37
Baena E 41 Kq53
Baeza E 41 Kr53
Bagà E 34 Lb48
Bagenalstown IRL 16 Ko38
Bagenkop DK 21 Ll36
Bagheria I 44 Lo52
Bagienice PL 23 Mc37
Bagn N 8 Lk30
Bagnacavallo I 37 Lm46
Bagnara Cálabra I 45 Lq52
Bagnères-de-Bigorre F 34 La47
Bagnères-de-Luchon F 34 La48
Bagni Contursi I 45 Lq50
Bagno di Romagna I 37 Lm47
Bagnoles-de-l'Orne F 24 Ku42
Bagnoli del Trigno I 44 Lp49
Bagnols-sur-Cèze F 35 Le46
Bagolino I 36 Ll45
Baia RO 31 Mj46
Baia de Aramă RO 39 Mc45
Baia de Arieș RO 29 Md44
Baia Mare RO 29 Md43
Baia Sprie RO 29 Md43
Băicoi RO 31 Mf45
Băiculești RO 31 Me45
Baiersbronn D 26 Lj42
Baigneux-les-Juifs F 19 Le43
Baile Átha Cliath = Dublin IRL 16 Ko37
Băile Felix RO 29 Mb43
Băile Govora RO 39 Me45
Băile Herculane RO 39 Mc46
Bailén E 41 Kr52
Băile Olănești RO 39 Me45
Băilești RO 39 Md46
Băile Tușnad RO 30 Mf44
Bailleul F 19 Lc40
Baimaclia MD 30 Mj44
Bain-de-Bretagne F 24 Kt43
Bains-les-Bains F 26 Lg42
Baiona E 32 Km48
Băișoara RO 29 Md44
Baisogala LT 15 Md35
Baja H 38 Lt44
Bajina Bašta SRB 38 Lu47
Bajmok SRB 38 Lu45
Bajovo Polje MNE 38 Lt47
Bajram Curr AL 39 Ma48
Bak H 28 Lr44
Bakewell GB 18 Kt37
Bakkafjörður IS 4 Kc12
Bakketun N 5 Lp25
Bakko N 8 Lj31
Baklia N 8 Lk29
Bakonycsernye H 28 Lt43
Bakonyjákó H 28 Ls43
Baktakék H 29 Mb42
Bala GB 18 Kr38
Bălăceanu RO 31 Mh45
Bălăcița RO 39 Md46
Balaguer E 34 La49
Balassagyarmat H 28 Lu42
Balatonalmádi H 28 Ls43
Balatonbozsok H 28 Lt44
Balatonfüred H 28 Ls44
Balatonfűzfő H 28 Lt43
Balatonkeresztúr H 28 Ls44
Balatonlelle H 28 Ls44
Bălăușeri RO 29 Me44
Balazote E 41 Ks52
Balbriggan IRL 16 Ko37
Bălcești RO 39 Md46
Balčik BG 31 Mj47
Baldone LV 15 Me34
Balen B 20 Lf39
Balestrand N 8 Lg29
Bălgarene BG 31 Mf47
Bălgarska Polyana BG 31 Mg48
Balik BG 31 Mh47
Balik BG 31 Mh47
Bälinge S 10 Ls31
Balingen D 26 Lj42
Ballachulish GB 17 Kp34
Ballaghaderreen IRL 16 Km37
Ballangen N 5 Lr22
Ballantrae GB 17 Kq35
Ballater GB 17 Kr33
Ballina IRL 16 Kl36
Ballinasloe IRL 16 Km37
Balling DK 12 Lj34
Ballsh AL 46 Lu50
Ballstad N 5 Lo22
Ballybofey IRL 16 Kn36
Ballybunnion IRL 16 Kl38
Ballycastle GB 17 Ko35
Ballycastle IRL 16 Kl36
Ballyclare GB 17 Kp36
Ballydehob IRL 16 Kl39
Ballygawley GB 16 Kn36
Ballyhaunis IRL 16 Km37
Ballymahon IRL 16 Kn37
Ballymena GB 17 Ko36
Ballymoney GB 17 Ko35
Ballysadare IRL 16 Km36
Ballyshannon IRL 16 Km36
Ballyvaughan IRL 16 Kl37
Balmaseda E 33 Kr47
Balmazújváros H 29 Mb43
Balneario de Panticosa E 34 Ku48
Baloži LV 15 Me34
Balș RO 39 Me46
Balșa RO 39 Md44
Balsfjord N 2 Lu21
Bålsta S 14 Ls31
Balsthal CH 26 Lh43
Balta Albă RO 31 Mh45
Baltanás E 33 Kq49
Băltătești RO 30 Mg43
Bălti MD 30 Mh43
Baltinava LV 15 Mh34
Balvi LV 15 Mh33
Bamberg D 27 Ll41
Bampton GB 18 Kr40
Banatski Karlovac SRB 39 Mb45
Banatsko Novo Selo SRB 39 Ma46
Banbridge GB 17 Ko36
Banbury GB 18 Kt38
Banchory GB 17 Ks33
Band RO 29 Me44
Bande E 32 Kn48
Bandol F 35 Lf47
Bandon IRL 16 Km39
Băneasa RO 31 Mg46
Băneasa RO 31 Mh46
Banff GB 17 Ks33
Bangor GB 17 Kp36
Bangor GB 18 Kq37
Bangor IRL 16 Kl36
Bangsund N 5 Lm26
Banie PL 21 Lp37
Banja Luka BIH 38 Ls46
Bankeryd S 13 Lp33
Bankja BG 39 Md48
Bannalec F 24 Kr43
Baños de Benasque E 34 La48
Bánovce nad Bebravou SK 28 Lt42
Banovci Dunav SRB 39 Ma46
Banovići BIH 38 Lt46
Banovići BIH 38 Lt46
Bansin D 21 Lp37
Banská Bystrica SK 28 Lu42
Banská Štiavnica SK 28 Lt42
Bansko BG 39 Md49
Banstead GB 19 Ku39
Bantry IRL 16 Kl39
Banyalbufar E 42 Lc51
Banyoles E 35 Lc48
Bapaume F 25 Lc40
Bar MNE 38 Lu48
Bâra RO 30 Mh43
Bara RO 39 Mb45
Bărăganu RO 31 Mh46
Barajas de Melo E 41 Ks50
Barakaldo E 33 Ks47
Baranavičy BY 23 Mg37
Baranów PL 23 Mc39
Baranów Sandomierski PL 29 Mb40
Baraolt RO 30 Mf44
Baraqueville F 35 Lc46
Barbastro E 34 La48
Barbate E 40 Kp54
Bărbele LV 15 Me34
Barbezieux F 24 Ku45
Bârca RO 39 Md47
Barca de Alva P 32 Ko49
Barcarrota E 40 Ko52
Barcellona Pozzo di Gotto I 44 Lq52
Barcelona E 35 Lc49
Barcelonnette F 36 Lg46
Barcelos P 32 Km49
Bárcena de Pie de Concha E 33 Kq47
Barcin PL 22 Ls38
Barcs H 38 Ls45
Barczewo PL 22 Ma37
Bardejov SK 29 Mb41
Bardi I 36 Lk46
Bardonècchia I 36 Lg45
Barentin F 25 La41
Barentsburg N 2 Lh06
Barfleur F 24 Kt41
Barga I 36 Ll46
Bargteheide D 21 Ll37
Bari I 45 Lr49
Barjols F 35 Lg47
Barkava LV 15 Mg34
Bârlad RO 30 Mh44
Bar-le-Duc F 25 Lf42
Barletta I 45 Lr49
Barlinek PL 21 Lq37
Barmouth GB 18 Kq38
Barnet GB 19 Ku39
Barneveld NL 20 Lf38
Barneville-Carteret F 24 Kt41
Barnsley GB 19 Kt37
Barnstaple GB 18 Kq39
Barnstorf D 20 Lj38
Barovo MK 46 Mc49
Barracas E 42 Ku50
Barrafranca I 44 Lp53
Barrancos P 40 Ko52
Barranda E 41 Kt52
Barrax E 41 Ks51
Barreiro P 40 Kl52
Barrême F 36 Lg47
Barrow-in-Furness GB 17 Kr36
Barruelo de Santullán E 33 Kq48
Barry GB 18 Kr39
Bar-sur-Aube F 19 Le42
Bar-sur-Seine F 19 Le42
Barth D 21 Ln36
Barton-upon-Humber GB 19 Ku37
Bartoszyce PL 22 Ma36
Barúmini I 43 Lk51
Baruth D 21 Lo38
Barvas GB 17 Ko32
Barwice PL 22 Lr37
Barysav BY 50 Me18
Bârzava RO 29 Mb44
Bašaid SRB 39 Ma45
Basarabeasca MD 30 Mj44
Basarabi RO 31 Mj46
Bascov RO 31 Me46
Basel CH 26 Lh43
Basi LV 14 Mb34
Basildon GB 19 La39
Basingstoke GB 18 Kt39
Baška HR 37 Lp46
Bassano del Grappa I 37 Lm45
Bassella E 34 Lb48
Bassum D 20 Lj38
Båstad S 13 Ln34
Bastia F 43 Lk48
Bastia Umbra I 37 Ln47
Bastogne B 26 Lf41
Bastuny BY 23 Mf36
Bastutrask S 6 Ma26
Băta BG 31 Me48
Batak BG 31 Me49
Batanovci BG 39 Mc48
Batăr RO 29 Mb44
Bátaszék H 38 Lt44
Batea E 34 La49
Bath GB 18 Ks39
Batina HR 38 Lt45
Batković BIH 38 Lu46
Batley GB 19 Kt37
Bátonyterenye H 28 Lu43
Batovo BG 31 Mh47
Båtsfjord N 3 Mk20
Båtskarsnas S 6 Md25
Battenberg D 20 Lj39
Battipáglia I 44 Lp50
Battonya H 29 Mb44
Batuša SRB 39 Mb46
Baud F 24 Kr43
Baugé F 24 Ku43
Baume-les-Dames F 26 Lg43
Baunatal D 20 Lk39
Baunei I 43 Lk50
Bauska LV 15 Me34
Băuțar RO 39 Mc45
Bautzen D 21 Lp39
Bavay F 25 Ld40
Bavella F 43 Lk49
Bawtry GB 19 Kt37
Bayeux F 24 Ku41
Bayon F 26 Lg42
Bayonne F 34 Kt47
Bayreuth D 27 Lm41
Baza E 41 Ks53
Bazas F 34 Ku46
Beasain E 34 Ks47
Beas de Segura E 41 Ks52
Beaucaire F 35 Le47
Beaugency F 25 Lb43
Beaujeu F 19 Le44
Beaumont F 34 La46
Beaumont-de-Lomagne F 34 La47
Beaumont-Hague F 24 Kt41
Beaumont-le-Roger F 25 La41
Beaumont-sur-Sarthe F 24 La42
Beaune F 19 Le43
Beaupréau F 24 Ku43
Beauraing B 20 Le40
Beaurepaire F 35 Lf45
Beauvais F 25 Lc41
Beauvoir-sur-Mer F 24 Ks44
Beauvoir-sur-Niort F 24 Ku44
Bebra D 20 Lk40
Bebrene LV 15 Mg34
Bebri LV 15 Mf34
Beccles GB 19 Lb38
Bečej SRB 39 Ma45
Becerreá E 33 Kn48
Bechet RO 39 Md47
Becilla de Valderaduey E 33 Kp48
Beckum D 20 Lj39
Beclean RO 29 Me43
Bečov nad Teplou CZ 27 Ln40
Bédarieux F 35 Ld47
Bedekovčina HR 38 Lq44
Bedford GB 19 Ku38
Beelitz D 21 Ln38
Beeskow D 21 Lp38
Bégard F 24 Kr42
Beglež̌ BG 31 Me47
Begnadalen N 8 Lk30
Begovo BG 31 Me48
Beidaud RO 31 Mj46
Beilen NL 20 Lg38
Beilngries D 27 Lm41
Beisfjord N 6 Ls22
Beiuș RO 29 Mc44
Beja P 40 Kn53
Béjar E 33 Kp50
Békés H 29 Mb44
Békéscsaba H 29 Mb44
Bekkarfjord N 3 Mh20
Belaazërsk BY 23 Mf38
Bélâbre F 25 Lb44
Bela Crkva SRB 39 Mb46
Belalcázar E 41 Kp52
Bela Palanka SRB 39 Mc47
Bełchatów PL 22 Lu39
Belchite E 34 Ku49
Belcoo GB 16 Kn36
Belďca BY 23 Mf37
Beled H 28 Ls43
Belfast GB 17 Kp36
Belfir RO 29 Mb44
Belford GB 17 Kt35
Belfort F 26 Lg43
Belgern D 21 Lo39
Belgodère F 43 Lk48
Belica MK 46 Ma49
Beli Izvor BG 39 Md47
Beli Manastir HR 38 Lt45
Belin-Béliet F 34 Ku46
Beliș RO 29 Md44
Belišće HR 38 Lt45
Beljanovo BG 31 Mf47
Bel'ki BY 15 Mh35
Bellac F 25 Lb44
Bellágio I 36 Lk45
Bellária-Igea Marina I 37 Ln46
Bellegarde F 25 Lc43
Bellegarde-sur-Valserine F 26 Lf44
Bellême F 25 La42
Belleville F 19 Le44
Belleville-sur-Vie F 24 Kt44
Belley F 35 Lf45
Bellinzona CH 36 Lk44
Bellpuig E 34 Lb49
Belluno I 27 Ln44
Bélmez E 41 Kp52
Belmonte E 41 Ks51
Belmonte P 32 Kn50
Belmonte de Miranda E 33 Ko47
Belmullet IRL 16 Kl36
Beloci MD 30 Mj43
Belœil B 19 Ld40
Belogradčik BG 39 Mc47
Belorado E 33 Kr48
Beloslav BG 31 Mh47
Belotinci BG 39 Mc47
Belpasso I 44 Lp53
Belper GB 18 Kt37
Belsay GB 17 Kt35
Beltinci SLO 28 Lr44
Beltiug RO 29 Mc43
Belturbet IRL 16 Kn36
Belvedere Maríttimo I 45 Lq51
Belvès F 34 La46
Belzig D 21 Ln38
Bełżyce PL 23 Mc39
Benabarre E 34 La48
Benalup de Sidonia E 40 Kp54
Benamaurel E 41 Ks53
Benavente E 33 Kp49
Benavides E 33 Kp48
Bendorf D 26 Lh40
Benejama E 42 Ku52
Benešov CZ 27 Lp41
Benevento I 44 Lp49
Bengtsfors S 13 Ln31
Benicarló E 42 La50
Benicasim = Benicàssim E 42 La50
Benicàssim E 42 La50
Benidorm E 42 Ku52
Benifaió E 42 Ku51
Benkovac HR 38 Lq46
Bénodet F 24 Kq43
Bensheim D 26 Lj41
Beograd SRB 39 Ma46
Beograd-Surcin SRB 39 Ma46
Berat AL 46 Lu50
Berazino BY 15 Mj36
Berazino BY 50 Me19
Berbinzana E 34 Kt48
Berceto I 36 Lk46
Berchtesgaden D 27 Ln43
Berck-Plage F 19 Lb40
Berdía E 32 Km48
Bere Regis GB 18 Ks40
Berești RO 30 Mh44
Berettyóújfalu H 29 Mb43
Berg N 5 Ln25
Berga E 34 Lb48
Bergamo I 36 Lk45
Bergara E 34 Ks47
Bergeforsen S 10 Ls28
Bergen D 21 Lk38
Bergen D 21 Lo36
Bergen N 8 Lf30
Bergen op Zoom NL 19 Le39
Berger N 12 Ll31
Bergerac F 34 La46
Bergheim D 20 Lg40
Bergo FIN 10 Mb28
Bergsfjord N 2 Ls21
Bergshamra S 14 Lt31
Bergsjö S 9 Ls29
Bergsviken S 6 Mb25
Bergues F 19 Lc40
Bergviken S 6 Lt24
Beringen B 20 Lf39
Berja E 41 Ks54
Berkåk N 9 Lk28
Berkovica BG 39 Md47
Berkovici BIH 38 Lt47
Berlanga E 40 Kp52
Berlanga de Duero E 33 Ks49
Berlevåg N 3 Mj20
Berlin D 21 Lo38
Bermeo E 34 Ks47
Bermillo de Sayago E 33 Ko49
Bern CH 26 Lh44
Bernalda I 45 Lr50
Bernartice CZ 27 Lp41
Bernāti LV 14 Ma34
Bernau D 21 Lo38
Bernaville F 25 Lc40
Bernay F 25 La41
Bernburg D 21 Lm39
Berndorf A 28 Lr43
Bernkastel-Kues D 26 Lh41
Bernsdorf D 21 Lp39
Beronovo BG 31 Mg48
Beroun CZ 27 Lp41
Berovo MK 39 Mc49
Berre-l'Étang F 35 Lf47
Bersenbrück D 20 Lh38
Bertestii de Jos RO 31 Mh46
Bertincourt F 19 Ld40
Bertrix B 26 Lf41
Berwick-upon-Tweed GB 17 Ks35
Berzence H 38 Ls44
Bērzpils LV 15 Mh34
Besalú E 35 Lc48
Besançon F 26 Lg43
Bešankovičy BY 50 Me18
Besenyszög H 29 Ma43
Bessèges F 35 Le46
Best NL 20 Lf39
Bestwig D 20 Lj39
Betanzos E 32 Km47
Bétera E 42 Ku51
Beteta E 41 Ks50
Béthune F 19 Lc40
Bettna S 13 Lr32
Béttola I 36 Lk46
Betton F 24 Kt42
Bettyhill GB 17 Kq32
Betws-y-Coed GB 18 Kr37
Betzdorf D 20 Lh40
Beveren B 19 Le39
Beverley GB 19 Ku37
Beverstedt D 20 Lj37
Beverungen D 20 Lk39
Bezas E 42 Kt50
Bezdan SRB 38 Lt45
Béziers F 35 Ld47
Biała Piska PL 23 Mc37
Biała Podlaska PL 23 Md38
Białka PL 28 Ma41
Białobrzegi PL 23 Ma39
Białobrzegi PL 29 Mc40
Białogard PL 22 Lq36
Białopole PL 23 Md40
Białowieża PL 23 Md38
Biały Bór PL 22 Lr37
Białystok PL 23 Md37
Bianco I 45 Lr52
Biarritz F 34 Kt47
Biasca CH 26 Lj44
Bibbiena I 37 Lm47
Biberach D 26 Lk42
Bicaj AL 39 Ma49
Bicaz RO 30 Mg44
Bicaz-Chei RO 30 Mf44
Bicester GB 18 Kt39
Bicske H 28 Lt43
Bideford GB 18 Kq39
Bie S 13 Lr31
Biecz PL 29 Mb41
Biedenkopf D 20 Lj40
Biedjovaggigruver N 2 Mc21
Biel = Bienne CH 26 Lh43
Biel E 34 Ku48
Bielawa PL 28 Lr40
Bielefeld D 20 Lj38
Bielice PL 22 Lu37
Biella I 36 Lj45
Bielsa E 34 La48
Bielsk PL 22 Lu38
Bielsko-Biała PL 28 Lu41
Bielsk Podlaski PL 23 Md38
Bienenbüttel D 21 Ll37
Bieniów PL 21 Lq39
Bienne = Biel CH 26 Lh43
Bierdzany PL 28 Lt40
Biertan RO 29 Me44
Bierutów PL 22 Ls39
Biescas E 34 Ku48
Biesiekierz PL 22 Lr36
Bièvre B 26 Lf41
Bieżuń PL 22 Lu38
Biggar GB 17 Kr35
Biggleswade GB 19 Ku38
Bihać BIH 38 Lq46
Biharia RO 29 Mb43
Biharkeresztes H 29 Mb43
Biharnagybajom H 29 Mb43
Bihirești RO 30 Mh44
Bijeljina BIH 38 Lu46
Bijelo Polje MNE 39 Lu47
Bilbao = Bilbo E 33 Ks47
Bilbo = Bilbao E 33 Ks47
Bilbor RO 30 Mf43
Bilčice CZ 28 Ls41
Bíldudalur IS 4 Jj13
Bileća BIH 38 Lt48
Biled RO 39 Ma45
Biłgoraj PL 29 Mc40
Bílina CZ 27 Lo40
Bilisht AL 46 Ma50
Bilje HR 38 Lt45
Bilka BG 31 Mh48
Billdal S 13 Lm33
Billingsfors S 13 Ln32
Billom F 35 Ld45
Bílovec CZ 28 Ls41
Bilto N 2 Mb21
Binarowa PL 29 Mb41
Binche B 19 Le40
Binéfar E 34 La49
Bingen D 26 Lh41
Bingham GB 19 Ku38
Bingsjö S 9 Lq29
Binz D 21 Lo36
Bioča MNE 39 Lu48
Biograd na moru HR 38 Lq47
Birchiș RO 39 Mc45
Bircza PL 29 Mc41
Biri N 9 Ll30
Birkeland N 12 Lh32
Birkeland N 12 Lj32
Birkenfeld D 26 Lh41
Birkenhead GB 18 Kr37
Birkerød DK 13 Ln35
Birmingham GB 18 Ks38
Birr IRL 16 Kn37
Birštonas LT 23 Me36
Biruința MD 30 Mj43
Biržai LT 15 Me34
Birži LV 15 Mf34
Bisáccia I 45 Lq49
Biscarrosse F 34 Kt46
Biscéglie I 45 Lr49
Bischofshofen A 27 Lo43
Bischofswerda D 21 Lp39
Bischwiller F 26 Lh42
Bishop Auckland GB 17 Kt36
Bishop's Stortford GB 19 La39
Biskupiec PL 23 Ma37
Bismark D 21 Lm38
Bismo N 8 Lj29
Bispgården S 9 Lr28
Bistreț RO 39 Md47
Bistrica BIH 38 Ls46
Bistrica MNE 38 Lu47
Bistrica MNE 38 Lu48
Bistrița RO 29 Me43
Bisztynek PL 22 Ma36
Bitburg D 26 Lg41
Bitche F 26 Lh41
Bitola MK 46 Mb49
Bitonto I 45 Lr49
Bitterfeld D 21 Ln39
Bitti I 43 Lk50
Bivona I 44 Lo53
Bjahoml' BY 50 Me18
Bjala BG 31 Mf47
Bjala BG 31 Mh48
Bjala čerkva BG 31 Me49
Bjala Slatina BG 39 Md47
Bjalyničy BY 50 Me19
Bjärnum S 13 Lo34
Bjaroza BY 23 Me38
Bjarozauka BY 23 Mf37
Bjärred S 13 Lo35
Bjästa S 10 Lt27
Bjelovar HR 38 Lr45
Bjerkvik N 6 Ls22
Bjerringbro DK 12 Lk34
Björbo S 9 Lp30
Bjørkelangen N 9 Lm31
Bjorkliden S 6 Lt22
Björklinge S 10 Ls30
Bjorklund S 6 Lt25
Bjorkoby FIN 10 Mb27
Björksele S 6 Lt26
Bjørn N 5 Ln24
Bjørna N 5 Lr22
Björna S 10 Lt27
Björneborg S 13 Lp31
Bjørnevatn N 3 Mk21
Bjørnstad N 3 Ml21
Bjurholm S 10 Lu27
Bjursås S 9 Lq30
Bjuv S 13 Ln34
Blace SRB 39 Mb47
Blackburn GB 18 Ks37
Blackpool GB 18 Kr37
Blaenavon GB 18 Kr39
Blagaj BIH 38 Ls47
Blagoevgrad BG 39 Md48
Blaiken S 5 Lr25
Blain F 24 Kt43
Blairgowrie GB 17 Kr34
Blaj RO 29 Md44
Błąkały PL 23 Mc36
Blakstad N 12 Lj32
Blâmont F 26 Lg42
Blandford Forum GB 18 Ks40
Blanes E 35 Lc49
Blangy-sur-Bresle F 25 Lb41
Blankaholm S 13 Lr33
Blankenberge B 19 Ld39
Blankenburg D 21 Ll39
Blankenheim D 26 Lg40
Blanzac F 24 La45
Blarney IRL 16 Km39
Błaszki PL 22 Lt39
Blatnica BIH 38 Ls46
Blato HR 38 Lr48
Blaubeuren D 26 Lk42
Blaufelden D 26 Lk41
Blåvand DK 12 Lj35
Blaye F 34 Ku45
Blaževo SRB 39 Ma47
Blāzma LV 14 Mc33
Bleckede D 21 Ll37
Bled SLO 27 Lp44
Bleiburg A 27 Lp44
Bleik N 2 Lq21
Bleikvassli N 5 Lo25
Bléneau F 25 Lc43
Bleré F 25 La43
Blerick NL 20 Lf39
Bletterans F 25 Lf44
Blieskastel D 26 Lh41
Blinisht AL 39 Lu49
Blizne PL 29 Mb41
Blois F 25 Lb43
Blokhus DK 12 Lk33
Blombacka S 13 Lo31
Blönduós IS 4 Jk13
Błonie PL 22 Ma38
Błotno PL 21 Lq37
Bludenz A 26 Lk43
Blumau A 28 Lr43
Blumberg D 26 Lj43
Blyth GB 17 Kt35
Bø N 12 Lk31
Boal E 33 Ko47
Boat of Garten GB 17 Kr33
Bobâlna RO 29 Md43
Bóbbio I 36 Lk46
Bobigny F 25 Lc42
Bobingen D 27 Ll42
Böblingen D 26 Lk42
Bobolice PL 22 Lr37
Boboševo BG 39 Md48
Bobovdol BG 39 Md48
Bobr BY 50 Me18
Bobrowice PL 21 Lq39
Bočac BIH 38 Ls46
Bochnia PL 29 Ma41
Bocholt D 20 Lg39
Bochum D 20 Lh39
Bockara S 13 Lr33
Bockenem D 21 Ll38
Bócki PL 23 Md38
Bocșa RO 39 Mb45
Bocsig RO 29 Mb44
Bod RO 31 Mf45
Boda S 9 Lq29
Böda S 14 Ls33
Bođani SRB 38 Lu45
Bodators S 13 Lp33
Boden S 6 Mb25
Bodenwerder D 20 Lk39
Bodmin GB 18 Kq40
Bodø N 5 Lp23
Bodoc RO 30 Mf45
Bodrost BG 39 Md48
Bodsjö S 9 Lp28
Bodzentyn PL 23 Ma40
Boën F 35 Le45
Bogarra E 41 Ks52
Bogatić SRB 38 Lu46
Bogatynia PL 21 Lp40
Bogdana RO 30 Mh44
Bogë AL 39 Lu48
Bogen D 27 Ln42
Bogen N 5 Ls22
Bogense DK 12 Ll35
Bogetići MNE 38 Lt48
Bognes N 5 Lr22
Bognor Regis GB 18 Ku40
Bogny-sur-Meuse F 19 Le41
Bogova RO 39 Mc46
Bogutovac SRB 39 Ma47
Bohain-en-Vermandois F 25 Ld41
Bohdalov CZ 28 Lq41
Bohonal de Ibor E 41 Kp51
Böhönye H 28 Ls44
Boiro E 32 Km48
Bois-le-Roi F 25 Lc42
Boizenburg D 21 Ll37
Bojano I 44 Lp49
Bojanovo BG 31 Mg48
Bojanów PL 29 Mb40
Bojanowo PL 22 Lr39
Bøjden DK 21 Ll35
Bojka BG 31 Mf47
Bojnik SRB 39 Mb47
Boksjon S 5 Lq25
Bol HR 38 Lr47
Bolaños de Calatrava E 41 Kr52
Bolbec F 25 La41
Boldești Scăeni RO 31 Mg45
Bolesławiec PL 22 Lq39
Bolewicko PL 22 Lr38
Bolhó H 38 Ls44
Boliden S 6 Ma26
Bolintin-Vale RO 31 Mf46
Boljanići MNE 38 Lu47
Boljevac SRB 39 Mb47
Bolków PL 22 Lr40
Bollebygd S 13 Ln33
Bollène F 35 Le46
Bollnäs S 9 Lr29
Bollstabruk S 10 Ls28
Bollullos del Condado E 40 Ko53
Bologna I 37 Lm46
Bolsena I 37 Ln48
Bolsward NL 20 Lf37
Boltaña E 34 La48
Bolton GB 18 Ks37
Bolungarvík IS 4 Jj12
Bolzano = Bozen I 27 Lm44
Bombarral P 32 Kl51
Boñar E 33 Kp48
Bonar Bridge GB 17 Kq33
Bonäs S 9 Lp29
Bondeno I 37 Lm46
Bonifacio F 43 Lk49
Bonn D 20 Lh40
Bonnat F 25 Lb44
Bonnétable F 25 La42
Bonneval F 25 Lb42
Bonneville F 26 Lg44
Bono I 43 Lk50
Bonorva I 43 Lj50
Bonyhád H 38 Lt44
Boo S 14 Lt31
Boom B 19 Le39
Bopfingen D 27 Ll42
Boppard D 26 Lh40
Bor CZ 27 Ln41
Bor S 13 Lp33
Bor SRB 39 Mc46
Borås S 13 Ln33
Borba P 40 Kn52
Borca RO 30 Mf43
Bordeaux F 34 Ku46
Bordeira P 40 Km53
Bordesholm D 21 Ll36
Borðeyri IS 4 Jk13
Bordighera I 36 Lh47
Borek Wielkopolski PL 22 Ls39
Borensberg S 13 Lq32
Borga = Porvoo FIN 11 Mf30
Borgarfjörður IS 4 Kd13
Borgarnes IS 4 Jk13
Borgentreich D 20 Lk39
Borger NL 20 Lg38
Borgholm S 13 Lr34
Borgomanero I 36 Lj45
Borgorose I 37 Lo48
Borgo San Dalmazzo I 36 Lh46
Borgo San Lorenzo I 37 Lm47
Borgosésia I 36 Lj45
Borgo Val di Taro I 36 Lk46
Borgo Valsugana I 37 Lm44
Borhaug N 12 Lg32
Borja E 34 Kt49
Borkavičy BY 15 Mj35
Borken D 20 Lg39
Borlänge S 9 Lq30
Borlaug N 8 Lh29
Bormes-les-Mimosas F 36 Lg47
Bórmio I 26 Ll44
Borna D 21 Ln39
Bornheim D 20 Lg40
Boroaia RO 30 Mg43
Borobia E 34 Kt49
Borovan BG 39 Md47
Borovany CZ 27 Lp42
Borovci BG 39 Md47
Borovec BG 39 Md48
Borovo BG 31 Mf47
Borrisokane IRL 16 Km38
Borșa RO 29 Me43
Borsec RO 30 Mf44
Børselv N 3 Mf20
Borsh AL 46 Lu50
Bort-les-Orgues F 35 Lc45
Börtnan S 9 Lo28
Borup DK 13 Lm35
Borve GB 17 Ko33
Borzysław PL 22 Lr36
Bosa I 43 Lj50
Bosanci HR 38 Lq45
Bosanska Dubica BIH 38 Lr45
Bosanska Gradiška BIH 38 Ls45
Bosanska Kostajnica BIH 38 Lr45
Bosanska Krupa BIH 38 Lr46
Bosanski Brod BIH 38 Ls45
Bosanski Kobaš BIH 38 Ls45
Bosanski Novi BIH 38 Lr45
Bosanski Petrovac BIH 38 Lr46
Bosanski Šamac BIH 38 Lt45
Bosansko Grahovo BIH 38 Lr46
Bosilegrad SRB 39 Mc48
Boskovice CZ 28 Lr41
Bossbøen N 8 Lj31
Boston GB 19 Ku38
Bosut SRB 38 Lu46
Böszénfa H 38 Ls44
Bote S 10 Ls27
Botești RO 30 Mg43
Botești RO 31 Mf45
Botevgrad BG 39 Md48
Boticas P 32 Kn49
Botiz RO 29 Mc43
Botngård N 9 Lk27
Botoșani RO 30 Mg43
Botsmark S 10 Ma26
Bottrop D 20 Lg39
Boueilho F 34 Ku47
Bouillon B 26 Lf41
Bouligny F 26 Lf41
Bouloc F 35 Lc46
Boulogne-Billancourt F 25 Lc42
Boulogne-sur-Gesse F 34 La47
Boulogne-sur-Mer F 19 Lb40
Bouloire F 25 La43
Bourbon-Lancy F 25 Ld44
Bourbon-l'Archambault F 25 Ld44
Bourbonne-les-Bains F 26 Lf43
Bourbriac F 24 Kr42
Bourdeaux F 35 Lf46
Bourganeuf F 25 Lb45
Bourg-Argental F 35 Le45
Bourg-en-Bresse F 25 Lf44
Bourges F 25 Lc43
Bourg-et-Comin F 25 Ld41
Bourg-Madame F 35 Lb48
Bourgneuf-en-Retz F 24 Kt43
Bourgoin-Jallieu F 35 Lf45
Bourg-Saint-Andéol F 35 Le46
Bourg-Saint-Maurice F 36 Lg45
Bournemouth GB 18 Kt40
Boussac F 25 Lc44
Boussens F 34 La47
Bouxwiller F 26 Lh42
Bovalino Mare I 45 Lr52
Bova Marina I 45 Lq53
Bovenden D 21 Lk39
Boves F 25 Lc41
Bovino I 45 Lq49
Bowes GB 17 Kt36
Bowmore GB 17 Ko35
Boxberg D 21 Lp39
Boxholm S 13 Lq32
Boxmeer NL 20 Lg39
Boxtel NL 20 Lf39
Boyle IRL 16 Km37
Božava HR 37 Lp46
Bozen = Bolzano I 27 Lm44
Bozioru RO 31 Mg45
Bozouls F 35 Lc46
Bozovici RO 39 Mb46
Bózzolo I 36 Ll45
Bra I 36 Lh46
Braås S 13 Lq33
Brabova RO 39 Md46
Bracciano I 37 Ln48
Brachlewo PL 22 Lt37
Bräcke S 9 Lq28
Brackley GB 18 Kt38
Bracknell GB 19 Ku39
Brad RO 29 Mc44
Bradaiž LV 15 Mh34
Brădeni RO 30 Me44
Bradford GB 19 Kt37
Brædstrup DK 12 Lk35
Braemar GB 17 Kr33
Braga P 32 Km49
Bragadiru RO 31 Mf46
Bragança P 33 Ko49
Brahestadt FIN 6 Me26
Brăila RO 31 Mh45
Braine F 25 Ld41
Braintree GB 19 La39
Brake D 20 Lj37
Brakel D 20 Lk39
Brålanda S 13 Ln32
Brálos GR 46 Mc52
Bramming DK 12 Lj35
Brampton GB 17 Ks36
Bramsche D 20 Lj38
Brånaberg S 5 Lr25
Branäs S 9 Ln30
Brancaleone Marina I 45 Lr53
Brandbu N 9 Ll30
Brande DK 12 Lk35
Brandenburg D 21 Ln38
Brand-Erbisdorf D 27 Lo40
Brandö FIN 10 Mb30
Brandon GB 19 La38
Brandval N 9 Lm30
Brandýs nad Labem-Stará Boleslav CZ 27 Lp40
Braniewo PL 22 Lu36
Bränna S 13 Ln32
Brańsk PL 23 Mc38
Brantôme F 24 La45
Braslau BY 15 Mh35
Brașov RO 31 Mf45
Brasschaat B 19 Le39
Brastad S 13 Lm32
Brąszewice PL 22 Lt39
Brataj AL 46 Lu50
Bratca RO 29 Mc44
Bratislava SK 28 Ls42
Bratovoești RO 39 Md46
Bråttas S 6 Mb26
Brattmon S 9 Ln30
Brattvåg N 8 Lg28
Bratunac BIH 38 Lu46
Braunau A 27 Lo42
Braunfels D 26 Lj40
Braunlage D 21 Ll39
Braunschweig D 21 Ll38
Braunton GB 18 Kq39
Bray IRL 16 Ko37
Bray-sur-Seine F 25 Ld42
Bray-sur-Somme F 25 Lc41
Brazatortas E 41 Kq52
Brbinj HR 37 Lp46
Brčko BIH 38 Lt46
Breaza RO 29 Me44
Breaza RO 31 Mf45
Brechen D 26 Lj40
Brechin GB 17 Ks34
Břeclav CZ 28 Lr42
Brecon GB 18 Kr39
Breda NL 20 Le39
Bredaryd S 13 Lo33
Bredbyn S 10 Lt27
Bredstedt D 20 Lj36
Bree B 20 Lf39
Bregenz A 26 Lk43
Bregovo BG 39 Mc46
Bréhal F 24 Kt42
Breiðdalsvík IS 4 Kd13
Breidvikeidet N 2 Lu21

Breil-sur-Roya F 36 Lh47
Breisach D 26 Lh42
Breivika N 5 Lr22
Breivkbotn N 2 Mc20
Brekken N 9 Lm28
Brekstad N 8 Lk27
Bremen D 20 Lj37
Bremerhaven D 20 Lj37
Bremervörde D 20 Lk37
Brem-sur-Mer F 24 Kt44
Breň PL 22 Lq37
Brenes E 40 Kp53
Brenna N 5 Lo25
Breno I 36 Ll45
Bréscia I 36 Ll45
Bressanone = Brixen I 27 Lm44
Bressuire F 24 Ku44
Brest BY 23 Md38
Brest F 24 Kq42
Brestovac SRB 39 Mc46
Brestovo BG 31 Me47
Brețcu RO 30 Mg44
Bretenoux F 35 Lb46
Breteuil F 25 Lc41
Breteuil-sur-Iton F 25 La42
Bretten D 26 Lj41
Breuil-Cervinia I 36 Lh45
Breuna D 20 Lk39
Breza BIH 38 Lt46
Brežice SLO 38 Lq45
Breznik BG 39 Mc48
Brezno SK 28 Lu42
Brezoi RO 39 Me45
Brezovo BG 31 Mf48
Briançon F 36 Lg46
Briare F 25 Lc43
Bribir HR 38 Lq47
Briceni MD 30 Mh42
Bricquebec F 24 Kt41
Bridge End IRL 16 Kn35
Bridgend GB 18 Kr39
Bridgnorth GB 18 Ks38
Bridgwater GB 18 Ks39
Bridlington GB 19 Ku36
Bridport GB 18 Ks40
Briec F 24 Kr42
Brie-Comte-Robert F 25 Lc42
Brienne-le-Château F 19 Le42
Brienz CH 26 Lj44
Briey F 26 Lf41
Brig CH 26 Lh44
Brighton GB 19 Ku40
Brignogan-Plages F 24 Kq42
Brignoles F 35 Lg47
Brihuega E 41 Ks50
Briksdal N 8 Lg29
Brilon D 20 Lj39
Brimnes N 8 Lg30
Brindisi I 45 Ls50
Brinje HR 37 Lq46
Brinlack IRL 16 Km35
Brintbodarna S 9 Lp30
Brionne F 25 La41
Brioude F 35 Ld45
Briouze F 24 Ku42
Brisighella I 37 Lm46
Bristol GB 18 Ks39
Brive-la-Gaillarde F 35 Lb45
Briviesca E 33 Kr48
Brixen = Bressanone I 27 Lm44
Brixham GB 18 Kr40
Brjánslækur IS 4 Jj13
Brka BIH 38 Lt46
Brnaze HR 38 Lr47
Brno CZ 28 Lr41
Bro S 14 Lt33
Broadford GB 17 Kp33
Broadstairs GB 19 Lb39
Broby S 13 Lp34
Brocēni LV 14 Mc34
Brochów PL 22 Ma38
Brod BIH 38 Lt47
Brod MK 46 Mb49
Brod MK 46 Mb50
Brodarevo SRB 39 Lu47
Brodce CZ 27 Lp40
Brodick GB 17 Kp35
Brodina de Jos RO 30 Mf43
Brodnica PL 22 Lu37
Brojce PL 22 Lq37
Brokind S 13 Lq32
Brome D 21 Ll38
Bromölla S 13 Lp34
Brömsebro S 13 Lr34
Bromsgrove GB 18 Ks38
Bromyard GB 18 Ks38
Brønderslev DK 12 Lk33
Broni I 36 Lk45
Brønnøysund N 5 Ln25
Bronte I 44 Lp53
Broons F 24 Ks42
Brora GB 17 Kr32
Brørup DK 12 Lk35
Brösarp S 13 Lp35
Brøstadbotn N 2 Ls21
Broșteni RO 39 Mc46
Broszków PL 23 Mc38
Broto E 34 Ku48
Brottby S 14 Lt31
Brou F 25 Lb42
Brough GB 17 Ks36
Broughton-in-Furness GB 17 Kr36
Broumov CZ 28 Lr40
Broutzéika GR 46 Mc53
Brouwershaven NL 19 Ld39
Brovst DK 12 Lk33
Brozas E 40 Ko51
Bruay-la-Buissière F 19 Lc40
Bruchsal D 26 Lj41
Bruck A 27 Ln43
Bruck D 27 Ln41
Bruck an der Leitha A 28 Lr42
Bruck an der Mur A 28 Lq43
Brüel D 21 Lm37
Brugg CH 26 Lj43
Brugge B 19 Ld39
Bruheim N 8 Lh29
Brûlon F 24 Ku43
Brumath F 26 Lh42
Brumov-Bylnice CZ 28 Lt41
Brumunddal N 9 Ll30
Brundby DK 12 Ll35
Bruneck = Brunico I 27 Lm44
Brunflo S 9 Lp27
Brunico = Bruneck I 27 Lm44
Brunsbüttel D 20 Lk37
Bruntál CZ 28 Ls41
Brus SRB 39 Mb47
Brusarci BG 39 Md47
Brussel B 19 Le40
Brüssow D 21 Lp37
Brusturoasa RO 30 Mg44
Bruvno HR 38 Lq46
Bruxelles B 19 Le40
Bruyères F 26 Lg42
Bruz F 24 Kt42
Bruzaholm S 13 Lq33
Brvenik SRB 39 Ma47
Brwinow PL 23 Ma38
Bryne N 12 Lf32
Brzeg PL 22 Ls40
Brzeg Dolny PL 22 Lr39
Brześć Kujawski PL 22 Lt38
Brzesko PL 29 Ma41
Brzeszcze PL 28 Lu40
Brzeszcze PL 28 Lu41
Brzeziny PL 22 Lu39
Brzostek PL 29 Mb41
Brzóza PL 23 Mb39
Brzozie Lubawskie PL 22 Lu37
Brzozów PL 29 Mc41
Buba RO 31 Mg45
Bubiai LT 15 Md35
Buccino I 45 Lq50
Buceș RO 29 Mc44
Buchen D 26 Lk41
Buchholz D 21 Lk37
Buchloe D 27 Ll42
Buchs CH 26 Lk43
Buchy F 25 Lb41
Bučionys LT 23 Me35
Buciumi RO 29 Md43
Buckhaven GB 17 Kr34
Buckingham GB 19 Ku39
Bučovice CZ 28 Lr41
Bucșani RO 31 Mf46
București RO 31 Mg46
Buczek PL 22 Lu39
Bud N 8 Lg28
Budaörs H 28 Lt43
Budapest H 28 Lu43
Buðardalur IS 4 Jk13
Buddusò I 43 Lk50
Bude GB 18 Kq40
Büdelsdorf D 21 Lk36
Budești RO 31 Mg46
Budești RO 39 Me45
Budevo SRB 39 Ma47
Büdingen D 26 Lk40
Búdrio I 37 Lm46
Budva MNE 38 Lt48
Budziszewice PL 22 Lu39
Budzyń PL 22 Lr38
Buenavista de Valdavia E 33 Kq48
Buendía E 41 Ks50
Bueu E 32 Km48
Buftea RO 31 Mf46
Bugeat F 25 Lb45
Bugojno BIH 38 Ls46
Bugøyfjord N 3 Mk21
Bugøynes N 3 Mk21
Bühl D 26 Lj42
Buhovci BG 31 Mg47
Buhovo BG 39 Md48
Buhuși RO 30 Mg44
Builth Wells GB 18 Kr38
Bujalance E 41 Kq53
Bujanovac SRB 39 Mb48
Bujaraloz E 34 Ku49
Buje HR 37 Lo45
Bukta N 2 Mc20
Bülach CH 26 Lj43
Bullas E 41 Kt52
Bulle CH 26 Lh44
Bumbești-Jiu RO 39 Md45
Bunclody IRL 16 Ko38
Buncrana IRL 16 Kn35
Bünde D 20 Lj38
Bundoran IRL 16 Km36
Bunkris S 9 Lo29
Buñol E 42 Ku51
Bureå S 6 Mb26
Buren NL 20 Lf37
Burfjord N 2 Mc21
Burg D 21 Lm36
Burg D 21 Lm38
Burgas BG 31 Mh48
Burgdorf CH 26 Lh43
Burgdorf D 21 Ll38
Burgebrach D 27 Ll41
Burgess Hill GB 19 Ku40
Burghausen D 27 Ln42
Burgillos del Cerro E 40 Ko52
Burglengenfeld D 27 Ln41
Burgo P 32 Km50
Burgohondo E 33 Kq50
Burgos E 33 Kr48
Burgstädt D 21 Ln40
Burgsvik S 14 Lt33
Burgui E 34 Kt48
Burila Mare RO 39 Mc46
Burjassot E 42 Ku51
Burnham-on-Crouch GB 19 La39
Burnham-on-Sea GB 18 Ks39
Burnley GB 18 Ks37
Burrel AL 46 Ma49
Burriana E 42 Ku51
Burseryd S 13 Lo33
Bürstadt D 26 Lj41
Burton-upon-Trent GB 18 Kt38
Burträsk S 6 Ma26
Bury GB 18 Ks37
Bury Saint Edmunds GB 19 La38
Busalla I 36 Lj46
Bușăuca MD 30 Mj43
Busca I 36 Lh46
Busemarke DK 21 Ln36
Buševic HR 38 Lr46
Busići MK 46 Mb49
Busko-Zdrój PL 29 Ma40
Busovača BIH 38 Ls46
Bussum NL 20 Lf38
Bușteni RO 31 Mf45
Busto Arsizio I 36 Lj45
Büsum D 20 Lj36
Butan BG 39 Md47
Butrint AL 46 Ma51
Buttstädt D 21 Lm39
Butzbach D 26 Lj40
Bützow D 21 Lm37
Buxtehude D 21 Lk37
Buxton GB 18 Kt37
Buxy F 19 Le44
Buzançais F 25 Lb44
Buzancy F 19 Le41
Buzău RO 31 Mg45
Buzescu RO 31 Mf46
Buzet HR 37 Lo45
Buziaș RO 39 Mb45
Bychawa PL 23 Mc39
Bychov BY 50 Mf19
Byczyna PL 22 Lt39
Bydgoszcz PL 22 Ls37
Bygdeå S 10 Ma26
Bygdisheim N 8 Lj29
Bygdsiljum S 6 Ma26
Bygland N 12 Lh32
Byglandsfjord N 12 Lh32
Bykle N 12 Lh31
Byrkjedal N 12 Lg32
Byrkjelo N 8 Lg29
Byske S 6 Mb26
Bysław PL 22 Ls37
Bystrice nad Pernštejnem CZ 28 Lr41
Bystrzyca Kłodzka PL 28 Lr40
Byszyno PL 22 Lr37
Bytča SK 28 Lt41
Bytom PL 28 Lt40
Bytom Odrzański PL 22 Lq39
Bytoń PL 22 Lt38
Bytów PL 22 Ls36
Byxelkrok S 14 Ls33

C

Cabañaquinta E 33 Kp47
Cabanes E 42 La50
Cabeza del Buey E 41 Kp52
Cabezas Rubias E 40 Kn53
Cabezón de la Sal E 33 Kq47
Cabezuela del Valle E 33 Kp50
Cabourg F 24 Ku41
Cabra E 41 Kq53
Cábras I 43 Lj51
Čačak SRB 39 Ma47
Cáccamo I 44 Lo53
Čaččevičy BY 50 Me19
Čaččrsk BY 50 Mf19
Cacela Velha P 40 Kn53
Cáceres E 40 Ko51
Cachopo P 40 Kn53
Cadaqués E 35 Ld48
Čadca SK 28 Lt41
Cadenet F 35 Lf47
Cadillac F 34 Ku46
Cádiz E 40 Ko46
Caen F 24 Ku41
Caernarfon GB 18 Kq37
Caerphilly GB 18 Kr39
Caersws GB 18 Kr38
Cagli I 37 Ln47
Cágliari I 43 Lk51
Cagnano Varano I 38 Lq49
Cagnes-sur-Mer F 36 Lh47
Caher IRL 16 Kn38
Caherdaniel IRL 16 Kk39
Cahersiveen IRL 16 Kk39
Cahors F 35 Lb46
Cahul MD 30 Mj45
Căinari MD 30 Mk44
Căinarii Vechi MD 30 Mj43
Căineni RO 39 Me45
Cairnryan GB 17 Kp36
Cáiro Montenotte I 36 Lj46
Cajarc F 35 Lb46
Čajniče BIH 38 Lu47
Čakovec HR 28 Lr44
Calaceite E 34 La49
Calaf E 34 Lb49
Calafat RO 39 Mc47
Calahorra E 34 Kt48
Calais F 19 Lb40
Cala Millor E 42 Ld51
Calamocha E 42 Kt50
Călan RO 39 Mc45
Calañas E 40 Ko53
Calanda E 42 Ku50
Calangiánus I 43 Lk50
Cala Rajada E 42 Ld51
Călărași MD 30 Mj43
Călărași RO 31 Mh46
Calasparra E 41 Kt52
Calatafimi I 44 Ln53
Calatañazor E 33 Ks49
Calatayud E 34 Kt49
Calau D 21 Lo39
Calbe D 21 Lm39
Caldaro = Kaltern I 27 Lm44
Caldas da Reinha P 32 Kl51
Caldas de Reis E 32 Km48
Caldes de Montbui E 35 Lc49
Calella E 35 Lc49
Calenzana F 43 Lj48
Caleruega E 33 Kr49
Călimănești RO 39 Me45
Callac F 24 Kr42
Callan IRL 16 Kn38
Callander GB 17 Kq34
Callanish GB 17 Ko32
Callosa de Segura E 42 Ku52
Čalma SRB 38 Lu45
Calp E 42 La52
Calpe = Calp E 42 La52
Caltabellotta I 44 Lo53
Caltagirone I 44 Lp53
Caltanissetta I 44 Lp53
Călugăreni RO 31 Mf46
Calvi F 43 Lj48
Calvià E 42 Lc51
Calw D 26 Lj42
Calzada de Calatrava E 41 Kr52
Camaiore I 36 Ll47
Camarasa E 34 La49
Camarès F 35 Lc47
Camaret-sur-Mer F 24 Kq42
Camas E 40 Ko53
Cambados E 32 Km48
Cambo-les-Bains F 34 Kt47
Camborne GB 18 Kp40
Cambrai F 25 Ld40
Cambridge GB 19 La38
Cambrils E 34 Lb49
Camelford GB 18 Kq40
Camenca MD 30 Mj42
Camerino I 37 Lo47
Camerota I 45 Lq50
Caminha P 32 Km49
Camineal E 42 Kt50
Cammarata I 44 Lo53
Camp IRL 16 Kl38
Campanario E 41 Kp52
Campanas E 34 Kt48
Campbeltown GB 17 Kp35
Câmpeni RO 29 Md44
Campi Bisénzio I 37 Lm47
CâmpieTurzii RO 29 Md44
Campiglia Marittima I 36 Ll47
Campillo de Llerena E 40 Kp52
Campillos E 41 Kq53
Câmpina RO 31 Mf45
Campo E 34 La48
Campobasso I 44 Lp49
Campo de Criptana E 41 Kr51
Campo Ligure I 36 Lj46
Campo Maior P 40 Kn52
Camporrobles E 42 Kt51
Campos E 42 Ld51
Campotéjar E 41 Kr53
Campo Túres = Sand in Taufers I 27 Lm44
Câmpu lui Neag RO 39 Md45
Câmpulung RO 31 Mf45
Câmpulung Moldovenesc RO 30 Mf43
Câmpuri RO 30 Mg44
Canabal E 32 Kn48
Canale I 36 Lh46
Canals E 42 Ku52
Cañaveral E 40 Ko51
Cañaveras E 41 Ks50
Canazei I 27 Lm44
Cancale F 24 Kt42
Cancon F 34 La46
Candé F 24 Kt43
Candeleda E 33 Kp50
Canelli I 36 Lj46
Cañete E 42 Kt50
Canet-Plage F 35 Ld48
Canfranc E 34 Ku48
Cangas E 32 Km48
Cangas del Narcea E 33 Ko47
Cangas de Onís E 33 Kp47
Canicattì I 44 Lo53
Caniles E 41 Ks53
Cañizal E 33 Kp49
Canjáyar E 41 Ks54
Cannes F 36 Lh47
Cannóbio I 36 Lj44
Canosa di Púglia I 45 Lr49
Cantalejo E 33 Kr49
Cantalpino E 33 Kp49
Cantanhede P 32 Km50
Cantavieja E 42 Ku50
Cantemir MD 30 Mj44
Canterbury GB 19 Lb39
Cantillana E 40 Kp53
Cantoria E 41 Ks53
Cantù I 36 Lk45
Cáorle I 37 Ln45
Capáccio I 44 Lq50
Caparroso E 34 Kt48
Capbreton F 34 Kt47
Cap d'Agde F 35 Ld47
Capdenac-Gare F 35 Lc46
Cap Ferret F 34 Kt46
Capidava RO 31 Mj46
Capinha P 32 Kn50
Čapljina BIH 38 Ls47
Capo d'Orlando I 44 Lp52
Capri I 44 Lp50
Captieux F 34 Ku46
Cápua I 44 Lp49
Caracal RO 31 Me46
Caraman F 35 Lb47
Caranga de Abajo E 33 Ko47
Caransebeș RO 39 Mc45
Carantec F 24 Kr42
Caravaca de la Cruz E 41 Kt52
Carballiño E 32 Km48
Carballo E 32 Km47
Carboneras E 41 Kt54
Carboneras de Guadazaón E 41 Kt51
Carbónia I 43 Lj51
Carbonne F 34 Lb47
Carcans F 34 Kt45
Carcans-Plage F 24 Kt45
Carcassonne F 35 Lc47
Carcastillo E 34 Kt48
Carcelén E 42 Kt51
Cardeña E 41 Kq52
Cardiff GB 18 Kr39
Cardigan GB 18 Kq38
Cardona E 34 Lb49
Carei RO 29 Mc43
Carentan F 24 Kt41
Carevo BG 31 Mh48
Cargèse F 43 Lj48
Carhaix-Plouguer F 24 Kr42
Cariati I 45 Lr51
Carignan F 26 Lf41
Cariñena E 34 Kt49
Carini I 44 Lo52
Carinish GB 17 Kn33
Carínola I 44 Lo49
Car Kalojan BG 31 Mg47
Cârlibaba RO 30 Mf43
Carlisle GB 17 Ks36
Carloforte I 43 Lj51
Carlow IRL 16 Ko38
Carloway GB 17 Ko32
Carmagnola I 36 Lh46
Carmarthen GB 18 Kq39
Carmaux F 35 Lc46
Cármenes E 33 Kp48
Carmona E 40 Kp53
Carnac F 24 Kr43
Carndonagh IRL 16 Kn35
Carnew IRL 16 Ko38
Carnforth GB 17 Ks36
Čarnikava LV 15 Me33
Čarnjany BY 23 Me39
Carnoustie GB 17 Ks34
Carolinensiel D 20 Lh37
Carpen RO 39 Md46
Carpentras F 35 Lf46
Carpi I 37 Ll46
Carquefou F 24 Kt43
Carrara I 36 Ll46
Carrascosa del Campo E 41 Ks50
Carrbridge GB 17 Kr33
Carrickfergus GB 17 Kp36
Carrickmacross IRL 16 Ko37
Carrick-on-Shannon IRL 16 Km37
Carrick-on-Suir IRL 16 Kn38
Carrión de los Condes E 33 Kq48
Carrouges F 24 Ku42
Carryduff GB 17 Kp36
Cartagena E 42 Ku53
Cartaxo P 32 Km51
Cartaya E 40 Kn53
Cârvarica BG 39 Mc48
Carvin F 19 Lc40
Casacalenda I 44 Lp49
Casa de Juan Núñez E 41 Kt51
Casalbordino I 37 Lp48
Casale Monferrato I 36 Lj45
Casalmaggiore I 36 Ll46
Casalpusterlengo I 36 Lk45
Casamássima I 45 Lr50
Casamozza F 43 Lk48
Casarano I 45 Lt50
Casas de Lázaro E 41 Ks52
Casas del Puerto E 42 Kt52
Casas-Ibáñez E 42 Kt51
Casavieja E 33 Kq50
Cascais P 40 Kl52
Cascante E 34 Kt49
Cáscia I 37 Lo48
Casciana Terme I 36 Ll47
Cáscina I 36 Ll47
Căscioarele RO 31 Mg46
Caselle Torinese I 36 Lh45
Caserta I 44 Lp49
Cashel IRL 16 Kn38
Casimcea RO 31 Mj46
Casinos E 42 Ku51
Čáslav CZ 28 Lq41
Čašniki BY 50 Me18
Cásoli I 37 Lp48
Casória I 44 Lp50
Caspe E 34 Ku49
Cassano allo Iónio I 45 Lr51
Cassel F 19 Lc40
Cassino I 44 Lo49
Cassis F 35 Lf47
Castagneto Carducci I 36 Ll47
Castañar de Ibor E 41 Kp51
Castanheira de Pira P 32 Km51
Castejón de Valdejasa E 34 Ku49
Castelbuono I 44 Lp53
Castèl di Sangro I 44 Lp49
Castelfidardo I 37 Lo47
Castelfranco Emilia I 37 Lm46
Castelfranco Véneto I 37 Lm45
Casteljaloux F 34 La46
Castellabate I 44 Lp50
Castellammare del Golfo I 44 Ln52
Castellammare di Stábia I 44 Lp50
Castellane F 36 Lg47
Castellaneta I 45 Lr50
Castellaneta Marina I 45 Lr50
Castellar de Santiago E 41 Kr52
Castell'Arquato I 36 Lk46
Castelldans E 34 La49
Castelldefels E 34 Lb49
Castell de Ferro E 41 Kr54
Castelló de la Plana E 42 Ku51
Castelnaudary F 34 Lb47
Castelnau-de-Médoc F 34 Ku45
Castelnau-Magnoac F 34 La47
Castèlnovo ne'Monti I 36 Ll46
Castelnuovo di Garfagnana I 36 Ll46
Castelo Branco P 32 Kn51
Castelo de Vide P 32 Kn51
Castèl San Giovanni I 36 Lk45
Castèl San Pietro Terme I 37 Lm46
Castelsardo I 43 Lj50
Castelsarrasin F 34 Lb46
Casteltérmini I 44 Lo53
Castelvetrano I 44 Ln53
Castets F 34 Kt47
Castiglioncello I 36 Ll47
Castiglione della Pescáia I 37 Ll48
Castiglione delle Stiviere I 37 Ll45
Castiglione sul Lago I 37 Ln47
Castiglion Fiorentino I 37 Lm47
Castilblanco E 41 Kp51
Castillejo de Martin Viejo E 32 Ko50
Castillon-en-Couserans F 34 Lb48
Castillonnès F 34 La46
Castlebar IRL 16 Kl37
Castlebay GB 17 Kn34
Castleblayney IRL 16 Ko36
Castle Douglas GB 17 Kr36
Castleisland IRL 16 Kl38
Castlepollard IRL 16 Kn37
Castlerea IRL 16 Km37
Castletown GB 17 Kq36
Castletown GB 17 Kr32
Castletownbere IRL 16 Kl39
Castres F 35 Lc47
Castricum NL 20 Le38
Castril E 41 Ks53
Castrocaro Terme I 37 Lm46
Castro Daire P 32 Kn50
Castro del Rio E 41 Kq53
Castrojeriz E 33 Kq48
Castropol E 33 Kn47
Castro-Urdiales E 33 Kr47
Castro Verde P 40 Km53
Castrovillari I 45 Lr51
Castuera E 41 Kp52
Catánia I 44 Lq53
Catanzaro I 45 Lr52
Catanzaro Marina I 45 Lr52
Cateraggio F 43 Lk48
Cathédrale de Lausanne CH 26 Lg44
Cattólica I 37 Ln47
Căuaș RO 29 Mc43
Caudry F 25 Ld40
Caumont-l'Éventé F 24 Ku41
Caunes-Minervois F 35 Lc47
Cauro F 43 Lj49
Căușeni MD 52 Me22
Caussade F 35 Lb46
Cauterets F 34 Ku48
Cava de'Tirreni I 44 Lp50
Cavaillon F 35 Lf47
Cavalaire-sur-Mer F 36 Lg47
Cavalese I 37 Lm44
Cavan IRL 16 Kn37
Căvăran RO 39 Mc45
Cavnic RO 29 Md43
Cavour I 36 Lh46
Cavtat HR 38 Lt48
Čavusy BY 50 Mf19
Cayeux-sur-Mer F 19 Lb40
Çayırova = Agios Theodoros CY 54 Mh28
Caylus F 35 Lb46
Cazalla de la Sierra E 40 Kp53
Cazaubon F 34 Ku47
Cazin BIH 38 Lq46
Čazma HR 38 Lr45
Cazorla E 41 Ks53
Ččrven' BY 50 Me19
Ččrykav BY 50 Mf19
Cea E 33 Kq48
Ceadâr-Lunga MD 30 Mj44
Ceanu Mare RO 29 Md44
Ceatalchioi RO 30 Mj45
Cebreros E 33 Kq50
Čečava BIH 38 Ls46
Ceccano I 44 Lo49
Cece H 28 Lt44
Čechtice CZ 27 Lq41
Cécina I 36 Ll47
Cedeira E 32 Km47
Cedillo E 32 Kn51
Cedrillas E 42 Ku50
Cée E 32 Kl48
Cefalù I 44 Lp52
Cegléd H 28 Lu43
Céglie Messápica I 45 Ls50
Cehegín E 41 Kt52
Cehu Silvaniei RO 29 Md43
Čejč CZ 28 Lr42
Čekiškė LT 15 Md35
Celano I 37 Lo48
Celanova E 32 Kn48
Celbridge IRL 16 Ko37
Čelebići BIH 38 Lt47
Čelić BIH 38 Lt46
Čelinac Donji BIH 38 Ls46
Celjachany BY 23 Mf38
Celje SLO 38 Lq44
Cella E 42 Kt50
Celldömölk H 28 Ls43
Celle D 21 Ll38
Celle Lígure I 36 Lj46
Celorico da Beira P 32 Kn50
Cel'ovce SK 29 Mb42
Cemerno BIH 38 Lt47
Čenovo BG 31 Mf47
Centelles E 35 Lc49
Cento I 37 Lm46
Čepigova MK 46 Mb49
Čepin HR 38 Lt45
Čer MK 46 Mb49
Čerachavka BY 50 Mf19
Cerbère F 35 Ld48
Cercal P 40 Km53
Cerdeira P 32 Kn50
Čereševo BG 31 Mg47
Ceresole Reale I 36 Lh45
Céret F 35 Lc48
Cerezo de Abajo E 33 Kr49
Cerfontaine B 19 Le40
Cerignola I 45 Lq49
Cérilly F 25 Lc44
Cerizay F 24 Ku44
Cerknica SLO 37 Lp45
Cermei RO 29 Mb44
Cerna HR 38 Lt45
Cerna RO 31 Mj45
Cerna-Sat RO 39 Mc45
Cernavodă RO 31 Mj46
Cernay F 26 Lh43
Cernégula E 33 Kr48
Cernica RO 31 Mg46
Černovice CZ 27 Lp41
Cerovica SRB 39 Mc47
Cerrigydrudion GB 18 Kr37
Cërrik AL 46 Lu49
Certaldo I 37 Lm47
Čertižné SK 29 Mb41
Červena Skalá SK 28 Ma42
Červená Voda CZ 28 Lr40
Červen Brjag BG 39 Me47
Cervera E 34 Lb49
Cervera del Río Alhama E 34 Kt48
Cervera de Pisuerga E 33 Kq48
Cervéteri I 37 Ln49
Cérvia I 37 Ln46
Cervignano di Friuli I 37 Lo45
Cešaulja BY 23 Mf37
Cesena I 37 Ln46
Cesenático I 37 Ln46
Cēsis LV 15 Mf33
Česká Kamenice CZ 27 Lp40
Česká Kubice CZ 27 Ln41
Česká Lípa CZ 27 Lp40
České Budějovice CZ 27 Lp42
České Velenice CZ 27 Lp42
Český Brod CZ 27 Lp40
Český Dub CZ 27 Lp40
Český Krumlov CZ 27 Lp42
Český Těšín CZ 28 Lt41
Cesvaine LV 15 Mg34
Cetatea de Baltă RO 29 Me44
Cetățeni RO 31 Mf45
Cetingrad HR 38 Lq45
Cetinje MNE 38 Lt48
Cetraro I 45 Lq51
Ceva I 36 Lj46
Cewice PL 22 Ls36
Chabanais F 24 La45
Chabeuil F 35 Lf46
Chablis F 25 Ld43
Chabovičy BY 23 Me38
Chabris F 25 Lb43
Chagny F 19 Le44
Chaillé-les-Marais F 24 Kt44
Chalais F 34 La45
Chalamera E 34 La49
Chalamont F 25 Lf45
Chalette-sur-Loing F 25 Lc42
Challans F 24 Kt44
Châlons-en-Champagne F 19 Le42
Chalon-sur-Saône F 19 Le44
Châlus F 24 La45
Cham CH 26 Lj43
Cham D 27 Ln41
Chambéry F 36 Lf45
Chambley F 26 Lf41
Chambly F 25 Lc41
Chamonix-Mont-Blanc F 36 Lg45
Champagne-Mouton F 24 La45
Champagnole F 26 Lf44
Champlitte-et-le-Prélot F 26 Lf43
Chantada E 32 Kn48
Chantelle F 25 Ld44
Chantilly F 25 Lc41
Chantonnay F 24 Kt44
Chaource F 19 Le42
Charleroi B 19 Le40
Charlestown IRL 16 Km37
Charleville IRL 16 Km38
Charleville-Mézières F 19 Le41
Charlieu F 19 Le44
Charlottenberg S 9 Ln31
Charmes F 26 Lg42
Charny F 25 Ld43
Charolles F 19 Le44
Charost F 25 Lc44
Chartres F 25 Lb42
Château-Arnoux F 35 Lg46
Châteaubourg F 24 Kt42
Châteaubriant F 24 Kt43
Château-Chinon F 25 Ld43
Château-du-Loir F 24 La43
Châteaudun F 25 Lb42
Châteaugiron F 24 Kt42
Château-Gontier F 24 Ku43
Château-Landon F 25 Lc42
Château-la-Vallière F 24 La43
Château-l'Evêque F 34 La45
Châteaulin F 24 Kq42
Châteaumeillant F 25 Lc44
Châteauneuf-de-Randon F 35 Ld46
Châteauneuf-du-Faou F 24 Kr42
Châteauneuf-en-Thymerais F 25 Lb42
Châteauneuf-la-Forêt F 25 Lb45
Châteauneuf-sur-Charente F 24 Ku45
Châteauneuf-sur-Cher F 25 Lc44
Châteauneuf-sur-Loire F 25 Lc43
Châteauneuf-sur-Sarthe F 24 Ku43
Châteauponsac F 25 Lb44
Château-Porcien F 19 Le41
Château-Renault F 25 La43
Châteauroux F 25 Lb44
Château-Salins F 26 Lg42
Château- Thierry F 25 Ld41
Châteauvillain F 19 Le42
Châtelaillon-Plage F 24 Kt44
Châtel-Censoir F 25 Ld43
Châtelet B 19 Le40
Châtelguyon F 25 Ld45
Châtellerault F 24 La44
Châtelus-Malvaleix F 25 Lc44
Châtenois F 26 Lf42
Chatham GB 19 La39
Châtillon I 36 Lh45
Châtillon-Coligny F 25 Lc43
Châtillon-en-Bazois F 25 Ld43
Châtillon-sur-Chalaronne F 19 Le44
Châtillon-sur-Indre F 25 Lb44
Châtillon-sur-Loire F 25 Lc43
Châtillon-sur-Marne F 25 Ld41
Châtillon-sur-Seine F 19 Le43
Chaudes-Aigues F 35 Ld46
Chauffailles F 19 Le44
Chaumergy F 25 Lf44
Chaumont F 25 Lf42
Chauny F 25 Ld41
Chauvigny F 24 La44
Chaves P 32 Kn49
Chazelles-sur-Lyon F 35 Le45
Cheadle GB 18 Ks37
Cheb CZ 27 Ln40
Chęciny PL 22 Ma40
Chef-Boutonne F 24 Ku44
Cheia RO 31 Mf45
Cheles E 40 Kn52
Chełm PL 23 Md39
Chełmno PL 22 Lt37
Chelmsford GB 19 La39
Chełmża PL 22 Lt37
Cheltenham GB 18 Ks39
Chelva E 42 Ku51
Chemillé F 24 Ku43
Chemnitz D 27 Ln40
Chenérailles F 25 Lc44
Chenôve F 19 Le43
Cheptow GB 18 Ks39
Cherbourg-Octeville F 24 Kt41
Chéroy F 25 Ld42
Cheste E 42 Ku51
Chester GB 18 Ks37
Chesterfield GB 19 Kt37
Chevanceaux F 24 Ku45
Chianciano Terme I 37 Lm47
Chiaramonte Gulfi I 44 Lp53
Chiaravalle I 37 Lo47
Chiari I 36 Lk45
Chiaromonte I 45 Lr50
Chiávari I 36 Lk46
Chiavenna I 26 Lk44
Chichester GB 18 Ku40
Chiclana de la Frontera E 40 Ko54
Chieri I 36 Lh46
Chieti I 37 Lp48
Chigwell GB 19 La39
Chimay B 19 Le40
Chinchilla de Monte Aragón E 41 Kt52
Chinchón E 33 Kr50
Chinon F 24 La43
Chióggia I 37 Ln45
Chiojdu RO 31 Mg45
Chipiona E 40 Ko54
Chippenham GB 18 Ks39
Chipping Norton GB 18 Kt39
Chiprana E 34 Ku49
Chirivel E 41 Ks53
Chișinău MD 30 Mj43
Chișlaz RO 29 Mc43
Chiusa = Klausen I 27 Lm44
Chiusi I 37 Lm47
Chiva E 42 Ku51
Chivasso I 36 Lh45
Chłudowo PL 22 Lr38
Chlumec nad Cidlinou CZ 28 Lq40
Chmielnik PL 29 Ma40
Chocianów PL 22 Lq39
Chociwel PL 22 Lq37
Chodov CZ 27 Ln40
Chodová Planá CZ 27 Ln41
Chodzież PL 22 Lr38
Chojna PL 21 Lp38
Chojnice PL 22 Ls37
Chojniki BY 50 Me20
Chojnów PL 22 Lq39
Cholet F 24 Ku43
Chomsk BY 23 Mf38
Chomutov CZ 27 Lo40
Choroszcz PL 23 Mc37
Chorzele PL 23 Ma37
Choszczno PL 22 Lq37
Chotilsko CZ 27 Lp41
Chrisí Ammoudiá GR 47 Me50
Christchurch GB 18 Kt40
Christiansfeld DK 12 Lk35
Chrudim CZ 28 Lq41
Chrzanów PL 28 Lu40
Chur CH 26 Lk44
Church Stretton GB 18 Ks38
Chvaletice CZ 28 Lq40
Chwałowice PL 23 Mb40
Chwaszczyno PL 22 Lt36
Chynów PL 23 Mb39
Ćićevac SRB 39 Mb47
Cidade Medieval de Évora P 40 Kn52
Ciechanów PL 22 Ma38
Ciechanowiec PL 23 Mc38
Ciechocinek PL 22 Lt38
Ciemnik PL 22 Lq37
Ciemnoszyje PL 23 Mc37
Čierny Balog SK 28 Lu42
Cieszanów PL 29 Md40
Cieszyn PL 28 Lt41
Cieza E 41 Kt52
Ciężkowice PL 22 Lu40
Cifuentes E 41 Ks50
Cigel'ka SK 29 Mb41
Cigliano I 36 Lj45
Cilibia RO 31 Mh45
Cillas E 42 Kt50
Cilleros E 32 Ko50
Cimoszki PL 23 Mc37
Ciney B 26 Lf40
Cinfães P 32 Km49
Cingoli I 37 Lo47
Cintei RO 29 Mb44
Cioara MD 30 Mj44
Ciocănești RO 30 Mf43
Ciochina RO 31 Mh46
Cioclovina RO 39 Md45
Ciolacu Nou MD 30 Mh43
Ciorani RO 31 Mg46
Ciorăști RO 31 Mh45
Cirencester GB 18 Kt39
Cirey-sur-Vezouze F 26 Lg42
Ciriè I 36 Lh45
Ciripcău MD 30 Mj43
Cirò I 45 Ls51
Cirò Marina I 45 Ls51
Čirpan BG 31 Mf48
Cislău RO 31 Mg45
Cismișlia MD 30 Mj44
Cisterna di Latina I 44 Ln49
Cistierna E 33 Kp48
Čitluk BIH 38 Ls47
Cittadella I 37 Lm45
Città della Pieve I 37 Ln48
Città di Castello I 37 Ln47
Città Sant'Ángelo I 37 Lp48
Ciucea RO 29 Mc44
Ciucurova RO 31 Mj46
Ciudad Real E 41 Kr52
Ciudad Rodrigo E 32 Ko50
Ciuperceni RO 39 Md46
Ciutadella E 42 Ld50
Ciutești MD 30 Mj43
Cividale del Friuli I 37 Lo44
Cívita Castellana I 37 Ln48
Civitanova Marche I 37 Lo47
Civitavécchia I 37 Lm48
Civitella del Tronto I 37 Lo48
Civitella Roveto I 37 Lo49
Civray F 24 La44
Clacton-on-Sea GB 19 Lb39
Clamecy F 25 Ld43
Claonaig GB 17 Kp35
Claremorris IRL 16 Kl37
Clausthal-Zellerfeld D 21 Ll39
Cleethorpes GB 19 Ku37
Clejani RO 31 Mf46
Clelles F 35 Lf46
Clermont F 25 Lc41
Clermont-en-Argonne F 25 Lf41
Clermont-Ferrand F 25 Ld45
Clermont-l'Hérault F 35 Ld47
Clerval F 26 Lg43
Clervaux L 26 Lg40
Cles I 27 Lm44
Clevedon GB 18 Ks39
Cleveleys GB 18 Kr37
Clifden IRL 16 Kk36
Clisson F 24 Kt43
Clitheroe GB 18 Ks37
Cloghan IRL 16 Kn37
Clogherhead IRL 16 Ko37
Clonakilty IRL 16 Km39
Clones IRL 16 Kn36
Clonmel IRL 16 Kn38
Cloppenburg D 20 Lj38
Clovelly GB 18 Kq40
Cloyes-sur-le-Loir F 25 Lb43
Cluj-Napoca RO 29 Md44
Cluny F 19 Le44
Cluses F 26 Lg44
Clusone I 36 Lk45
Clydebank GB 17 Kq35
Coarnele Caprei RO 30 Mh43
Cobadin RO 31 Mj46
Cobh IRL 16 Km39
Coburg D 27 Ll40
Coca E 33 Kq49
Cochem D 26 Lh40
Cockermouth GB 17 Kr36
Codigoro I 37 Ln46
Codlea RO 31 Mf45

Codogno I 36 Lk45
Codróipo I 37 Ln45
Codru MD 30 Mj44
Coesfeld D 20 Lh39
Coevorden NL 20 Lg38
Cognac F 24 Ku45
Cogne I 36 Lh45
Cogolin F 36 Lg47
Coimbra P 32 Km50
Coín E 41 Kq54
Coja P 32 Kn50
Colchester GB 19 La39
Colditz D 21 Ln39
Coldstream GB 17 Ks35
Colera E 35 Ld48
Coleraine GB 17 Ko35
Colfontaine B 19 Ld40
Colibița RO 29 Me43
Cólico I 36 Lk44
Colintraive GB 17 Kp35
Collado-Villalba E 33 Kr50
Collécchio I 36 Ll46
Colle di Val d'Elsa I 37 Lm47
Colleferro I 44 Lo49
Colmar F 26 Lh42
Colmars F 36 Lg46
Colmenar E 41 Kq54
Colmenar Viejo E 33 Kr50
Colombey-les-Belles F 26 Lf42
Colombey-les-Deux-Églises F 19 Le42
Colònia de Sant Jordi E 42 Lc51
Colunga E 33 Kp47
Colwyn Bay GB 18 Kr37
Comácchio I 37 Ln46
Comandău RO 30 Mg45
Comănești RO 30 Mg44
Comarnic RO 31 Mf45
Combeaufontaine F 26 Lf43
Combles F 25 Lc41
Combourg F 24 Kt42
Cómiso I 44 Lp54
Commentry F 25 Lc44
Commercy F 26 Lf42
Como I 36 Lk45
Compiègne F 25 Lc41
Comporta P 40 Km52
Comps-sur-Artuby F 36 Lg47
Comrat MD 30 Mj44
Concarneau F 24 Kr43
Conches-en-Ouche F 25 La42
Condat F 35 Lc45
Condé-en-Brie F 25 Ld42
Condé-sur-Noireau F 24 Ku42
Condom F 34 La47
Conegliano I 37 Ln45
Confolens F 24 La44
Congaz MD 30 Mj44
Congleton GB 18 Ks37
Congostrina E 33 Ks49
Conil de la Frontera E 40 Ko54
Connah's Quay GB 18 Kr37
Connel GB 17 Kp34
Connerré F 25 La42
Conques F 35 Lc46
Conquista E 41 Kq52
Consélice I 37 Lm46
Constanța RO 31 Mj46
Constantina E 40 Kp53
Consuegra E 41 Kr51
Contadero E 41 Kr52
Contești RO 31 Mf46
Contin GB 17 Kq33
Contres F 25 Lb43
Contrexéville F 26 Lf42
Conversano I 45 Ls50
Cookstown GB 16 Ko36
Cootehill IRL 16 Kn36
Copălău RO 30 Mg43
Copalnic-Mănăstur RO 29 Md43
Cope E 41 Kt53
Copertino I 45 Lt50
Copparo I 37 Lm46
Copșa Mică RO 29 Me44
Corabia RO 31 Me47
Corato I 45 Lr49
Corbeil-Essonnes F 25 Lc42
Corbie F 25 Lc41
Corbigny F 25 Ld43
Corbridge GB 17 Ks36
Corby GB 19 Ku38
Corcaigh = Cork IRL 16 Km39
Cordes F 35 Lb46
Córdoba E 41 Kq47
Corella E 34 Kt48
Corestăuți MD 30 Mh42
Coria E 40 Ko51
Corigliano Cálabro I 45 Lr51
Cork = Corcaigh IRL 16 Km39
Corlay F 24 Kr42
Corleone I 44 Lo53
Corleto Perticara I 45 Lr50
Cornea RO 39 Mc45
Cornești MD 30 Mj43
Cornești RO 31 Mf46
Cornimont F 26 Lg43
Cornudilla E 33 Kr48
Cornu Luncii RO 30 Mg43
Çorovodë AL 46 Ma50
Corporales E 33 Ko48
Corps F 36 Lf46
Corral de Almaguer E 41 Kr51
Corral de Calatrava E 41 Kq52
Corrales E 33 Kp49
Corréggio I 37 Ll46
Corridónia I 37 Lo47
Corsicana F 43 Lk48
Corte F 43 Lk48
Cortemília I 36 Lj46
Cortijos Nuevos E 41 Ks52
Cortina d'Ampezzo I 27 Ln44
Cortona I 37 Lm47
Coruche P 40 Km52
Corund RO 30 Mf44
Corwen GB 18 Kr38
Cosenza I 45 Lr51
Coșești RO 31 Me45
Cosmești RO 31 Mf46
Cosne-Cours-sur-Loire F 25 Lc43
Cosne-d'Allier F 25 Lc44
Cossato I 36 Lj45
Costeșești RO 31 Me46
Costești MD 30 Mh43
Costești RO 31 Mg45
Costinești RO 31 Mj47
Coswig D 21 Ln39
Coteana RO 31 Me46
Cotofănești RO 30 Mg44
Cottbus D 21 Lp39
Coudekerque-Branche F 19 Lc40
Couflens F 34 Lb48
Couhé F 24 La44
Couiza F 35 Lc48
Coulommiers F 25 Ld42
Coulonges-sur-l'Autize F 24 Ku44
Coupar Angus GB 17 Kr34
Courchevel F 36 Lg45
Courmayeur I 36 Lg45
Cournon-d'Auvergne F 25 Ld45
Coursan F 35 Ld47
Courseulles-sur-Mer F 24 Ku41
Cours-la Ville F 19 Le44
Courtenay F 25 Ld42
Courtomer F 25 La42
Coutances F 24 Kt41
Coutras F 34 Ku45
Couvin B 19 Le40
Covaleda E 33 Ks49
Covasna RO 30 Mg45
Coventry GB 18 Kt38
Covilhã P 32 Kn50
Cowes GB 18 Kt40
Cózar E 41 Kr52
Cozes F 24 Ku45
Crăiești RO 29 Me44
Craignure GB 17 Kp34
Crail GB 17 Ks34
Crailsheim D 26 Ll41
Craiova RO 39 Md46
Craiva RO 29 Mb44
Cranbrook GB 19 La39
Craon F 24 Ku43
Craponne-sur-Arzon F 35 Ld45
Crasna RO 29 Mc43
Crathie GB 17 Kr33
Crato P 32 Kn51
Craven Arms GB 18 Ks38
Crawley GB 19 Ku39
Creagorry GB 17 Kn33
Crediton GB 18 Kr40
Creil F 25 Lc41
Crema I 36 Lk45
Crémieu F 35 Lf45
Cremona I 36 Ll45
Créon F 34 Ku46
Crepaja SRB 39 Ma45
Crépy-en-Valois F 25 Lc41
Cres HR 37 Lp46
Crest F 35 Lf46
Créteil F 25 Lc42
Creußen D 27 Lm41
Creutzwald F 26 Lg41
Creuzburg D 21 Ll39
Crèvecœur-le-Grand F 25 Lc41
Crevillente E 42 Ku52
Crewe GB 18 Ks37
Crewkerne GB 18 Ks40
Crianlarich GB 17 Kq34
Crickhowell GB 18 Kr39
Cricova MD 30 Mj43
Crieff GB 17 Kr34
Crikvenica HR 37 Lp45
Crimmitschau D 27 Ln40
Cristuru Secuiesc RO 30 Mf44
Criuleni MD 30 Mk43
Crivitz D 21 Lm37
Crna Bara SRB 39 Ma45
Črnomelj SLO 38 Lq45
Crocq F 25 Lc45
Croissilles F 25 Lc40
Cromarty GB 17 Kq33
Cromer GB 19 Lb38
Crookhaven IRL 16 Kl39
Cross Hands GB 18 Kq39
Crotone I 45 Ls51
Crozon F 24 Kq42
Crucea RO 30 Mf43
Crucea RO 31 Mj46
Cruden Bay GB 17 Kt33
Cruzamento de Pegões P 40 Km52
Csakvár H 28 Lt43
Csánytelek H 29 Ma44
Csaroda H 29 Mc42
Csátalja H 38 Lu44
Csenger H 29 Mc43
Csesznek H 28 Ls43
Csongrád H 29 Ma44
Csorna H 28 Ls43
Csorvás H 29 Ma44
Csót H 28 Ls43
Cubel E 34 Kt49
Cucoara MD 30 Mj44
Cudillero E 33 Ko47
Čudzin BY 52 Md19
Cuéllar E 33 Kq49
Cuenca E 41 Ks50
Cuers F 35 Lg47
Cuerva E 41 Kq51
Cuevas del Almanzora E 41 Kt53
Cugir RO 39 Md45
Cugnaux F 34 Lb47
Cuhnești MD 30 Mh43
Cuijk NL 20 Lf39
Cuiseaux F 25 Lf44
Cuisery F 25 Lf44
Culan F 25 Lc44
Culemborg NL 20 Lf39
Cúllar-Baza E 41 Ks53
Cullen GB 17 Ks33
Cullera E 42 Ku51
Cullompton GB 18 Kr40
Culoz F 36 Lf45
Cumbernauld GB 17 Kr35
Ćumić SRB 39 Ma46
Cumnock GB 17 Kq35
Cúneo I 36 Lh46
Cunicea MD 30 Mj43
Cunlhat F 35 Ld45
Cuorgnè I 36 Lh45
Cupar GB 17 Kr34
Cupcini MD 30 Mh42
Ćuprija SRB 39 Mb47
Curia P 32 Km50
Curtea de Argeș RO 31 Me45
Curtici RO 29 Mb44
Cusset F 25 Ld44
Cutro I 45 Lr51
Cuxhaven D 20 Lj37
Cwmcarn GB 18 Kr39
Cybinka PL 21 Lp38
Cyran BY 23 Mg37
Czaplinek PL 22 Lr37
Czarna PL 29 Mc41
Czarna Białostocka PL 23 Md37
Czarna Dąbrówka PL 22 Ls36
Czarnków PL 22 Lr38
Czarny Dunajec PL 28 Lu41
Czchów PL 29 Ma41
Czechowice-Dziedzice PL 28 Lu41
Czekarzewice PL 23 Mb39
Czermno PL 22 Ma39
Czersk PL 22 Ls37
Czerwieńsk PL 22 Lq38
Czerwionka-Leszczyny PL 28 Lt40
Czerwony Dwór PL 23 Mc36
Częstochowa PL 22 Lu40
Człopa PL 22 Lr37
Człuchów PL 22 Ls37
Czyżew-Osada PL 23 Mc38

D

Dabas H 28 Lu43
Dąbie PL 21 Lq38
Dąbie PL 22 Lt38
Dabilja MK 46 Mc49
Dabrowa Białostocka PL 23 Md37
Dąbrowa Górnicza PL 28 Lu40
Dąbrowa Tarnowska PL 29 Ma40
Dabryn' BY 50 Me20
Dăbuleni RO 39 Me47
Dachau D 27 Lm42
Dačice CZ 28 Lq41
Dáfnes GR 46 Mb52
Dáfni GR 46 Mc52
Dáfni GR 46 Mc53
Dafni GR 47 Me50
Dagali N 8 Lj30
Dagda LV 15 Mh34
Dahme D 21 Lo39
Dahn D 26 Lh41
Daimiel E 41 Kr51
Dakovica KSV 39 Ma48
Đakovo HR 38 Lt45
Dalarö S 14 Lt31
Dalbeattie GB 17 Kr36
Dălbok Dol BG 31 Me48
Dălbok izvor BG 31 Mf48
Dale N 8 Lf29
Dale N 8 Lf30
Dalen N 12 Lj31
Dalfors S 9 Lq29
Dalfsen NL 20 Lg38
Dălghiu RO 31 Mf45
Dălgi Del BG 39 Mc47
Dălgopol BG 31 Mh47
Dalías E 41 Ks54
Dalj HR 38 Lt45
Dalkeith GB 17 Kr35
Dalmally GB 17 Kq34
Dalmose DK 13 Lm35
Dalsbruk = Taalintehdas FIN 10 Mc30
Dalsjöfors S 13 Lo33
Dals Långed S 13 Ln32
Dalsmynni IS 4 Jk13
Dalvik IS 4 Ka13
Dalwhinnie GB 17 Kq34
Damanava BY 23 Mf38
Damaskinia GR 46 Mb50
Dammartin-en-Goële F 25 Lc41
Damme D 20 Lj38
Damnica PL 22 Ls36
Damniki BY 23 Me38
Dampierre-sur-Salon F 26 Lf43
Danasjo S 5 Lr25
Danilovgrad MNE 38 Lu48
Dannenberg D 21 Lm37
Darabani RO 30 Mg42
Darány H 38 Ls45
Darbėnai LT 14 Mb34
Darda HR 38 Lt45
Dardesheim D 21 Ll39
Dardhë AL 46 Ma50
Darfo-Boário Terme I 36 Ll45
Dargosław PL 22 Lq36
Darlington GB 17 Ks36
Darłowo PL 22 Lr36
Dărmănești RO 31 Mf46
Darmstadt D 26 Lj41
Darney F 26 Lg42
Daroca E 34 Kt49
Dartford GB 19 La39
Dartmouth GB 18 Kr40
Daruvar HR 38 Ls45
Darzininkai LT 23 Mf36
Dáski GR 46 Mc50
Dassel D 20 Lk39
Dassow D 21 Ll37
Daudzeva LV 15 Mf34
Daugai LT 23 Me36
Daugailiai LT 15 Mf35
Daugavpils LT 15 Mg35
Daun D 26 Lg40
Daventry GB 18 Kt38
Davor HR 38 Ls45
Davos CH 26 Lk44
Davyd-Haradok BY 50 Md19
Dax F 34 Kt47
Deal GB 19 Lb39
Deauville F 25 La41
Debar MK 46 Ma49
Debelec BG 31 Mf47
Dębica PL 22 Lq37
Dębica PL 29 Mb40
Dęblin PL 23 Mb39
Dębnica Kaszubska PL 22 Ls36
Dębno PL 21 Lp38
Dębno PL 28 Ma41
Debrc SRB 39 Lu46
Debrecen H 29 Mb43
Debrznica PL 22 Lq38
Dečani KSV 39 Ma48
Decazeville F 35 Lc46
Děčín CZ 27 Lp40
Decize F 25 Ld44
De Cocksdorp NL 20 Le37
Deda RO 30 Me44
Dedemsvaart NL 20 Lg38
Degeberga S 13 Lp35
Degerby FIN 10 Ma30
Degerfors S 13 Lp31
Degerhamn S 13 Lr34
Deggendorf D 27 Ln42
Degučiai LT 14 Mb35
Degučiai LT 15 Mg35
Deinze B 19 Ld40
Dej RO 29 Md43
Deje S 13 Lo31
Dekélia GR 48 Md52
De Koog NL 20 Le37
Delbrück D 20 Lj39
Delčevo MK 39 Mc49
Delémont CH 26 Lh43
Delft NL 19 Le39
Delfzijl NL 20 Lg37
Deligrad SRB 39 Mb47
Delitzsch D 21 Ln39
Delmenhorst D 20 Lj37
Delnice HR 37 Lp45
Delsbo S 9 Lr29
Delvin IRL 16 Kn37
Demir Kapija MK 46 Mc49
Demitsána GR 46 Mc53
Demmin D 21 Lo37
Demonía GR 48 Mc54
Demonte I 36 Lh46
Denain F 19 Ld40
Denbigh GB 18 Kr37
Den Burg NL 20 Le37
Dendermonde B 19 Le39
Den Haag NL 19 Le38
Den Helder NL 20 Le38
Denia E 42 La52
Den Oever NL 20 Lf38
Derby GB 18 Kt38
Derry = Londonderry GB 16 Kn36
Derval F 24 Kt43
Derventa BIH 38 Ls46
Descartes F 25 La44
Desenzano del Garda I 37 Ll45
Deskáti GR 46 Mb51
Despotovac SRB 39 Mb46
Despotovo SRB 38 Lu45
Dessau D 21 Ln39
Desvres F 19 Lb40
Deta RO 39 Mb45
Detmold D 20 Lj39
Detva SK 28 Lu42
Deurne NL 20 Lf39
Deutschfeistritz A 28 Lq43
Deutschkreuz A 28 Lr43
Deutschlandsberg A 28 Lq44
Deva RO 39 Mc45
Dévaványa H 29 Ma43
Devecser H 28 Ls43
Deventer NL 20 Lg38
Devizes GB 18 Kt39
Devnja BG 31 Mh47
Deza E 34 Ks49
Diafáni GR 49 Mh55
Diakoftó GR 46 Mc52
Diamante I 45 Lq51
Dianalund DK 13 Lm35
Diano Marina I 36 Lj47
Diavata GR 46 Mc50
Dichiseni RO 31 Mh46
Didam NL 20 Lg39
Didcot GB 18 Kt39
Didyma GR 48 Md53
Didymoteicho GR 31 Mg49
Die F 35 Lf46
Dieburg D 26 Lj41
Diekirch L 20 Lg41
Diepholz D 20 Lj38
Dieppe F 25 Lb41
Dierdorf D 26 Lh40
Dieren NL 20 Lg38
Dießen D 27 Lm43
Diest B 20 Lf40
Dietikon CH 26 Lj43
Dieulefit F 35 Lf46
Dieulouard F 26 Lg42
Dieuze F 26 Lg42
Dieveniškės LT 23 Mf36
Differdange L 26 Lf41
Digermulen N 5 Lq22
Digne-les-Bains F 36 Lg46
Digoin F 25 Le44
Dijon F 25 Lf43
Dikanas S 5 Lr25
Diksmuide B 19 Lc39
Dillenburg D 20 Lj40
Dillingen D 26 Lg41
Dillingen D 27 Ll42
Dilofo GR 46 Mc51
Dimitrie Cantemir RO 30 Mj44
Dimitrovgrad BG 31 Mf48
Dimitrovgrad SRB 39 Mc47
Dimovo BG 39 Mc47
Dinan F 24 Ks42
Dinant B 20 Le40
Dinard F 24 Ks42
Dingle IRL 16 Kk38
Dingle S 13 Lm32
Dingolfing D 27 Ln42
Dingwall GB 17 Kq33
Dinkelsbühl D 27 Ll41
Dinklage D 20 Lj38
Diö S 13 Lp34
Dioști RO 39 Me46
Dipkarpaz = Rizokarpaso CY 54 Mh28
Dipótama GR 31 Me49
Dippoldiswalde D 21 Lo40
Dirráhi GR 46 Mc53
Disentis = Mustér CH 26 Lj44
Diss GB 19 Lb38
Dissen D 20 Lj38
Ditrău RO 30 Mf44
Divakë AL 46 Lu50
Divčibare SRB 39 Ma46
Dívčice CZ 27 Lp41
Divonne F 26 Lg44
Djulino BG 31 Mh48
Djuni BG 31 Mh48
Djúpivogur IS 4 Kc13
Djupvik N 2 Ma21
Djurås S 9 Lq30
Dnestrovsc MD 52 Me22
Dobbiaco = Toblach I 27 Ln44
Dobczyce PL 28 Ma41
Dobele LV 15 Md34
Döbeln D 21 Lo39
Dobiegniew PL 22 Lq38
Dobieszczyn PL 21 Lp37
Doboj BIH 38 Lt46
Dobra PL 22 Lq37
Dobra RO 39 Mc45
Dobra SRB 39 Mb46
Dobrá Niva SK 28 Lu42
Dobřany CZ 27 Lo41
Dobravolja BY 23 Me38
Dobrcz PL 22 Lt37
Dobre PL 23 Mb38
Dobre Miasto PL 22 Ma37
Dobri H 28 Lr44
Dobrič BG 31 Mh47
Dobříš CZ 27 Lp41
Dobrodzień PL 28 Lt40
Dobro Polje BIH 38 Lt47
Dobrotești RO 31 Me46
Dobrotič BG 31 Mh47
Dobrotica BG 31 Mh47
Dobrotica BG 31 Mh47
Dobruš BY 50 Mf19
Dobrzeń Wielki PL 28 Ls40
Dobšiná SK 29 Ma42
Docksta S 10 Lt27
Doclin RO 39 Mb45
Doetinchem NL 20 Lg39
Dogliani I 36 Lh46
Dojeviće SRB 39 Ma47
Dojrenci BG 31 Me47
Dokka N 8 Ll30
Dokkum NL 20 Lg37
Doksy CZ 27 Lp40
Dokšycy BY 15 Mh36
Dol-de-Bretagne F 24 Kt42
Dole F 25 Lf43
Dølemo N 12 Lj32
Dolgellau GB 18 Kr38
Doljani BIH 38 Ls47
Dolianova I 43 Lk51
Dolna Banja BG 39 Md48
Dolna Mitropolija BG 31 Me47
Dolna Orjahovica BG 31 Mf47
Dolní Bousov CZ 27 Lq40
Dolni Dăbnik BG 31 Me47
Dolní Dvořiště CZ 27 Lp42
Dolni Lom BG 39 Mc47
Dolni Žandov CZ 27 Ln40
Dolno Dupeni MK 46 Mb50
Dolný Kubín SK 28 Lu41
Dolo I 37 Ln45
Dolores E 42 Ku52
Domaradz PL 22 Ls36
Domaradz PL 29 Mb41
Domažlice CZ 27 Ln41
Dombås N 8 Lk28
Dombóvár H 28 Lt44
Dombrád H 29 Mb42
Domeikava LT 23 Md36
Domérat F 25 Lc44
Domfront F 24 Ku42
Dömitz D 21 Lm37
Domme F 34 Lb46
Domnești RO 31 Me45
Domodóssola I 36 Lj44
Domokós GR 46 Mc51
Dompaire F 26 Lg42
Dompierre-sur-Besbre F 25 Ld44
Domusnovás I 43 Lj51
Domžale SLO 37 Lp44
Donaueschingen D 26 Lj43
Donauwörth D 27 Ll42
Don Benito E 40 Kp52
Doncaster GB 19 Kt37
Dondușeni MD 30 Mh42
Donegal IRL 16 Km36
Donges F 24 Ks43
Donja Stubica HR 38 Lr45
Donji Dušnik SRB 39 Mc47
Donji Kamengrad BIH 38 Lr46
Donji Lapac HR 38 Lq46
Donji Miholjac HR 38 Lt45
Donji Milanovac SRB 39 Mc46
Donji Rujani BIH 38 Lr47
Donji Stajevac SRB 39 Mc48
Donji Striževac SRB 39 Mc47
Donji Tovarnik SRB 39 Lu46
Donji Vakuf BIH 38 Ls46
Donji Žirovac HR 38 Lr45
Donostia = San Sebastián E 34 Ks47
Donoúsa GR 47 Mf53
Donzère F 35 Le46
Donzy F 25 Ld43
Đorče Petrov MK 39 Mb48
Dorchester GB 18 Ks40
Dordrecht NL 20 Le39
Dorfen D 27 Ln42
Dorgali I 43 Lk50
Dório GR 46 Mb53
Dorking GB 19 Ku39
Dormagen D 20 Lg39
Dormánd H 29 Ma43
Dormans F 25 Ld41
Dornbirn A 26 Lk43
Dornes F 25 Ld44
Dornoch GB 17 Kq33
Dorohoi RO 30 Mg43
Dorohusk PL 23 Md39
Doroslovo SRB 38 Lu45
Dorotea S 9 Lr26
Dörpen D 20 Lh38
Dorsten D 20 Lg39
Dortmund D 20 Lh39
Doruchów PL 22 Lt39
Dörzbach D 26 Lk41
Dos Hermanas E 40 Kp53
Dospat BG 31 Me49
Douai F 19 Ld40
Douarnenez F 24 Kq42
Douchy-les-Mines F 25 Ld40
Doudeville F 25 La41
Doué-la-Fontaine F 24 Ku43
Douglas GB 17 Kq36
Doullens F 25 Lc40
Dourdan F 25 Lc42
Dover GB 19 Lb39
Dovre N 8 Lk29
Dovsk BY 50 Mf19
Downham Market GB 19 La38
Downpatrick GB 17 Kp36
Dowra IRL 16 Km36
Drachten NL 20 Lg37
Drag N 5 Lr22
Dragalj MNE 38 Lt48
Drăgănești MD 30 Mj43
Drăgănești RO 31 Mg46
Drăgănești-Olt RO 31 Me46
Drăgănești-Vlașca RO 31 Mf46
Dragaš KSV 39 Ma48
Drăgășani RO 39 Me46
Draginac SRB 38 Lu46
Draglica SRB 39 Lu47
Dragoș Vodă RO 31 Mh46
Dragsfjärd FIN 10 Mc30
Draguignan F 36 Lg47
Drăgușeni RO 30 Mh45
Drahičyn BY 23 Mf38
Drahovce SK 28 Ls42
Dralfa BG 31 Mg47
Dráma GR 47 Me49
Drammen N 12 Ll31
Drangedal N 12 Lk31
Drangsnes IS 4 Jk13
Dranske D 21 Lo36
Drávafok H 38 Ls45
Drawsko Pomorskie PL 22 Lq37
Drebkau D 21 Lp39
Drégelypalánk H 28 Lu42
Drenovac SRB 39 Mb48
Drenovci HR 38 Lt46
Drenovo MK 46 Mb49
Dresden D 21 Lo39
Drétun BY 50 Me18
Dretyń PL 22 Lr36
Dreux F 25 Lb42
Drevsjø N 9 Ln29
Drezdenko PL 22 Lq38
Drežnica HR 37 Lq45
Driebes E 33 Kr50
Driffield GB 19 Ku37
Drinjača BIH 38 Lt46
Drjanovo BG 31 Mf48
Drniš HR 38 Lr47
Drnje HR 38 Lr44
Drøbak N 13 Ll31
Drobeta-Turnu Severin RO 39 Mc46
Drobin PL 22 Lu38
Drochia MD 30 Mh42
Drogheda IRL 16 Ko37
Drohiczyn PL 23 Mc38
Droitwich GB 18 Ks38
Drolshagen D 20 Lh39
Dromore GB 17 Ko36
Dronero I 36 Lh46
Dronninglund DK 12 Ll33
Dronten NL 20 Lf38
Drossáto GR 46 Mc49
Drosseró GR 46 Mb50
Druja BY 15 Mh35
Drumcliff IRL 16 Km36
Drummore GB 17 Kq36
Drumnadrochit GB 17 Kq33
Druskininkai LT 23 Md36
Drusti LV 15 Mf33
Druten NL 20 Lf39
Družetići SRB 39 Ma46
Drvar BIH 38 Lr46
Drvenik HR 38 Ls47
Drwęczno PL 22 Ma36
Drygały PL 23 Mc37
Drzewica PL 22 Ma39
Duas Igrejas P 33 Ko49
Dubaj BY 23 Mf38
Dubăsari MD 30 Mk43
Dubău MD 30 Mk43
Dubienka PL 23 Md39
Dubín PL 22 Ls39
Dublin = Baile Átha Cliath IRL 16 Ko37
Dub nad Moravou CZ 28 Ls41
Dubnica nad Váhom SK 28 Lt42
Dubova RO 39 Mc46
Dubrava HR 38 Lr45
Dubrovnik HR 38 Lt48
Ducey F 24 Kt42
Duchcov CZ 27 Lo40
Ducherow D 21 Lo37
Dudelange L 26 Lg41
Duderstadt D 21 Ll39
Dudley GB 18 Ks38
Dueñas E 33 Kq49
Duesund N 8 Lf30
Dufftown GB 17 Kr33
Duga Poljana SRB 39 Ma47
Duga Resa HR 38 Lq45
Dugo Selo HR 38 Lr45
Duisburg D 20 Lg39
Dukat AL 46 Lu50
Dukla PL 29 Mb41
Dūkštas LT 15 Mg35
Dülmen D 20 Lh39
Dulovo BG 31 Mh47
Dulverton GB 18 Kr39
Dumbarton GB 17 Kq35
Dumbrăveni RO 29 Me44
Dumbrăveni RO 31 Mh47
Dumbrăvița MD 30 Mj43
Dumfries GB 17 Kr35
Dumitrești RO 31 Mg45
Dunaföldvár H 28 Lt44
Dunaharaszti H 28 Lu43
Dunajská Streda SK 28 Ls42
Dunakeszi H 28 Lu43
Dunaszekcső H 38 Lt44
Dunaújváros H 28 Lt44
Dunbar GB 17 Ks35
Dunblane GB 17 Kr34
Dundaga LV 14 Mc33
Dundalk IRL 16 Ko37
Dundee GB 17 Ks34
Dunfanaghy IRL 16 Km35
Dunfermline GB 17 Kr34
Dungannon GB 16 Ko36
Dungarvan IRL 16 Kn38
Dungiven GB 16 Ko36
Dunglow IRL 16 Km36
Dunkeld GB 17 Kr34
Dunkerque F 19 Lc39
Dun Laoghaire IRL 16 Ko37
Dunmanway IRL 16 Kl39
Dunnet GB 17 Kr32
Dunoon GB 17 Kq35
Dunshaughlin IRL 16 Ko37
Dunstable GB 19 Ku39
Dunster GB 18 Kr39
Dun-sur-Auron F 25 Lc44
Dun-sur-Meuse F 26 Lf41
Dunvegan GB 17 Ko33
Dupnica BG 39 Md48
Duran BG 31 Mg47
Durango E 34 Ks47
Durankulak BG 31 Mj47
Duras F 34 La46
Durbe LV 14 Mb34
Durbuy B 26 Lf40
Đurđenovac HR 38 Lt45
Đurđevac HR 38 Ls44
Düren D 20 Lg40
Durham GB 17 Kt36
Durness GB 17 Kq32
Durrës AL 46 Lu49
Durrow IRL 16 Kn38
Durtal F 24 Ku43
Dusetos LT 15 Mf35
Dušinci BG 39 Mc48
Düsseldorf D 20 Lg39
Duved S 9 Ln27
Dve Mogili BG 31 Mf47
Dvor HR 38 Lr45
Dvůr Králové nad Labem CZ 28 Lq40
Dyce GB 17 Ks33
Dydnia PL 29 Mc41
Dygowo PL 22 Lq36
Dyranut N 8 Lh30
Dyrnes N 8 Lh27
Dzelzava LV 15 Mg34
Dzeraunaja BY 23 Me38
Dziadkowice PL 23 Mc38
Działdowo PL 22 Ma37
Działoszyce PL 28 Ma40
Działoszyn PL 22 Lt39
Dziemiany PL 22 Ls36
Dzierzgoń PL 22 Lu37
Dzierzgowo PL 22 Ma37
Dzierżoniów PL 28 Lr40
Dzisna BY 15 Mj35
Dzivin BY 23 Me39
Dzjarečyn BY 23 Me37
Dzjaržynsk BY 50 Md19
Dzjatlava BY 23 Mf37
Dźwierzuty PL 23 Ma37

E

Easingwold GB 19 Kt36
Eastbourne GB 19 La40
East Dereham GB 19 Lb38
East Grinstead GB 19 La39
East Kilbride GB 17 Kq35
Eauze F 34 La47
Ebeleben D 21 Ll39
Ebeltoft DK 12 Ll34
Ebensee A 27 Lo43
Eberbach D 26 Lk41
Ebermannstadt D 27 Lm41
Ebern D 27 Ll40
Ebersbach D 21 Lp39
Ebersberg D 27 Lm42
Eberswalde D 21 Lo38
Éboli I 44 Lq50
Ebreichsdorf A 28 Lr43
Echternach L 26 Lg41
Écija E 41 Kp53
Eckernförde D 21 Lk36
Eckerö FIN 10 Lu30
Écommoy F 24 La43
Ecouché F 24 Ku42
Ecueillé F 25 Lb43
Ed S 13 Lm32
Edam NL 20 Lf38
Edane S 13 Ln31
Ede NL 20 Lf38
Edebäck S 9 Lo30
Edefors S 6 Ma24
Edelény H 29 Ma42
Edemissen D 21 Ll38
Edenderry IRL 16 Kn37
Edesbyn S 9 Lq29
Édessa GR 46 Mc50
Edgeworthstown IRL 16 Kn37
Edinburgh GB 17 Kr35
Edineț MD 30 Mh42
Ēdole LV 14 Mb33
Édolo I 36 Ll44
Edsbro S 10 Lt31
Edsbruk S 13 Lr32
Edsele S 9 Lr27
Edsta S 9 Lr29
Eeklo B 19 Ld39
Eemshaven NL 20 Lg37
Efkarpía GR 47 Md50
Eforie RO 31 Mj46
Egby S 14 Lr34
Egeln D 21 Lm39
Eger H 29 Ma43
Egersund N 12 Lg32
Eggedal N 8 Lk30
Eggenburg A 28 Lq42
Eggenfelden D 27 Ln42
Eggesin D 21 Lp37
Egilsstaðir IS 4 Kc13
Égina GR 48 Md53
Egínio GR 46 Mc50
Égio GR 46 Mc52
Égletons F 35 Lc45
Egmond aan Zee NL 20 Le38
Egósthena GR 48 Md52
Egtved DK 12 Lk35
Egyed H 28 Ls43
Ehingen D 26 Lk42
Ehinos GR 31 Me49
Ehrwald A 27 Ll43
Eibar E 34 Ks47
Eibergen NL 20 Lg38
Eibiswald A 28 Lq44
Eichstätt D 27 Lm42
Eide N 8 Lh28
Eidet N 2 Lt21
Eidfjord N 8 Lh30
Eidsdalen N 8 Lh28
Eidsvåg N 8 Lj28
Eidsvoll N 9 Lm30
Eidvågeid N 2 Md20
Eijsden B 20 Lf40
Eikefjord N 8 Lf29
Eiken N 12 Lh32
Eilenburg D 21 Ln39
Eilsleben D 21 Lm38
Eina N 9 Ll30
Einbeck D 21 Lk39
Eindhoven NL 20 Lf39
Eisenach D 21 Ll40
Eisenberg D 21 Lm40
Eisenerz A 27 Lp43
Eisenhüttenstadt D 21 Lp38
Eisenstadt A 28 Lr43
Eisfeld D 27 Ll40
Eišiškės LT 23 Mf36
Eitorf D 20 Lh40
Eivindvik N 8 Lf30
Eivissa E 42 Lb52
Ejea de los Caballeros E 34 Kt48
Ekeby S 13 Ln35
Ekenäs = Tammisaari FIN 10 Md31
Ekenäs S 13 Lo32
Ekerö S 14 Ls31
Ekshärad S 9 Lo30
Eksjö S 13 Lp33
Ekträsk S 6 Lu26
Ekzarh Antimovo BG 31 Mg48
El Arahal E 40 Kp53
Elassóna GR 46 Mc51
El Astillero E 33 Kr47
Elátia GR 46 Mc52
Elatohóri GR 46 Mb51
Elatohóri GR 46 Ma51
Élatos GR 46 Mb50
El Barco de Ávila E 33 Kp50
Elbasan AL 46 Ma49
Elbeuf F 25 Lb41
Elbląg PL 22 Lu36
El Bonillo E 41 Ks52
Elburg NL 20 Lf38
El Burgo de Osma E 33 Kr49
Elche = Elx E 42 Ku52
Elche de la Sierra E 41 Ks52
El Cubo de Tierra del Vino E 33 Kp49
Elda E 42 Ku52
Eléa GR 48 Mc54
Elefsína GR 48 Md52
Eleftheroúpoli GR 47 Me50
Eleja LV 15 Md34
Elektrėnai LT 23 Me36
Elgå N 9 Lm28
Elgin GB 17 Kr33
El Grado E 34 La48
Elhovo BG 31 Mg48
Eliá GR 46 Mb53
Elimäki FIN 11 Mg30
Elin Pelin BG 39 Md48
Ełk PL 23 Mc37
Ellon GB 17 Ks33
Ellös S 13 Lm32
Ellwangen D 26 Ll42
El Molinillo E 41 Kq51
El Moral E 41 Ks53
Elmshorn D 21 Lk37
Elne F 35 Lc48
Elnesvågen N 8 Lh28
Elopía GR 48 Md52
El Pedroso E 40 Kp53
El Pilar de la Mola E 42 Lb52
El Pobo de Dueñas E 42 Kt50
el Pont de Suert E 34 La48
El Puente del Arzobispo E 41 Kp51
El Puerto de Santa María E 40 Ko54
El Real de la Jara E 40 Ko53
El Real de San Vicente E 33 Kq50
El Rocío E 40 Ko53
El Rubio E 41 Kq53
El Saucejo E 41 Kp53
Elsfjord N 5 Lo24
Elsfleth D 20 Lj37
Elst NL 20 Lf39
Elsterwerda D 21 Lo39
Eltmann D 27 Ll41
Eltville D 26 Lj40
Elva EST 15 Mg32
El Vacar E 41 Kq52
Elvas P 40 Kn52
Elven F 24 Ks43
el Vendrell E 34 Lb49
Elverum N 9 Lm30
El Villar de Arnedo E 34 Ks48
El Viso E 41 Kq52
Elvkroken N 5 Lq23
Elx E 42 Ku52
Ely GB 19 La38
Elze D 20 Lk38
Embrun F 36 Lg46
Embūte LV 14 Mb34
Emden D 20 Lh37
Emlichheim D 20 Lg38
Emmaboda S 13 Lq34
Emmaljunga S 13 Lo34
Emmaste EST 14 Mc32
Emmeloord NL 20 Lf38
Emmelshausen D 26 Lh40
Emmen NL 20 Lg38
Emmendingen D 26 Lh42
Emmerich D 20 Lg39
Empessós GR 46 Mb51
Émpoli I 37 Ll47
Emsdetten D 20 Lh38
Enånger S 9 Lr29
Enciso E 34 Ks48
Encs H 29 Mb42
Eneryda S 13 Lp34
Enge N 8 Lj27
Engelberg CH 26 Lj44
Engen D 26 Lj43
Enger D 20 Lj38
Engerneset N 9 Ln29
Engstingen D 26 Lk42
Enguera E 42 Ku52
Enguídanos E 42 Kt51
Engure LV 15 Md33
Enisala RO 31 Mj46
Enkhuizen NL 20 Lf38
Enkodak FIN 6 Md22
Enköping S 14 Ls31
Enna I 44 Lp53
Ennigerloh D 20 Lj39
Ennis IRL 16 Km38
Enniscorthy IRL 16 Ko38
Enniskerry IRL 16 Ko37
Enniskillen GB 16 Kn36
Ennistimon IRL 16 Kl38
Enns A 27 Lp42
Eno FIN 11 Ml28
Enonkoski FIN 11 Mj28
Enontekiö FIN 6 Md22
Enschede NL 20 Lg38
Ensisheim F 26 Lh43
Entraygues-sur-Truyère F 35 Lc46
Entre-os-Rios P 32 Km49
Entrevaux F 36 Lg47
Envermeu F 25 Lb41
Enviken S 9 Lq30
Epe NL 20 Lg38
Épernay F 25 Ld41
Épila E 34 Kt49
Épinal F 26 Lg42
Episkopí GR 48 Me55
Eppingen D 26 Lj41
Epsom GB 19 Ku39
Eptahóri GR 46 Mb50
Équeurdreville-Hainneville F 24 Kt41
Erátira GR 46 Mb50
Erba I 36 Lk45
Erbach D 26 Lj41
Erbach D 26 Lk42
Erd H 28 Lt43
Erdeven F 24 Kr43
Erding D 27 Lm42
Erdut HR 38 Lu45
Eremitu RO 30 Me44
Erfurt D 21 Lm40
Ērgli LV 15 Mf34
Ergolding D 27 Ln42

Ergoldsbach D 27 Ln42
Érice I 44 Ln52
Ericeira P 40 Kl52
Eringsboda S 13 Lq34
Erithrés GR 48 Md52
Erka N 8 Lj28
Erkelenz D 20 Lg39
Erkner D 21 Lo38
Erla E 34 Ku48
Erlangen D 27 Lm41
Ermesinde P 32 Km49
Ermióni GR 48 Md53
Ermoúpoli GR 48 Me53
Ernée F 24 Ku42
Erquy F 24 Ks42
Erro E 34 Kt48
Ersekë AL 46 Ma50
Ersmark S 6 Ma26
Ersmark S 10 Ma27
Erstein F 26 Lh42
Ervenik HR 38 Lq46
Ervy-le-Châtel F 25 Ld42
Erwitte D 20 Lj39
Eržvilkas LT 15 Mc35
Esbjerg DK 12 Lj35
Esbo = Espoo FIN 11 Me30
Escalada E 33 Kr48
Escalaplano I 43 Lk51
Escalona E 33 Kq50
Escalos de Cima P 32 Kn51
Escároz E 34 Kt48
Eschede D 21 Ll38
Eschenburg D 20 Lj40
Esch-s-Alzette L 26 Lf41
Esch-s-Sûre L 26 Lf41
Eschwege D 21 Ll39
Eschweiler D 20 Lg40
Esens D 20 Lh37
Eskifjörður IS 4 Kd13
Eskilstuna S 13 Lr31
Eslohe D 20 Lj39
Eslöv S 13 Lo35
Es Mercadal E 42 Le50
Espalion F 35 Lc46
Espeland N 8 Lf30
Espiel E 41 Kp52
Espinama E 33 Kq47
Espinhal P 32 Km50
Espinho P 32 Km49
Espinosa de los Monteros E 33 Kr47
Espoo = Esbo FIN 11 Me30
Esposende P 32 Km49
Esrange S 6 Mb23
Essen B 19 Le39
Essen D 20 Lh39
Esslingen D 26 Lk42
Essoyes F 19 Le42
Estaing F 35 Lc46
Estarreja P 32 Km50
Estella E 34 Ks48
Estepa E 41 Kq53
Estepona E 40 Kp54
Estercuel E 42 Ku50
Esternay F 25 Ld42
Esterri d'Àneu E 34 Lb48
Estissac F 25 Ld42
Estoril P 40 Kl52
Estremoz P 40 Kn52
Esztergom H 28 Lt43
Étain F 26 Lf41
Étampes F 25 Lc42
Étaples F 19 Lb40
Etne N 8 Lf31
Etolikó GR 46 Mb52
Etrépagny F 25 Lb41
Étretat F 25 La41
Etropole BG 39 Md48
Ettelbruck L 26 Lg41
Ettenheim D 26 Lh42
Etten-Leur NL 20 Le39
Ettlingen D 26 Lj42
Eu F 25 Lb40
Eupen B 20 Lg40
Eura FIN 10 Mc29
Eurajoki FIN 10 Mb29
Euskirchen D 20 Lg40
Eutin D 21 Ll36
Evanger N 8 Lg30
Evaux-les-Bains F 25 Lc44
Évdilos GR 49 Mg53
Evenskjer N 5 Lr22
Evergem B 19 Ld39
Evertsberg S 9 Lo29
Evesham GB 18 Kt38
Évian-les-Bains F 26 Lg44
Evijärvi FIN 10 Md27
Evisa F 43 Lj48
Evje N 12 Lh32
Evolène CH 26 Lh44
Évora P 40 Kn52
Évoramonte P 40 Kn52
Évora Romana P 40 Kn52
Évreux F 25 Lb41
Évron F 24 Ku42
Évry F 25 Lc42
Éxarhos GR 46 Mc52
Exeter GB 18 Kr40
Extremo P 32 Km49
Eydehavn N 12 Lj32
Eyemouth GB 17 Ks35
Eygurande F 25 Lc45
Eymoutiers F 25 Lb45
Ezcaray E 34 Ks48
Ezere LV 14 Mc34
Ežerėlis LT 23 Md36
Ezernieki LV 15 Mh34

F

Faaborg DK 21 Ll35
Fåberg N 8 Lh29
Fåberg N 9 Ll29
Fábiánsebestyén H 29 Ma44
Fäboda FIN 10 Mc27
Fabriano I 37 Ln47
Fábricas de Riópar E 41 Ks52
Faenza I 37 Lm46
Fafe P 32 Km49
Făgăraş RO 31 Me45
Fågelsjö S 9 Lp29
Fagerås S 13 Lo31
Fagerhult S 13 Lm32
Fagerhult S 13 Lq33
Fagernes N 2 Lu21
Fagernes N 8 Lk30
Fagersta S 9 Lq30
Făget RO 39 Mc45
Fakenham GB 19 La38
Fåker S 9 Lp27
Fakija BG 31 Mh48
Fakse DK 21 Ln35
Falaise F 24 Ku42
Falconara Marittima I 37 Lo47
Falerum S 13 Lr32
Fălești MD 30 Mh43
Falkenberg D 21 Lo39
Falkenberg S 13 Ln34
Falkensee D 21 Lo38
Falkenstein D 27 Ln40
Falkirk GB 17 Kr34
Falköping S 13 Lo32
Fallfors S 6 Ma25
Fallingbostel D 20 Lk38
Falloheden S 6 Lt25
Falmouth GB 18 Kp40
Falset E 34 La49
Falsterbo S 13 Ln35
Fălticeni RO 30 Mg43
Falun S 9 Lq30
Fameck F 26 Lg41
Fana N 8 Lf30
Fannrem N 8 Lk27
Fano I 37 Lo47
Fântânița MD 30 Mh42
Fărău RO 29 Me44
Fărcașa RO 29 Md43
Fârdea RO 39 Mc45
Fareham GB 18 Kt40
Farestad N 12 Lh33
Färgelanda S 13 Lm32
Färila S 9 Lq29
Faringdon GB 18 Kt39
Farini I 36 Lk46
Färjestaden S 13 Lr34
Farkadóna GR 46 Mc51
Fârliug RO 39 Mb45
Farnham GB 18 Ku39
Faro P 40 Kn53
Fårösund S 14 Lu33
Farranfore IRL 16 Kl38
Fársala GR 46 Mc51
Farsø DK 12 Lk34
Farsund N 12 Lg32
Farum DK 13 Ln35
Fasano I 45 Ls50
Fátima P 32 Km51
Faulquemont F 26 Lg41
Faura E 42 Ku51
Făurei RO 30 Mg44
Făurei RO 31 Mh45
Fauske N 5 Lq23
Fauville-en-Caux F 25 La41
Fåvang N 9 Ll29
Favara I 44 Lo53
Faverges F 36 Lg45
Faversham GB 19 La39
Favignana I 44 Ln53
Favone F 43 Lk49
Fayence F 36 Lg47
Fayl-Billot F 26 Lf43
Fayón E 34 La49
Fay-sur-Lignon F 35 Le46
Fécamp F 25 La41
Feda N 12 Lg32
Fegyvernek H 29 Ma43
Fehérgyarmat H 29 Mc43
Fehring A 28 Lr44
Felanitx E 42 Ld51
Feldbach A 28 Lq44
Feldberg D 21 Lo37
Feldkirch A 26 Lk43
Feldkirchen A 27 Lp44
Felixstowe GB 19 Lb39
Felletin F 25 Lc45
Fellingsbro S 13 Lq31
Felnac RO 39 Mb44
Felsberg D 20 Lk39
Felsőzsolca H 29 Ma42
Feltre I 37 Lm44
Fensmark DK 21 Lm35
Fère-Champenoise F 25 Ld42
Fère-en-Tardenois F 25 Ld41
Ferentillo I 37 Ln48
Ferentino I 44 Lo49
Feres GR 47 Mg50
Ferlach A 27 Lp44
Fermo I 37 Lo47
Fermoselle E 33 Ko49
Fermoy IRL 16 Km38
Ferrandina I 45 Lr50
Ferrara I 37 Lm46
Ferreira do Alentejo P 40 Km52
Ferrette F 26 Lh43
Ferriere I 36 Lk46
Ferrol E 32 Km47
Fertőszentmiklós H 28 Lr43
Festvåg N 5 Lp23
Fetești RO 31 Mh46
Fethard IRL 16 Kn38
Fetsund N 9 Lm31
Feuchtwangen D 27 Ll41
Feurs F 35 Le45
Fevik N 12 Lj32
Ffestiniog GB 18 Kr38
Fibiș RO 39 Mb45
Fidenza I 36 Ll46
Fier AL 46 Lu50
Fierzë AL 39 Ma48
Fiésole I 37 Lm47
Figari F 43 Lk49
Figeac F 35 Lc46
Figeholm S 13 Lr33
Figiás GR 48 Me52
Figueira da Foz P 32 Km50
Figueira de Castelo Rodrigo P 32 Ko50
Figueiró dos Vinhos P 32 Km51
Figueres E 35 Lc48
Filadélfia I 45 Lr52
Fil'akovo SK 28 Lu42
Filey GB 19 Ku36
Filiaşi RO 39 Md46
Filiátes GR 46 Ma51
Filiatrá GR 46 Mb53
Filipeşti RO 30 Mg44
Filipiáda GR 46 Ma51
Filipstad S 13 Lp31
Fillan N 8 Lj27
Filótas GR 46 Mb50
Filóti GR 47 Mf53
Finale Emilia I 37 Lm46
Finale Ligure I 36 Lj46
Fiñana E 41 Ks53
Fínikas GR 48 Me53
Finnerödja S 13 Lp32
Finnøya N 5 Lq23
Finnsnes N 2 Lt21
Finnstad N 9 Lm28
Finse N 8 Lh30
Finspång S 13 Lq32
Finsterwalde D 21 Lo39
Fintown IRL 16 Km36
Fionnphort GB 17 Ko34
Fiorenzuola d'Arda I 36 Lk46
Firenze I 37 Lm47
Firenzuola I 37 Lm46
Firminy F 35 Le45
Fishguard GB 18 Kq39
Fiskárdo GR 46 Ma52
Fiskebäckskil S 13 Lm32
Fiskebøl N 5 Lp22
Fismes F 25 Ld41
Fities GR 46 Mb52
Fitjar N 8 Lf31
Fiuggi I 37 Lo49
Fiumicino I 37 Ln49
Fivizzano I 36 Ll46
Fjæra N 8 Lg31
Fjærland N 8 Lg29
Fjällbacka S 13 Lm32
Fjällnäs S 9 Ln28
Fjellerup DK 12 Ll34
Fjerritslev DK 12 Lk33
Fjordgård N 2 Ls21
Fjugesta S 13 Lp31
Fladungen D 27 Ll40
Flakaberg S 6 Mb24
Flakatrask S 5 Lr25
Flakstad N 5 Lo22
Flåm N 8 Lh30
Flatøydegard N 8 Lk30
Fleetwood GB 18 Kr37
Flekkefjord N 12 Lg32
Flen S 13 Lr31
Flensburg D 20 Lk36
Flers F 24 Ku42
Flesberg N 8 Lk31
Flesnes N 5 Lq22
Fleurance F 34 La47
Fleury-les-Aubrais F 25 Lb43
Flims CH 26 Lk44
Flisa N 9 Lm30
Flix E 34 La49
Flize F 19 Le41
Floby S 13 Lo32
Flogny-la-Chapelle F 25 Ld43
Flöha D 27 Lo40
Florac F 35 Ld46
Florange F 26 Lg41
Florennes B 19 Le40
Florenville B 26 Lf41
Floreşti MD 30 Mj43
Florídia I 44 Lq53
Flórina GR 46 Mb50
Florø N 8 Lf29
Florynka PL 29 Ma41
Flötningen S 9 Ln29
Fluberg N 9 Ll30
Fluminimaggiore I 43 Lj51
Foča BIH 38 Lt47
Fochabers GB 17 Kr33
Focşani RO 30 Mh45
Fóggia I 45 Lq49
Fohnsdorf A 27 Lp43
Foix F 34 Lb48
Fojnica BIH 38 Ls47
Foldereid N 5 Ln26
Folégandros GR 48 Me54
Folelli F 43 Lk48
Foligno I 37 Ln48
Folkestad N 8 Lg28
Folkestone GB 19 Lb39
Follafors N 9 Lm27
Folldal N 8 Lk28
Follebu N 9 Ll29
Follingbo S 14 Lt33
Föllinge S 9 Lp27
Follónica I 37 Ll48
Folteşti RO 30 Mj45
Fondi I 44 Lo49
Fonni I 43 Lk50
Fonsagrada E 33 Kn47
Fontainebleau F 25 Lc42
Fontaine-Française F 25 Lf43
Fontdepou E 34 La49
Fontenay-le-Comte F 24 Ku44
Fontenay-Trésigny F 25 Lc42
Fontevraud-l'Abbaye F 24 La43
Fontiveros E 33 Kq50
Font-Romeu F 35 Lc48
Fonyód H 28 Ls44
Fóppolo I 36 Lk44
Forbach F 26 Lg41
Forcalquier F 35 Lf47
Forcarei E 32 Km48
Forchheim D 27 Lm41
Førde N 8 Lf29
Førde N 8 Lf31
Forfar GB 17 Ks34
Forges-les-Eaux F 25 Lb41
Forlì I 37 Ln46
Forlimpópoli I 37 Ln46
Formazza I 26 Lj44
Formby GB 18 Kr37
Fórmia I 44 Lo49
Formofoss N 5 Ln26
Fornells E 42 Le50
Forneset N 2 Lu21
Fornovo di Taro I 36 Ll46
Forøya N 5 Lo24
Forres GB 17 Kr33
Fors S 9 Lr30
Forserum S 13 Lp33
Forshaga S 13 Lo31
Förslöv S 13 Ln34
Forsmark S 5 Lq25
Forsmo S 10 Ls27
Forsnäs S 6 Lt24
Forsnes N 8 Lj27
Forssa FIN 10 Md30
Forst D 21 Lp39
Forsvik S 13 Lp32
Fort Augustus GB 17 Kq33
Forte dei Marmi I 36 Ll47
Fort-Mahon-Plage F 19 Lb40
Fortrose GB 17 Kq33
Fortuna E 42 Kt52
Fortuneswell GB 18 Ks40
Fort William GB 17 Kp34
Forvika N 5 Ln25
Fosnavåg N 8 Lf28
Fossacèsia Marina I 37 Lp48
Fossano I 36 Lh46
Fossbakken N 6 Lt22
Fosses-la-Ville B 19 Le40
Fossli N 8 Lh30
Fossombrone I 37 Ln47
Fos-sur-Mer F 35 Le47
Fossvellir IS 4 Kc13
Föt H 28 Lu43
Fougères F 24 Kt42
Fourchambault F 25 Ld43
Fourfourás GR 48 Me55
Fourmies F 19 Le40
Fours F 25 Ld44
Foústani GR 46 Mc49
Fowey GB 18 Kq40
Foxford IRL 16 Kl37
Foynes IRL 16 Kl38
Foz E 33 Kn47
Foz de Odeleite P 40 Kn53
Frącki PL 23 Md37
Fraga E 34 La49
Fragistra GR 46 Mb52
Fraize F 26 Lg42
Framlev DK 12 Lk34
Frammersbach D 26 Lk40
Frampol PL 23 Mc40
Francardo F 43 Lk48
Francavilla al Mare I 37 Lp48
Francavilla di Sicilia I 44 Lq53
Francavilla Fontana I 45 Ls50
Francoforte I 44 Lp53
Franeker NL 20 Lf37
Frankenberg D 20 Lj39
Frankenthal D 26 Lj41
Frankfurt (Main) D 26 Lj40
Frankfurt (Oder) D 21 Lp38
Fränsta S 9 Lr28
Františkovy Lázně CZ 27 Ln40
Frascati I 37 Ln49
Fraserburgh GB 17 Ks33
Fra'shër AL 46 Ma50
Frătăuții Noi RO 30 Mf43
Fratsiá GR 48 Mc54
Frauenfeld CH 26 Lj43
Frauenkirchen A 28 Lr43
Frecăței RO 31 Mj46
Fredericia DK 12 Lk35
Frederikshavn DK 12 Ll33
Frederikssund DK 13 Ln35
Frederiksværk DK 13 Ln35
Fredrika S 10 Lt26
Fredriksberg S 9 Lp30
Fredrikstad N 13 Ll31
Fregenal de la Sierra E 40 Ko52
Freiberg D 21 Lo40
Freiburg D 26 Lh43
Freilassing D 27 Ln43
Freising D 27 Lm42
Freistadt A 27 Lp42
Freital D 21 Lo40
Fréjus F 36 Lg47
Frenštát pod Radhoštěm CZ 28 Lt41
Freren D 20 Lh38
Fresnay-sur-Sarthe F 24 La42
Fresno-Alhándiga E 33 Kp50
Fresno de Caracena E 33 Kr49
Fretigney F 26 Lf43
Freudenberg D 20 Lh40
Freudenstadt D 26 Lj42
Frévent F 19 Lc40
Freyburg D 21 Lm39
Freyming-Merlebach F 26 Lg41
Freyung D 27 Lo42
Frí GR 49 Mg55
Fribourg CH 26 Lh44
Friedberg A 28 Lr43
Friedberg D 26 Lj40
Friedberg D 27 Lm42
Friedewald D 20 Lk40
Friedland D 21 Lk39
Friedland D 21 Lo37
Friedland D 21 Lp38
Friedrichshafen D 26 Lk43
Friedrichstadt D 20 Lk36
Friesach A 27 Lp44
Friesack D 21 Ln38
Friesoythe D 20 Lh37
Friggesund S 9 Lr29
Frihetsli N 6 Lu22
Frillesås S 13 Ln33
Friol E 32 Kn47
Fristad S 13 Lo33
Fritsla S 13 Ln33
Fritzlar D 20 Lk39
Friville-Escarbotin F 25 Lb40
Frohnleiten A 28 Lq43
Frombork PL 22 Lu36
Frome GB 18 Ks39
Frómista E 33 Kq48
Frontignan F 35 Ld47
Frosinone I 44 Lo49
Frosta N 9 Ll27
Froussioúna GR 46 Mc53
Frövi S 13 Lq31
Fruges F 19 Lc40
Frutigen CH 26 Lh44
Frýdek-Místek CZ 28 Lt41
Frýdlant CZ 21 Lq40
Fuengirola E 41 Kq54
Fuensalida E 33 Kq50
Fuensanta E 41 Kt53
Fuente-Álamo E 41 Kt53
Fuente de Cantos E 40 Ko52
Fuente del Arco E 40 Kp52
Fuente el Fresno E 41 Kr51
Fuente Obejuna E 41 Kp52
Fuentesaúco E 33 Kp49
Fuentes de Ebro E 34 Ku49
Fügen A 27 Lm43
Fulda D 26 Lk40
Fulunäs S 9 Lo29
Fumay F 19 Le41
Fumel F 34 La46
Funäsdalen S 9 Ln28
Fundão P 32 Kn50
Fundulea RO 31 Mg46
Furculești RO 31 Mf47
Fürstenau D 20 Lh38
Fürstenberg D 21 Lo37
Fürstenfeld A 28 Lr43
Fürstenfeldbruck D 27 Lm42
Fürstenwalde D 21 Lp38
Furta H 29 Mb43
Fürth D 27 Ll41
Furth im Wald D 27 Ln41
Furtwangen D 26 Lj42
Furudal S 9 Lq29
Furuflaten N 2 Ma21
Furusund S 14 Lt31
Fusa N 8 Lf30
Fushë-Muhur AL 39 Ma49
Füssen D 27 Ll43
Fustiñana E 34 Kt48
Füzesabony H 29 Ma43
Füzesgyarmat H 29 Mb43
Fyllinge S 13 Ln34
Fynshav DK 21 Lk36
Fyresdal N 12 Lj31

G

Gabare BG 39 Md47
Gabčíkovo SK 28 Ls43
Gabøl DK 12 Lk35
Gabrovo BG 31 Mf48
Gacé F 25 La42
Gacko BIH 38 Lt47
Gäddede S 5 Lp26
Gadebusch D 21 Lm37
Gádor E 41 Ks54
Gærum DK 12 Ll33
Găești RO 31 Mf46
Gaeta I 44 Lo49
Gafsele S 10 Ls26
Gaggenau D 26 Lj42
Gagince SRB 39 Mb48
Gagnef S 9 Lq30
Gaiķi LV 14 Mc34
Gaildorf D 26 Lk42
Gailey GB 18 Ks38
Gaillac F 35 Lb47
Gaillon F 25 Lb41
Gainsborough GB 19 Ku37
Gairloch GB 17 Kp33
Gălăbovo BG 31 Mf48
Galanta SK 28 Ls42
Galashiels GB 17 Ks35
Galați RO 31 Mj45
Galatina I 45 Lt50
Galátista GR 46 Md50
Galaxídi GR 46 Mc52
Galera E 41 Ks53
Galéria F 43 Lj48
Galgaguta H 28 Lu43
Gălgău RO 29 Md43
Gallarate I 36 Lj45
Gallipoli I 45 Ls50
Gällivare S 6 Ma23
Gallneukirchen A 27 Lp42
Gällö S 9 Lq28
Gällstad S 13 Lo33
Galtström S 10 Ls28
Galway IRL 16 Kl37
Gaming A 27 Lq43
Gamleby S 13 Lr33
Gammelbo S 13 Lq31
Gammelstaden S 6 Mc25
Gammertingen D 26 Lk42
Gamvik N 3 Mj19
Gan F 34 Ku47
Ganderkesee D 20 Lj37
Gandesa E 34 La49
Gandia E 42 Ku52
Gandvik N 3 Mk21
Ganges F 35 Ld47
Gangi I 44 Lp53
Gannat F 25 Ld44
Gap F 36 Lg46
Gara Hitrino BG 31 Mg47
Gara Lăkatnik BG 39 Md47
Garbatka-Letnisko PL 23 Mb39
Gărbou RO 29 Md43
Garbów PL 23 Mc39
Garbsen D 20 Lk38
Garching D 27 Lm42
Garda I 37 Ll45
Gardanne F 35 Lf47
Gårdby S 13 Lr34
Gardelegen D 21 Lm38
Gardermoen N 9 Lm30
Gardete P 32 Kn51
Gardíki GR 46 Mb51
Garding D 20 Lj36
Gaä S 9 Lq26
Gardone Riviera I 37 Ll45
Gardone Val Trompia I 36 Ll45
Gárdony H 28 Lt43
Garešnica HR 38 Lr45
Garéssio I 36 Lj46
Gargaliáni GR 46 Mb53
Gargnas S 6 Ls25
Gargždai LT 14 Mb35
Garlasco I 36 Lj45
Garliava LT 23 Md36
Gărljano BG 39 Mc48
Garmisch-Partenkirchen D 27 Lm43
Garoaia RO 30 Mh45
Garphyttan S 13 Lp31
Garrovillas E 40 Ko51
Garrucha E 41 Kt53
Gärsnäs S 13 Lp35
Gartz D 21 Lp37
Garvão P 40 Km53
Garve GB 17 Kq33
Garwolin PL 23 Mb39
Gastoúni GR 46 Mb53
Gătaia RO 39 Mb45
Gatehouse of Fleet GB 17 Kq36
Gateshead GB 17 Kt36
Gattinara I 36 Lj45
Gaucín E 40 Kp54
Gaupne N 8 Lh29
Gauting D 27 Lm42
Gavarnie F 34 Ku48
Gavião P 32 Kn51
Gävle S 10 Ls30
Gavorrano I 37 Ll48
Gavray F 24 Kt42
Gávrio GR 48 Me53
Gávros GR 46 Mb50
Gaworzyce PL 22 Lq39
Gazimağusa CY 54 Mg28
Gazimağusa = Ammochostos CY 54 Mg28
Gdańsk PL 22 Lt36
Gdynia PL 22 Lt36
Gedser DK 21 Lm36
Geel B 20 Lf39
Geeste D 20 Lh38
Geesthacht D 21 Ll37
Gefell D 27 Lm40
Geilenkirchen D 20 Lg40
Geilo N 8 Lj30
Geiranger N 8 Lh28
Geiselhöring D 27 Ln42
Geisenfeld D 27 Lm42
Geisingen D 26 Lj43
Geislingen D 26 Lk42
Geithus N 8 Lk31
Gela I 44 Lp53
Geldern D 20 Lg39
Geldrop NL 20 Lf39
Geleen NL 20 Lf40
Gelgaudiškis LT 23 Mc35
Gelnhausen D 26 Lk40
Gelsenkirchen D 20 Lh39
Gelting D 21 Lk36
Gelu RO 39 Mb44
Gembloux sur-Orneau B 19 Le40
Gemla S 13 Lp34
Gemona del Friuli I 37 Lo44
Gemünden D 20 Lj40
Gemünden D 26 Lk40
Gençay F 24 La44
Generalski Stol HR 38 Lq45
General Toševo BG 31 Mj47
Genève CH 26 Lg44
Gengenbach D 26 Lj42
Genk B 20 Lf40
Genlis F 25 Lf43
Gennep NL 20 Lg39
Génolhac F 35 Ld46
Génova I 36 Lj46
Gent B 19 Ld39
Genthin D 21 Ln38
Genzano di Lucània I 45 Lr50
George Enescu RO 30 Mg42
Gera D 21 Ln40
Geraardsbergen B 19 Ld40
Gerace I 45 Lr52
Gerakaroú GR 46 Md50
Geráki GR 46 Mc53
Gerakini GR 46 Md50
Gérardmer F 26 Lg42
Gerena E 40 Ko53
Gérgal E 41 Ks53
Germering D 27 Lm42
Germersheim D 26 Lj41
Gernika E 34 Ks47
Gernsheim D 26 Lj41
Gerolstein D 26 Lg40
Gerolzhofen D 27 Ll41
Gersfeld D 26 Lk40
Gersthofen D 27 Ll42
Gescher D 20 Lh39
Gesunda S 9 Lp30
Gèsves B 26 Lf40
Geta FIN 10 Lu30
Getafe E 33 Kr50
Getinge S 13 Ln34
Gettorf D 21 Lk36
Getxo E 33 Kr47
Gevgelija MK 46 Mc49
Gex F 26 Lg44
Ghedi I 36 Ll45
Gheorgheni RO 30 Mf44
Gherla RO 29 Md43
Gherța Mică RO 29 Md43
Ghilarza I 43 Lj50
Ghimpați RO 31 Mf46
Ghisonaccia F 43 Lk48
Ghisoni F 43 Lk48
Gianitsá GR 46 Mc50
Giardini-Naxos I 44 Lq53
Giarmata RO 39 Mb45
Giarre I 44 Lq53
Gibellina Nuova I 44 Ln53
Gibostad N 2 Lt21
Gibraleón E 40 Ko53
Gibraltar GB 40 Kp46
Gibzde LV 14 Mc33
Gic H 28 Ls43
Gideå S 10 Lt27
Gideåkroken S 6 Ls26
Gieboldehausen D 21 Ll39
Gien F 25 Lc43
Giengen D 27 Ll42
Giens F 35 Lg47
Giera RO 39 Ma45
Gießen D 26 Lj40
Gieten NL 20 Lg38
Gietrzwałd PL 22 Ma37
Gifhorn D 21 Ll38
Gighera RO 39 Md47
Gignac F 35 Ld47
Gijón E 33 Kp47
Gilău RO 29 Md44
Gilavë AL 46 Lu50
Gilleleje DK 13 Ln34
Gimåfors S 9 Lr28
Gimo S 10 Lt30
Gimone F 34 La47
Gindulai LT 14 Mb35
Ginosa I 45 Lr50
Giòia del Colle I 45 Lr50
Giòia Táuro I 45 Lq52
Gioiosa Ionica I 45 Lr52
Giraltovce SK 29 Mb41
Girne Keryneia CY 54 Mg28
Giromagny F 26 Lg43
Girona E 35 Lc49
Girvan GB 17 Kq35
Gisburn GB 18 Ks37
Gislaved S 13 Lo33
Gisors F 25 Lb41
Githio GR 48 Mc54
Giulianova I 37 Lo48
Giulvăz RO 39 Ma45
Giurgeni RO 31 Mh46
Giurgiu RO 31 Mf47
Give DK 12 Lk35
Givet F 19 Le40
Givors F 35 Le45
Givry F 19 Le44
Givry-en-Argonne F 19 Le42
Giżałki PL 22 Ls38
Giżycko PL 23 Mb36
Gjermundshamn N 8 Lf30
Gjerstad N 12 Lj32
Gjersvik N 5 Lo26
Gjesvær N 3 Mf19
Gjirokastër AL 46 Ma50
Gjøra N 8 Lk28
Gjøvik N 9 Ll30
Gladenbach D 20 Lj40
Gladstad N 5 Lm25
Glamoč BIH 38 Lr46
Glamsbjerg DK 21 Ll35
Glandorf D 20 Lj38
Glarus CH 26 Lk43
Glasgow GB 17 Kq35
Glastonbury GB 18 Ks39
Glauchau D 27 Ln40
Glavatićevo BIH 38 Lt47
Glavinica BG 31 Mh47
Głębokie PL 23 Md39
Gleisdorf A 28 Lq43
Glenariff GB 17 Ko35
Glenarm GB 17 Kp36
Glenbeigh IRL 16 Kl38
Glencolumbkille IRL 16 Km36
Glenfinnan GB 17 Kp34
Glengarriff IRL 16 Kl39
Glenluce GB 17 Kq36
Glenrothes GB 17 Kr34
Glenties IRL 16 Km36
Glífa GR 46 Mc52
Glifáda GR 46 Lu51
Glimåkra S 13 Lp34
Glina HR 38 Lr45
Glinojeck PL 22 Ma38
Gliwice PL 28 Lt40
Glodeanu-Siliștea RO 31 Mg46
Glodeni MD 30 Mh43
Gloggnitz A 28 Lq43
Glogovac KSV 39 Ma48
Głogów PL 22 Lr39
Głogówek PL 28 Ls40
Głogów Małopolski PL 29 Mb40
Glomfjord N 5 Lo24
Glommen S 13 Ln34
Glommersträsk S 6 Lu25
Glossa GR 47 Md51
Glöte S 9 Lo28
Gloucester GB 18 Ks39
Główczyce PL 22 Ls36
Głowno PL 22 Lu39
Głubczyce PL 28 Ls40
Głuchołazy PL 28 Ls40
Głuchowo PL 22 Lr38
Glücksburg D 21 Lk36
Glückstadt D 20 Lk37
Gmünd A 27 Lo44
Gmünd A 27 Lp42
Gmunden A 27 Lo43
Gnarp S 10 Ls28
Gnarrenburg D 20 Lj37
Gnesta S 14 Ls31
Gniazdowo PL 23 Mb38
Gniechowice PL 22 Lr40
Gniew PL 22 Lt37
Gniezno PL 22 Ls38
Gnjilane KSV 39 Mb48
Gnoien D 21 Ln37
Gnosjö S 13 Lo33
Gobesh AL 46 Ma50
Goce Delčev BG 39 Md49
Goce Delčev BG 39 Md49
Goch D 20 Lg39
Göd H 28 Lu43
Godby FIN 10 Lu30
Godeanu RO 39 Mc46
Godeč BG 39 Md47
Goderville F 25 La41
Gödöllő H 28 Lu43
Goes NL 19 Ld39
Gogolin PL 28 Lt40
Göhren D 21 Lo36
Goián E 32 Km49
Góis P 32 Km50
Góito I 37 Ll45
Gójsk PL 22 Lu38
Gol N 8 Lj30
Golce PL 22 Lr37
Golčův Jeníkov CZ 28 Lq41
Golczewo PL 21 Lp37
Gołdap PL 23 Mc36
Goldberg D 21 Ln37
Goleniów PL 21 Lp37
Golfo Aranci I 43 Lk49
Golica BG 31 Mh48
Goliševo LV 15 Mh34
Goljam Manastir BG 31 Mg48
Goljamo Kruševo BG 31 Mg48
Golling A 27 Lo43
Golspie GB 17 Kr33
Golßen D 21 Lo39
Golubac SRB 39 Mb46
Golub-Dobrzyń PL 22 Lu37
Gołymin-Ośrodek PL 23 Ma38
Gómara E 34 Ks49
Gommern D 21 Lm38
Gomulin PL 22 Lu39
Goncelin F 36 Lf45
Gondomar P 32 Km49
Gondrecourt-le-Château F 26 Lf42
Goniądz PL 23 Mc37
Goole GB 19 Ku37
Goor NL 20 Lg38
Göppingen D 26 Lk42
Góra PL 22 Lr39
Góra PL 22 Ma38
Góra Kalwaria PL 23 Mb39
Goráni GR 48 Mc54
Goražde BIH 38 Lt47
Gorban RO 30 Mj44
Gördalen S 9 Ln29
Gorey IRL 16 Ko38
Gorica BG 31 Mh48
Goricë AL 46 Ma50
Gorinchem NL 20 Le39
Goritsá GR 46 Mc53
Gorízia I 37 Lo45
Gørlev DK 13 Lm35
Gorlice PL 29 Mb41
Görlitz D 21 Lp39
Gormanstown IRL 16 Ko37
Gorna Bešovica BG 39 Md47
Gorna Orjahovica BG 31 Mf47
Gorna Studena BG 31 Mf47
Gorni Okol BG 39 Md48
Gornja Radgona SLO 28 Lq44
Gornja Sabanta SRB 39 Ma47
Gornje Peulje BIH 38 Lr46
Gornji Jabolćište MK 39 Mb49
Gornji Milanovac SRB 39 Ma46
Gornji Vakuf = Uskoplje BIH 38 Ls47
Górno PL 23 Ma40
Górowo Iławeckie PL 22 Ma36
Gorron F 24 Ku42
Gort IRL 16 Km37
Gorvik S 9 Lq27
Gorzkowice PL 22 Lu39
Gorzków-Osada PL 23 Md40
Gorzów Wielkopolski PL 22 Lq38
Gorzyń PL 22 Lq38
Gosau A 27 Lo43
Gościkowo Jordanowo PL 22 Lq38
Gosforth GB 17 Kr36
Goslar D 21 Ll39
Gospić HR 38 Lq46
Gostilja BG 31 Me47
Gostivar MK 39 Ma49
Göstling A 27 Lp43
Gostomia PL 22 Lr37
Gostyń PL 22 Ls39
Gostynin PL 22 Lu38
Göteborg S 13 Lm33
Götene S 13 Lo32
Gotha D 21 Ll40
Götlunda S 13 Lq31
Göttingen D 21 Lk39
Gottskär S 13 Lm33
Gouda NL 20 Le38
Gouménissa GR 46 Mc50
Goúmero GR 46 Mb53
Gourdon F 35 Lb46
Gourin F 24 Kr42
Gournay-en-Bray F 25 Lb41
Gouveia P 32 Kn50
Gouzon F 25 Lc44
Goveđari HR 38 Lr48
Gowidlino PL 22 Ls36
Gozdnica PL 21 Lq39
Grabarka PL 23 Mc38
Graben-Neudorf D 26 Lj41
Grabovica SRB 39 Lu46
Grabovica SRB 39 Mc46
Grabow D 21 Lm37
Grabów nad Prosną PL 22 Lt39
Grabowno PL 22 Lr37
Grabowo PL 23 Mc36
Gračac HR 38 Lq46
Gračanica BIH 38 Ls47
Gračanica BIH 38 Lt46
Gračanica KSV 39 Mb48
Graçay F 25 Lb43
Gradac HR 38 Lq45
Gradačac BIH 38 Lt46
Gradec BG 39 Mc46
Gradešnica MK 46 Mb49
Gradina BG 31 Mf47
Grădinari RO 39 Mb45
Gradište HR 38 Lt45
Grădiştea RO 31 Mh46
Grădistea RO 39 Md46
Grădiştea de Munte RO 39 Md45
Gradnica BG 31 Me48
Grado E 33 Ko47
Grado I 37 Lo45
Gradojević SRB 38 Lu46
Grafenau D 27 Lo42
Gräfenberg D 27 Lm41
Gräfenhainichen D 21 Ln39
Grafenwöhr D 27 Lm41
Graiguenamanagh IRL 16 Ko38
Grajduri RO 30 Mh44
Grajewo PL 23 Mc37
Gram DK 12 Lk35
Gramat F 35 Lb46
Grammichele I 44 Lp53
Gramsh AL 46 Ma50
Gramzow D 21 Lo37
Gran N 9 Ll30
Granada E 41 Kr47
Granard IRL 16 Kn37
Grandas de Salime E 33 Ko47
Grandcamp-Maisy F 24 Kt41
Grândola P 40 Km52
Grandrieu F 35 Ld46
Grandvillars F 26 Lg43
Grandvilliers F 25 Lb41
Grañén E 34 Ku49
Grangärde S 9 Lp30
Grangemouth GB 17 Kr34
Grängesberg S 9 Lp30
Granicești RO 30 Mg43
Graninge S 9 Lr27
Granitis GR 47 Md49
Grankullavik S 14 Ls33
Granliden S 5 Lq26
Gränna S 13 Lp32
Grannäs S 5 Ls25
Granö S 10 Lu26
Granollers E 35 Lc49
Gransee D 21 Lo37
Gransherad N 12 Lk31
Grantham GB 19 Ku38
Grantown-on-Spey GB 17 Kr33
Granville F 24 Kt42
Granvin N 8 Lg30
Grapska BIH 38 Lt46
Gräsgård S 13 Lr34
Grassano I 45 Lr50
Grassau D 27 Ln43
Grasse F 36 Lg47
Gråsten DK 21 Lk36
Grästorp S 13 Ln32
Gratwein A 28 Lq43
Graulhet F 35 Lb47
Graus E 34 La48
Grávavencsellő H 29 Mb42
Gravberget N 9 Ln30
Gravedona I 36 Lk44
Gravelines F 19 Lc40
Gravesend GB 19 La39
Graviá GR 46 Mc52
Gravina in Puglia I 45 Lr50
Gray F 26 Lf43
Graz A 28 Lq43
Gražiškiai LT 23 Mc36
Great Ayton GB 19 Kt36
Great Malvern GB 18 Ks38
Great Yarmouth GB 19 Lb38
Grebbestad S 13 Lm32
Grebenhain D 26 Lk40
Grębocin PL 22 Lt37
Greenlaw GB 17 Ks35
Greenock GB 17 Kq35
Greenodd GB 17 Kr36
Greetsiel D 20 Lh37
Greifenburg A 27 Lo44
Greifswald D 21 Lo36
Grein A 27 Lp42
Greiz D 27 Ln40
Grenaa DK 13 Ll34
Grenade F 34 Lb47
Grenade-sur-l'Adour F 34 Ku47
Grenchen CH 26 Lh43
Grenoble F 35 Lf45
Gressoney-la-Trinité I 36 Lh45
Gretna Green GB 17 Kr36
Greve in Chianti I 37 Lm47
Greven D 20 Lh38
Grevená GR 46 Mb50
Grevenbroich D 20 Lg39
Grevenmacher L 26 Lg41
Grevesmühlen D 21 Lm37
Greve Strand DK 13 Ln35
Grevie S 13 Ln34
Greystones IRL 16 Ko37
Grgurnica MK 39 Mb49
Grieskirchen A 27 Lo42
Grigoriopol MD 52 Me22

Jasna Poljana BG 31 Mh48
Jasov SK 29 Ma42
Jastarnia PL 22 Lt36
Jastrebarsko HR 38 Lq45
Jastrowie PL 22 Lr37
Jastrząbka PL 23 Mb37
Jastrzębia Gora PL 22 Lt36
Jastrzebiezdrój PL 28 Lt41
Jászalsószentgyörgy H 29 Ma43
Jászapáti H 29 Ma43
Jászárokszállás H 28 Lu43
Jászberény H 28 Lu43
Jättendal S 10 Ls29
Jaungulbene LV 15 Mg33
Jaunkalsnava LV 15 Mf34
Jaunpiebalga LV 15 Mg33
Jaunpils LV 15 Md34
Jávea = Xàbia E 42 La52
Javorník CZ 28 Ls40
Javre S 6 Mb25
Jawor PL 22 Lr39
Jawor Solecki PL 23 Mb39
Jaworzno PL 28 Lu40
Jazna BY 15 Mj35
Jebel RO 39 Mb45
Jedburgh GB 17 Ks35
Jedlińsk PL 23 Mb39
Jednorożec PL 23 Mb37
Jedrzejów PL 28 Ma40
Jedwabne PL 23 Mc37
Jedwabno PL 22 Ma37
Jeesio FIN 7 Mg23
Jēkabpils LV 15 Mf34
Jektvika N 5 Lo24
Jelcz-Laskowice PL 22 Ls39
Jelenia Gora PL 22 Lq40
Jelenino PL 22 Lr37
Jelgava LV 15 Md34
Jelling DK 12 Lk35
Jelovac SRB 39 Mb46
Jelsa N 12 Lg31
Jemielno PL 22 Lr39
Jena D 21 Lm40
Jenbach A 27 Lm43
Jennersdorf A 28 Lr44
Jepua FIN 10 Mc27
Jerez de la Frontera E 40 Ko54
Jerez de los Caballeros E 40 Ko52
Jergucat AL 46 Ma51
Jerichow D 21 Ln38
Jerka PL 22 Lr39
Jerzens A 27 Ll43
Jerzu I 43 Lk51
Jesenice CZ 27 Lp41
Jesenice SLO 27 Lp44
Jeseník CZ 28 Ls40
Jesi I 37 Lo47
Jésolo I 37 Ln45
Jessen D 21 Ln39
Jessheim N 9 Lm30
Jeumont F 19 Le40
Jever D 20 Lh37
Jevnaker N 9 Ll30
Jeziorany PL 22 Ma37
Jeżów PL 22 Lu39
Jeżowe PL 29 Mc40
Jibert RO 30 Mf45
Jibou RO 29 Md43
Jičín CZ 28 Lq40
Jieznas LT 23 Me36
Jihlava CZ 28 Lq41
Jijona = Xixona E 42 Ku52
Jilava RO 31 Mg46
Jilavele RO 31 Mg46
Jiltjaur S 5 Lr25
Jimbolia RO 39 Ma45
Jimena de la Frontera E 40 Kp54
Jindřichov CZ 28 Ls40
Jindřichův Hradec CZ 27 Lq41
Jirkov CZ 27 Lo40
Jitia RO 31 Mg45
Joachimsthal D 21 Lo38
Jock S 6 Mc24
Jódar E 41 Kr53
Jodoigne B 20 Le40
Joensuu FIN 11 Mk28
Joesjo S 5 Lp25
Jõgeva EST 15 Mg32
Johanngeorgenstadt D 27 Ln40
John o'Groats GB 17 Kr32
Johnstone GB 17 Kq35
Jõhvi EST 11 Mh31
Joigny F 25 Ld43
Joinville F 25 Lf42
Joița RO 31 Mf46
Jokikyla FIN 11 Mf27
Jokina Čuprija SRB 38 Lu47
Jokkmokk S 6 Lu24
Jöllen S 9 Lp29
Jomala FIN 10 Lu30
Jonava LT 15 Me35
Jondal N 8 Lg30
Joniškis LT 15 Md34
Joniškėlis LT 15 Me34
Jönköping S 13 Lp33
Jonquières F 35 Le46
Jonzac F 24 Ku45
Jordanów PL 28 Lu41
Jordanów Śląski PL 22 Lr40
Jordbro S 14 Lt31
Jordet N 9 Ln29
Jorgastak N 3 Mf21
Jormvattnet S 5 Lp26
Jörn S 6 Ma25
Joroinen FIN 11 Mh28
Jørpeland N 12 Lg31
Jošanica SRB 39 Mb47
Jošanička Banja SRB 39 Ma47
Joseni RO 30 Mf44
Josenii Bârgăului RO 29 Me43
Josipdol HR 38 Lq45
Josselin F 24 Ks43
Joukokyla FIN 7 Mj25
Joure NL 20 Lf38
Joutsa FIN 11 Mg29
Joutseno FIN 11 Mj29
Joutsijarvi FIN 7 Mh24
Jovsa SK 29 Mc42
Józefów PL 23 Mb38
Józefów PL 23 Mb39
Józefów PL 29 Md40
Juankoski FIN 11 Mj27
Jübek D 20 Lk36
Juchnowiec Dolny PL 23 Md38
Judenburg A 27 Lp43
Juelsminde DK 12 Ll35
Juhaviči BY 50 Me18
Juillac F 35 Lb45
Jukkasjärvi S 6 Ma23
Jule N 9 Lo26
Julianadorp NL 20 Le38
Jülich D 20 Lg40
Jumaliskyla FIN 7 Mk26
Jumeaux F 35 Ld45
Jumilla E 42 Kt52
Juminen FIN 11 Mh27
Jumisko FIN 7 Mj24
Jumurda LV 15 Mf34
Jung S 13 Lo32
Junosuando S 6 Mc23
Junsele S 9 Lr27
Juntusranta FIN 7 Mk25
Juoksengi S 6 Md24
Juorkuna FIN 7 Mg26
Juraciški BY 23 Mf36
Jurbarkas LT 23 Mc35
Jüri EST 15 Me31
Jurilovca RO 31 Mj46
Jūrkalne LV 14 Mb33
Jūrmala LV 15 Md34
Jurva FIN 10 Mb28
Jussey F 26 Lf43
Juszkowy Gród PL 23 Md38
Jüterbog D 21 Lo39
Juuka FIN 11 Mk27
Juuma FIN 7 Mk24
Juupoajoki FIN 11 Me29
Juva FIN 11 Mh29
Jyderup DK 13 Lm35
Jyrkankoski FIN 7 Mk24
Jyrkka FIN 11 Mh27
Jyväskylä FIN 11 Mf28

K

Kaamanen FIN 3 Mh21
Kaamasmukka FIN 3 Mg21
Kaansoo EST 15 Mf32
Kaaresuvanto FIN 6 Mc22
Kaarina FIN 10 Mc30
Kaavi FIN 11 Mj28
Kåbdalis S 6 Ma24
Kabelvåg N 5 Lp22
Kabile LV 14 Mc34
Kablešovo BG 31 Mh48
Kabli EST 15 Me32
Kacelovo BG 31 Mg47
Kačerginė LT 23 Md36
Kačergiškė LT 15 Mg35
Kaczorów PL 22 Lq40
Kadaň CZ 27 Lo40
Kadrifakovo MK 39 Mc49
Kadzidło PL 23 Mb37
Kåfjord N 3 Mf20
Kåfjordbotn N 2 Ma21
Kåge S 6 Mb26
Kahanavičy BY 15 Mj35
Kahla D 27 Lm40
Käina EST 14 Mc32
Kaipiainen FIN 11 Mh30
Kaipola FIN 11 Mf29
Kairala FIN 7 Mh23
Kaiserslautern D 26 Lh41
Kaišiadorys LT 23 Me36
Kaitum S 6 Ma23
Kajaani FIN 7 Mh26
Kakanj BIH 38 Lt46
Kakí GR 48 Md53
Kąkol PL 22 Lt38
Kalajoki FIN 6 Md26
Kalakoski FIN 10 Md28
Kalamáki GR 46 Mc51
Kalamáta GR 46 Mc53
Kalambáka GR 46 Mb51
Kalambáki GR 47 Me49
Kalana EST 14 Mc32
Kalándra GR 46 Md51
Kálanos GR 46 Mb52
Kalanti FIN 10 Mb30
Kälarne S 9 Lr28
Kalavárda GR 49 Mh54
Kalávrita GR 46 Mc52
Kalbe D 21 Lm38
Kaldfjord N 2 Lt21
Kalérgo GR 48 Me52
Kálimnos GR 49 Mg54
Kalinkavičy BY 50 Me19
Kalinovik BIH 38 Lt47
Kalipéfki GR 46 Mc51
Kalisko PL 22 Lu39
Kalisty PL 22 Ma37
Kalisz PL 22 Lt39
Kalisz Pomorski PL 22 Lq37
Kalithéa GR 46 Md50
Kalivári GR 48 Me53
Kalix S 6 Md25
Kalixforsbron S 6 Ma23
Kalkakoski FIN 11 Mf29
Kalkūne LV 15 Mg35
Kall S 9 Lo27
Kallaste EST 15 Mh32
Kållered S 13 Ln33
Kalli EST 15 Me32
Kallinge S 13 Lq34
Kallithéa GR 46 Mc51
Kallmet AL 39 Lu49
Kalloní GR 48 Md53
Kalmar S 13 Lr34
Kalmthout B 19 Le39
Kalna SRB 39 Mc47
Kálna nad Hronom SK 28 Lt42
Kalná Roztoka SK 29 Mc42
Kalnciems LV 15 Md34
Kalocsa H 28 Lt44
Kalofer BG 31 Me48
Kaló Horío GR 48 Md52
Kalpáki GR 46 Ma51
Kalsdorf A 28 Lq44
Kaltanėnai LT 15 Mf35
Kaltenkirchen D 21 Ll37
Kaltern = Caldaro I 27 Lm44
Kalugerovc BG 31 Me48
Kalundborg DK 13 Lm35
Kalvåg N 8 Le29
Kalvarija LT 23 Md36
Kalvia FIN 10 Md27
Kalvitsa FIN 11 Mh29
Kalvola FIN 11 Me29
Kamáres GR 46 Mb52
Kamáres GR 48 Me53
Kamári GR 49 Mf54
Kambánis GR 46 Mc50
Kámbos GR 48 Mc54
Kamčija BG 31 Mh47
Kamen D 20 Lh39
Kamenica SRB 38 Lu46
Kamenice nad Lipou CZ 27 Lq41
Kamenný Přívoz CZ 27 Lp41
Kameno BG 31 Mh48
Kamenz D 21 Lp39
Kamień PL 22 Ma39
Kamień Pomorski PL 21 Lp37
Kamjaniec BY 23 Md38
Kamjanjuki BY 23 Md38
Kamlunge S 6 Mc24
Kamnik SLO 37 Lp44
Kampen NL 20 Lf38
Kanaküla EST 15 Mf32
Kanal SLO 37 Lo44
Kańczuga PL 29 Mc41
Kándanos GR 48 Md55
Kandava LV 14 Mc33
Kandel D 26 Lj41
Kandersteg CH 26 Lh44
Kandíla GR 46 Mc53
Kanepi EST 15 Mg33
Kanfanar HR 37 Lo45
Kangaslampi FIN 11 Mj28
Kangasniemi FIN 11 Mg29
Kangos S 6 Mc23
Kangosjarvi FIN 6 Md23
Kanjiža SRB 39 Ma44
Kankaanpää FIN 10 Mc29
Kankainen FIN 11 Mg28
Kannankoski FIN 11 Mf28
Kannus FIN 10 Md27
Kantala FIN 11 Mh28
Kanturk IRL 16 Km38
Kaolinovo BG 31 Mh47
Kaona SRB 39 Ma47
Kapandriti GR 48 Md52
Kapellen B 19 Le39
Kapfenberg A 28 Lq43
Kapitan Dimitrovo BG 31 Mh47
Kaplice CZ 27 Lp42
Kaposvár H 28 Ls44
Kappeln D 21 Lk36
Kappelshamn S 14 Lt33
Kappelskär S 14 Lu31
Kaprun A 27 Ln43
Kapsáli GR 48 Mc54
Kapuvár H 28 Ls43
Karakólithos GR 46 Mc52
Karapelit BG 31 Mh47
Kararkút H 38 Ls44
Karasavvon FIN 6 Mc22
Karasjok N 3 Mf21
Karats S 6 Lt24
Karavás GR 48 Mc54
Karavómilos GR 46 Mc52
Kårböle S 9 Lq29
Karcag H 29 Ma43
Kardakáta GR 46 Ma52
Kardamíli GR 48 Mc54
Kardašova Řečice CZ 27 Lp41
Kardítsa GR 46 Mb51
Kärdla EST 14 Mc32
Kardos H 29 Ma44
Kărdžali BG 31 Mf49
Kårehamn S 14 Lr34
Kareldči BY 23 Mg37
Karesuando S 6 Mc22
Kärevete EST 15 Mf31
Kargowa PL 22 Lq38
Karhukangas FIN 7 Mf26
Karhula FIN 11 Mg30
Kariá GR 46 Mc52
Kariani GR 46 Md50
Karigasniemi FIN 3 Mf21
Karijoki FIN 10 Mb28
Karis = Karjaa FIN 11 Md30
Karistos GR 48 Me52
Karjaa = Karis FIN 11 Md30
Karjala FIN 10 Mc30
Karjalohja FIN 11 Md30
Karkkila FIN 11 Me30
Karksi-Nuia EST 15 Mf32
Karleby FIN 10 Md27
Karlholmsbruk S 10 Ls30
Karlino PL 22 Lq36
Karlobag HR 37 Lq46
Karlovac HR 38 Lq45
Karlovássi GR 49 Mg53
Karlovice CZ 28 Ls40
Karlovo BG 31 Me48
Karlovy Vary CZ 27 Ln40
Karlsborg S 13 Lp32
Karlshamn S 13 Lp34
Karlskoga S 13 Lp31
Karlskrona S 13 Lq34
Karlsruhe D 26 Lj41
Karlstad S 13 Lo31
Karlstadt D 26 Lk41
Kärnare BG 31 Me48
Karneźéika GR 48 Md53
Karnobat BG 31 Mg48
Kärpänkylä FIN 7 Mk25
Kárpathos GR 49 Mh55
Karpeníssi GR 46 Mb52
Karsamaki FIN 11 Mf27
Kārsava LV 15 Mh34
Kårsta S 14 Lt31
Karstädt D 21 Lm37
Karstula FIN 11 Me28
Karterés GR 46 Md50
Karttula FIN 11 Mg28
Kartuzy PL 22 Lt36
Karungi S 6 Md24
Karunki FIN 6 Me24
Karup DK 12 Lk34
Karvaskyla FIN 11 Mf27
Karvia FIN 10 Mc28
Karviná CZ 28 Lt41
Karvio FIN 11 Mj28
Karvoskyla FIN 11 Mf27
Kascjukovičy BY 50 Mf19
Kascjukovka BY 50 Mg19
Kåseberga S 13 Lp35
Kaskii FIN 11 Mj29
Kaskinen = Kaskö FIN 10 Mb28
Kaskö = Kaskinen FIN 10 Mb28
Kassari EST 14 Mc32
Kassel D 20 Lk39
Kastaniá GR 46 Mb51
Kastaniá GR 46 Mb51
Kastanitsa GR 46 Mc53
Kastéli GR 49 Mf55
Kastellaun D 26 Lh40
Kaštel-Stari HR 38 Lr47
Kastl D 27 Lm41
Kastoriá GR 46 Mb50
Kastri GR 48 Me56
Kástro GR 46 Mb53
Kástro GR 48 Md52
Katákolo GR 46 Mb53
Katápola GR 49 Mf54
Katastári GR 46 Ma53
Katerini GR 46 Mc50
Kathení GR 48 Md52
Katlanovska Banja MK 39 Mb49
Káto Ahaía GR 46 Mb52
Káto Almirí GR 48 Md53
Káto Asséa GR 46 Mc53
Káto Makrinoú GR 46 Mb52
Káto Nevrokópi GR 47 Md49
Káto Vlassía GR 46 Mb52
Katowice PL 28 Lt40
Katrineholm S 13 Lr32
Katsimbalis GR 46 Mc53
Kattavía GR 49 Mh55
Katthammarsvik S 14 Lt33
Katwijk aan Zee NL 20 Le38
Katy Wrocławskie PL 22 Lr39
Kaufbeuren D 27 Ll43
Kaufungen D 20 Lk39
Kauhajoki FIN 10 Mc28
Kauhava FIN 10 Md27
Kaukonen FIN 6 Me23
Kaulsdorf D 27 Lm40
Kaunas LT 23 Md36
Kaupanger N 8 Lh29
Kausala FIN 11 Mg30
Kauske EST 15 Mh32
Kaustinen FIN 10 Md27
Kautokeino N 2 Md21
Kavadarci MK 46 Mc49
Kavajë AL 46 Lu49
Kavála GR 47 Me50
Kavarna BG 31 Mj47
Kavarskas LT 15 Me35
Kävlinge S 13 Lo35
Kaxholmen S 13 Lp33
Kayla FIN 7 Mk24
Kaysersberg F 26 Lh42
Kazanlăk BG 31 Mf48
Kazimierza Wielka PL 29 Ma40
Kazimierz Dolny PL 23 Mb39
Kazincbarcika H 29 Ma42
Kaz'jany BY 15 Mg35
Kazlauščyna BY 23 Mf37
Kazlų Rūda LT 23 Md36
Kaznějov CZ 27 Lo41
Kcynia PL 22 Ls38
Kdyně CZ 27 Lo41
Kéa GR 48 Me53
Kecskemét H 28 Lu44
Kėdainiai LT 15 Md35
Kédros GR 46 Mc51
Kędzierzyn-Koźle PL 28 Ls40
Keel IRL 16 Kk36
Kéfalos GR 49 Mg54
Kehl D 26 Lh42
Kehra EST 15 Mf31
Keighley GB 18 Kt37
Keila EST 15 Me31
Ķeipene LV 15 Mf34
Keitele FIN 11 Mg27
Keith GB 17 Ks33
Kelankyla FIN 7 Mh25
Këlcyrë AL 46 Ma50
Kelheim D 27 Lm42
Kellinghusen D 21 Lk37
Kello FIN 7 Mf25
Kellokoski FIN 11 Mf30
Kelloselkä FIN 7 Mj24
Kells IRL 16 Ko37
Kelmė LT 15 Mc35
Kelmis B 20 Lg40
Kelso GB 17 Ks35
Kemi FIN 6 Me25
Kemijärvi FIN 7 Mh24
Kemila FIN 7 Mk25
Keminmaa FIN 6 Me25
Kemiö = Kimito FIN 10 Md30
Kemnath D 27 Lm41
Kempele FIN 7 Mf26
Kempten D 27 Ll43
Kendal GB 17 Ks36
Kenderes H 29 Ma43
Kenmare IRL 16 Kl39
Kennacraig GB 17 Kp35
Kenttan N 3 Mf21
Kępno PL 22 Ls39
Keramidi GR 46 Mc51
Keramoti GR 47 Me50
Keratea GR 48 Md53
Kerava FIN 11 Mf30
Kergu EST 15 Me32
Keri GR 46 Ma53
Kerimäki FIN 11 Mk29
Kérkira GR 46 Lu51
Kerkrade NL 20 Lg40
Kermen BG 31 Mg48
Kéros GR 49 Mf54
Kerpen D 20 Lg40
Kerteminde DK 12 Ll35
Kesälahti FIN 11 Mk29
Kesh GB 16 Kn36
Kesteri LV 14 Mb34
Kestila FIN 7 Mg26
Keswick GB 17 Kr36
Keszthely H 28 Ls44
Kętrzyn PL 23 Mb36
Kettering GB 19 Ku38
Keuruu FIN 11 Me28
Kevastu EST 15 Mh32
Kevelaer D 20 Lg39
Kevlavik IS 4 Jj13
Kežmarok SK 29 Ma41
Kharmanli BG 31 Mf49
Kiáto GR 46 Mc52
Kibæk DK 12 Lj34
Kiberg N 3 Ml20
Kičevo MK 46 Ma49
Kidderminster GB 18 Ks38
Kiefersfelden D 27 Ln43
Kiekinkoski FIN 7 Ml26
Kiel D 21 Ll36
Kielce PL 23 Ma40
Kierinki FIN 6 Mf23
Kierspe D 20 Lh39
Kigyósgárgyán H 28 Lu44
Kihelkonna EST 14 Mc32
Kihlanki FIN 6 Md23
Kihlanki S 6 Md23
Kihniö FIN 10 Md28
Kiikala FIN 10 Md30
Kiikoinen FIN 10 Mc29
Kiiminki FIN 7 Mf25
Kiistala FIN 6 Mf23
Kijevo HR 38 Lr47
Kikinda SRB 39 Ma45
Kil N 12 Lk32
Kil S 13 Lo31
Kilafors S 9 Lr29
Kilbaha IRL 16 Kl38
Kilboghamn N 5 Lo24
Kilchoan GB 17 Kn34
Kilcolgan IRL 16 Km37
Kildare IRL 16 Ko37
Kilingi-Nõmme EST 15 Me32
Kilíni GR 46 Mb53
Kilkee IRL 16 Kl38
Kilkeel GB 17 Kp36
Kilkenny IRL 16 Kn38
Kilkhampton GB 18 Kq40
Kilkís GR 46 Mc50
Killarney IRL 16 Kl38
Killbeggan IRL 16 Kn37
Killenaule IRL 16 Kn38
Killimer IRL 16 Kl38
Killin GB 17 Kq34
Killinkoski FIN 10 Md28
Killorglin IRL 16 Kl38
Killybegs IRL 16 Km36
Kilmaine IRL 16 Kl37
Kilmarnock GB 17 Kq35
Kilmore Quay IRL 16 Ko38
Kilpisjärvi FIN 2 Ma21
Kilrush IRL 16 Kl38
Kimi GR 48 Me52
Kimito = Kemiö FIN 10 Md30
Kímolos GR 48 Me54
Kinbrace GB 17 Kr32
Kingsbridge GB 18 Kr40
King's Lynn GB 19 La38
Kingston upon Hull GB 19 Ku37
Kingussie GB 17 Kq33
Kíni GR 48 Me53
Kinlochewe GB 17 Kp33
Kinna S 13 Ln33
Kinnarp S 13 Lo32
Kinnegad IRL 16 Kn37
Kinnula FIN 11 Me27
Kinross GB 17 Kr34
Kinsale IRL 16 Km39
Kinsarvik N 8 Lg30
Kintore GB 17 Ks33
Kinvarre IRL 16 Km37
Kióni GR 46 Ma52
Kiparíssi GR 48 Md54
Kiparissía GR 46 Mb53
Kipinä FIN 7 Mg25
Kipséli GR 46 Mb50
Kipséli GR 46 Mc51
Kirchberg D 26 Lh41
Kirchdorf A 27 Lp43
Kirchhain D 20 Lj40
Kirchheim-Bolanden D 26 Lj41
Kirchheim (Teck) D 26 Lk42
Kirchschlag A 28 Lr43
Kiriáki GR 46 Mc52
Kirkby Lonsdale GB 17 Ks36
Kirkcaldy GB 17 Kr34
Kirkcudbright GB 17 Kq36
Kirkenær N 9 Ln30
Kirkenes FIN 3 Ml21
Kirke Såby DK 13 Lm35
Kirkjubæjarklaustur IS 4 Ka14
Kirkkonummi = Kyrkslätt FIN 11 Me30
Kirkliai LT 15 Mc35
Kirn D 26 Lh41
Kirriemuir GB 17 Kr34
Kiruna S 6 Ma23
Kisa S 13 Lq33
Kisbér H 28 Lt43
Kiseljak BIH 38 Lt47
Kiseljak BIH 38 Lu46
Kisielice PL 22 Lu37
Kiskkunmajsa H 28 Lu44
Kisko FIN 10 Md30
Kisköre H 29 Ma43
Kiskőrös H 28 Lu44
Kiskunfélegyháza H 28 Lu44
Kiskunhalas H 28 Lu44
Kiskunlacháza H 28 Lt43
Kissamos GR 48 Md55
Kisszentmiklós H 28 Lt44
Kist D 26 Lk41
Kistanje HR 38 Lq47
Kistelek H 29 Lu44
Kisvárda H 29 Mc42
Kitee FIN 11 Ml28
Kíthnos GR 48 Me53
Kitkiojoki S 6 Md23
Kítros GR 46 Mc50
Kitsi FIN 11 Ml27
Kittelfjäll S 5 Lq25
Kittilä FIN 6 Me23
Kitzbühel A 27 Ln43
Kitzingen D 27 Ll41
Kiuruvesi FIN 11 Mg27
Kivesjarvi FIN 7 Mh26
Kivijarvi FIN 11 Mf27
Kivik S 13 Lp35
Kiviõli EST 11 Mg31
Kivotós GR 46 Mb50
Kjeldebotn N 5 Lr22
Kjellerup DK 12 Lk34
Kjerringøy N 5 Lp23
Kjernmoen N 9 Lm29
Kjøllefjord N 3 Mh20
Kjøpsvik N 5 Lr22
Kjustendil BG 39 Mc48
Kladanj BIH 38 Lt46
Kladnica SRB 39 Ma47
Kladno CZ 27 Lp40
Kladovo SRB 39 Mc46
Klæbu N 9 Ll27
Klagenfurt A 27 Lp44
Klaipėda LT 14 Mb35
Klanac HR 38 Lq46
Klappen S 6 Ma26
Klášterec nad Ohří CZ 27 Lo40
Klatovy CZ 27 Lo41
Klausen = Chiusa I 27 Lm44
Kłecko PL 22 Ls38
Kleive N 8 Lh28
Klenovac BIH 38 Lr46
Kleppe N 12 Lf32
Kleppestø N 8 Lf30
Kleszczele PL 23 Md38
Kleve D 20 Lg39
Kličav BY 50 Me19
Kliczków PL 22 Lq39
Klimavičy BY 50 Mf19
Klingenthal D 27 Ln40
Klingnau CH 26 Lj43
Klinića Sela HR 38 Lq45
Klintehamn S 14 Lt33
Klippan S 13 Lo34
Klissoúra GR 46 Ma51
Klisura BG 31 Me48
Klitmøller DK 12 Lj33
Klitoría GR 46 Mc53
Kljajićevo SRB 38 Lu45
Kljavica BY 23 Mf36
Ključ BIH 38 Lr46
Kłobuck PL 22 Lt40
Kłodawa PL 22 Lt38
Kłodzko PL 28 Lr40
Kløfta N 9 Lm30
Klokkarvik N 8 Lf30
Kłomnice PL 22 Lu40
Klos AL 46 Ma49
Kloštar Ivanić HR 38 Lr45
Kloster CH 26 Lk44
Klosterneuburg A 28 Lr42
Kloten CH 26 Lj43
Kloten S 9 Lq31
Klötze D 21 Lm38
Klövsjö S 9 Lp28
Kluczbork PL 22 Lt40
Klütz D 21 Lm37
Knäred S 13 Lo34
Knaresborough GB 19 Kt36
Knarvik N 8 Lf30
Kneža BG 39 Me47
Kneževici Sušica SRB 39 Lu47
Kneževi Vinogradi HR 38 Lt45
Knićanin SRB 39 Ma45
Knighton GB 18 Kr38
Knin HR 38 Lr46
Knislinge S 13 Lp34
Knittelfeld A 27 Lp43
Knivsta S 14 Ls31
Knjaževac SRB 39 Mc47
Knocklong IRL 16 Km38
Knokke-Heist B 19 Ld39
Knurów PL 28 Lt40
Knurowiec PL 23 Mb38
Knutsford GB 18 Ks37
Knyszyn PL 23 Mc37
Kobarid SLO 37 Lo44
Kobbfoss N 3 Mk21
København DK 13 Ln35
Koblenz D 26 Lh40
Kobryn BY 23 Me38
Kobylin PL 22 Ls39
Kočani MK 39 Mc49
Koceljevo SRB 39 Lu46
Kočerin BIH 38 Ls47
Kočevje SLO 37 Lp45
Kock PL 23 Mc39
Kocsola H 28 Lt44
Kócsújfalu H 29 Ma43
Kode S 13 Lm33
Kodeń PL 23 Md39
Kodrąb PL 22 Lu39
Köflach A 27 Lq43
Køge DK 13 Ln35
Kogula EST 14 Mc32
Kohila EST 15 Me31
Kohtlajärve EST 11 Mh31
Koilovci BG 31 Me47
Koirakosk FIN 11 Mh27
Koivu FIN 6 Mf24
Koivulahti FIN 10 Mb27
Kojetín CZ 28 Ls41
Kökar FIN 10 Ma31
Kokemäki FIN 10 Mc29
Kokinombléa GR 48 Md52
Kokkola FIN 10 Md27
Koknese LV 15 Mf34
Kokotí GR 46 Mc51
Kołacze PL 23 Md39
Kolari FIN 6 Md23
Kolárovo SK 28 Ls43
Kolåsen S 9 Ln27
Kolašin MNE 38 Lu48
Kolbäck S 13 Lr31
Kolbeinsstaðir IS 4 Jj13
Kolbu N 9 Ll30
Kołbudy Grn. PL 22 Lt36
Kolbuszowa PL 29 Mb40
Kolding DK 12 Lk35
Koler S 6 Ma25
Kölesd H 28 Lt44
Kolga-Jaani EST 15 Mf32
Kolho FIN 11 Me28
Koli FIN 11 Mk27
Kolín CZ 27 Lq40
Kolka LV 14 Mc33
Kölleda D 21 Lm39
Köln D 20 Lg40
Koło PL 23 Mb37
Koło PL 22 Lt38
Kołobrzeg PL 22 Lq36
Koloro, V. = Pamporovo BG 31 Me49
Kolsva S 13 Lq31
Koluszki PL 22 Lu39
Kolvereid N 5 Lm26
Komańcza PL 29 Mc41
Komárno SK 28 Lt43
Komárom H 28 Lt43
Komarówka Podlaska PL 23 Mc39
Komiža HR 38 Lr47
Komló H 38 Lt44
Komniná GR 46 Mb50
Komorzno PL 22 Lt39
Komotini GR 47 Mf49
Kompina PL 22 Ma38
Konak SRB 39 Ma45
Konare BG 31 Mj47
Konarzyny PL 22 Lr37
Kondolovo BG 31 Mh48
Kongas FIN 6 Me23
Konginkangas FIN 11 Mf28
Kongsberg N 12 Lk31
Kongsmoen N 5 Ln26
Kongsvinger N 9 Lm30
Konice CZ 28 Lr41
Königsbrück D 21 Lo39
Königsee D 27 Ll42
Königsee D 27 Lm40
Königstein D 21 Lo40
Königstein D 26 Lj40
Königswiesen A 27 Lp42
Königswinter D 20 Lh40
Königs Wusterhausen D 21 Lo38
Konin PL 22 Lt38
Kónitsa GR 46 Ma50
Köniz CH 26 Lh44
Konjic BIH 38 Ls47
Könnern D 21 Lm39
Konnevesi FIN 11 Mg28
Konopki PL 22 Ma38
Konotop PL 22 Lq39
Końskie PL 22 Ma39
Konsmo N 12 Lh32
Konstancin-Jeziorna PL 23 Mb38
Konstantin BG 31 Mg48
Konstantinovy Lázně CZ 27 Ln41
Konstantynów PL 23 Md38
Konstantynów Łódzki PL 22 Lu39
Konstanz D 26 Lk43
Kontiolahti FIN 11 Mk28
Kontiomaki FIN 7 Mj26
Konttajarvi FIN 6 Me24
Konz D 26 Lg41
Koosa EST 15 Mh32
Koparnes N 8 Lf28
Kópasker IS 4 Kb12
Koper SLO 37 Lo45
Kopervik N 12 Lf31
Kopidlno CZ 28 Lq40
Köping S 13 Lq31
Koplik i Poshtëm AL 38 Lu48
Kopmanholmen S 10 Lt27
Koppang N 9 Lm29
Kopparberg S 13 Lp31
Koppelo FIN 3 Mh22
Kopperå N 9 Lm27
Koppom S 13 Ln31
Koprivna BIH 38 Lt46
Koprivnica HR 38 Lr44
Kopřivnice CZ 28 Lt41
Koprivštica BG 31 Me48
Korbach D 20 Lj39
Korçe AL 46 Ma50
Korčula HR 38 Ls48
Korenica HR 38 Lq46
Korfantów PL 28 Ls40
Korgen N 5 Lo24
Koria FIN 11 Mg30
Korifási GR 46 Mb53
Korinós GR 46 Mc50
Kórinthos GR 46 Mc53
Korita BIH 38 Lt47
Korita MNE 38 Lu48
Körmend H 28 Lr43
Korneuburg A 28 Lr42
Kórnik PL 22 Ls38
Kornofolia GR 31 Mg49
Kornwestheim D 26 Lk42
Koromačno HR 37 Lp46
Koróni GR 48 Mb54
Koronowo PL 22 Ls37
Körösladány H 29 Mb44
Korpilahti FIN 11 Mf28
Korpilombolo S 6 Md24
Korpo = Korppoo FIN 10 Mb30
Korppoo = Korpo FIN 10 Mb30
Korsberga S 13 Lq33
Korskrogen S 9 Lq29
Korsnäs FIN 10 Mb28
Korsør DK 21 Lm35
Korsvegen N 9 Ll27
Korsvoll N 8 Lj27
Korsze PL 23 Mb36
Korten BG 31 Mf48
Kortesjarvi FIN 10 Md27
Kórthio GR 48 Me53
Kortrijk B 19 Ld40
Korvala FIN 7 Mg24
Koryčany CZ 28 Ls41
Korycin PL 23 Md37
Korzybie PL 22 Lr36
Kós GR 49 Mh54
Kosanica MNE 38 Lu47
Košarovce SK 29 Mb41
Kosava BY 23 Mf38
Kościan PL 22 Lr38
Kościelec PL 22 Lt38
Kościerzyna PL 22 Ls36
Kose EST 15 Mf31
Košice SK 29 Mb42
Košická Belá SK 29 Mb42
Kosihovce SK 28 Lu42
Kosjerić SRB 39 Lu46
Koška HR 38 Lt45
Koskenpää FIN 11 Mf28
Koski FIN 10 Md30
Koskue FIN 10 Mc28
Koskullskulle S 6 Ma23
Kosmás GR 46 Mc53
Kosovska Mitrovica KSV 39 Ma48
Kosów Lacki PL 23 Mc38
Kosta S 13 Lq34
Kostanjevica na Krki SLO 38 Lq45
Kostelec nad Černými Lesy CZ 27 Lp41
Kostelec na Hané CZ 28 Ls41
Kostenec BG 39 Md48
Kostinbrod BG 39 Md48
Kostomłoty PL 22 Lr39
Kostrzyn PL 21 Lp38
Koszalin PL 22 Lr36
Kőszeg H 28 Lr43
Koszuty PL 22 Ls38
Kotel BG 31 Mg48
Köthen D 21 Lm39
Kotila FIN 7 Mh26
Kotka FIN 11 Mg30
Kotor MNE 38 Lt48
Kotoriba HR 28 Lr44
Kotorsko BIH 38 Lt46
Kotor Varoš BIH 38 Ls46
Kótronas GR 48 Mc54
Kötschach A 27 Lo44
Kötzting D 27 Ln41
Koufália GR 46 Mc50
Kounávi GR 49 Mf55
Koúndouros GR 48 Me53
Kounoupitsa GR 48 Md53
Koutalás GR 48 Me53
Kouvola FIN 11 Mg30
Kovačevci BG 39 Md48
Kovačica SRB 39 Ma45
Kovero FIN 11 Ml28
Kowal PL 22 Lu38
Kowale Oleckie PL 23 Mc36
Kowary PL 28 Lq40
Kozáni GR 46 Mb50
Koziegłowy PL 28 Lu40
Kozienice PL 23 Mb39
Koziki BY 23 Mf38
Kozloduj BG 39 Md47
Kozłów PL 28 Lu40
Koźmin PL 22 Ls39
Koźminek PL 22 Lt39
Koźminiec PL 22 Lq39
Kożuchów PL 22 Lq39
Kräckelbäcken S 9 Lp29
Kraddsele S 5 Lr25
Kragenæs DK 21 Lm36
Kragerø N 12 Lk32
Kragujevac SRB 39 Ma46
Krakhella N 8 Le29
Kräklingbo S 14 Lt33
Kraków PL 28 Lu40
Krakow am See D 21 Ln37
Kraljevica HR 37 Lp45
Kraljevo SRB 39 Ma47
Kralovice CZ 27 Lo41
Král'ovský Chlmec SK 29 Mb42
Kralupy nad Vltavou CZ 27 Lp40
Kramfors S 10 Ls28
Kramjanica BY 23 Me37
Kranídi GR 48 Md53
Kranj SLO 37 Lp44
Kranjska Gora SLO 27 Lo44
Krapina HR 38 Lq44
Krapinske Toplice HR 38 Lq44
Krapkowice PL 28 Ls40
Krāslava LV 15 Mh35
Kraslice CZ 27 Ln40
Krásna nad Hornádom SK 29 Mb42
Kraśnik PL 23 Mc40
Krasnobród PL 23 Md40
Krásnohorské Podhradie SK 29 Ma42
Krasnosielc PL 23 Mb37
Krasnystaw PL 29 Md40
Krastë AL 46 Ma49
Krasti LV 15 Me34
Kratovo MK 39 Mc48
Kražiai LT 15 Mc35
Krčva BY 23 Mg36
Krefeld D 20 Lg39
Krekenava LT 15 Me35
Kremmen D 21 Lo38
Kremna SRB 38 Lu47
Krems A 27 Lq44
Krems A 28 Lq42
Krepoljin SRB 39 Mb46
Krępsko PL 22 Lr37
Kreševo BIH 38 Lt47
Kresk-Królowa PL 23 Mc38
Kresna BG 39 Md49
Kréstena GR 46 Mb53
Kretinga LT 14 Mb35
Kreuztal D 20 Lj40
Kriátsi GR 46 Mc52
Krieglach A 28 Lq43
Kriens CH 26 Lj43
Kríkelos GR 46 Mb52
Kríni GR 46 Mc51
Krinídes GR 47 Me49
Kristdala S 13 Lr33
Kristiansand N 12 Lh32
Kristianstad S 13 Lp34
Kristiansund N 8 Lh27
Kristiansund N 8 Lh27
Kristiinankaupunki = Kristinestad FIN 10 Mb28
Kristineberg S 6 Lt25
Kristinehamn S 13 Lp31
Kristinestad = Kristiinankaupunki FIN 10 Mb28
Kriva Feja SRB 39 Mc48
Kriva Palanka MK 39 Mc48
Krivodol BG 39 Md47
Krivolak MK 39 Mc49
Křižanov CZ 28 Lr41
Križevci HR 38 Lr44
Križpolje HR 37 Lq45
Krk HR 37 Lp45
Krnja MNE 38 Lu48
Krnov CZ 28 Ls40
Krobia PL 22 Lr39
Krøderen N 8 Lk30
Krokek S 13 Lr32
Krokílio GR 46 Mc52
Krokom S 9 Lp27
Krokvåg S 9 Lr27
Kroměříž CZ 28 Ls41
Kronach D 27 Lm40
Kronauce LV 15 Md34
Kronshagen D 21 Ll36
Kröpelin D 21 Lm36
Krośnice PL 22 Ls39
Krośniewice PL 22 Lu38
Krosno PL 29 Mb41
Krosno Odrzańskie PL 21 Lq38
Krotoszyn PL 22 Ls39
Krško SLO 38 Lq45
Krstac MNE 38 Lt47
Krujë AL 46 Lu49
Krukowo PL 23 Mb37
Krumbach D 27 Ll42
Krupa na Vrbasu BIH 38 Ls46
Krupanj SRB 38 Lu46
Krušari BG 31 Mh47
Krušari BG 31 Mh47
Krusedol Selo SRB 39 Lu45
Kruševac SRB 39 Mb47
Kruševo MK 46 Mb49
Krušovene BG 31 Me47
Krušovica BG 39 Md47
Kruszów PL 22 Lu39
Kruszwica PL 22 Lt38
Kruszyna PL 22 Lu40
Kruszyniany PL 23 Md37
Kruunupyy FIN 10 Md27
Kryčav BY 50 Mf19
Krynica PL 29 Ma41
Krynica Morska PL 22 Lu36
Krynki PL 23 Md37
Kryvsk BY 50 Mf19
Krzęcin PL 22 Lq37
Krzeczów PL 22 Lt39
Krzepice PL 22 Lt40
Krzeszyce PL 21 Lq38
Krzywa PL 22 Lq39
Księżpol PL 29 Mc40
Ktismata GR 46 Ma51
Kubrat BG 31 Mg47
Kučevište MK 39 Mb48
Kučevo SRB 39 Mb46
Kuchary PL 22 Ls39
Kućište KSV 39 Ma48
Kuczbork-Osada PL 22 Ma37
Kudirkos Naumiestis LT 23 Mc36
Kudowa-Zdrój PL 28 Lr40
Kuflew PL 23 Mb38
Kufstein A 27 Ln43
Kuha FIN 7 Mg25
Kühlungsborn D 21 Lm36
Kuhmalahti FIN 11 Me29
Kuhmo FIN 7 Mk26
Kuhmoinen FIN 11 Mf29
Kuimetsa EST 15 Mf31
Kuivaniemi FIN 6 Mf25
Kuivastu EST 15 Md32
Kukës AL 39 Ma48
Kuklin PL 22 Ma37
Kukulje BIH 38 Ls46
Kula BG 39 Mc47
Kula SRB 38 Lu45
Kuldīga LV 14 Mb34
Kulen Vakuf BIH 38 Lr46
Kuliai LT 14 Mb35
Kulmbach D 27 Lm40
Kuloharju FIN 7 Mj25
Kumanovo MK 39 Mb48
Kumielsk PL 23 Mb37

Kumla S 13 Lq31
Kumlinge FIN 10 Ma30
Kummavuopio S 2 Ma22
Kunda EST 11 Mg31
Kungälv S 13 Lm33
Kungsäter S 13 Ln33
Kungsbacka S 13 Ln33
Kungshamn S 13 Lm32
Kungsör S 13 Lr31
Kunhegyes H 29 Ma43
Kunmadaras H 29 Ma43
Kunowo PL 22 Lr39
Kunszentmárton H 29 Ma44
Kunszentmiklós H 28 Lu43
Künzelsau D 26 Lk41
Kuolio FIN 7 Mj25
Kuopio FIN 11 Mh28
Kuortti FIN 11 Mg29
Kupiškis LT 15 Me35
Kuprava LV 15 Mh33
Kupres BIH 38 Ls47
Kuremäe EST 15 Mh31
Kuressaare EST 14 Mc32
Kurikka FIN 10 Mc28
Kuřim CZ 28 Lr41
Kurów PL 23 Mc39
Kurowo PL 22 Lr36
Kurravaara S 6 Ma23
Kuršėnai LT 15 Mc34
Kursu FIN 7 Mj24
Kuršumlija SRB 39 Mb47
Kurtakko FIN 6 Me23
Kuru FIN 10 Md29
Kurylavďčy BY 23 Me37
Kusel D 26 Lh41
Kušnin KSV 39 Ma48
Kustavi FIN 10 Mb30
Kutina HR 38 Lr45
Kutjevo HR 38 Ls45
Kutná Hora CZ 28 Lq41
Kutno PL 22 Lu38
Kuttainen S 6 Mc22
Kuttura FIN 7 Mg22
Kúty SK 28 Ls42
Kuusalu EST 15 Mf31
Kuusamo FIN 7 Mk25
Kuusankoski FIN 11 Mg30
Kuusijarvi S 6 Md24
Kuusjarvi FIN 11 Mk28
Kuvaskangas FIN 10 Mb29
Kužiai LT 15 Md35
Kuźnica PL 23 Md37
Kvænangsbotn N 2 Mc21
Kværndrup DK 21 Ll35
Kvalsund N 2 Md20
Kvalsund N 2 Md20
Kvam N 8 Lk29
Kvanndal N 8 Lg30
Kvänum S 13 Lo32
Kvėdarna LT 14 Mb35
Kvelde N 12 Lk31
Kvelia N 5 Lo26
Kvibille S 13 Ln34
Kvikkjokk S 6 Ls24
Kvilda CZ 27 Lo41
Kvillsfors S 13 Lq33
Kvinlog N 12 Lg32
Kvissleby S 10 Ls28
Kviteseid N 12 Lj31
Kwidzyn PL 22 Lt37
Kybartai LT 23 Mc36
Kyjov CZ 28 Ls41
Kyleakin GB 17 Kp33
Kyle of Lochalsh GB 17 Kp33
Kylestrome GB 17 Kp32
Kyprinos GR 31 Mg49
Kyritz D 21 Ln38
Kyrkhult S 13 Lp34
Kyrksæterøra N 8 Lk27
Kyrkslätt = Kirkkonummi FIN 11 Me30
Kyrksten S 13 Lp31
Kysucké Nové Mesto SK 28 Lt41
Kyyjärvi FIN 11 Me27

L

Laa an der Thaya A 28 Lr42
Laage D 21 Ln37
Laakajarvi FIN 11 Mj27
La Alberca E 33 Ko50
La Alberca de Záncara E 41 Ks51
La Albuera E 40 Ko52
La Algaba E 40 Ko53
La Almarcha E 41 Ks51
La Almunia de Doña Godina E 34 Kt49
Laapinjärvi = Lappträsk FIN 11 Mg30
Laatzen D 21 Lk38
La Bañeza E 33 Kp48
La Bassée F 19 Lc40
La Baule F 24 Ks43
Łabędzie PL 22 Lq37
Labenne F 34 Kt47
Labin HR 37 Lp45
la Bisbal d'Empordà E 35 Ld49
Labljane KSV 39 Mb48
Labouheyre F 34 Ku46
La Bourboule F 35 Lc45
La Bóveda de Toro E 33 Kp49
Labrit F 34 Ku46
Labruguiere F 35 Lc47
Lacanau F 34 Kt46
Lacanau-Océan F 34 Kt46
La Canourgue F 35 Ld46
La Capelle F 25 Ld41
La Carlota E 41 Kq53
La Carolina E 41 Kr52
Lacaune F 35 Lc47
La Cavalerie F 35 Ld46
Lac de Tignes F 36 Lg45
La Chaise-Dieu F 35 Ld45
La Chapelle-en-Vercors F 35 Lf46
La Charité-sur-Loire F 25 Ld43
La Chartre-sur-le-Loir F 25 La43
La Châtaigneraie F 24 Ku44
La Châtre F 25 Lb44
La Chaux-de-Fonds CH 26 Lg43
Lachen CH 26 Lj43
La Chèze F 24 Ks42
Lachowo PL 23 Mb37
La Ciotat F 35 Lf47
La Clayette F 19 Le44
La Clusaz F 36 Lg45
Lacock GB 18 Ks39
Láconi I 43 Lk51
La Coruña E 32 Km53
La Côte-Saint-André F 35 Lf45
La Couronne F 24 La45
La Courtine-le-Trucq F 25 Lc45
Lacu Roşu RO 30 Mf44
Lad H 38 Ls44
Ląd PL 22 Ls38
Ladi GR 31 Mg49
Ladíspoli I 37 Ln49
Lærdalsøyri N 8 Lh29
Láerma GR 49 Mh54
Lævvajokgiedde N 3 Mg21
La Fère F 25 Ld41
La Ferté-Bernard F 25 La42
La Ferté-Gaucher F 25 Ld42
La-Ferté-Macé F 24 Ku42
La Ferté-Milon F 25 Ld41
La Ferté-Saint-Aubin F 25 Lb43
La Ferté-Saint-Cyr F 25 Lb43
La Ferté-sous-Jouarre F 25 Ld42
La Flèche F 24 Ku43
la Font de la Figuera E 42 Ku52
La Fuente de San Esteban E 33 Ko50
La Gacilly F 24 Ks43
La Gallega E 33 Kr49
Lagan S 13 Lp34
Lage D 20 Lj39
La Gineta E 41 Ks51
Lagnieu F 35 Lf45
Lagny-sur-Marne F 25 Lc42
Lagoa P 40 Km53
Lagonegro I 45 Lq50
Lágos GR 47 Mf49
Lagos P 40 Km53
Łagów PL 22 Lq38
Łagów PL 23 Mb40
la Granadella E 34 La49
La Grand-Combe F 35 Le46
La Grande-Motte F 35 Le47
Laguardia E 34 Ks48
La Guardia E 41 Kr51
Laguarta E 34 Ku48
La Guerche-de-Bretagne F 24 Kt43
La Guerche-sur-l'Aubois F 25 Lc44
Laguiole F 35 Lc46
Laguna de Duero E 33 Kq49
Laguna de Negrillos E 33 Kp48
La Haye-du-Puits F 24 Kt41
Lahinch IRL 16 Kl38
Lahïšyn BY 23 Mf38
Lahnajarvi S 6 Mc24
Lahnstein D 26 Lh40
Laholm S 13 Lo34
Lahr D 26 Lh42
Lahti FIN 11 Mf30
Laide GB 17 Kp33
L'Aigle F 25 La42
Laignes F 19 Le43
Laiguéglia I 36 Lj47
L'Aiguillon-sur-Mer F 24 Kt44
Laihia FIN 10 Mc28
Laihia FIN 10 Md28
Laiküla EST 15 Me32
Laimoluokta S 6 Lu22
Lainio S 6 Mc23
Lairg GB 17 Kq32
Laissac F 35 Lc46
Laisvall S 5 Ls24
Laitila FIN 10 Mb30
Lajkovac SRB 39 Ma46
la Jonquera E 35 Lc48
Lakatrask S 6 Mb24
Lakfors N 5 Lo25
Lăki BG 31 Me49
Lakkí GR 49 Mg53
Lákkoma GR 47 Mf50
Lakselv N 3 Me20
Laktaši BIH 38 Ls46
Lálas GR 46 Mb53
l'Alcora E 42 Ku50
l'Alcúdia E 42 Ku51
Lalín E 32 Km48
Lalinde F 34 La46
La Línea de la Concepción E 40 Kp54
Laloşu RO 39 Me46
La Loupe F 25 Lb42
La Louvière B 19 Le40
L'Alpe-d'Huez F 36 Lg45
La Machine F 25 Ld44
la Maddalena I 43 Lk49
La Malène F 35 Ld46
Lamarche F 26 Lf42
Lamastre F 35 Le46
Lambach A 27 Lo43
Lamballe F 24 Ks42
Lambesc F 35 Lf47
Lámbia GR 46 Mb53
Lamego P 32 Kn49
l'Ametlla de Mar E 42 La50
Lamézia Terme-Nicastro I 45 Lr52
Lamía GR 46 Mc52
Lammhult S 13 Lp33
Lammi FIN 11 Mf29
La Mothe-Achard F 24 Kt44
La Motte F 35 Lg46
Lamotte-Beuvron F 25 Lc43
Lampedusa I 44 Ln55
Lampedusa I 44 Ln55
Lampeland N 8 Lk31
Lampeter GB 18 Kq38
La Mure F 35 Lf46
Lana I 27 Lm44
Lanaja E 34 Ku49
Lanark GB 17 Kr35
La Nava de Ricomalillo E 41 Kq51
La Nava de Santiago E 40 Ko51
Lancaster GB 18 Ks36
Lanciano I 37 Lp48
Łańcut PL 29 Mc40
Landau D 26 Lj41
Landau D 27 Ln42
Landeck A 27 Ll43
Landerneau F 24 Kq42
Landeryd S 13 Lo33
Landete E 42 Kt51
Landivisiau F 24 Kq42
Landon S 9 Lp27
Landrecies F 25 Ld40
Landsberg D 21 Ln39
Landsberg D 27 Ll42
Landsbro S 13 Lp33
Landscheid D 26 Lg41
Landshut D 27 Ln42
Landskrona S 13 Ln35
Landvetter S 13 Ln33
Langå DK 12 Lk34
Långå S 9 Lo28
Langadás GR 46 Md50
Langa de Duero E 33 Kr49
Långås S 13 Ln34
Langeac F 35 Ld45
Langeais F 24 La43
Langedijk NL 20 Le38
Längelmäki FIN 11 Me29
Langen D 20 Lj37
Langen D 26 Lj41
Langenau D 26 Ll42
Langenhagen D 20 Lk38
Langenlois A 28 Lq42
Langenthal CH 26 Lh43
Langenzenn D 27 Ll41
Langesund N 12 Lk32
Langevåg N 8 Lf31
Langevåg N 8 Lg28
Langfjordbotn N 2 Mc20
Langholm GB 17 Ks35
Langnau CH 26 Lh44
Langogne F 35 Ld46
Langon F 34 Ku46
Langres F 25 Lf43
Långsele S 9 Ls27
Långshyttan S 9 Lr30
Långsjöby S 5 Lr25
Långträsk S 6 Ma25
Länna S 10 Ls31
Lanna S 13 Lp31
Lannavaara S 6 Mb22
Lannemezan F 34 La47
Lannion F 24 Kr42
Länsi-Aure FIN 10 Md29
Lansjarv S 6 Mc24
Lanškroun CZ 28 Lr41
Lanslebourg-Mont-Cenis F 36 Lg45
Lanusei I 43 Lk51
Lány CZ 27 Lo40
Łany PL 28 Lt40
Lanzo Torinese I 36 Lh45
Laon F 25 Ld41
La Paca E 41 Kt53
La Pacaudière F 25 Ld44
Lapalisse F 25 Ld44
La Palma del Condado E 40 Ko53
Lapinlahti FIN 11 Mh27
La Plagne F 36 Lg45
La Pobla de Segur E 34 La48
La Pola de Gordón E 33 Kp48
La Portera E 42 Kt51
Lapoş RO 31 Mg45
Lapovo SRB 39 Mb46
Lappajarvi FIN 10 Md27
Läppe S 13 Lq31
Lappeenranta FIN 11 Mj29
Lappersdorf D 27 Ln41
Lappfjärd = Lapväärtti FIN 10 Mb28
Lappi FIN 10 Mb29
Lappohja = Lappvik FIN 10 Md31
Lappoluobbal N 2 Md21
Lappträsk = Laapinjärvi FIN 11 Mg30
Lapptrask S 6 Md24
Lappvattnet S 6 Ma26
Lappvik = Lappohja FIN 10 Md31
Lapua FIN 10 Md28
La Puebla de Cazalla E 40 Kp53
La Puebla del Río E 40 Ko53
La Puebla de Montalbán E 41 Kq51
La Puebla de Valverde E 42 Ku50
Lăpuşna MD 30 Mj44
Lăpuşna RO 30 Mf44
Lapväärtti = Lappfjärd FIN 10 Mb28
Łapy PL 23 Mc38
L'Áquila I 37 Lo48
Laracha E 32 Km47
Lara de los Infantes E 33 Kr48
Laragh IRL 16 Ko37
Laragne-Montéglin F 35 Lf46
L'Arbresle F 35 Le45
Lärbro S 14 Lt33
Larderello I 37 Ll47
Laredo E 33 Kr47
La Réole F 34 Ku46
Largentière F 35 Le46
L'Argentière-la Bessée F 36 Lg46
Largs GB 17 Kq35
Lárimna GR 48 Md52
Larino I 44 Lp49
Lárissa GR 46 Mc51
Larkollen N 13 Ll31
Larmor-Plage F 24 Kr43
Larnaka CY 54 Mg28
Larne GB 17 Kp36
La Robla E 33 Kp48
La Roca de la Sierra E 40 Ko51
La Rochebeaucourt-et-Argentine F 24 La45
La-Roche-Bernard F 24 Ks43
La Roche-Chalais F 34 La45
La Roche-en-Ardenne B 26 Lf40
La Rochefoucauld F 24 La45
La Rochelle F 24 Kt44
La Roche-Posay F 25 La44
La Roche-sur-Foron F 26 Lg44
La Roche-sur-Yon F 24 Kt44
La Roda E 41 Ks51
La Roda de Andalucía E 41 Kq53
Larón E 33 Ko48
Laroquebrou F 35 Lc46
Larseng N 2 Lt21
Laruns F 34 Ku48
Larvik N 12 Lk31
La Salvetat-sur-Agout F 35 Lc47
Las Cabezas de San Juan E 40 Kp54
la Sénia E 42 La50
La Seu d'Urgell E 34 Lb48
La Seyne-sur-Mer F 35 Lf47
Łasin PL 22 Lu37
Łask PL 22 Lu39
Łaskarzew PL 23 Mb39
Laskowice PL 22 Lt37
Las Navas de la Concepción E 40 Kp53
Las Negras E 41 Ks54
Las Nieves E 40 Ko53
La Solana E 41 Kr52
La Souterraine F 25 Lb44
Lasovo SRB 39 Mc47
Las Pedroñeras E 41 Ks51
La Spézia I 36 Lk46
Låstad S 13 Lo32
Lastovo HR 38 Lr48
La Suze-sur-Sarthe F 24 La43
Las Ventas con Peña Aguilera E 41 Kq51
Las Viñas E 41 Kr53
Laterza I 45 Lr50
Lathen D 20 Lh38
Latheron GB 17 Kr32
Latina I 44 Ln49
Latisana I 37 Lo45
Látky SK 28 Lu42
La Toba E 41 Kt50
La Tour du-Pin F 35 Lf45
La Tranche-sur-Mer F 24 Kt44
La Tremblade F 24 Kt45
La Trimouille F 25 Lb44
La Trinité-Porhoët F 24 Ks42
Latrónico I 45 Lq50
Lauchhammer D 21 Lo39
Lauda-Königshofen D 26 Lk41
Lauder GB 17 Ks35
Laudio-Llodio E 33 Ks47
Ļaudona LV 15 Mg34
Lauenburg D 21 Ll37
Lauf D 27 Lm41
Laufen D 27 Ln43
Lauffen (Neckar) D 26 Lk41
Laugarbakki IS 4 Jk13
Laujar de Andarax E 41 Ks54
Laukaa FIN 11 Mf28
Lauker S 6 Lu25
Laukkala FIN 11 Mg27
Laukuva LT 14 Mc35
Laukvik N 2 Ls21
Laukvika N 5 Lp23
Launceston GB 18 Kq40
La Unión E 42 Ku53
Laupheim D 26 Lk42
Laurencekirk GB 17 Ks34
Lauría I 45 Lq50
Lausanne CH 26 Lg44
Lautaporras FIN 11 Md30
Lauterbach (Hessen) D 26 Lk40
Lauterecken D 26 Lh41
Lauwersoog NL 20 Lg37
Lauzerte F 34 Lb46
Lavadáki GR 46 Mb53
Laval F 24 Ku42
la Vall d'Uixó E 42 Ku51
Lavara GR 31 Mg49
Lavardac F 34 La46
Lavaur F 35 Lb47
Lávdas GR 46 Mb50
Lavelanet F 35 Lb48
Lavello I 45 Lq49
Låveng N 5 Lo24
Laveno I 36 Lj45
Lavia FIN 10 Mc29
La Vieille-Lyre F 25 La42
Lavik N 8 Lf29
La Vila Joiosa E 42 Ku52
La Voulte-sur-Rhône F 35 Le46
Lavre P 40 Km52
Lavrio GR 48 Me53
Laxå S 13 Lp32
Laxbacken S 5 Lr26
Laxford Bridge GB 17 Kq32
Lazarevac SRB 39 Ma46
Lazaropore MK 46 Ma49
Lazdijai LT 23 Md36
Lazuri de Beiuş RO 29 Mc44
Łeba PL 22 Ls36
Lebach D 26 Lg41
Lebane SRB 39 Mb48
Le Beausset F 35 Lf47
Le Blanc F 25 Lb44
Lębork PL 22 Ls36
Le Bourg-d'Oisans F 36 Lg45
Lebrija E 40 Ko54
Le Buisson-de-Cadouin F 34 La46
Le Cateau-Cambrésis F 25 Ld40
Le Catelet F 25 Ld41
Le Caylar F 35 Ld47
Lecce I 45 Lt50
Lecco I 36 Lk45
Lécera E 34 Ku49
Lech A 26 Ll43
L'Echalp F 36 Lg46
Le Château-d'Oléron F 24 Kt45
Le Châtelet F 25 Lc44
Le Chesne F 19 Le41
Le Cheylard F 35 Le46
Lechința RO 29 Me43
Lēči LV 14 Mb33
Lecina E 34 La48
Leciñena E 34 Ku49
Leck D 20 Lj36
Le Conquet F 24 Kq42
Le Creusot F 19 Le44
Le Croisic F 24 Ks43
Le Crotoy F 19 Lb40
Lectoure F 34 La47
Łęczna PL 23 Mc39
Łęczyca PL 21 Lq37
Łęczyca PL 22 Lu38
Ledesma E 33 Kp49
Ledmore GB 17 Kq32
Le Donjon F 25 Ld44
Le Dorat F 25 Lb44
Lędyczek PL 22 Lr37
Leeds GB 19 Kt37
Leek GB 18 Ks37
Leek NL 20 Lg37
Leenane IRL 16 Kl37
Leer D 20 Lh37
Leerdam NL 20 Lf39
Leesi EST 11 Mf31
Leeuwarden NL 20 Lf37
Le Faou F 24 Kq42
Le Faouët F 24 Kr42
Lefkáda GR 46 Ma52
Lefkími GR 46 Ma51
Lefkógia GR 48 Me55
Lefkónas GR 46 Md49
Lefkosia CY 54 Mg28
Leganés E 33 Kr50
Legden D 20 Lh38
Legé F 24 Kt44
Legionowo PL 23 Ma38
Legnago I 37 Lm45
Legnano I 36 Lj45
Legnica PL 22 Lr39
Legnickie Pole PL 22 Lr39
Legrad HR 38 Lr44
Le Grand- Lucé F 25 La43
Le Grand-Quevilly F 25 Lb41
Legutiano E 34 Ks48
Le Havre F 25 La41
Lehliu-Gară RO 31 Mg46
Lehnin D 21 Ln38
Lehre D 21 Ll38
Lehrte D 20 Lk38
Leibnitz A 28 Lq44
Leicester GB 19 Kt38
Leichlingen D 20 Lh39
Leiden NL 20 Le38
Leie EST 15 Mg32
Leikanger N 8 Lf28
Leikanger N 8 Lg29
Leinefelde D 21 Ll39
Leipalingis LT 23 Md36
Leipojarvi S 6 Mb23
Leipzig D 21 Ln39
Leira N 8 Lj27
Leira N 8 Lk30
Leirbotn N 2 Md20
Leiria P 32 Km51
Leirmoen N 5 Lp24
Leirpollskogen N 3 Mj20
Leirvåg N 8 Lf30
Leirvik N 2 Mb20
Leirvik N 8 Lf31
Leirvika N 5 Lo24
Leisi EST 14 Mc32
Leivonmäki FIN 11 Mg29
Leiza E 34 Kt47
Lejkowo PL 22 Lr36
Lekeitio E 34 Ks47
Lekenik HR 38 Lr45
Leknes N 5 Lo22
Leknes N 8 Lg28
Łęknica PL 21 Lp39
Leksand S 9 Lp30
Leksvik N 9 Ll27
Le Lavandou F 36 Lg47
Lel'čycy BY 50 Me20
Leleasca RO 31 Me46
Le Lion-d'Angers F 24 Ku43
Lelis PL 23 Mb37
Le Locle CH 26 Lg43
Le Loroux-Bottereau F 24 Kt43
Le Lude F 24 La43
Lelystad NL 20 Lf38
Le Malzieu-Ville F 35 Ld46
Le Mans F 24 La42
Lembeye F 34 Ku47
Le Mêle-sur-Sarthe F 25 La42
Le Merlerault F 25 La42
Lemesos CY 54 Mg28
Lemförde D 20 Lj38
Lemgo D 20 Lj38
Lemland FIN 10 Ma30
Lemmenjoki FIN 3 Mg22
Lemmer NL 20 Lf38
Le Mont-Dore F 35 Lc45
Lempäälä FIN 10 Md29
Le Muy F 36 Lg47
Lemvig DK 12 Lj34
Lena N 9 Ll30
Léndas GR 49 Me56
Lendava SLO 28 Lr44
Le Neubourg F 25 La41
Lengerich D 20 Lh38
Lenggries D 27 Lm43
Lengyeltóti H 28 Ls44
Lenhovda S 13 Lq34
Lenina BY 50 Mf19
Lennestadt D 20 Lh39
Lens F 19 Lc40
Lenti H 28 Lr44
Lentiira FIN 7 Mk26
Lentini I 44 Lq53
Lentvaris LT 23 Mf36
Lenzen D 21 Lm37
Leoben A 27 Lq43
Leominster GB 18 Ks38
León E 33 Kp48
Leonding A 27 Lp42
Leonessa I 37 Ln48
Leonforte I 44 Lp53
Leonídio GR 46 Mc53
Leopoldsburg B 20 Lf39
Leorda RO 30 Mg43
Leova MD 30 Mj44
Le Palais F 24 Kr43
Lepassaare EST 15 Mh33
Lepe E 40 Kn53
Lepel' BY 50 Me18
Lepoglava HR 38 Lr44
Le Pont-de-Beauvoisin F 35 Lf45
Le Porge F 34 Kt46
Le Portel F 19 Lb40
Leppävesi FIN 11 Mf28
Leppävirta FIN 11 Mh28
Lepşa RO 30 Mg45
Le Puy-en-Velay F 35 Ld45
Le Quesnoy F 25 Ld40
Lera MK 46 Mb49
Lerbäck S 13 Lq32
Lercara Friddi I 44 Lo53
Lérici I 36 Lk46
Lerín E 34 Kt48
Lerma E 33 Kr48
Le Rozier-Peyreleau F 35 Ld46
Lerum S 13 Ln33
Le Russey F 26 Lg43
Lervik N 13 Ll31
Les E 34 La48
Leş RO 29 Mb44
Les Abrets F 35 Lf45
Les Aix-d'Angillon F 25 Lc43
Lešak KSV 39 Ma47
Les Andelys F 25 Lb41
Lešani MK 46 Ma49
Les Arcs F 36 Lg45
Le Sauze F 36 Lg46
les Borges Blanques E 34 La49
l'Escala E 35 Ld48
L'Escarène F 36 Lh47
Lescun F 34 Ku48
Les Deux-Alpes F 36 Lg46
Les Echelles F 35 Lf45
Les Essarts F 24 Kt44
Les Eyzies-de-Tayac F 34 Lb46
Les Herbiers F 24 Ku44
Lesjöfors S 9 Lp31
Lesko PL 29 Mc41
Leskovac SRB 39 Mb48
Leskovic AL 46 Ma50
Lesneven F 24 Kq42
Lesparre-Médoc F 24 Ku45
L'Esperou F 35 Ld46
Lespezi RO 30 Mg43
Les Ponts-de-Cé F 24 Ku43
Les Riceys F 19 Le43
Les Sables-d'Olonne F 24 Kt44
Lessay F 24 Kt41
Lessebo S 13 Lq34
Lessíni GR 46 Mb52
Lestijarvi FIN 11 Me27
Les Ulis F 25 Lc42
Leszno PL 22 Lr39
Létavértes H 29 Mb43
Letca RO 29 Md43
Letchworth GB 19 Ku39
Le Teil F 35 Le46
Letenye H 28 Lr44
Le Thillot F 26 Lg43
Letku FIN 10 Md30
Le Touquet-Paris-Plage F 19 Lb40
Le Tréport F 25 Lb40
Letterfrack IRL 16 Kl37
Letterkenny IRL 16 Kn36
Leucate-Plage F 35 Ld48
Leukerbad CH 26 Lh44
Leutkirch D 26 Ll43
Leuven B 20 Le40
Levang N 12 Lk32
Levanger N 9 Lm27
Lévanto I 36 Lk46
Leven GB 19 Ku37
Le Verdon-sur-Mer F 24 Kt45
Leverkusen D 20 Lh39
Levet F 25 Lc44
Levice SK 28 Lt42
Lévico Terme I 37 Lm44
Levídi GR 46 Mc53
Levie F 43 Lk49
Levier F 26 Lg44
Le Vigan F 35 Ld47
Levoča SK 29 Ma41
Levroux F 25 Lb44
Levski BG 31 Mf47
Lewes GB 19 La40
Leyburn GB 17 Kt36
Leżajsk PL 29 Mc40
Lezay F 24 Ku44
Lezhë AL 39 Lu49
Lézignan-Corbières F 35 Lc47
Lëzna BY 50 Mf18
Leźno PL 22 Lt36
Lezoux F 25 Ld45
L'Hospitalet E 34 Lc49
L'Hospitalet F 34 Lb48
Lianokládi GR 46 Mc52
Liatorp S 13 Lp34
Liberec CZ 27 Lp40
Libiąż PL 28 Lu40
Libina CZ 28 Ls41
Libohovë AL 46 Ma50
Libourne F 34 Ku46
Libramont-Chevigny B 26 Lf41
Licata I 44 Lo53
Lich D 26 Lj40
Lichtenau D 20 Lj39
Lichtenfels D 27 Lm40
Lichtenvoorde NL 20 Lg39
Lički Osik HR 38 Lq46
Ličko Lešće HR 38 Lq46
Lida BY 23 Mf37
Liden S 9 Lr28
Lidhult S 13 Lo34
Lidingö S 14 Lt31
Lidköping S 13 Lo32
Lido di Jésolo I 37 Ln45
Lido di Metaponto I 45 Lr50
Lidoríki GR 46 Mc52
Lidsjoberg S 9 Lq26
Lidzbark PL 22 Lu37
Lidzbark Warmiński PL 22 Ma36
Liebenburg D 21 Ll38
Liebenwalde D 21 Lo38
Lieberose D 21 Lp38
Liège B 20 Lf40
Lieksa FIN 11 Ml27
Lielauce LV 15 Mc34
Lielvārde LV 15 Me34
Lienz A 27 Ln44
Liepāja LV 14 Mb34
Liepene LV 14 Mb33
Lieplievka BY 23 Md39
Liepna LV 15 Mh33
Lier B 19 Le39
Lierbyen N 8 Ll31
Liestal CH 26 Lh43
Lieto FIN 10 Mc30
Lievestuore FIN 11 Mg28
Liévin F 19 Lc40
Liezen A 27 Lp43
Liffol-le-Grand F 26 Lf42
Lifford IRL 16 Kn36
Lignano Sabbiadoro I 37 Lo45
Lignières F 25 Lc44
Ligny-en-Barrois F 26 Lf42
Ligny-le-Châtel F 25 Ld43
Ligueil F 25 La43
Lihás GR 46 Mc52
Lihula EST 15 Md32
Likenäs S 9 Lo30
Liknes N 12 Lg32
Lilienfeld A 28 Lq42
Lilienthal D 20 Lj37
Liljendal FIN 11 Mg30
Lilla Edet S 13 Ln32
Lillärdal S 9 Lp29
Lille F 19 Ld40
Lillebonne F 25 La41
Lillehammer N 9 Ll29
Lillers F 19 Lc40
Lillesand N 12 Lj32
Lillestrøm N 9 Lm31
Lilli EST 15 Mf33
Lillkågetrask S 6 Ma26
Lillo E 41 Kr51
Lillselet S 6 Mc24
Lima S 9 Lo30
Limanáki GR 46 Mb52
Limanowa PL 29 Ma41
Limavady GB 16 Ko35
Limbaži LV 15 Me33
Limburg D 26 Lj40
Liménas Géraka GR 48 Md54
Liménas Hersonissou GR 49 Mf55
Limerick IRL 16 Km38
Liminka FIN 7 Mf26
Limmared S 13 Lo33
Límnes GR 46 Mc53
Límni GR 48 Md52
Límni Vouliagménis GR 46 Mc52
Limoges F 25 Lb45
Limone Piemonte I 36 Lh46
Limoux F 35 Lc47
Lin AL 46 Ma49
Linares E 41 Kr52
Linariá GR 48 Me52
Lincoln GB 19 Ku37
Lind DK 12 Lj34
Lindås N 8 Lf30
Lindau D 26 Lk43
Linde LV 15 Me34
Lindelse DK 21 Ll36
Linden D 26 Lj40
Lindesberg S 13 Lq31
Lindesnes N 12 Lh33
Lindome S 13 Ln33
Lindos GR 49 Mj54
Lindoso P 32 Km49
Lindow D 21 Lo38
Lindsdal S 13 Lr34
Lingbo S 9 Lr29
Linge N 8 Lh28
Lingen D 20 Lh38
Linghem S 13 Lq32
Linguaglossa I 44 Lq53
Linia PL 22 Ls36
Linköping S 13 Lq32
Linkuva LT 15 Md34
Linlithgow GB 17 Kr35
Linsell S 9 Lo28
Linz A 27 Lp42
Linz D 26 Lh40
Lipany SK 29 Ma41
Lípari I 44 Lp52
Lipcani MD 30 Mg42
Liperi FIN 11 Mk28
Lipiany PL 21 Lp37
Lipik HR 38 Ls45
Lipka PL 22 Ls37
Lipljan KSV 39 Mb48
Lipniak PL 23 Md36
Lipnica PL 22 Ls36
Lipnica Murowana PL 29 Ma41
Lipniďki BY 23 Mf37
Lipník nad Bečvou CZ 28 Ls41
Lipno PL 22 Lu38
Lipolist SRB 38 Lu46
Lipova RO 39 Mb44
Lipovljani HR 38 Lr45
Lippstadt D 20 Lj39
Lipsk PL 23 Md37
Lipsko PL 23 Mb39
Liptovský Hrádok SK 28 Lu41
Lisboa P 40 Kl48
Lisburn GB 17 Ko36
Lisdoonvarna IRL 16 Kl37
Lisieux F 25 La41
Liskeard GB 18 Kq40
L'Isle-Adam F 25 Lc41
L'Isle-en-Dodon F 34 La47
L'Isle-Jourdain F 24 La44
L'Isle-Jourdain F 34 Lb47
L'Isle-sur-la-Sorgue F 35 Lf47
L'Isle-sur-le-Doubs F 26 Lg43
Lisma FIN 6 Mf22
Lismore IRL 16 Kn38
Lisnaskea GB 16 Kn36
Lišov CZ 27 Lp41
List D 20 Lj36
Listowel IRL 16 Kl38
Lit S 9 Lp27
Liteni RO 30 Mg43
Litì GR 46 Mc50
Litija SLO 37 Lp44
Litóhoro GR 46 Mc50
Litoměřice CZ 27 Lp40
Litomyšl CZ 28 Lr41
Litovel CZ 28 Ls41
Litvínov CZ 27 Lo40
Livada RO 29 Md43
Livaderó GR 46 Mb50
Livaderó GR 47 Me49
Livádi GR 48 Me53
Livadiá GR 46 Mc52
Livadohóri GR 47 Mf51
Līvāni LV 15 Mg34
Livari MNE 38 Lu48
Livarot F 25 La42
Liverpool GB 18 Ks37
Livezi RO 30 Mg44
Livigno I 26 Ll44
Livingston GB 17 Kr35
Livizile RO 29 Md44
Livno BIH 38 Lr47
Livo FIN 7 Mg25
Livorno I 36 Ll47
Livron-sur-Drôme F 35 Le46
Liw PL 23 Mb38
Lixoúri GR 46 Ma52
Līzespasts LV 15 Mg33
Lizums LV 15 Mg33
Ljachavičy BY 23 Mg37
Ljig SRB 39 Ma46
Ljørndalen N 9 Ln29
Ljuban' BY 50 Me19
Ljubča BY 23 Mg37
Ljúbija BIH 38 Lr46
Ljubinje BIH 38 Lt48
Ljubiš SRB 39 Lu47
Ljubljana SLO 37 Lp44
Ljubovija SRB 38 Lu46
Ljubuški BIH 38 Ls47
Ljugarn S 14 Lt33
Ljung S 13 Lo33
Ljunga S 13 Lr32
Ljungaverk S 9 Lq28
Ljungby S 13 Lp34
Ljungbyhed S 13 Lo34
Ljungbyholm S 13 Lr34
Ljungdalen S 9 Ln28
Ljunghusen S 13 Ln35
Ljungsbro S 13 Lq32
Ljungskile S 13 Lm32
Ljusdal S 9 Lr29
Ljusfallshammar S 13 Lq32
Ljustorp S 10 Ls28
Ljutomer SLO 28 Lr44
Llagostera E 35 Lc49
Llanberis GB 18 Kq37
Llandeilo GB 18 Kr39
Llandovery GB 18 Kr39
Llandrindod-Wells GB 18 Kr38
Llandudno GB 18 Kr37
Llanelli GB 18 Kq39
Llanes E 33 Kq47
Llangollen GB 18 Kr38
Llangurig GB 18 Kr38
Llanidloes GB 18 Kr38
Llanrwst GB 18 Kr37
Llanwddyn GB 18 Kr38
Llanwrtyd Wells GB 18 Kr38
Lleida E 34 La49
Llerena E 40 Ko52
Llíria E 42 Ku51
L'Ile-Rousse F 43 Lj48
Lloret de Mar E 35 Lc49
Llucena E 42 Ku50
Llucmajor E 42 Lc51
Lnáře CZ 27 Lo41
Loano I 36 Lj46
Löbau D 21 Lp39
Lobenstein D 27 Lm40
Löberöd S 13 Lo35
Łobez PL 22 Lq37
Lobonäs S 9 Lq29
Loburg D 21 Ln38
Łobżenica PL 22 Ls37
Locarno CH 36 Lj44
Lochaline GB 17 Kp34
Lochboisdale GB 17 Kn33
Lochearnhead GB 17 Kq34
Lochem NL 20 Lg38
Loches F 25 Lb43
Lochgilphead GB 17 Kp34
Lochinver GB 17 Kp32
Lochmaddy GB 17 Kn33
Łochów PL 23 Mb38
Lochranza GB 17 Kp35
Lockerbie GB 17 Kr35
Löcknitz D 21 Lp37
Locminé F 24 Ks43
Locri I 45 Lr52
Locronan F 24 Kq42
Loctudy F 24 Kq43
Löderup S 13 Lp35
Lodève F 35 Ld47
Lodi I 36 Lk45
Løding N 5 Lp23
Lødingen N 5 Lq22
Lodosa E 34 Ks48
Lödöse S 13 Ln32
Łódź PL 22 Lu39
Løfallstrand N 8 Lg30
Lofer A 27 Ln43
Lofsdalen S 9 Lo28
Loftahammar S 13 Lr33
Lofthus N 8 Lg30
Logatec SLO 37 Lp45
Logdeå S 10 Lu27
Lógos GR 46 Mc52
Logroño E 34 Ks48
Logrosán E 41 Kp51
Løgstør DK 12 Lk34
Løgumkloster DK 20 Lj35
Lohals DK 21 Ll35
Lohikoski FIN 11 Mj29
Lohiniva FIN 6 Me23
Lohja FIN 11 Me30
Lohmar D 20 Lh40
Lohne D 20 Lj38
Lohr D 26 Lk40
Lohtaja FIN 10 Md26
Loimaa FIN 10 Md30
Loitz D 21 Lo37
Loja E 41 Kq53
Lojanice SRB 38 Lu46
Løken N 13 Lm31
Lokeren B 19 Ld39
Lokka FIN 7 Mh23
Løkken N 8 Lk27
Lőkösháza H 29 Mb44
Loksa EST 11 Mf31
Lollar D 26 Lj40
Lom BG 39 Md47
Lom N 8 Lj29
Lombez F 34 La47
Lomci BG 31 Mg47
Lomen N 8 Lj29
Łomianki PL 23 Ma38
Lomma S 13 Lo35
Lommel B 20 Lf39
Lom nad Rimavicou SK 28 Lu42
Łomża PL 23 Mc37
London GB 19 Ku39
Londonderry GB 16 Kn36
Lonevåg N 8 Lf30
Longarone I 37 Ln44
Longeau F 25 Lf43
Longford IRL 16 Kn37
Longobucco I 45 Lr51
Long Preston GB 18 Ks36
Longtown GB 17 Ks35
Longué-Jumelles F 24 Ku43
Longuyon F 26 Lf41
Longwy F 26 Lf41
Longyearbyen N 2 Lh06
Löningen D 20 Lh38
Łoniów PL 29 Mb40
Lönsboda S 13 Lp34
Lons-le-Saunier F 25 Lf44
Lopar HR 37 Lp46
Lopătari RO 31 Mg45
Loppa N 2 Mb20
Loppi FIN 11 Me30
Lora del Río E 40 Kp53
Lorca E 41 Kt53
Lorch D 26 Lh40
Loreto I 37 Lo47
Loreto Aprutino I 37 Lo48
Lorgues F 36 Lg47
Lorient F 24 Kr43
Lőrinci H 28 Lu43
Loriol-sur-Drôme F 35 Le46
Lormes F 25 Ld43
Lörrach D 26 Lh43
Lorris F 25 Lc43
Los S 9 Lq29
Los Arcos E 34 Ks48
Los Barrios E 40 Kp54
Los Corrales de Buelna E 33 Kq47
Los Cortijos de Arriba E 41 Kq51
Losheim D 26 Lg41
Łosice PL 23 Mc38
Los Navalmorales E 41 Kq51
Løsning DK 12 Lk35

Los Palacios y Villafranca E 40 Kp53
Lossiemouth GB 17 Kr33
Lostwithiel GB 18 Kq40
Los Yébenes E 41 Kr51
Løten N 9 Lm30
Lottigna CH 26 Lj44
Löttorp S 14 Lr33
Lotyń PL 22 Lr37
Loudéac F 24 Ks42
Loudun F 24 La44
Loué F 24 Ku43
Loue FIN 6 Me24
Loughborough GB 19 Kt38
Loughrea IRL 16 Km37
Louhans F 25 Lf44
Louisburgh IRL 16 Kl37
Loukíssia GR 48 Md52
Loulé P 40 Kn53
Louny CZ 27 Lo40
Lourdes F 34 Ku47
Loures P 40 Kl52
Lourinhã P 32 Kl51
Louth GB 19 La37
Loutrá GR 48 Me53
Loutrá Edipsoú GR 48 Md52
Loutrá Eleftherón GR 47 Me50
Loutráki GR 46 Mb52
Loutráki GR 48 Md53
Loutropigí GR 46 Mc51
Loutros GR 47 Mg50
Louverné F 24 Ku42
Louvie-Juzon F 34 Ku47
Louviers F 25 Lb41
Louvigné-du-Désert F 24 Kt42
Lövånger S 6 Mb26
Lovberga S 9 Lq27
Loveč BG 31 Me47
Lóvere I 36 Ll45
Loviisa = Lovisa FIN 11 Mg30
Lovisa = Loviisa FIN 11 Mg30
Lovište HR 38 Ls47
Lövnäs S 9 Lo29
Lövnäsvallen S 9 Lo29
Lövő H 28 Lr43
Lovosice CZ 27 Lp40
Lovran HR 37 Lp45
Lovreć HR 38 Lr47
Lovrin RO 39 Ma45
Lövstabruk S 10 Ls30
Löwenberg D 21 Lo38
Lowestoft GB 19 Lb38
Łowicz PL 22 Lu38
Loxstedt D 20 Lj37
Lož SLO 37 Lp45
Loznica BG 31 Mg47
Loznica SRB 38 Lu46
Lozoyuela E 33 Kr50
Luanco E 33 Kp47
Luarca E 33 Ko47
Lubaczów PL 29 Md40
Lubań PL 22 Lq39
Lubāna LV 15 Mg34
Lubartów PL 23 Mc39
Lubawa PL 22 Lu37
Lübbecke D 20 Lj38
Lübbenau (Spreewald) D 21 Lo39
Lübben (Spreewald) D 21 Lo39
Lübeck D 21 Ll37
Lubersac F 35 Lb45
Lubiąż PL 22 Lr39
Lubień Kujawski PL 22 Lu38
Lubin PL 22 Lr39
Lublin PL 23 Mc39
Lubliniec PL 28 Lt40
Lubniewice PL 21 Lq38
Lubomino PL 22 Ma36
Luboń PL 22 Lr38
L'ubotin SK 29 Ma41
Lubsko PL 21 Lp39
Lubuczewo PL 22 Ls36
Lubycza Królewska PL 29 Md40
Lübz D 21 Ln37
Luca Cernii de Jos RO 39 Mc45
Lucca I 36 Ll47
Lucena E 41 Kq53
Luc-en-Diois F 35 Lf46
Lučenec SK 28 Lu42
Lucera I 45 Lq49
Lüchow D 21 Lm38
Lučica SRB 39 Mb46
Luckau D 21 Lo39
Luckenwalde D 21 Lo38
Luçon F 24 Kt44
Luc-sur-Mer F 24 Ku41
Ludbreg HR 38 Lr44
Lüdenscheid D 20 Lh39
Lüdinghausen D 20 Lh39
Ludlow GB 18 Ks38
Ludomy PL 22 Lr38
Luduş RO 29 Me44
Ludvika S 9 Lq30
Ludwigsburg D 26 Lk42
Ludwigsfelde D 21 Lo38
Ludwigshafen D 26 Lj41
Ludwigslust D 21 Lm37
Ludza LV 15 Mh34
Lug HR 38 Lt45
Lugano CH 36 Lj45
Lugo E 32 Kn48
Lugo I 37 Lm46
Lugoj RO 39 Mb45
Luhamaa EST 15 Mh33
Luhanka FIN 11 Mf29
Luidja EST 14 Mc32
Luikonlahti FIN 11 Mj28
Luino I 36 Lj45
Luizi Călugăra RO 30 Mg44
Luka BIH 38 Lt47
Luka SRB 39 Mc46
Lukavac BIH 38 Lt46
Lukovit BG 31 Me47
Lukovo HR 37 Lp46
Lukovo MK 46 Ma49
Łuków PL 23 Mc39
Łukta PL 22 Ma37
Luleå S 6 Mc25
Lumbier E 34 Kt48
Lumbrales E 32 Ko50
Lumezzane I 36 Ll45
Lunca Corbului RO 31 Me46
Lunca de Jos RO 30 Mf44
Lund N 5 Lm26
Lund S 13 Lo35
Lundamo N 9 Ll27
Lunde N 12 Lk31
Lunde S 10 Ls28
Lunder DK 12 Lk35
Lüneburg D 21 Ll37
Lunel F 35 Le47
Lünen D 20 Lh39
Lunéville F 26 Lg42
Luninec BY 50 Md19
Lunna BY 23 Me37
Luopioinen FIN 11 Me29
Lurcy-Lévis F 25 Lc44
Lure F 26 Lg43
Lurgan GB 17 Ko36
Lurnfeld A 27 Lo44
Lushnjë AL 46 Lu50
Lusignan F 24 La44
Lusigny-sur-Barse F 19 Le42
Luso P 32 Km50
Luspebryggan S 6 Lu23
Luss GB 17 Kq34
Lussac-les-Châteaux F 24 La44
Lussan F 35 Le46
Lutherstadt Eisleben D 21 Lm39
Lutherstadt Wittenberg D 21 Ln39
Lütjenburg D 21 Ll36
Luton GB 19 Ku39
Lututów PL 22 Lt39
Luumäki FIN 11 Mh30
Luusua FIN 7 Mh24
Luvia FIN 10 Mb29
Luxembourg L 26 Lg41
Luxeuil-les-Bains F 26 Lg43
Luzern CH 26 Lj43
Luzino PL 22 Lt36
Lužki BY 15 Mh35
Luz-Saint-Sauveur F 34 Ku48
Luzy F 25 Ld44
Lwówek Śląski PL 22 Lq39
Lychen D 21 Lo37
Lycksele S 6 Lt26
Lydney GB 18 Ks39
Lyme Regis GB 18 Ks40
Lymington GB 18 Kt40
Lyngdal N 12 Lh32
Lyngseidet N 2 Ma21
Lynton GB 18 Kr39
Lyntupy BY 15 Mg35
Lyon F 35 Le45
Lyons-la-Forêt F 25 Lb41
Łyse PL 23 Mb37
Lysekil S 13 Lm32
Lysnes N 2 Ls21
Lysøysundet N 9 Lk27
Lyss CH 26 Lh43
Lystrup DK 12 Ll34
Lysvik S 9 Lo31
Lytham Saint Anne's GB 18 Ks37
Lyubimets BG 31 Mg49

M

Maalahti FIN 10 Mb28
Maam Cross IRL 16 Kl37
Maaninka FIN 11 Mh27
Maaninkavaara FIN 7 Mj24
Maanselkä FIN 7 Mj27
Maardu EST 15 Mf31
Maarianhamina = Mariehamn FIN 10 Lu30
Maarja EST 15 Mg32
Maasbracht NL 20 Lf39
Maaseik B 20 Lf39
Maasmechelen B 20 Lf40
Maastricht NL 20 Lf40
Mablethorpe GB 19 La37
Macclesfield GB 18 Ks37
Macea RO 29 Mb44
Maceda E 32 Kn48
Macedo de Cavaleiros P 32 Ko49
Macerata I 37 Lo47
Machault F 19 Le41
Machecoul F 24 Kt44
Machynlleth GB 18 Kr38
Maciana Marina I 36 Ll48
Maciejowice PL 23 Mb39
Măcin RO 31 Mj45
Macinaggio F 43 Lk48
Macomèr I 43 Lj50
Mâcon F 19 Le44
Macroom IRL 16 Km39
Macugnaga I 36 Lh45
Madan BG 31 Me49
Mädängsholm S 13 Lo32
Maddaloni I 44 Lp49
Madésimo I 26 Lk44
Madliena LV 15 Mf34
Madona LV 15 Mg34
Madonna di Campiglio I 37 Ll44
Mădrec BG 31 Mg48
Madrid E 33 Kr50
Madridejos E 41 Kr51
Madrigal de las Altas Torres E 33 Kq49
Madrigalejo E 41 Kp51
Mădrino BG 31 Mg48
Madroñera E 41 Kp51
Maël-Carhaix F 24 Kr42
Maella E 34 La49
Mafra P 40 Kl52
Magdeburg D 21 Lm38
Magenta I 36 Lj45
Magganári GR 49 Mf54
Maghera GB 17 Ko36
Magherani RO 30 Me44
Magione I 37 Ln47
Maglaj BIH 38 Lt46
Maglavit RO 39 Md46
Máglie I 45 Lt50
Magliž BG 31 Mf48
Magnor N 9 Ln31
Magny-en-Vexin F 25 Lb41
Mágocs H 28 Lt44
Maguiresbridge GB 16 Kn36
Măgura RO 31 Mg45
Măgurele RO 31 Mg45
Magyarkeszi H 28 Lt44
Mahilëv BY 50 Mf19
Mahón = Maó E 42 Le51
Mahora E 41 Kt51
Maials E 34 La49
Măicăneşti RO 31 Mh45
Maîche F 26 Lg43
Maidenhead GB 19 Ku39
Maidstone GB 19 La39
Măieruş RO 30 Mf45
Mailly-le-Camp F 19 Le42
Mainburg D 27 Lm42
Maintenon F 25 Lb42
Mainua FIN 7 Mh26
Mainz D 26 Lj40
Maišiagala LT 23 Mf36
Maisons de Champagne d'Épernay F 25 Ld41
Majdanpek SRB 39 Mb46
Majilovac SRB 39 Mb46
Makarska HR 38 Ls47
Makó H 29 Ma44
Makov SK 28 Lt41
Makovo MK 46 Mb49
Mąkowarsko PL 22 Ls37
Maków Mazowiecki PL 23 Mb38
Makrakómi GR 46 Mc52
Makrany BY 23 Me39
Makrigialós GR 49 Mf55
Makrinitsa GR 46 Md51
Makriráhi GR 46 Md51
Malá S 6 Lt25
Malacky SK 28 Lr42
Málaga E 41 Kq54
Malagón E 41 Kr51
Mălăieşti RO 39 Mc45
Mala Kladuša BIH 38 Lq45
Malanów PL 22 Lt39
Malaryta BY 23 Me39
Malax FIN 10 Mb28
Malbork PL 22 Lt36
Malbuisson F 26 Lg44
Malcésine I 37 Ll45
Malchin D 21 Ln37
Malchow D 21 Ln37
Maldegem B 19 Ld39
Maldon GB 19 La39
Małdyty PL 22 Lu37
Malè I 27 Ll44
Małe Gacno PL 22 Lt37
Máleme GR 48 Md55
Malente D 21 Ll36
Malesherbes F 25 Lc42
Malestroit F 24 Ks43
Malgrat de Mar E 35 Lc49
Målilla S 13 Lq33
Mali Lošinj HR 37 Lp46
Maliniec PL 22 Lt38
Malinska HR 37 Lp45
Maliq AL 46 Ma50
Malijševo KSV 39 Ma48
Malko Tărnovo BG 31 Mj49
Mallaig GB 17 Kp34
Mallaranny IRL 16 Kl37
Mallén E 34 Kt49
Mälles Venosta = Mals im Vinschgau I 27 Ll44
Mallnitz A 27 Lo44
Mallow IRL 16 Km38
Mallwyd GB 18 Kr38
Malm N 9 Lm26
Malmbäck S 13 Lp33
Malmberget S 6 Ma23
Malmédy B 26 Lg40
Malmesbury GB 18 Ks39
Malmköping S 13 Lr31
Malmö S 13 Lo35
Malmslätt S 13 Lq32
Maloe BY 23 Me37
Małomice PL 22 Lq39
Måløy N 8 Lf29
Malpartida de Plasencia E 41 Ko51
Malpica de Bergantiños E 32 Km47
Mälpils LV 15 Me33
Mals im Vinschgau = Mälles Venosta I 27 Ll44
Malta LV 15 Mh34
Malton GB 19 Ku36
Małujowice PL 28 Ls40
Malung S 9 Lo30
Malungsfors S 9 Lo30
Maluszyn PL 22 Lu40
Mały Płock PL 23 Mc37
Mamaia RO 31 Mj46
Mamers F 25 La42
Manacor E 42 Ld51
Manamensalo FIN 7 Mh24
Mănăstirea RO 31 Mg46
Mancha Real E 41 Kr53
Manchester GB 18 Ks37
Manching D 27 Lm42
Manciano I 37 Lm48
Mandal N 12 Lh32
Mándas I 43 Lk51
Mandráki GR 49 Mh54
Mandúria I 45 Ls50
Manèrbio I 36 Ll45
Manfredónia I 45 Lq49
Mangalia RO 31 Mj47
Mangen N 9 Lm31
Manger N 8 Lf30
Mangualde P 32 Kn50
Maniago I 37 Ln44
Manises E 42 Ku51
Månkarbo S 10 Ls30
Mannheim D 26 Lj41
Manningtree GB 19 Lb39
Manole BG 31 Me48
Manoleasa RO 30 Mh43
Manorhamilton IRL 16 Km36
Manosque F 35 Lf47
Manresa E 34 Lb49
Mansfeld D 21 Lm39
Mansfield GB 19 Kt37
Mansilla E 33 Kq48
Mansilla E 33 Ks48
Mansilla de las Mulas E 33 Kp48
Mansle F 24 La45
Mantamádos GR 47 Mg51
Mantes-la-Jolie F 25 Lb42
Mantes-la-Ville F 25 Lb42
Manthiréa GR 46 Mc53
Mantorp S 13 Lq32
Mántova I 37 Ll45
Mäntsälä FIN 11 Mf30
Mänttä FIN 11 Me28
Mäntyharju FIN 11 Mg29
Mantyjarvi FIN 7 Mh25
Mäntyluoto FIN 10 Mb29
Manzanares E 41 Kr52
Maó E 42 Le51
Maqueda E 33 Kq50
Maranello I 37 Ll46
Marans F 24 Ku44
Mărăşeşti RO 30 Mh45
Mărașu RO 31 Mh46
Maratea I 45 Lq50
Marathónas GR 48 Md52
Marazion GB 18 Kp40
Marbach D 26 Lk42
Marbella E 41 Kq54
Marburg D 20 Lj40
Marcali H 28 Ls44
Marcaltő H 28 Ls43
Marčana HR 37 Lo46
March GB 19 La38
Marche-en-Famenne B 26 Lf40
Marchena E 40 Kp53
Marchenoir F 25 Lb43
Marciac F 34 La47
Marcigny F 19 Le44
Marcillac-la-Croisille F 35 Lc45
Marcinkonys LT 23 Me36
Marcinkowice PL 29 Ma41
Marck F 19 Lb40
Marco de Canaveses P 32 Km49
Mardalen N 8 Lj28
Mårdsele S 6 Lu26
Marennes F 24 Kt45
Mareuil-sur-Lay F 24 Kt44
Marfa M 44 Lp55
Margarítí GR 46 Ma51
Margate GB 19 Lb39
Mărgău RO 29 Mc44
Margecany SK 29 Mb42
Margherita di Savóia I 45 Lr49
Marghita RO 29 Mc43
Margone I 36 Lh45
Margonin PL 22 Ls38
Mariager DK 12 Lk34
Marialva P 32 Kn50
Mariannelund S 13 Lq33
Mariánské Lázně CZ 27 Ln41
Mariazell A 28 Lq43
Maribo DK 21 Lm36
Maribor SLO 28 Lq44
Mariefred S 14 Ls31
Mariehamn = Maarianhamina FIN 10 Lu30
Marielund S 6 Ls25
Marielyst DK 21 Lm36
Marienberg D 27 Lo40
Mariés GR 47 Me50
Mariestad S 13 Lo32
Marignane F 35 Lf47
Marijampolė LT 23 Md36
Marin E 32 Km48
Marina di Belvedere I 45 Lq51
Marina di Carrara I 36 Ll46
Marina di Cetraro I 45 Lq51
Marina di Grosseto I 37 Ll48
Marina di Léuca I 45 Lt51
Marina di Pisa I 36 Ll47
Marina di Ragusa I 44 Lp54
Marina di Ravenna I 37 Ln46
Marine de Sisco F 43 Lk48
Marinella I 44 Ln53
Marineo I 44 Lo53
Maringues F 25 Ld45
Marinha Grande P 32 Km51
Marinka BG 31 Mh48
Märjamaa EST 15 Me32
Markabygd N 9 Lm27
Markaryd S 13 Lo34
Market Drayton GB 18 Ks38
Market Harborough GB 19 Ku38
Market Rasen GB 19 Ku37
Market Weighton GB 19 Ku37
Marki PL 23 Mb38
Markkina FIN 6 Mc22
Markkleeberg D 21 Ln39
Markópoulo GR 48 Md53
Markovo BG 31 Mh47
Marksewo PL 23 Mb37
Marktheidenfeld D 26 Lk41
Markt Indersdorf D 27 Lm42
Marktoberdorf D 27 Ll43
Marktredwitz D 27 Ln40
Marl D 20 Lh39
Marlborough GB 18 Kt39
Marle F 25 Ld41
Marlow GB 19 Ku39
Marma S 9 Lr29
Marma S 10 Ls30
Marmande F 34 La46
Mármaro GR 47 Mg52
Marnay F 26 Lf43
Marne D 20 Lk37
Marotta I 37 Lo47
Marovac SRB 39 Mb48
Marquise F 19 Lb40
Marradi I 37 Lm46
Marraskoski FIN 6 Mf24
Marsala I 44 Ln53
Marsberg D 20 Lj39
Marsciano I 37 Ln48
Marseille F 35 Lf47
Marseille-en-Beauvaisis F 25 Lb41
Mársico Nuovo I 45 Lq50
Märsta S 14 Ls31
Marstal DK 21 Ll36
Marstrand S 13 Lm33
Martelange B 26 Lf41
Martfű H 29 Ma43
Mártha GR 49 Mf55
Martigné-Ferchaud F 24 Kt43
Martigny CH 26 Lh44
Martigues F 35 Lf47
Martilla FIN 10 Mc30
Martin SK 28 Lt41
Martina Franca I 45 Ls50
Martinniemi FIN 7 Mf25
Martinšćica HR 37 Lp46
Martinsicuro I 37 Lo48
Martna EST 15 Md32
Martonvaara FIN 11 Mk27
Martorell E 34 Lb49
Martos E 41 Kr53
Martti FIN 7 Mj23
Marvão P 32 Kn51
Marvejols F 35 Ld46
Marvik N 12 Lg31
Maryport GB 17 Kr36
Mas de las Matas E 42 Ku50
Masegoso de Tajuña E 41 Ks50
Masfjorden N 8 Lf30
Masi N 2 Md21
Masku FIN 10 Mc30
Massa I 36 Ll46
Massafra I 45 Ls50
Massa Maríttima I 37 Ll47
Massat F 34 Lb48
Masseube F 34 La47
Massiac F 35 Ld45
Mastiháři GR 49 Mh54
Masty BY 23 Me37
Masugnsbyn S 6 Mc23
Måsvik N 2 Lt21
Mátala GR 48 Me56
Matamala de Almazán E 33 Ks49
Mataró E 35 Lc49
Matasvaara FIN 11 Mk27
Matching Green GB 19 La39
Matélica I 37 Lo47
Matera I 45 Lr50
Mátészalka H 29 Mc43
Matfors S 9 Ls28
Matha F 24 Ku45
Matiši LV 15 Mf33
Matlock GB 18 Kt37
Matosinhos P 32 Km49
Mátraháza H 28 Lu43
Matrei A 27 Ln44
Mattersburg A 28 Lr43
Mattighofen A 27 Lo42
Matyli BY 23 Me37
Maubeuge F 154 Ld40
Maubourguet F 34 La47
Mauléon F 24 Ku44
Mauléon-Licharre F 34 Ku47
Maunu S 6 Mc22
Maura N 9 Lm30
Maure-de-Bretagne F 24 Kt43
Mauriac F 35 Lc45
Mauron F 24 Ks42
Maurs F 35 Lc46
Maurvangen N 8 Lj29
Mauterndorf A 27 Lo43
Mauthausen A 27 Lp42
Mauvezin F 34 La47
Mauzé-sur-le-Mignon F 24 Ku44
Mavas S 5 Lr24
Mavréli GR 46 Mb51
Mavromáta GR 46 Mb51
Mavroúda GR 46 Md50
Mavrovi Anovi MK 39 Ma49
Măxineni RO 31 Mh45
Maybole GB 17 Kq35
Mayen D 26 Lh40
Mayenne F 24 Ku42
Mayhofen A 27 Lm43
Maynooth IRL 16 Ko37
Mayorga E 33 Kp48
Mayrhofen A 27 Lm43
Mazagón E 40 Ko53
Mazamet F 35 Lc47
Mazara del Vallo I 44 Ln53
Mazarrón E 41 Kt53
Mažeikiai LT 14 Mc34
Mazières-en-Gâtine F 24 Ku44
Mazilmaja LV 14 Mb34
Mazirbe LV 14 Mc33
Mazsalaca LV 15 Mf33
Mazyr BY 50 Me19
Mazzarino I 44 Lp53
Meaux F 25 Lc42
Mechelen B 19 Le39
Mečka BG 31 Mf47
Mede I 36 Lj45
Medele S 6 Ma26
Medemblik NL 20 Lf38
Medevi S 13 Lp32
Medgidia RO 31 Mj46
Medgyesegyháza H 29 Mb44
Mediaş RO 29 Me44
Medicina I 37 Lm46
Medinaceli E 33 Ks49
Medina del Campo E 33 Kq49
Medina de Pomar E 33 Kr48
Medina de Ríoseco E 33 Kp49
Medina Sidonia E 40 Kp54
Medininkai LT 23 Mf36
Medulin HR 37 Lo46
Međurečje SRB 39 Ma47
Međurječje MNE 38 Lu48
Medvedja SRB 39 Mb48
Medyka PL 29 Mc41
Medze LV 14 Mb34
Medzilaborce SK 29 Mb41
Meerane D 27 Ln40
Megáli Panagía GR 47 Md50
Megáli Stérna GR 46 Mc49
Megáli Vríssi GR 46 Mc49
Megalohóri GR 46 Mb51
Megálo Horio GR 49 Mh54
Megalópoli GR 46 Mc53
Mégara GR 48 Md52
Megève F 36 Lg45
Mehamn N 3 Mh19
Mehikoorma EST 15 Mh32
Mehring D 26 Lg41
Mehun-sur-Yèvre F 25 Lc43
Meilen CH 26 Lj43
Meinersen D 21 Ll38
Meinhardt D 26 Lk41
Meiningen D 27 Ll40
Meira E 33 Kn47
Meiringen CH 26 Lj44
Meißen D 21 Lo39
Meitingen D 27 Ll42
Melá GR 48 Me52
Melaje SRB 39 Ma47
Melalahti FIN 11 Mj28
Melates GR 46 Mb51
Melbu N 5 Lp22
Meldal N 8 Lk27
Meldorf D 20 Lk36
Melegnano I 36 Lk45
Melenci SRB 39 Ma45
Melfi I 45 Lq50
Melfjorden N 5 Lo24
Melgar de Fernamental E 33 Kq48
Melhus N 9 Ll27
Melide E 32 Km48
Melides P 40 Km52
Meliki GR 46 Mc50
Melilli I 44 Lq53
Melineşti RO 39 Md46
Mélissa GR 46 Mc50
Mélito de Porto Salvo I 45 Lq54
Melivia GR 46 Mc51
Melk A 28 Lq42
Mellakoski FIN 6 Me24
Mellansel S 10 Lt27
Mellanstrom S 6 Lt25
Mellbystrand S 13 Ln34
Melle D 20 Lj38
Melle F 24 Ku44
Mellerud S 13 Ln32
Mellrichstadt D 27 Ll40
Melnica SRB 39 Mb46
Mělnik BG 39 Md49
Mělník CZ 27 Lp40
Melnsils LV 14 Mc33
Mels CH 26 Lk43
Melsungen D 20 Lk39
Meltaus FIN 6 Mf24
Melton Mowbray GB 19 Ku38
Meltosjarvi FIN 6 Me24
Melun F 25 Lc42
Melvich GB 17 Kr32
Membrio E 32 Kn51
Memmingen D 26 Ll43
Menággio I 36 Lk44
Menai Bridge GB 18 Kq37
Mende F 35 Ld46
Menden D 20 Lh39
Mendrisio CH 36 Lj45
Menen B 19 Ld40
Menesjärvi FIN 3 Mg22
Menfi I 44 Ln53
Mengen D 26 Lk42
Mengeš SLO 37 Lp44
Mengíbar E 41 Kr53
Menídi GR 46 Mb51
Mentana I 37 Ln48
Menton F 36 Lh47
Meppel NL 20 Lg38
Meppen D 20 Lh38
Mequinenza E 34 La49
Mer F 25 Lb43
Meråker N 9 Lm27
Meran = Merano I 27 Lm44
Merano = Meran I 27 Lm44
Merasjarvi S 6 Md23
Mercato Saraceno I 37 Ln47
Merdrignac F 24 Ks42
Merei RO 31 Mg45
Méribel F 36 Lg45
Meričleri BG 31 Mf48
Mérida E 40 Ko52
Mérignac F 34 Ku46
Mérihas GR 48 Me53
Merijarvi FIN 6 Me26
Merikarvia FIN 10 Mb29
Meri-Pori FIN 10 Mb29
Merkinė LT 23 Me36
Mernye H 28 Ls44
Mersch L 26 Lg41
Merseburg D 21 Lm39
Mērsrags LV 15 Md33
Merthyr Tydfil GB 18 Kr39
Mértola P 40 Kn53
Méru F 25 Lc41
Mëry BY 15 Mh35
Merzig D 26 Lg41
Mesagne I 45 Ls50
Meschede D 20 Lj39
Meselefors S 5 Lr26
Mesihovina BIH 38 Ls47
Meslay-du-Maine F 24 Ku43
Mešnik SRB 39 Lu47
Mesohóri GR 46 Mc51
Mesopotamiá GR 46 Mb50
Mesopótamo GR 46 Ma51
Messaure S 6 Ma24
Messelt N 9 Lm29
Messina I 44 Lq52
Messini GR 46 Mc53
Messinó GR 46 Mc53
Meßkirch D 26 Lk43
Messolóngi GR 46 Mb52
Messongí GR 46 Lu51
Mesta BG 39 Md49
Mestá GR 47 Mf52
Mestanza E 41 Kq52
Mesti GR 47 Mf50
Město Albrechtice CZ 28 Ls40
Město Touškov CZ 27 Lo41
Mestre I 37 Ln45
Mesvres F 19 Le44
Metajna HR 37 Lq46
Metamorfósi GR 48 Mc54
Méthana GR 48 Md53
Methóni GR 48 Mb54
Metković HR 38 Ls47
Metlika SLO 38 Lq45
Metóhi GR 48 Md52
Metsäkylä FIN 7 Mj25
Metsküla EST 14 Mc32
Métsovo GR 46 Mb51
Mettlach D 26 Lg41
Metzingen D 26 Lk42
Meulan F 25 Lb42
Meuselwitz D 21 Ln39
Meyenburg D 21 Ln37
Meymac F 35 Lc45
Meyrueis F 35 Ld46
Meyzieu F 35 Lf45
Mézapos GR 48 Mc54
Mezdra BG 39 Md47
Meženin PL 23 Mc37
Mežica SLO 27 Lp44
Mézières-en-Brenne F 25 Lb44
Mézières-sur-Issoire F 24 La44
Mézin F 34 La46
Mezőberény H 29 Mb44
Mezőcsát H 29 Ma43
Mezőkovácsháza H 29 Ma44
Mezőkövesd H 29 Ma43
Mézos F 34 Kt46
Mežotne LV 15 Me34
Mezőtúr H 29 Ma43
Miajadas E 40 Kp51
Miastko PL 22 Lr36
Michalin PL 22 Lt38
Michalovce SK 29 Mb42
Michelstadt D 26 Lk41
Micleşti RO 30 Mh44
Middelburg NL 19 Ld39
Middelfart DK 12 Lk35
Middelharnis NL 19 Le39
Middlesbrough GB 19 Kt36
Midhurst GB 18 Ku40
Midleton IRL 16 Km39
Midsund N 8 Lg28
Miechów PL 28 Ma40
Miedźno PL 22 Lt40
Międzychód PL 22 Lq38
Międzylesie PL 28 Lr40
Międzyrzec Podlaski PL 23 Mc39
Międzyrzecz PL 22 Lq38
Międzywodzie PL 21 Lp37
Międzyzdroje PL 21 Lp37
Miehikkälä FIN 11 Mh30
Mielan F 34 La47
Mielec PL 29 Mb40
Mieraslompolo FIN 3 Mh21
Miercurea-Ciuc RO 30 Mf44
Miercurea Sibiului RO 39 Md45
Mieres E 33 Kp47
Mierojokki N 2 Md21
Miesbach D 27 Lm43
Mieszków PL 22 Ls38
Mieszkowice PL 21 Lp38
Mietoinen FIN 10 Mb30
Mifol AL 46 Lu50
Migennes F 25 Ld43
Migliónico I 45 Lr50
Mihăeşti RO 31 Me46
Mihail Kogălniceanu RO 31 Mj46
Mihailovca MD 30 Mj44
Mihailovca MD 30 Mk43
Mihajlovo BG 31 Mf48
Mihajlovo BG 39 Md47
Mihalkovo BG 31 Me49
Miheşu de Câmpie RO 29 Me44
Mikaševičy BY 50 Md19
Mikaszówka PL 23 Md37
Mikeltornis LV 14 Mc33
Mikkeli FIN 11 Mh29
Mikkelvik N 2 Lu20
Mikołajki PL 23 Mb37
Mikołów PL 28 Lt40
Míkonos GR 47 Mf53
Mikre BG 31 Me47
Mikulov CZ 28 Lr42
Miladinovci MK 39 Mb49
Milagro E 34 Kt48
Miłakowo PL 22 Ma36
Milano I 36 Lk45
Milanówek PL 23 Ma38
Milavidy BY 23 Mf38
Milazzo I 44 Lq52
Miléa GR 46 Mb51
Miloševo SRB 38 Lu45
Milestone IRL 16 Km38
Mileto I 45 Lr52
Milevsko CZ 27 Lp41
Milford GB 19 Ku39
Milford Haven GB 18 Kp39
Milići BIH 38 Lu46
Milicz PL 22 Ls39
Milín CZ 27 Lp41
Militello I 44 Lp53
Milítsa GR 48 Mb54
Millas F 35 Lc48
Millau F 35 Ld46
Millom GB 17 Kr36
Milltown Malbay IRL 16 Kl38
Milmersdorf D 21 Lo37
Milna HR 38 Lr47
Milos GR 48 Me54
Milot AL 46 Lu49
Miłówka PL 28 Lu41
Miltenberg D 26 Lk41
Milton Keynes GB 19 Ku38
Mimizan F 34 Kt46
Mimoň CZ 27 Lp40
Minas de São Domingos P 40 Kn53
Minaya E 41 Ks51
Mindelheim D 27 Ll42
Minden D 20 Lj38
Minehead GB 18 Kr39
Minervino Murge I 45 Lr49
Minglanilla E 42 Kt51
Mingorría E 33 Kq50
Minićevo SRB 39 Mc47
Minsk BY 50 Md19
Mińsk Mazowiecki PL 23 Mb38
Mintlaw GB 17 Ks33
Minturno I 44 Lo49
Miomo F 43 Lk48
Mionica SRB 39 Ma46
Mioveni RO 31 Me46
Mira E 42 Kt51
Mira I 37 Ln45
Mira P 32 Km50
Miramas F 35 Le47
Mirambeau F 24 Ku45
Miramont-de-Guyenne F 34 La46
Miranda de Ebro E 33 Ks48
Miranda do Douro P 33 Ko49
Mirande F 34 La47
Mirandela P 32 Kn49
Mirándola I 37 Lm46
Mirano I 37 Ln45
Mircze PL 23 Md40
Mirebeau F 24 La44
Mirebeau-sur-Bèze F 25 Lf43
Mirecourt F 26 Lg42
Mirepoix F 35 Lb47
Mireşti MD 30 Mj44
Miroslawiec PL 22 Lr37
Mirotice CZ 27 Lp41
Mirovice CZ 27 Lp41
Mirow D 21 Ln37
Mirtos GR 49 Mf55
Mischii RO 39 Md46
Miscolc H 29 Ma42
Misi FIN 7 Mg24
Mišnjak HR 37 Lp46
Misso EST 15 Mh33
Mistelbach A 28 Lr42
Misten N 5 Lp23
Misterbianco I 44 Lp53
Misterhult S 13 Lr33
Mistretta I 44 Lp53
Mitchelstown IRL 16 Km38
Mithimna GR 47 Mg51
Mitikas GR 46 Ma52
Mitrašinci MK 39 Mc49
Mitrovo SRB 39 Ma47
Mittådalen S 9 Ln28
Mittenwald D 27 Lm43
Mittersill A 27 Ln43
Mitterteich D 27 Ln41
Mittweida D 21 Ln40
Miževičy BY 23 Mf38
Mizil RO 31 Mg45
Mjadzel BY 15 Mg36
Mjölby S 13 Lq32
Mjönäs S 9 Lo31
Mjøndalen N 12 Lk31
Mladá Boleslav CZ 27 Lp40
Mladá Vožice CZ 27 Lp41
Mladenovac SRB 39 Ma46
Mława PL 22 Ma37
Mlinište BIH 38 Lr46
Młodasko PL 22 Lr38
Młogoszyn PL 22 Lu38
Młynary PL 22 Lu36
Młynarze PL 23 Mb38
Mníšek nad Hnilcom SK 29 Ma42
Mo N 9 Lm30
Moacşa RO 30 Mf45
Moara Vlăsiei RO 31 Mg46
Moate IRL 16 Kn37
Mochy PL 22 Lr38
Mociu RO 29 Me44
Möckern D 21 Lm38
Mockfjärd S 9 Lp30
Modane F 36 Lg45
Módena I 37 Ll46
Módica I 44 Lp54
Modigliana I 37 Lm46
Modliborzyce PL 23 Mc40
Mödling A 28 Lr42
Modriča BIH 38 Lt46
Modugno I 45 Lr49
Moelv N 9 Ll30
Moen N 2 Lt21
Moers D 20 Lg39
Moffat GB 17 Kr35
Moftin RO 29 Mc43
Mogadouro P 32 Ko49
Mogilno PL 22 Ls38
Mogliano Véneto I 37 Ln45
Mogosoaia RO 31 Mg46
Moguer E 40 Ko53
Mohács H 38 Lt44
Mohed S 9 Lr29
Moheda S 13 Lp34
Mohelnice CZ 28 Lr41
Möhnesee D 20 Lj39
Mohora H 28 Lu43
Moi N 12 Lg32
Moineşti RO 30 Mg44
Mo i Rana N 5 Lp24
Mõisaküla EST 15 Mf32
Moisiovaara FIN 7 Mk26
Moissac F 34 Lb46
Mojácar E 41 Ks53
Mojados E 33 Kq49
Möklinta S 9 Lr30
Mokobody PL 23 Mc38
Mokre PL 22 Ls37
Mokren BG 31 Mg48
Mol B 20 Lf39
Mola di Bari I 45 Ls49
Mold GB 18 Kr37
Moldava nad Bodvou SK 29 Mb42
Molde N 8 Lh28
Molėtai LT 15 Mf35
Molfetta I 45 Lr49
Moliden S 10 Lt27
Molières F 34 Lb46
Molina E 42 Kt50
Molina de Segura E 42 Kt52
Molinella I 37 Lm46
Molkom S 13 Lo31
Mollerussa E 34 La49
Mölln D 21 Ll37
Mölltorp S 13 Lp32
Mólos GR 46 Mc52
Molsheim F 26 Lh42
Molunat HR 38 Lt48
Mombuey E 33 Ko48
Momčilgrad BG 31 Mf49
Mommark DK 21 Ll36
Mon S 5 Lo26
Monaco MC 36 Lh47
Monaghan IRL 17 Ko36
Monasterace Marina I 45 Lr52
Monastir I 43 Lk51
Moncada E 42 Ku51
Moncalieri I 36 Lh45
Moncalvo I 36 Lj45
Monção E 32 Km48
Mönchengladbach D 20 Lg39
Monchique P 40 Km53
Moncontour F 24 Ks42
Mondéjar E 33 Ks50
Mondello I 44 Lo52
Mondim de Basto P 32 Kn49
Mondolfo I 37 Lo47
Mondoñedo E 33 Kn47
Mondoubleau F 25 La43
Mondovì I 36 Lh46
Mondragone I 44 Lo49
Mondriz E 33 Kn47
Mondsee A 27 Lo43
Moneasa RO 29 Mc44
Monein F 34 Ku47
Monemvassiá GR 48 Md54
Monesterio E 40 Ko52
Moneymore GB 16 Ko36
Monfalcone I 37 Lo45
Monforte P 32 Kn51
Monheim D 27 Ll42
Monistrol-d'Allier F 35 Ld46
Monistrol-sur-Loire F 35 Le45
Mońki PL 23 Mc37
Monmouth GB 18 Ks39
Monolíthio GR 46 Ma51
Monólithos GR 49 Mh54
Monópoli I 45 Ls50
Monóvar E 42 Ku52
Monreal del Campo E 42 Kt50
Monreale I 44 Lo52
Monroy E 40 Ko51
Monroyo E 42 Ku50
Mons B 19 Ld40
Monsanto P 32 Kn50
Monsaraz P 40 Kn52
Monschau D 20 Lg40
Monsèlice I 37 Lm45
Mönsterås S 13 Lr33
Montagnac F 35 Ld47
Montagnana I 37 Lm45
Montaigu F 24 Kt44
Montalbán E 42 Ku50
Montalcino I 37 Lm47
Montalegre P 32 Kn49
Montalivet-les-Bains F 24 Kt45
Montalto di Castro I 37 Lm48
Montalto Uffogo I 45 Lr51
Montamarta E 33 Kp49
Montana BG 39 Md47
Montargil P 32 Km51
Montargis F 25 Lc43
Montauban F 34 Lb47
Montauban-de-Bretagne F 24 Ks42
Montbard F 19 Le43
Montbazon F 25 La43
Montbéliard F 26 Lg43
Montblanc E 34 Lb49
Montbrison F 35 Le45
Montbron F 24 La45
Montceau-les-Mines F 19 Le44
Montchanin F 19 Le44
Montcuq F 34 Lb46
Mont-de-Marsan F 34 Ku47
Montdidier F 25 Lc41
Montealegre del Castillo E 42 Kt52

Monte Argentário-Porto San Stéfano I 37 Lm48
Montebelluna I 37 Ln45
Montecatini Terme I 37 Ll47
Montécchio Emília I 36 Ll46
Montècchio Maggiore I 37 Lm45
Montech F 34 Lb47
Montefalco I 37 Ln48
Montefiascone I 37 Ln48
Monteforte de Lemos E 32 Kn48
Montefrío E 41 Kq53
Montehermoso E 32 Ko50
Montélimar F 35 Le46
Montella I 44 Lq50
Montellano E 40 Kp54
Montemor-o-Novo P 40 Km52
Montendre F 24 Ku45
Montepulciano I 37 Lm47
Montereau F 25 Lc42
Monteriggioni I 37 Lm47
Monterosso al Mare I 36 Lk46
Monterotondo I 37 Ln48
Monte San Savino I 37 Lm47
Monte Sant'Ángelo I 45 Lq49
Montesilvano I 37 Lp48
Montesquieu-Volvestre F 34 Lb47
Montevarchi I 37 Lm47
Montfaucon-d'Argonne F 26 Lf41
Montfaucon-en-Velay F 35 Le45
Montguyon F 34 Ku45
Monthey CH 26 Lg44
Monti I 43 Lk50
Montichiari I 36 Ll45
Monticiano I 37 Lm47
Montier-en-Der F 19 Le42
Montignac F 34 Lb45
Montigny F 26 Lg41
Montigny-le-Roi F 26 Lf43
Montigny-sur-Aube F 19 Le43
Montijo E 40 Ko52
Montijo P 40 Km52
Montilla E 41 Kq53
Montivilliers F 25 La41
Mont-Louis F 35 Lc48
Montluçon F 25 Lc44
Montluel F 35 Lf45
Montmarault F 25 Lc44
Montmédy F 26 Lf41
Montmirail F 25 Ld42
Montmoreau-Saint-Cybard F 24 La45
Montmorency F 25 Lc42
Montmorillon F 25 La44
Montoire-sur-le-Loir F 25 La43
Montón E 34 Kt49
Montoro E 41 Kq52
Montpellier F 35 Ld47
Montpon-Ménestérol F 24 La45
Montréjeau F 34 La47
Montreuil F 19 Lb40
Montreuil-Bellay F 24 Ku43
Montreux CH 26 Lg44
Montrevel-en-Bresse F 25 Lf44
Montrichard F 25 La43
Montrond-les-Bains F 35 Le45
Montrose GB 17 Ks34
Montroy E 42 Ku51
Mont-Saint-Aignan F 25 Lb41
Montsalvy F 35 Lc46
Montségur F 35 Lb48
Montseny E 35 Lc49
Montsûrs F 24 Ku42
Montuïri E 42 Lc51
Monza I 36 Lk45
Monzón E 34 La49
Moosburg D 27 Lm42
Mór H 28 Lt43
Mora E 41 Kr51
Mora P 40 Km52
Mora S 9 Lp30
Mora de Rubielos E 42 Ku50
Morąg PL 22 Lu37
Mórahalom H 38 Lu44
Morakovo MNE 38 Lu48
Morakowo PL 22 Ls38
Móra la Nova E 34 La49
Moral de Calatrava E 41 Kr52
Moraleja E 32 Ko50
Morărești RO 31 Me45
Moratalla E 41 Kt52
Moravița RO 39 Mb45
Morávka CZ 28 Lt41
Moravská Třebová CZ 28 Lr41
Moravské Budějovice CZ 28 Lq41
Moravské Lieskové SK 28 Ls42
Moravský Beroun CZ 28 Ls41
Moravský Krumlov CZ 28 Lr41
Morawica PL 23 Ma40
Morbach D 26 Lh41
Mörbylånga S 13 Lr34
Morcenx F 34 Ku46
Morcone I 44 Lp49
Mordelles F 24 Kt42
Mordy PL 23 Mc38
Morecambe GB 18 Ks36
Moreda E 41 Kr53
Morée F 25 Lb43
Morella E 42 Ku50
Moreni RO 31 Mf46
Móres I 43 Lj50
Moreton-in-Marsh GB 18 Kt39
Moret-sur-Loing F 25 Lc42
Moreuil F 25 Lc41
Morez F 26 Lg44
Morfou = Güzelyurt CY 54 Mg28
Morges CH 26 Lg44
Morgins CH 26 Lg44
Morgongåva S 9 Lr31
Morgos RO 29 Md44
Morhange F 26 Lg42
Moriani-Plage F 43 Lk48
Morjärv S 6 Mc24
Mörkret S 9 Ln29
Morlaàs F 34 Ku47
Morlaix F 24 Kr42
Mörlunda S 13 Lq33
Morón de Almazán E 33 Ks49
Morón de la Frontera E 40 Kp53
Morottaja FIN 7 Mj24
Morozeni MD 30 Mj43
Morpeth GB 17 Kt35
Mörrum S 13 Lp34
Mörsil S 9 Lo27
Mörskom = Myrskylä FIN 11 Mf30
Mørsvik N 5 Lq23
Mortagne-au-Perche F 25 La42
Mortagne-sur-Sèvre F 24 Ku44
Mortain F 24 Ku42
Mortara I 36 Lj45
Morteau F 26 Lg43
Mortrée F 24 La42
Moryna BY 23 Mf37
Morzine F 26 Lg44
Morzyczyn PL 21 Lp37
Mosbach D 26 Lk41
Mosby N 12 Lh32
Mosfellsbær IS 4 Jk13
Moshófito GR 46 Mb51
Mosina PL 22 Lr38
Mosjøen N 5 Lo25
Mosko BIH 38 Lt48
Moskosel S 6 Lu25
Moslavina Podravska HR 38 Ls45
Mosonmagyaróvár H 28 Ls43
Moss N 13 Ll31
Most CZ 27 Lo40
Mostar BIH 38 Ls47
Móstoles E 33 Kr50
Mosty PL 23 Md39
Mota del Cuervo E 41 Ks51
Mota del Marqués E 33 Kp49
Motal BY 23 Mf38
Motala S 13 Lq32
Moțca RO 30 Mg43
Motherwell GB 17 Kq35
Motilla del Palancar E 41 Kt51
Motril E 41 Kr54
Motru RO 39 Mc46
Moučadz BY 23 Mf37
Moudon CH 26 Lg44
Moúdros GR 47 Mf51
Mougins F 36 Lg47
Mouhijärvi FIN 10 Md29
Moulins F 25 Ld44
Mountain Ash GB 18 Kr39
Mount Bellew IRL 16 Km37
Mountbenger GB 17 Kr35
Mountmellick IRL 16 Kn37
Moura P 40 Kn52
Mourão P 40 Kn52
Mourenx F 34 Ku47
Mourmelon-le-Grand F 19 Le41
Mouscron B 19 Ld40
Moustiers-Sainte-Marie F 36 Lg47
Mouthe F 26 Lg44
Moutier CH 26 Lh43
Moûtiers F 36 Lg45
Moutsoúna GR 47 Mf53
Mouy F 25 Lc41
Mouzáki GR 46 Mb51
Mouzon F 26 Lf41
Movila Miresii RO 31 Mh45
Movilița RO 31 Mg46
Moyuela E 34 Ku49
Mozăceni RO 31 Mf46
Mozirje SLO 37 Lp44
Mrągowo PL 23 Mb37
Mrčajevci SRB 39 Ma47
Mrežičko MK 46 Mc49
Mrkonjić Grad BIH 38 Ls46
Mrkopalj HR 37 Lp45
Mrzeżyno PL 22 Lq36
Mscislav BY 50 Mf19
Mšené Lázně CZ 27 Lp40
Mszczonów PL 22 Ma39
Muchówka PL 29 Ma41
Muckross IRL 16 Kl38
Muel E 34 Kt49
Mügeln D 21 Lo39
Mühlacker D 26 Lj42
Mühldorf D 27 Ln42
Mühlhausen D 21 Ll39
Muhovo BG 39 Md48
Mula E 41 Kt52
Mülheim (Ruhr) D 20 Lg39
Mulhos FIN 7 Mg26
Mulhouse F 26 Lh43
Müllheim D 26 Lh43
Mullingar IRL 16 Kn37
Müllrose D 21 Lp38
Mullsjö S 13 Lo33
Multia FIN 11 Me28
Münchberg D 27 Lm40
Müncheberg D 21 Lp38
München D 27 Lm42
Mundesley GB 19 Lb38
Mundford GB 19 La38
Munera E 41 Ks51
Mungia E 34 Ks47
Muniesa E 34 Ku49
Munka-Ljungby S 13 Ln34
Munkebo DK 12 Ll35
Munkedal S 13 Lm32
Munkfors S 9 Lo31
Münsingen D 26 Lk42
Münster CH 26 Lj44
Münster D 20 Lh39
Munster D 21 Ll38
Munster F 26 Lh42
Munteni RO 30 Mh45
Münzkirchen A 27 Lo42
Muodoslompolo S 6 Md23
Muonio FIN 6 Md23
Murat F 35 Lc45
Murato F 43 Lk48
Murau A 27 Lp43
Muravera I 43 Lk51
Murça P 32 Kn49
Murcia E 42 Kt53
Mur-de-Barrez F 35 Lc46
Mur-de-Bretagne F 24 Ks42
Mureck A 28 Lq44
Muret F 34 Lb47
Murgeni RO 30 Mj44
Murgești RO 31 Mg45
Murgia E 33 Ks48
Murjek S 6 Ma24
Murnau D 27 Lm43
Muro E 42 Ld51
Muro del Alcoy E 42 Ku52
Muro Lucano I 45 Lq50
Muros E 32 Kl48
Murrhardt D 26 Lk42
Murska Sobota SLO 28 Lr44
Mursko Središće HR 28 Lr44
Murten CH 26 Lh44
Murter HR 38 Lq47
Mürzzuschlag A 28 Lq43
Musselburgh GB 17 Kr35
Mussidan F 34 La45
Mussomeli I 44 Lo53
Mussy-sur-Seine F 19 Le43
Mustér = Disentis CH 26 Lj44
Mustjala EST 14 Mc32
Mustla EST 15 Mf32
Mustvee EST 15 Mg32
Muszyna PL 29 Ma41
Mutovaara FIN 7 Mk25
Muurame FIN 11 Mf28
Muurasjarvi FIN 11 Mf27
Muurola FIN 6 Mf24
Muxía E 32 Kl47
Muzillac F 24 Ks43
Myckelgensjo S 9 Ls27
Myczków PL 29 Mc41
Myjava SK 28 Ls42
Myllykoski FIN 11 Mg30
Mynamäki FIN 10 Mc30
Myrdal N 8 Lh30
Myre N 2 Lq21
Myre N 5 Lq22
Myrland N 5 Lq22
Myrlandshaugen N 5 Ls22
Myrmoen N 9 Lm28
Myrskylä = Mörskom FIN 11 Mf30
Myrtou CY 54 Mg28
Myrviken S 9 Lp28
Mysen N 13 Lm31
Myślenice PL 28 Lu41
Myślibórz PL 21 Lp38
Myszków PL 28 Lu40
Myszyniec PL 23 Mb37
Mytilíni GR 47 Mg51
Mýtna SK 28 Lu42

N

Naantali = Nådendal FIN 10 Mc30
Naarva FIN 11 Mm27
Naas IRL 16 Ko37
Naatamo FIN 3 Mk21
Nabburg D 27 Ln41
Nabuvoll N 9 Lm28
Náchod CZ 28 Lr40
Nadarzyce PL 22 Lr37
Nådendal = Naantali FIN 10 Mc30
Nădlac RO 39 Ma44
Nærbø N 12 Lf32
Næstved DK 21 Lm35
Náfpaktos GR 46 Mb52
Náfplio GR 46 Mc53
Naggen S 9 Lq28
Nagłowice PL 28 Ma40
Nagu = Nauvo FIN 10 Mb30
Nagyatád H 38 Ls44
Nagybajom H 28 Ls44
Nagyhalász H 29 Mb42
Nagyigmánd H 28 Lt43
Nagykanizsa H 28 Lr44
Nagykáta H 28 Lu43
Nagykőrös H 28 Lu43
Nagylak H 39 Ma44
Nagyszénás H 29 Ma44
Naila D 27 Lm40
Nairn GB 17 Kr33
Najac F 35 Lb46
Nájera E 33 Ks48
Naklik PL 29 Mc40
Nakło nad Notecią PL 22 Ls37
Nakskov DK 21 Lm36
Nalbant RO 31 Mj45
Nalden S 9 Lp27
Nałęczów PL 23 Mc39
Nálepkovo SK 29 Ma42
Naljanka FIN 7 Mj25
Nalžovské Hory CZ 27 Lo41
Náměšť nad Oslavou CZ 28 Lr41
Námestovo SK 28 Lu41
Nämpnäs FIN 10 Mb28
Namsos N 5 Lm26
Namsskogan N 5 Lo26
Namur B 20 Le40
Namysłów PL 22 Ls39
Nancy F 26 Lg42
Nangis F 25 Ld42
Nanterre F 25 Lc42
Nantes F 24 Kt43
Nanteuil-le-Haudouin F 25 Lc41
Nantua F 25 Lf44
Nantwich GB 18 Ks37
Náousa GR 47 Mf53
Náoussa GR 46 Mc50
Nápoli I 44 Lp50
När S 14 Lt33
Narač BY 15 Mg36
Narberth GB 18 Kq39
Narbonne F 35 Ld47
Nardò I 45 Lt50
Narečenski bani BG 31 Me49
Narew PL 23 Md38
Narewka PL 23 Md38
Narkaus FIN 7 Mg24
Narken S 6 Mc24
Narni I 37 Ln48
Narovlja BY 50 Me20
Närpes = Närpiö FIN 10 Mb28
Närpiö = Närpes FIN 10 Mb28
Narva EST 11 Mj31
Narva-Jõesuu EST 11 Mj31
Närvijoki FIN 10 Mb28
Narvik N 5 Ls22
Nås S 9 Lp30
Năsăud RO 29 Me43
Nasavrky CZ 28 Lq41
Nasbinals F 35 Ld46
Našice HR 38 Lt45
Nasielsk PL 23 Ma38
Naso I 44 Lp52
Nassau D 26 Lh40
Nässjö S 13 Lp33
Nastola FIN 11 Mf30
Näsviken S 9 Lr29
Natalinci SRB 39 Ma46
Nattavaara S 6 Mb24
Nättraby S 13 Lq34
Naturno = Naturns I 27 Ll44
Naturns = Naturno I 27 Ll44
Nauders A 27 Ll44
Nauen D 21 Ln38
Naujoji Akmenė LT 15 Mc34
Naumburg D 21 Lm39
Naustdal N 8 Lf29
Nautijaur S 6 Lu24
Nauvo = Nagu FIN 10 Mb30
Nava E 33 Kp47
Navacëlki BY 50 Me19
Navacerrada E 33 Kr50
Navael'nja BY 23 Mf37
Navahermosa E 41 Kq51
Navahrudak BY 23 Mf37
Navalcarnero E 33 Kq50
Navalmanzano E 33 Kq49
Navalmoral de la Mata E 41 Kp51
Navalvillar de Pela E 41 Kp51
Navan IRL 16 Ko37
Navapolack BY 50 Me18
Navarcles E 34 Lb49
Navarrenx F 34 Ku47
Navarrés E 42 Ku51
Navascués E 34 Kt48
Navas del Madroño E 40 Ko51
Navasëlki BY 23 Mg38
Nävekvarn S 13 Lr32
Navelgas E 33 Ko47
Navia E 33 Ko47
Năvodari RO 31 Mj46
Náxos GR 47 Mf53
Nay F 34 Ku47
Nazaré P 32 Kl51
Ndroq AL 46 Lu49
Néa Aghíalos GR 46 Mc51
Néa Artáki GR 48 Md52
Néa Epídavros GR 48 Md53
Néa Fókea GR 46 Md50
Néa Ionía GR 46 Mc51
Néa Kalikrátia GR 46 Md50
Néa Mihanióna GR 46 Mc50
Néa Moudania GR 46 Md50
Néa Péramos GR 47 Me50
Neápoli GR 46 Mb50
Neápoli GR 48 Md54
Neápoli GR 49 Mf55
Neath GB 18 Kr39
Néa Triglia GR 46 Md50
Néa Zíhni GR 47 Md49
Neckargemünd D 26 Lj41
Neckarsulm D 26 Lk41
Nedelišće HR 28 Lr44
Nederweert NL 20 Lf39
Nedstrand N 12 Lf31
Negotin SRB 39 Mc46
Negotino MK 46 Mc49
Negrași RO 31 Mf46
Nègrepelisse F 35 Lb46
Negrești RO 30 Mh44
Negrești-Oaș RO 29 Md43
Negru Vodă RO 31 Mj47
Nejdek CZ 27 Ln40
Nekla PL 22 Ls38
Nelaug N 12 Lj32
Nellim FIN 3 Mj22
Nelson GB 18 Ks37
Nemenčinė LT 23 Mf36
Nemours F 25 Lc42
Nemšová SK 28 Lt42
Nenagh IRL 16 Km38
Nenitoúria GR 47 Mf52
Néo Erásmio GR 47 Me50
Neohóri GR 46 Mb51
Néo Monastíri GR 46 Mc51
Néo Petrítsi GR 46 Md49
Néos Marmarás GR 47 Md50
Néos Skopós GR 46 Md49
Nepolje KSV 39 Ma48
Nepomuk CZ 27 Lo41
Neptun RO 31 Mj47
Nérac F 34 La46
Neratovice CZ 27 Lp40
Nereju RO 30 Mg45
Neresheim D 27 Ll42
Nereta LV 15 Mf34
Nergnaset S 6 Mc25
Neringa-Juodkrantė LT 14 Mb35
Neringa-Nida LT 14 Ma35
Nerja E 41 Kr54
Nérondes F 25 Lc44
Nerpio E 41 Ks52
Nerva E 40 Ko53
Nervi I 36 Lk46
Nes N 8 Lh29
Nes N 8 Lk30
Nesbyen N 8 Lk30
Nesebăr BG 31 Mh48
Nesflaten N 8 Lg31
Nesheim N 8 Lg30
Neskaupstaður IS 4 Kd13
Neslandsvatn N 12 Lk32
Nesle F 25 Lc41
Nesna N 5 Lo24
Nesodden N 9 Ll31
Nestáni GR 46 Mc53
Nestavoll N 8 Lk28
Nesttun N 8 Lf30
Nesvik N 12 Lg31
Nettetal D 20 Lg39
Nettuno I 44 Ln49
Neubrandenburg D 21 Lo37
Neubukow D 21 Lm36
Neuburg an der Donau D 27 Lm42
Neuchâtel CH 26 Lg44
Neuenhagen D 21 Lo38
Neuenhaus D 20 Lg38
Neuenkirchen D 20 Lk37
Neuf-Brisach F 26 Lh42
Neufchâteau B 26 Lf41
Neufchâteau F 26 Lf42
Neufchâtel-en-Bray F 25 Lb41
Neufchâtel-sur-Aisne F 19 Le41
Neuhaus (Amt Neuhaus) D 21 Ll37
Neuhaus am Rennweg D 27 Lm40
Neuhof D 26 Lk40
Neuillé-Pont-Pierre F 25 La43
Neukirchen A 27 Ln43
Neukirchen D 20 Lk40
Neulengbach A 28 Lq42
Neum BIH 38 Ls48
Neumarkt A 27 Lo43
Neumarkt A 27 Lp43
Neumarkt in der Oberpfalz D 27 Lm41
Neumarkt-Sankt Veit D 27 Ln42
Neumünster D 21 Lk36
Neunburg D 27 Ln41
Neung-sur-Beuvron F 25 Lb43
Neunkirchen A 28 Lr43
Neunkirchen D 26 Lh41
Neuruppin D 21 Ln38
Neusiedl A 28 Lr43
Neuss D 20 Lg39
Neustadt bei Coburg D 27 Lm40
Neustadt (Aisch) D 27 Ll41
Neustadt am Rübenberge D 20 Lk38
Neustadt (Donau) D 27 Lm42
Neustadt/Dosse D 21 Ln38
Neustadt-Glewe D 21 Lm37
Neustadt (Holstein) D 21 Ll36
Neustadt (Orla) D 27 Lm40
Neustadt (Weinstraße) D 26 Lj41
Neustift A 27 Lm43
Neustrelitz D 21 Lo37
Neutraubling D 27 Ln42
Neu-Ulm D 26 Ll42
Neuvic F 35 Lc45
Neuville-aux-Bois F 25 Lc42
Neuville-de-Poitou F 24 La44
Neuville-sur-Saône F 25 Le45
Neuvy-sur-Barangeon F 25 Lc43
Neuwied D 26 Lh40
Neveklov CZ 27 Lp41
Nevers F 25 Ld44
Nevesinje BIH 38 Lt47
Nevestino BG 39 Mc48
Nevlunghavn N 12 Lk32
Newark-on-Trent GB 19 Ku37
Newbridge IRL 16 Ko37
Newbury GB 18 Kt39
Newcastle GB 17 Kp36
Newcastle-under-Lyme GB 18 Ks38
Newcastle upon Tyne GB 17 Kt36
Newcastle West IRL 16 Kl38
Newhaven GB 19 La40
Newmarket GB 19 La38
Newport GB 18 Ks38
Newport GB 18 Ks39
Newport GB 18 Kt40
Newport Pagnell GB 19 Ku38
Newquay GB 18 Kp40
New Romney GB 19 La40
New Ross IRL 16 Ko38
Newry GB 17 Ko36
Newton Abbot GB 18 Kr40
Newtonmore GB 17 Kq33
Newton Stewart GB 17 Kq36
Newtown GB 18 Kr38
Newtownabbey GB 17 Kp36
Newtownards GB 17 Kp36
Newtown Saint Boswells GB 17 Ks35
Newtownstewart GB 16 Kn36
Nexø DK 21 Lq35
Nianfors S 9 Lr29
Nibe DK 12 Lk34
Nicaj-Shalë AL 39 Lu48
Nice F 36 Lh47
Nīcgale LV 15 Mg34
Nicosia CY 54 Mg28
Nicosia I 44 Lp53
Nicótera I 45 Lq52
Niculițel RO 31 Mj45
Nidda D 26 Lk40
Nidderau D 26 Lj40
Nídri GR 46 Ma52
Nidzica PL 22 Ma37
Niebüll D 20 Lj36
Niedalino PL 22 Lr36
Niederaula D 20 Lk40
Niederbronn-les-Bains F 26 Lh42
Niedrzwica Duża PL 23 Mc39
Nielisz PL 23 Md40
Niemce PL 23 Mc39
Niemisel S 6 Mb24
Nienburg D 20 Lk38
Nierstein D 26 Lj41
Niesky D 21 Lp39
Nieuwegein NL 20 Lf38
Nieuwpoort B 19 Lc39
Niewęgłosz PL 23 Mc39
Niezabyszewo PL 22 Ls36
Nigríta GR 46 Md50
Níjar E 41 Ks54
Nijkerk NL 20 Lf38
Nijmegen NL 20 Lf39
Nijverdal NL 20 Lg38
Níkea GR 46 Mc51
Nikifóros GR 47 Me49
Nikítas GR 47 Md50
Nikkaluokta S 6 Lu23
Nikolaevo BG 31 Mf48
Nikopol BG 31 Me47
Nikópoli GR 46 Ma51
Nikšić MNE 38 Lt48
Nilivaara S 6 Mb23
Nilsia FIN 11 Mj27
Nîmes F 35 Le47
Nin HR 37 Lq46
Ninove B 19 Le40
Niort F 24 Ku44
Niš SRB 39 Mb47
Nisa P 32 Kn51
Niscemi I 44 Lp53
Niška Banja SRB 39 Mc47
Nisko PL 29 Mc40
Nisporeni MD 30 Mj43
Nissedal N 12 Lj31
Nissi EST 15 Me31
Nissilä FIN 11 Mg27
Nītaure LV 15 Mf33
Nitra SK 28 Lt42
Nitrianske Pravno SK 28 Lt42
Nittedal N 9 Ll30
Nittenau D 27 Ln41
Nivala FIN 11 Me27
Nivelles B 19 Le40
Nižná Boca SK 28 Lu42
Nizza Monferrato I 36 Lj46
Njivice HR 37 Lp45
Njurundabommen S 10 Ls28
Noailles F 25 Lc41
Noci I 45 Ls50
Nodeland N 12 Lh32
Nödinge-Nol S 13 Ln33
Nœux-les-Mines F 19 Lc40
Nogales E 40 Ko52
Nogarejas E 33 Ko48
Nogent F 25 Lf42
Nogent-le-Roi F 25 Lb42
Nogent-le-Rotrou F 25 La42
Nogent-sur-Seine F 25 Ld42
Noguera E 42 Kt50
Nohfelden D 26 Lh41
Noia E 32 Km48
Noirétable F 25 Ld45
Noirmoutier-en-l'Île F 24 Ks44
Nokia FIN 10 Md29
Nola I 44 Lp50
Nolay F 19 Le44
Nomeny F 26 Lg42
Nomitsís GR 48 Mc54
Nonancourt F 25 Lb42
Nonántola I 37 Lm46
Nontron F 24 La45
Nonza F 43 Lk48
Noordwijk aan Zee NL 20 Le38
Noormarkku FIN 10 Mb29
Nora S 13 Lq31
Norberg S 9 Lq30
Nórcia I 37 Lo48
Nordagutu N 12 Lk31
Nordborg DK 21 Lk35
Nordby DK 12 Lj35
Nordby DK 12 Ll35
Norddal N 8 Lf29
Norden D 20 Lh37
Nordenham D 20 Lj37
Norderstedt D 21 Ll37
Nordfjordeid N 8 Lg29
Nordfold N 5 Lq23
Nordhausen D 21 Ll39
Nordholz D 20 Lj37
Nordhorn D 20 Lh38
Nordingrå S 10 Lt28
Nordkjosbotn N 2 Lu21
Nördlingen D 27 Ll42
Nordmaling S 10 Lu27
Nordmark S 13 Lp31
Nordmela N 2 Lq21
Nordøyvågen N 5 Ln24
Nordre Osen N 9 Lm29
Nord-Sel N 8 Lk29
Noresund N 8 Lk30
Norheimsund N 8 Lg30
Norråker S 5 Lq26
Norra Tresund S 5 Lr26
Norrback S 6 Ls26
Nørre Aaby DK 12 Lk35
Nørre Alslev DK 21 Lm36
Nørre Nebel DK 12 Lj35
Nørre Vorupør DK 12 Lj34
Norrfjarden S 6 Mb25
Norrfors S 10 Lt27
Norrhult S 13 Lq33
Norrköping S 13 Lr32
Norrsundet S 10 Ls30
Norrtälje S 14 Lt31
Nors DK 12 Lj33
Norsholm S 13 Lq32
Norsjö S 6 Lu26
Northallerton GB 19 Kt36
Northampton GB 19 Ku38
North Berwick GB 17 Ks34
Northeim D 21 Lk39
North Kessock GB 17 Kq33
Northleach GB 18 Kt39
North Walsham GB 19 Lb38
Nortorf D 21 Lk36
Nort-sur-Erdre F 24 Kt43
Norwich GB 19 Lb38
Nossebro S 13 Ln32
Nössemark S 13 Lm31
Nossen D 21 Lo39
Noszolop H 28 Ls43
Noto I 44 Lq54
Notodden N 12 Lk31
Nottingham GB 19 Kt38
Növa EST 15 Md31
Nová Bystřice CZ 27 Lq41
Novačene BG 39 Md48
Novaci MK 46 Mb49
Novaci RO 39 Md45
Nova Crnja SRB 39 Ma45
Nova Gorica SLO 37 Lo45
Nova Gradiška HR 38 Ls45
Novaja Pahost BY 15 Mh35
Novaja Ruda BY 23 Me37
Novalja HR 37 Lp46
Novalukoml' BY 50 Me18
Novara I 36 Lj45
Nova Topola BIH 38 Ls45
Nova Varoš SRB 39 Lu47
Nova Zagora BG 31 Mg48
Nové Hrady CZ 27 Lp42
Novellara I 37 Ll46
Nové Město nad Metuji CZ 28 Lr40
Nové Město na Moravě CZ 28 Lr41
Nové Zámky SK 28 Lt43
Novi Bečej SRB 39 Ma45
Novi Grad BIH 38 Lt45
Novigrad HR 37 Lo45
Novigrad-Podravski HR 38 Lr44
Novi Iskăr BG 39 Md48
Novi Kneževac SRB 39 Ma44
Novi Lígure I 36 Lj46
Novion-Porcien F 19 Le41
Novi Pazar BG 31 Mh47
Novi Pazar SRB 39 Ma47
Novi Sad SRB 38 Lu45
Novi Vinodolski HR 37 Lp45
Novo Mesto SLO 37 Lq45
Novoselci BG 31 Mh48
Novoselec BG 31 Mg48
Novo Selo BG 31 Mf47
Novo Selo BG 39 Mc48
Novo Selo BIH 38 Ls45
Novska HR 38 Lr45
Nový Bor CZ 27 Lp40
Novy Dvor BY 23 Me37
Novy Dvor BY 23 Me38
Nový Jičín CZ 28 Ls41
Nowa Brzeźnica PL 22 Lu39
Nowa Cerekwia PL 28 Ls40
Nowa Dęba PL 29 Mb40
Nowa Karczma PL 22 Lt36
Nowa Ruda PL 28 Lr40
Nowa Słupia PL 23 Mb40
Nowa Sól PL 22 Lq39
Nowa Wieś PL 23 Mb37
Nowa Wieś Ełcka PL 23 Mc37
Nowa Wieś Lęborska PL 22 Ls36
Nowe Miasteczko PL 22 Lq39
Nowe Miasto PL 22 Ma38
Nowe Miasto nad Pilicą PL 22 Ma39
Nowe Warpno PL 21 Lp37
Nowinka PL 23 Mc37
Nowogard PL 21 Lq37
Nowogród PL 23 Mb37
Nowogród Bobrzański PL 21 Lq39
Nowo Miasto nad Wartą PL 22 Ls38
Nowosiółki PL 29 Md40
Nowy Duninów PL 22 Lu38
Nowy Dwór PL 22 Lq39
Nowy Dwór Gdański PL 22 Lu36
Nowy Dwór Mazowiecki PL 23 Ma38
Nowy Korczyn PL 29 Ma40
Nowy Sącz PL 29 Ma41
Nowy Staw PL 22 Lt36
Nowy Targ PL 28 Ma41
Nowy Tomyśl PL 22 Lr38
Nowy Wiśnicz PL 28 Ma41
Nowy Żmigród PL 29 Mb41
Noyant F 24 La43
Noyers F 19 Le43
Noyon F 25 Lc41
Nozay F 24 Kt43
Nucet RO 29 Mc44
Nuenen NL 20 Lf39
Nufăru RO 30 Mj45
Nuijamaa FIN 11 Mj30
Nuits-Saint-Georges F 19 Le43
Nules E 42 Ku51
Nummela FIN 11 Me30
Nummi FIN 11 Md30
Nummijärvi FIN 10 Mc28
Nuneaton GB 18 Kt38
Nunnanen FIN 6 Me22
Nunspeet NL 20 Lf38
Nuorgam FIN 3 Mh20
Núoro I 43 Lk50
Nurmes FIN 11 Mk27
Nurmijärvi FIN 11 Me30
Nurmijarvi FIN 11 Ml27
Nurmo FIN 10 Mc28
Nurmo FIN 10 Md28
Nürnberg D 27 Lm41
Nürtingen D 26 Lk42
Nușfalau RO 29 Mc43
Nusnäs S 9 Lp30
Nuupas FIN 7 Mg24
Nuvvus FIN 3 Mg21
Nyåker S 10 Lu27
Ny Ålesund N 2 Lf06
Nybergsund N 9 Ln29
Nyborg DK 21 Ll35
Nyborg S 6 Md25
Nybro S 13 Lq34
Nyékládháza H 29 Ma43
Nyergesujfalu H 28 Lt43
Nyhammar S 9 Lp30
Nyírábrány H 29 Mc43
Nyíradony H 29 Mb43
Nyírbátor H 29 Mc43
Nyírbéltek H 29 Mc43
Nyíregyháza H 29 Mb43
Nyírmada H 29 Mc42
Nyírtelek H 29 Mb43
Nykøbing F DK 21 Lm36
Nykobing M DK 12 Lj34
Nykøbing S DK 13 Lm35
Nyköping S 14 Lr32
Nykroppa S 13 Lp31
Nykvarn S 14 Ls31
Nyland S 10 Ls27
Nymburk CZ 27 Lq40
Nynäshamn S 14 Ls32
Nyneset N 5 Ln26
Nyon CH 26 Lg44
Nyons F 35 Lf46
Nýřany CZ 27 Lo41
Nyrud N 3 Mk21
Nysa PL 28 Ls40
Nysäter S 13 Ln31
Nystadt = Uusikaupunki FIN 10 Mb30
Nysted DK 21 Lm36
Nyvoll N 2 Md20

O

Oakham GB 19 Ku38
Oban GB 17 Kp34
O Barco E 33 Ko48
Obbnäs = Upinniemi FIN 11 Me30
Obbola S 10 Ma27
Obeliai LT 15 Mf35
Oberammergau D 27 Lm43
Oberhausen D 20 Lg39
Oberkirch D 26 Lj42
Obernai F 26 Lh42
Obernburg D 26 Lk41
Oberndorf A 27 Ln43
Oberndorf D 26 Lj42
Oberpullendorf A 28 Lr43
Oberstdorf D 26 Ll43
Oberviechtach D 27 Ln41
Oberwart A 28 Lr43
Oberwiesenthal D 27 Ln40
Óbidos P 32 Kl51
Oborniki PL 22 Lr38
Oborniki Śląskie PL 22 Lr39
Oborowo PL 22 Lt38
Obory CZ 27 Lp41
Obrenovac SRB 39 Ma46
Obrež HR 38 Lq45
Obrovac HR 38 Lq46
Obsza PL 29 Mc40
Obzor BG 31 Mh48
Ocaña E 41 Kr51
Ochsenfurt D 26 Ll41
Ochsenhausen D 26 Lk42
Ochtrup D 20 Lh38
Ocieka PL 29 Mb40
Ockelbo S 9 Lr30
Ocland RO 30 Mf44
Ocna Mureș RO 29 Md44
Ocna Sibiului RO 29 Me44
Ocnele Mari RO 39 Me45
Ocnița MD 30 Mh42
Ocoliș RO 29 Md44
Ödåkra S 13 Ln34
Odda N 8 Lg30
Odden Færgehavn DK 13 Lm35
Odder DK 12 Ll35
Odeceixe P 40 Km53
Odemira P 40 Km53
Odensbacken S 13 Lq31
Odense DK 12 Ll35
Oderzo I 37 Ln45
Odobasca RO 31 Mg45
Odobești RO 30 Mh45
Odolanów PL 22 Ls39
Odoorn NL 20 Lg38
Odorheiu Secuiesc RO 30 Mf44
Odry CZ 28 Ls41
Odrzywół PL 22 Ma39
Ødsted DK 12 Lk35
Odžaci SRB 38 Lu45
Odžak BIH 38 Lt45
Oebisfelde D 21 Lm38
Öekény H 28 Lu43
Oelsnitz D 27 Ln40
Oettingen D 27 Ll42
Oetz A 27 Ll43
Offenbach D 26 Lj40
Offenburg D 26 Lh42
Ogošte KSV 39 Mb48
Ogre LV 15 Me34
Ogrodniki PL 23 Md36
Ogrodzieniec PL 28 Lu40
Ogulin HR 38 Lq45
Ohrid MK 46 Ma49
Öhringen D 26 Lk41
Oijarvi FIN 7 Mf25
Oikarainen FIN 7 Mg24
Oisemont F 25 Lb41
Oitti FIN 11 Mf30
oja FIN 10 Mc27
Öje S 9 Lo30
ojebyn S 6 Mb25
Ojos Negros E 42 Kt50
Ojrzeń PL 22 Ma38
Öjung S 9 Lq29
Okartowo PL 23 Mb37
Okehampton GB 18 Kq40
Okkelberg N 9 Lm27
Okrzeja PL 23 Mc39
Oksbøl DK 12 Lj35
Øksfjord N 2 Mc20
Okstad N 9 Ll27
Okučani HR 38 Ls45
Ólafsfjörður IS 4 Ka12
Olaine LV 15 Md34
Olargues F 35 Lc47
Oława PL 22 Ls40
Olbernhau D 27 Lo40
Ólbia I 43 Lk50
Oldeide N 8 Lf29
Olden N 8 Lg29
Olden S 9 Lo27
Oldenburg D 20 Lj37
Oldenburg in Holstein D 21 Ll36
Oldenzaal NL 20 Lg38
Olderdalen N 2 Ma21
Olderfjord N 3 Mf20
Oldervik N 2 Lu21
Oldham GB 18 Ks37
Oldmeldrum GB 17 Ks33
Olecko PL 23 Mc36
Oléggio I 36 Lj45
Oleiros P 32 Kn51
Ølen N 8 Lf31
Oleśnica PL 22 Ls39
Olesno PL 22 Lt40
Oleszno PL 22 Ma40
Oleszyce PL 29 Md40
Olfen D 20 Lh39
Ølgod DK 12 Lj35
Olhão P 40 Kn53
Olhava FIN 7 Mf25
Oliena I 43 Lk50
Olimbía GR 46 Mb53
Olimp RO 31 Mj47
Olimpiáda GR 47 Md50
Olite E 34 Kt48
Oliva E 42 Ku52
Oliva de la Frontera E 40 Ko52
Oliveira de Azeméis P 32 Km50
Oliveira do Hospital P 32 Kn50
Olivenza E 40 Kn52
Olivet F 25 Lb43
Olkusz PL 28 Lu40
Ollerton GB 19 Kt37
Olmedo E 33 Kq49
Olmeto F 43 Lj49
Olofström S 13 Lp34
Olomouc CZ 28 Ls41
Oloron-Sainte-Marie F 34 Ku47
Olot E 35 Lc48
Olovo BIH 38 Lt46
Olpe D 20 Lh39
Olsberg D 20 Lj39
Olshammar S 13 Lp32
Olszamy PL 22 Ma39
Olszanka PL 23 Mc36
Olsztyn PL 22 Ma37
Olsztynek PL 22 Ma37
Olszyna PL 21 Lp39
Oltedal N 12 Lg32
Olten CH 26 Lh43
Oltenița RO 31 Mg46
Oltina RO 31 Mh46
Oltuš BY 23 Md39
Olustvere EST 15 Mf32
Ólvega E 34 Kt49
Olvera E 40 Kp54
Ólymbos GR 49 Mh55
Omagh GB 16 Kn36
Omalí GR 46 Mb50
Omarska BIH 38 Lr46
Omegna I 36 Lj45
Omiš HR 38 Lr47
Ommen NL 20 Lg38
Omurtag BG 31 Mg47
Onda E 42 Ku51
Ondarroa E 34 Ks47
Onești RO 30 Mg44
Onich GB 17 Kp34
Ontinyent E 42 Ku52
Ontojoki FIN 7 Mj26
Ontur E 41 Kt52
Onuškis LT 15 Mf34
Oostburg NL 19 Ld39
Oostende B 19 Lc39
Oosterend NL 20 Lf37
Oosterhout NL 20 Le39
Oosterwolde NL 20 Lg38
Oostkapelle NL 19 Ld39
Oost-Vlieland NL 20 Lf37
Opaka BG 31 Mg47
Oparić SRB 39 Mb47

Opatija HR 37 Lp45
Opatów PL 22 Lt39
Opatów PL 23 Mb40
Opava CZ 28 Ls41
Ope S 9 Lp27
Opličići BIH 38 Ls47
Opoczno PL 22 Ma39
Opole PL 28 Ls40
Opole Lubelskie PL 23 Mb39
Opovo SRB 39 Ma45
Oppdal N 8 Lk28
Oppenheim D 26 Lj41
Opsa BY 15 Mg35
Opuzen HR 38 Ls48
Ora = Auer I 27 Lm44
Oradea RO 29 Mb43
Orahova BIH 38 Ls45
Orahovac KSV 39 Ma48
Orahovačko Polje BIH 38 Ls46
Orahovica BIH 38 Lt46
Orahovica HR 38 Ls45
Oraison F 35 Lf47
Orajarvi FIN 6 Me24
Orange F 35 Le46
Oranienburg D 21 Lo38
Oranmore IRL 16 Km37
Orăștie RO 39 Md45
Orașu Nou RO 29 Md43
Oravainen FIN 10 Mc27
Oravița RO 39 Mb45
Oravská Lesná SK 28 Lu41
Oravská Polhora SK 28 Lu41
Oravský Podzámok SK 28 Lu41
Orbassano I 36 Lh45
Orbeasca RO 31 Mf46
Orbec F 25 La41
Orbetello I 37 Lm48
Örbyhus S 10 Ls30
Orce E 41 Ks53
Orchowo PL 22 Lt38
Orcières F 36 Lg46
Ordes E 32 Km47
Orduña E 33 Kr48
Orea E 42 Kt50
Orebić HR 38 Ls48
Örebro S 13 Lq31
Öregrund S 10 Lt30
Orense = Ourense E 32 Kn48
Orestiada GR 31 Mg49
Örestrom S 10 Lu26
Orford GB 19 Lb38
Organyà E 34 Lb48
Orgaz E 41 Kr51
Orgelet F 25 Lf44
Órgiva E 41 Kr54
Orgósolo I 43 Lk50
Orhei MD 30 Mj43
Orhomenós GR 48 Md52
Oria E 41 Ks53
Orihuela E 42 Ku52
Orijahovo BG 39 Md47
Orimattila FIN 11 Mf30
Ório GR 48 Me52
Oriolo I 45 Lr50
Orissaare EST 14 Md32
Oristano I 43 Lj51
Őriszentpéter H 28 Lr44
Orivesi FIN 11 Me29
Ørje N 13 Lm31
Orkanger N 9 Lk27
Örkelljunga S 13 Lo34
Orlea RO 31 Me47
Orléans F 25 Lb43
Orlești RO 39 Me46
Orlja BY 23 Me37
Orly F 25 Lc42
Ormea I 36 Lh46
Órmos Panórmou GR 47 Mf53
Ormož SLO 28 Lr44
Ormskirk GB 18 Ks37
Ornans F 26 Lg43
Ørnes N 5 Lo24
Orneta PL 22 Ma36
Örnsköldsvik S 10 Lt27
Oropesa E 41 Kp51
Orosei I 43 Lk50
Orosháza H 29 Ma44
Oroszlány H 28 Lt43
Orpesa E 42 La50
Orrefors S 13 Lq34
Orrliden S 9 Ln29
Orrviken S 9 Lp27
Orša BY 50 Mf18
Orsa S 9 Lp29
Orśac BIH 38 Lr46
Orșova RO 39 Mc46
Ørsta N 8 Lg28
Örsundsbro S 14 Ls31
Orta Nova I 45 Lq49
Orta San Giúlio I 36 Lj45
Orte I 37 Ln48
Orthez F 34 Ku47
Ortigueira E 32 Kn47
Ortisei = Sankt Ulrich I 27 Lm44
Ortnevik N 8 Lg29
Orto F 43 Lj48
Ortona I 37 Lp48
Ortrand D 21 Lo39
Orvault F 24 Kt43
Orvieto I 37 Ln48
Orzesze PL 28 Lt40
Orzinuovi I 36 Lk45
Orzysz PL 23 Mb37
Os N 9 Lm28
Osby S 13 Lo34
Oschatz D 21 Lo39
Oschersleben D 21 Lm38
Oschiri I 43 Lk50
Ose N 12 Lh32
Osečina SRB 38 Lu46
Osen N 5 Ll26
Osenovlag BG 39 Md48
Osieczna PL 22 Lr39
Osieczno PL 22 Lq37
Osiek PL 22 Lt37
Osijek HR 38 Lt45
Ósimo I 37 Lo47
Osinów PL 21 Lp38
Osjaków PL 22 Lt39
Osječenica MNE 38 Lt48
Oskarshamn S 13 Lr33
Oskarström S 13 Ln34
Oslo N 9 Ll31
Ösmo S 14 Ls32
Osnabrück D 20 Lj38
Ośno Lubuskie PL 21 Lp38
Osor HR 37 Lp46
Osorno la Mayor E 33 Kq48
Osøyro N 8 Lf30
Oss NL 20 Lf39
Ossa de Montiel E 41 Ks52
Östansjö S 13 Lp31
Ostatija SRB 39 Ma47
Östavall S 9 Lq28
Østby N 9 Ln29
Osterburg D 21 Lm38
Osterburken D 26 Lk41
Österbybruk S 10 Ls30
Österbymo S 13 Lq33
Österforse S 9 Lr27
Osterhofen D 27 Lo42
Osterholz-Scharmbeck D 20 Lj37
Øster Hurup DK 12 Ll34
Osterode D 21 Ll39
Östersund S 9 Lp27
Östersundom = Itäsalmi FIN 11 Mf30
Östervåla S 10 Ls30
Östhammar S 10 Lt30
Östmark S 9 Ln30
Ostra RO 30 Mf43
Ostrava CZ 28 Lt41
Ostren i madhë AL 46 Ma49
Ostritz D 21 Lp40
Ostróda PL 22 Lu37
Ostrołęka PL 23 Mb37
Ostrov CZ 27 Ln40
Ostrov RO 31 Mh46
Ostrov RO 31 Mj46
Ostrowice PL 22 Lq37
Ostrowiec Świętokrzyski PL 23 Mb40
Ostrowieczno PL 22 Ls39
Ostrowite PL 22 Lt38
Ostrów Lubelski PL 23 Mc39
Ostrów Mazowiecka PL 23 Mb38
Ostrów Wielkopolski PL 22 Ls39
Ostrožac BIH 38 Lq46
Ostrzeszów PL 22 Ls39
Ostuni I 45 Ls50
Ostvik S 6 Mb26
Osuna E 41 Kp53
Oswestry GB 18 Kr38
Oświęcim PL 28 Lu40
Otaci MD 30 Mh42
Otanmaki FIN 7 Mh26
Oțelu Roșu RO 39 Mc45
Otepää EST 15 Mg32
Oteren N 2 Lu21
Oteștii de Jos RO 39 Me46
Otištić HR 38 Lr47
Otnes N 9 Lm29
Otočac HR 38 Lq46
Otok HR 38 Lr47
Otok HR 38 Lt45
Otorowo PL 22 Lr38
Otranto I 45 Lt50
Otrokovice CZ 28 Ls41
Otta N 8 Lk29
Ottenby S 13 Lr34
Otterbäcken S 13 Lp32
Otterburn GB 17 Ks35
Otterndorf D 20 Lj37
Otterup DK 12 Ll35
Ottobrunn D 27 Lm42
Otwock PL 23 Mb38
Ouddorp NL 19 Ld39
Oudenaarde B 19 Ld40
Oude Pekela NL 20 Lh37
Oughterard IRL 16 Kl37
Ouistreham F 24 Ku41
Oulainen FIN 7 Me26
Oulu FIN 7 Mf25
Oulunsalo FIN 7 Mf26
Oundle GB 19 Ku38
Ouranoúpoli GR 47 Me50
Ourense = Orense E 32 Kn48
Ourique P 40 Km53
Outakoski FIN 3 Mg21
Outokumpu FIN 11 Mk28
Ouzouer-sur-Loire F 25 Lc43
Ovada I 36 Lj46
Ovanåker S 9 Lq29
Ovar P 32 Km50
Ovča SRB 39 Ma46
Overath D 20 Lh40
Øverdalen N 8 Lj28
Øvergård N 2 Lu21
overhornas S 10 Lt27
Överkalix S 6 Mc24
Överlida S 13 Ln33
Övermark = Ylimarkku FIN 10 Mb28
Overpelt B 20 Lf39
Övertorneå S 6 Md24
Överturingen S 9 Lp28
Överum S 13 Lr33
Ovidiu RO 31 Mj46
Oviedo E 33 Kp47
Øvre Årdal N 8 Lh29
Øvre Rendal N 9 Lm29
Övre Soppero S 6 Mb22
Owińska PL 22 Lr38
Oxelösund S 14 Ls32
Oxford GB 18 Kt39
Oxie S 13 Lo35
Øye N 8 Lj29
Oyonnax F 25 Lf44
Øyslebø N 12 Lh32
Oyten D 20 Lk37
Ozalj HR 38 Lq45
Ożarów PL 23 Mb40
Ózd H 29 Ma42
Ožd'any SK 28 Lu42
Ożenna PL 29 Mb41
Ozieri I 43 Lk50
Ozimek PL 28 Lt40
Ozorków PL 22 Lu39

P

Paakkola FIN 6 Me24
Paavola FIN 7 Mf26
Pabianice PL 22 Lu39
Pabradė LT 15 Mf36
Pachino I 44 Lq54
Pacov CZ 27 Lp41
Pacy-sur-Eure F 25 Lb41
Paczków PL 28 Lr40
Padarosk BY 23 Me38
Padasjoki FIN 11 Mf29
Padej SRB 39 Ma45
Paderborn D 20 Lj39
Padina RO 31 Mh46
Pádova I 37 Lm45
Padrón E 32 Km48
Padstow GB 18 Kq40
Padsville BY 15 Mh35
Padul E 41 Kr53
Pafos CY 54 Mg28
Pag HR 37 Lq46
Pagėgiai LT 23 Mb35
Pagelažiai LT 15 Me35
Pagny-sur-Mosur F 26 Lg42
Pahraničny BY 23 Md37
Paide EST 15 Mf32
Paignton GB 18 Kr40
Paimbœuf F 24 Ks43
Paimio FIN 10 Mc30
Paimpol F 24 Kr42
Paisley GB 17 Kq35
Paitasjarvi S 6 Mc22
Păiușeni RO 29 Mc44
Pajala S 6 Md23
Pajęczno PL 22 Lt39
Páka H 28 Lr44
Pakrac HR 38 Ls45
Pakroujis LT 15 Md35
Paks H 28 Lt44
Palafrugell E 35 Ld49
Palagonía I 44 Lp53
Palaichori CY 54 Mg28
Palaiseau F 25 Lc42
Palamás GR 46 Mc51
Palamós E 35 Ld49
Palanga LT 14 Mb35
Palárikovo SK 28 Lt42
Palas de Rei E 32 Kn48
Palatna KSV 39 Mb47
Palau I 43 Lk49
Palazzolo Acréide I 44 Lp53
Palazzolo sull'Oglio I 36 Lk45
Paldiski EST 15 Me31
Pale BIH 38 Lt47
Palékastro GR 49 Mg55
Palena I 37 Lp49
Palencia E 33 Kq49
Paleohóra GR 48 Md55
Paleohóri GR 46 Mb51
Paleokastrítsa GR 46 Lu51
Paleópoli GR 47 Mf50
Paleópoli GR 48 Me53
Palermo I 44 Lo52
Palestrina I 37 Ln49
Pálháza H 29 Mb42
Paligrad MK 39 Mb49
Palin H 28 Lr44
Palinuro I 45 Lq50
Paliochori GR 48 Me54
Palioúri GR 47 Md51
Paliouriá GR 46 Mb51
Páliros GR 48 Mc54
Paliūniškis LT 15 Me35
Pälkäene FIN 11 Me29
Pålkem S 6 Mb24
Palma de Mallorca E 42 Lc51
Palma Del Río E 41 Kp53
Palma di Montechiaro I 44 Lo53
Palmanova I 37 Lo45
Palmela P 40 Km52
Palmi I 45 Lq52
Palojarvi FIN 6 Md22
Palojoensuu FIN 6 Md22
Palokastër AL 46 Ma50
Palomaa FIN 3 Mh21
Palomas E 40 Ko52
Pålsboda S 13 Lq31
Paltamo FIN 7 Mh26
Paltaniemi FIN 7 Mh26
Păltiniș RO 39 Mc45
Păltiniș RO 39 Md45
Pamiers F 34 Lb47
Pampilhosa da Serra P 32 Kn50
Pampliega E 33 Kr48
Pamplona E 34 Kt48
Pamporovo = Koloro, V. BG 31 Me49
Pamūšis LT 15 Md34
Panagía GR 46 Mb51
Panagjurište BG 31 Me48
Pančarevo BG 39 Md48
Pančevo SRB 39 Ma46
Panciu RO 30 Mh45
Pâncota RO 29 Mb44
Pandėlys LT 15 Mf34
Pandrup DK 12 Lk33
Panemunė LT 23 Mb35
Panes E 33 Kq47
Panetólio GR 46 Mb52
Panevėžys LT 15 Me35
Paničkovo BG 31 Mf49
Pankakoski FIN 11 Ml27
Pannonhalma H 28 Ls43
Pánormos GR 49 Mg53
Panticeu RO 29 Md43
Páola I 45 Lr51
Pápa H 28 Ls43
Pape LV 14 Mb34
Papenburg D 20 Lh37
Paphos CY 54 Mg28
Papilė LT 15 Mc34
Papilys LT 15 Mf34
Paračany BY 23 Mf37
Paraćin SRB 39 Mb47
Paradela P 32 Kn49
Paradísi GR 49 Mj54
Paradísia GR 46 Mc53
Parainen = Pargas FIN 10 Mc30
Parakka S 6 Mb23
Paralía GR 46 Mc52
Paralía Porovítsis GR 46 Mc52
Paramithiá GR 46 Ma51
Paranésti GR 47 Me49
Părău RO 30 Mf45
Paray-le-Monial F 19 Le44
Parchim D 21 Lm37
Parczew PL 23 Mc39
Pardubice CZ 28 Lq40
Parečča BY 23 Me37
Paredes de Nava E 33 Kq48
Parentis-en-Born F 34 Kt46
Párga GR 46 Ma51
Pargas = Parainen FIN 10 Mc30
Parikkala FIN 11 Mk29
Paris F 25 Lc42
Parkano FIN 10 Md28
Parma I 36 Ll46
Pärnjõe EST 15 Me32
Pärnu EST 15 Me32
Pärnu-Jaagupi EST 15 Me32
Páros GR 47 Mf53
Parres = Arriondas E 33 Kp47
Parsberg D 27 Lm41
Partakko FIN 3 Mh21
Partanna I 44 Ln53
Parthenay F 24 Ku44
Partille S 13 Ln33
Partinicio I 44 Lo53
Partizánske SK 28 Lt42
Părvomaj BG 31 Mf48
Paryčy BY 50 Me19
Påryd S 13 Lq34
Pașcani RO 30 Mg43
Pasewalk D 21 Lp37
Pasiene LV 15 Mj34
Paskalevo BG 31 Mh47
Påskallavik S 13 Lr33
Pasłęk PL 22 Lu36
Pašman HR 38 Lq47
Passau D 27 Lo42
Pastavy BY 15 Mg35
Pastrana E 41 Ks50
Pasvalys LT 15 Me34
Pásztó H 28 Lu43
Pătârlagele RO 31 Mg45
Paternò I 44 Lp53
Patiriti GR 47 Md51
Patiška MK 39 Mb49
Patoniva FIN 3 Mh21
Pátra GR 46 Mb52
Patreksfjörður IS 4 Jj13
Patrickswell IRL 16 Km38
Patti I 44 Lp52
Pattijoki FIN 6 Me26
Pătulele RO 39 Mc46
Pau F 34 Ku47
Pauillac F 24 Ku45
Paulhaguet F 35 Ld45
Paúliani GR 46 Mc52
Păunești RO 30 Mh44
Pavel Banja BG 31 Mf48
Pavia I 36 Lk45
Pavia P 40 Km52
Pavilly F 25 La41
Pāvilosta LV 14 Mb34
Pavino Polje MNE 38 Lu47
Pavlikeni BG 31 Mf47
Pavullo nel Frignano I 37 Ll46
Pawłów PL 23 Md39
Payerne CH 26 Lg44
Paymogo E 40 Kn53
Pazardžik BG 31 Me48
Pazarić BIH 38 Lt47
Pazin HR 37 Lo45
Pčelarovo BG 31 Mf49
Pčelnik BG 31 Mh47
Peal de Becerro E 41 Kr53
Peć KSV 39 Ma48
Pécel H 28 Lu43
Pečenjevce SRB 39 Mb47
Pechea RO 30 Mh45
Pecica RO 39 Mb44
Pécs H 38 Lt44
Pedaso I 37 Lo47
Pedrafita do Cebreiro E 33 Kn47
Pedralba E 42 Ku51
Pedras Salgadas P 32 Kn49
Pedraza de la Sierra E 33 Kr49
Pedro Muñoz E 41 Ks51
Peebles GB 17 Kr35
Peel GB 17 Kq36
Péfkos GR 46 Ma50
Pegnitz D 27 Lm41
Pego E 42 Ku52
Peine D 21 Ll38
Peiting D 27 Ll43
Peitz D 21 Lp39
Peletá GR 46 Mc53
Pelhřimov CZ 27 Lq41
Pelinei MD 30 Mj45
Pelkosenniemi FIN 7 Mh23
Pellinge = Pellinki FIN 11 Mf30
Pellinki = Pellinge FIN 11 Mf30
Pello FIN 6 Me24
Pelplin PL 22 Lt37
Peltovuoma FIN 6 Me22
Pélussin F 35 Le45
Pembroke GB 18 Kq39
Pembroke Dock GB 18 Kq39
Peñacerrada E 33 Ks48
Peñafiel E 33 Kq49
Penafiel P 32 Km49
Peñalén E 41 Ks50
Penamacor P 32 Kn50
Peñaranda de Bracamonte E 33 Kp50
Peñaranda de Duero E 33 Kr49
Peñarroya-Pueblonuevo E 41 Kp52
Penarth GB 18 Kr39
Peñas de San Pedro E 41 Ks52
Peñausende E 33 Kp49
Peniche P 32 Kl51
Penicuik GB 17 Kr35
Peñíscola E 42 La50
Penkun D 21 Lp37
Penmarc'h F 24 Kq43
Penne I 37 Lo48
Penne-d'Agenais F 34 La46
Penrith GB 17 Ks36
Penryn GB 18 Kp40
Pentálofos GR 46 Mb50
Pentápoli GR 46 Md49
Penzance GB 18 Kp40
Penzberg D 27 Lm43
Penzlin D 21 Lo37
Peqin AL 46 Lu49
Perälä FIN 10 Mb28
Peraleda del Zaucejo E 41 Kp52
Perales del Alfambra E 42 Ku50
Pérama GR 46 Ma51
Peranka FIN 7 Mk25
Peranzanes E 33 Ko48
Pera-Posio FIN 7 Mh24
Peräseinäjoki FIN 10 Md28
Perđamajski BY 23 Mf37
Perdasdefogu I 43 Lk51
Perdigão P 32 Kn51
Peresecina MD 30 Mj43
Pérgine Valsugana I 37 Lm44
Pérgola I 37 Ln47
Perho FIN 10 Me27
Periam RO 39 Ma44
Périers F 24 Kt41
Périgueux F 34 La45
Perișoru RO 31 Mh46
Perísta GR 46 Mb52
Perithóri GR 46 Mb52
Perivólia GR 46 Mc53
Perleberg D 21 Lm37
Perloja LT 23 Me36
Pernik BG 39 Md48
Perniö FIN 10 Md30
Pernitz A 28 Lq43
Péronne F 25 Lc41
Perpignan F 35 Lc48
Perros-Guirec F 24 Kr42
Persbo S 9 Lq30
Perstorp S 13 Lo34
Perth GB 17 Kr34
Pertoúli GR 46 Mb51
Pertteli FIN 10 Md30
Pertuis F 35 Lf47
Pertunmaa FIN 11 Mg29
Perúgia I 37 Ln47
Perušić HR 38 Lq46
Pésaro I 37 Ln47
Pescara I 37 Lp48
Pescasséroli I 37 Lo49
Peschiera del Garda I 37 Ll45
Péscia I 37 Ll47
Pescina I 37 Lo48
Pescocostanzo I 37 Lp49
Pesco Sannita I 44 Lp49
Peshkopi AL 39 Ma49
Pesiokyla FIN 7 Mj26
Pesmes F 26 Lf43
Pesočani MK 46 Ma49
Peso da Régua P 32 Kn49
Pessac F 34 Ku46
Peštera BG 31 Me48
Peștișani RO 39 Md45
Petaiskyla FIN 11 Mk27
Petajaskoski FIN 6 Mf24
Petäjävesi FIN 11 Mf28
Petalax = Petolahti FIN 10 Mb28
Petalidi GR 48 Mb54
Peterborough GB 19 Ku38
Peterhead GB 17 Kt33
Peterlee GB 17 Kt36
Petersfield GB 18 Ku39
Petília Policastro I 45 Lr51
Petín E 33 Kn48
Pet'ki BY 23 Me38
Petkula FIN 7 Mg23
Petolahti = Petalax FIN 10 Mb28
Petra GR 47 Mg51
Petralia-Sottana I 44 Lp53
Petran AL 46 Ma50
Petreni MD 30 Mh43
Petrič BG 46 Md49
Petrila RO 39 Md45
Petrinja HR 38 Lr45
Petroșani RO 39 Md45
Petrova RO 29 Me43
Petrovac SRB 39 Mb46
Petrovice CZ 27 Lp41
Petrykav BY 50 Me19
Petsikko FIN 3 Mh21
Petsmo FIN 10 Mb27
Peuilly-sur-Claise F 25 La44
Peurasuvanto FIN 7 Mg23
Peyrat-le-Château F 25 Lb45
Peyrehorade F 34 Kt47
Pézenas F 35 Ld47
Pezens F 35 Lc47
Pezinok SK 28 Ls42
Pfaffenhofen D 27 Lm42
Pfarrkirchen D 27 Ln42
Pforzheim D 26 Lj42
Pfronten D 27 Ll43
Pfullendorf D 26 Lk43
Pfungstadt D 26 Lj41
Phalsbourg F 26 Lh42
Philippeville B 19 Le40
Piacenza I 36 Lk45
Piana degli Albanesi I 44 Lo53
Pias P 40 Kn53
Piaseczno PL 23 Ma38
Piasek PL 28 Lt40
Piaski PL 22 Lu36
Piaski PL 23 Mc39
Piątek PL 22 Lu38
Piatra RO 31 Mf47
Piatra-Neamț RO 30 Mg44
Piatra-Olt RO 39 Me46
Piazza Armerina I 44 Lp53
Pickering GB 19 Ku36
Picquigny F 25 Lc41
Piedimonte Matese I 44 Lp49
Piedrabuena E 41 Kq51
Piedrahita E 33 Kp50
Piekary Śląskie PL 28 Lt40
Piekoszów PL 22 Ma40
Pieksämäki FIN 11 Mh28
Pielavesi FIN 11 Mg27
Pieniężno PL 22 Ma36
Pienza I 37 Lm47
Pierre-Buffière F 25 Lb45
Pierre-de-Bresse F 25 Lf44
Pierrefeu-du-Var F 35 Lg47
Pierrefonds F 25 Lc41
Pierrefort F 35 Lc46
Pierrelatte F 35 Le46
Piešt'any SK 28 Ls42
Pieszyce PL 28 Lr40
Pietarsaari FIN 10 Mc27
Pietrasanta I 36 Ll47
Pietroșani RO 31 Mf47
Pieve di Cadore I 27 Ln44
Pieve San Stéfano I 37 Ln47
Pigés GR 46 Mb51
Pihtipudas FIN 11 Mf27
Piippola FIN 7 Mg26
Pikasilla EST 15 Mg32
Piła PL 22 Lr37
Pilas E 40 Ko53
Pilawa PL 23 Mb39
Pilgrimstad S 9 Lp27
Pilis H 28 Lu43
Pilisvörösvár H 28 Lt43
Pílos GR 48 Mb54
Piltene LV 14 Mb33
Pilvlškiai LT 23 Md36
Pilzno PL 29 Mb41
Pimpio S 6 Md24
Pinarello F 43 Lk49
Pincehely H 28 Lt44
Pinczów PL 29 Ma40
Pinerolo I 36 Lh46
Pineto I 37 Lp48
Piney F 19 Le42
Þingeyri IS 4 Jj13
Þingvellir IS 4 Jk13
Pinhão P 32 Kn49
Pinhel P 32 Kn50
Pinkafeld A 28 Lr43
Pinneberg D 21 Lk37
Pino F 43 Lk48
Pinoso E 42 Kt52
Pinos-Puente E 41 Kr53
Pinsk BY 23 Mg38
Pintamo FIN 7 Mh25
Pinto E 33 Kr50
Pioltikasvaara S 6 Mb23
Piombino I 36 Ll48
Pionki PL 23 Mb39
Piotrków Trybunalski PL 22 Lu39
Pipirig RO 30 Mg43
Pipriac F 24 Kt43
Piran SLO 37 Lo45
Pirčiupiai LT 23 Me36
Pirdop BG 31 Me48
Pireás GR 47 Md53
Pirgadíkia GR 47 Md50
Pirgí GR 46 Lu51
Pirgío GR 47 Mf52
Pírgos GR 46 Mb53
Pirin BG 39 Md49
Pirki BY 50 Mf20
Pirkkala FIN 10 Md29
Pirmasens D 26 Lh41
Pirna D 21 Lo40
Pirot SRB 39 Mc47
Pirovac HR 38 Lq47
Pirsógiani GR 46 Ma50
Pirttikoski FIN 7 Mh24
Pirttikylä = Pörtom FIN 10 Mb28
Pirttimaki FIN 7 Mj27
Pisa I 36 Ll47
Pisciotta I 45 Lq50
Piscu RO 31 Mh45
Písek CZ 27 Lp41
Pisogne I 36 Ll45
Píso Livádi GR 47 Mf53
Pissos F 34 Ku46
Pisticci I 45 Lr50
Pistóia I 37 Ll47
Pisz PL 23 Mb37
Piteå S 6 Mb25
Pitești RO 31 Me46
Pithiviers F 25 Lc42
Pitigliano I 37 Lm48
Pitkalahti FIN 11 Mh28
Pitlochry GB 17 Kr34
Pitomača HR 38 Ls45
Pitvaros H 29 Ma44
Pivka SLO 37 Lp45
Piwniczna-Zdrój PL 29 Ma41
Pizzighettone I 36 Lk45
Pizzo I 45 Lr52
Pízzoli I 37 Lo48
Plabennec F 24 Kq42
Places de Nancy F 26 Lg42
Pláka GR 47 Mf50
Plakotí GR 46 Ma51
Planá nad Lužnicí CZ 27 Lp41
Plancoët F 24 Ks42
Plandište SRB 39 Mb45
Plan-du-Var F 36 Lh47
Plasencia E 41 Ko50
Plaški HR 38 Lq45
Plášťovce SK 28 Lt42
Platamónas GR 46 Mc50
Platamónas GR 47 Me49
Platánia GR 46 Mb53
Plataniá GR 46 Md51
Plátanos GR 46 Mb52
Plátanos GR 48 Md55
Platariá GR 46 Ma51
Platís Gialós GR 47 Mf53
Platís Gialós GR 48 Me54
Plattling D 27 Ln42
Plau D 21 Ln37
Plauen D 27 Ln40
Plav MNE 39 Lu48
Plavecký Mikuláš SK 28 Ls42
Pļaviņas LV 15 Mf34
Plélan-le-Grand F 24 Ks43
Pléneuf-Val-André F 24 Ks42
Pleščanicy BY 50 Md18
Plešin SRB 39 Ma47
Plešivec SK 29 Ma42
Plestin-les-Grèves F 24 Kr42
Pleszew PL 22 Ls39
Pleternica HR 38 Ls45
Pleven BG 31 Me47
Pleyben F 24 Kr42
Plisa BY 15 Mh35
Pliska BG 31 Mh47
Plitvička Jezera HR 38 Lq46
Pljevlja MNE 38 Lu47
Ploče HR 38 Ls47
Plochingen D 26 Lk42
Płock PL 22 Lu38
Ploemeur F 24 Kr43
Ploërmel F 24 Ks43
Plœuc-sur-Lié F 24 Ks42
Ploiești RO 31 Mg46
Plomári GR 47 Mg52
Plombières-les-Bains F 26 Lg43
Plön D 21 Ll36
Plonéour-Lanvern F 24 Kq43
Płońsk PL 22 Ma38
Plopana RO 30 Mh44
Plopeni RO 31 Mj47
Plopi RO 39 Md46
Plopii-Slăvitești RO 31 Me47
Plopii-Slăvitești RO 31 Me47
Plopșoru RO 39 Md46
Ploski PL 23 Md38
Płoty PL 22 Lq37
Plouagat F 24 Kr42
Plouay F 24 Kr43
Ploudalmézeau F 24 Kq42
Plouescat F 24 Kq42
Plougasnou F 24 Kr42
Plouguerneau F 24 Kq42
Plouha F 24 Ks42
Plovdiv BG 31 Me48
Plozévet F 24 Kq43
Plungė LT 14 Mb35
Pluvigner F 24 Kr43
Plužine MNE 38 Lt47
Płużnica PL 22 Lt37
Plymouth GB 18 Kq40
Plzeň CZ 27 Lo41
Pniewy PL 22 Lr38
Poběžovice CZ 27 Ln41
Pobiedziska PL 22 Ls38
Pobierowo PL 21 Lp36
Počitelj BIH 38 Ls47
Pocking D 27 Lo42
Pocola RO 29 Mc44
Pocrovca MD 30 Mh42
Pocsaj H 29 Mb43
Podari RO 39 Md46
Podbořanský Rohozec CZ 27 Lo40
Podbořany CZ 27 Lo40
Podbožur MNE 38 Lt48
Poděbrady CZ 27 Lq40
Podgora HR 38 Ls47
Podgorac SRB 39 Mb47
Podgorica MNE 38 Lu48
Podkova BG 31 Mf49
Podrašnica BIH 38 Lr46
Podromanija BIH 38 Lt47
Podu Iloaiei RO 30 Mh43
Podujevo KSV 39 Mb48
Podu Turcului RO 30 Mh44
Pogana RO 30 Mh44
Poggibonsi I 37 Lm47
Póggio Mirteto I 37 Ln48
Pogoanele RO 31 Mg46
Pogradec AL 46 Ma50
Pohja = Pojo FIN 10 Md30
Pohjaslahti FIN 7 Mg24
Pohlois-li FIN 7 Mf25
Pohoarna MD 30 Mj43
Pohořelice CZ 28 Lr42
Pohoří na Šumavě CZ 27 Lp42
Poiana Lacului RO 31 Me46
Poiana Largului RO 30 Mf43
Poiana Mare RO 39 Md47
Poiana Stampei RO 30 Mf43
Poibrene BG 39 Md48
Pöide EST 14 Md32
Poienile de Sub Munte RO 29 Me43
Poissy F 25 Lc42
Poitiers F 24 La44
Poix-de-Picardie F 25 Lb41
Pokka FIN 6 Mf22
Polack BY 50 Me18
Pola de Laviana E 33 Kp47
Pola de Lena E 33 Kp47
Pola de Siero E 33 Kp47
Pola de Somiedo E 33 Ko47
Połajewo PL 22 Lr38
Połaniec PL 29 Mb40
Polanów PL 22 Lr36
Połczyn-Zdrój PL 22 Lr37
Polesella I 37 Lm46
Polgár H 29 Mb43
Polgárdi H 28 Lt43
Poliçan AL 46 Ma50
Police PL 21 Lp37
Polička CZ 28 Lr41
Policoro I 45 Lr50
Polidámio GR 46 Mc51
Polígiros GR 46 Md50
Polignano a Mare I 45 Ls49
Poligny F 26 Lf44
Polihnítos GR 47 Mg51
Políkastro GR 46 Mc50
Polímilos GR 46 Mc50
Polis CY 54 Mg28
Polístena I 45 Lr52
Poljana BG 31 Mg48
Poljice BIH 38 Lt46
Polkowice PL 22 Lr39
Polla I 45 Lq50
Pollença E 42 Ld51
Polmak N 3 Mj20
Pologi RO 31 Mf46
Polom SRB 39 Ma46
Polovragi RO 39 Md45
Polski Trămbeš BG 31 Mf47
Põltsamaa EST 15 Mf32
Põlva EST 15 Mh32
Polvijarvi FIN 11 Mk28
Polyantho GR 47 Mf49
Pomarance I 37 Ll47
Pomarkku FIN 10 Mc29
Pombal P 32 Km51
Pomézia I 44 Ln49
Pomorie BG 31 Mh48
Pomos CY 54 Mg28
Pompey F 26 Lg42
Ponferrada E 33 Ko48
Poniatowa PL 23 Mc39
Ponikiew Mała PL 23 Mb38
Ponikovica SRB 39 Lu47
Ponoarele RO 39 Mc46
Ponoševac KSV 39 Ma48
Pons F 24 Ku45
Pontacq F 34 Ku47
Pontailler-sur-Saône F 25 Lf43
Pont-à-Mousson F 26 Lg42
Pontão P 32 Km51
Pontarion F 25 Lb45
Pontarlier F 26 Lg44
Pontassieve I 37 Lm47
Pont-Audemer F 25 La41
Pontaumur F 25 Lc45
Pontcharra F 36 Lg45
Pontchâteau F 24 Ks43
Pont-d'Ain F 25 Lf44
Pont-de-Roide F 26 Lg43
Pont-de-Vaux F 19 Le44
Ponteareas E 32 Km48
Pontecorvo I 44 Lo49
Ponte da Barca P 32 Km49
Ponte de Lima P 32 Km49
Pontedera I 36 Ll47
Ponte de Sor P 32 Km51
Pontedeume E 32 Km47
Pontefract GB 19 Kt37
Ponte Leccia F 43 Lk48
Pontenova Villaodriz E 33 Kn47
Pont-en-Royans F 35 Lf45
Ponte Tresa I 36 Lj45
Pontevedra E 32 Km48
Pontgibaud F 25 Lc45
Pontivy F 24 Ks42
Pont-l'Abbé F 24 Kq43
Pont-l'Evêque F 25 La41
Pontoise F 25 Lc41
Pontokerasiá GR 46 Md49
Pontorson F 24 Kt42
Pontrémoli I 36 Lk46
Pontresina CH 26 Lk44
Ponts E 34 Lb49
Pont-Sainte-Maxence F 25 Lc41
Pont-Saint-Esprit F 35 Le46
Pont-Saint-Vincent F 26 Lg42
Pont-sur-Yonne F 25 Ld42
Pontypool GB 18 Kr39
Ponza I 44 Ln50
Poole GB 18 Kt40
Popčevo MK 46 Mc49
Pope LV 14 Mb33
Poperinge B 19 Lc40
Popești RO 29 Mc43
Popielów PL 28 Ls40
Pópoli I 37 Lo48
Popovača HR 38 Lr45
Popovići BIH 38 Ls46
Popovo BG 31 Mg47
Popow PL 22 Lt39
Poppi I 37 Lm47
Poprad SK 29 Ma41
Popšica SRB 39 Mb47
Popsko BG 31 Mf49
Populónia I 36 Ll48
Porazava BY 23 Me38
Porcuna E 41 Kq53
Pordenone I 37 Ln45
Pordim BG 31 Me47
Porebeni MD 30 Mj43
Poreč HR 37 Lo45
Pori FIN 10 Mb29
Porjus S 6 Lu24
Þorlákshöfn IS 4 Jk14
Pornic F 24 Ks43
Póros GR 46 Ma52
Póros GR 48 Md53
Porozina HR 37 Lp45
Porplišča BY 15 Mh36
Porras FIN 11 Md30
Porrentruy CH 26 Lh43
Porretta Terme I 37 Ll46
Porriño E 32 Km48
Porsangermoen N 3 Mf21
Porsgrunn N 12 Lk31
Þórshöfn IS 4 Kc12
Portadown GB 17 Ko36
Portaferry GB 17 Kp36
Portalegre P 32 Kn51
Portarlington IRL 16 Kn37
Port Askaig GB 17 Ko35
Portavadie GB 17 Kp35
Porta Westfalica D 20 Lj38
Port d'Addaia E 42 Le50
Port-de-Bouc F 35 Le47
Port de Pollença E 42 Ld51
Port d'es Torrent E 42 Lb52
Portel P 40 Kn52
Port Ellen GB 17 Ko35
Port-en-Bessin F 24 Ku41
Port Erin GB 17 Kq36
Port Grimaud F 36 Lg47
Porthcawl GB 18 Kr39
Portimão P 40 Km53
Portimo FIN 7 Mg24
Portinatx E 42 Lb51
Port-Joinville F 24 Ks44
Port-la-Nouvelle F 35 Ld47
Port Laoise IRL 16 Kn37
Port-Louis F 24 Kr43
Portmeirion GB 18 Kq38
Portnacroish GB 17 Kp34
Portnahaven GB 17 Ko35
Port-Navalo F 24 Ks43
Porto F 43 Lj48
Porto P 32 Km49
Porto Alto P 40 Km52
Porto Azzurro I 36 Ll48
Porto Cervo I 43 Lk49
Porto Cesáreo I 45 Ls50
Portocristo E 42 Ld51
Porto da Balsa P 32 Kn50
Porto do Son E 32 Km48
Porto Empédocle I 44 Lo53
Portoferráio I 36 Ll48
Portofino I 36 Lk46
Port of Ness GB 17 Ko32
Portogruaro I 37 Ln45
Pórto Koufós GR 47 Md51
Pörtom = Pirttikylä FIN 10 Mb28
Portomaggiore I 37 Lm46
Portomarín E 32 Kn48
Porto Recanati I 37 Lo47
Portorož SLO 37 Lo45
Porto San Giórgio I 37 Lo47
Porto Sant'Elípido I 37 Lo47
Portoscuso I 43 Lj51
Porto Tolle I 37 Ln46
Porto Tórres I 43 Lj50
Porto Vecchio F 43 Lk49
Portovénere I 36 Lk46
Porto Viro I 37 Ln45
Portpatrick GB 17 Kp36
Portree GB 17 Ko33
Portrush GB 17 Ko35
Port-Saint-Louis-du-Rhône F 35 Le47
Portsalon IRL 16 Kn35
Pörtschach A 27 Lp44
Portsmouth GB 18 Kt40
Portsoy GB 17 Ks33
Port-sur-Saône F 26 Lg43
Port Talbot GB 18 Kr39
Portugalete E 33 Kr47
Portumna IRL 16 Km37
Port-Vendres F 35 Ld48
Porvoo = Borga FIN 11 Mf30
Porzuna E 41 Kq51
Posadas E 41 Kp53
Posedarje HR 38 Lq46
Posio FIN 7 Mj24
Positano I 44 Lp50
Pößneck D 27 Lm40
Poșta Câlnău RO 31 Mg45
Postojna SLO 37 Lp45
Postomino PL 22 Lr36
Posušje BIH 38 Ls47
Potamós GR 48 Md55
Potamoúla GR 46 Mb52
Potcoava RO 31 Me46
Potenza I 45 Lq50
Potenza Picena I 37 Lo47
Potes E 33 Kq47
Potoci BIH 38 Ls47
Potsdam D 21 Lo38
Potworów PL 23 Ma39
Pouancé F 24 Kt43
Pouzauges F 24 Ku44
Považska Bystrica SK 28 Lt41
Póvoa de São Miguel P 40 Kn52
Póvoa de Varzim P 32 Km49
Poysdorf A 28 Lr42
Požarevac SRB 39 Mb46
Pozedrze PL 23 Mb36
Požega HR 38 Ls45
Požega SRB 39 Ma47
Poznań PL 22 Lr38
Pozo Alcón E 41 Ks53
Pozoblanco E 41 Kq52
Pozo-Cañada E 41 Kt52
Pozohondo E 41 Kt52
Pozuelo de Alarcón E 33 Kr50
Pozzallo I 44 Lp54
Pozzuoli I 44 Lp50
Prača BIH 38 Lt47
Prachatice CZ 27 Lo41
Pradelles F 35 Ld46
Prades E 34 La49
Prades F 35 Lc48
Pradła PL 28 Lu40
Prado del Rey E 40 Kp54
Pradoluengo E 33 Kr48
Præstø DK 21 Ln35
Praha CZ 27 Lp40

Q

R

S

Saint-Gervais-les-Bains F 36 Lg45
Saint-Gildas-des-Bois F 24 Ks43
Saint-Gilles F 35 Le47
Saint-Gilles-Croix-de-Vie F 24 Kt44
Saint-Girons F 34 Lg48
Saint-Girons-en-Marensin F 34 Kt47
Saint-Guénolé F 24 Kq43
Saint-Guilhem-le-Désert F 35 Ld47
Saint Helens GB 18 Ks37
Saint Helier GB 24 Ks41
Saint-Hilaire-du-Harcouët F 24 Kt42
Saint-Hippolyte F 26 Lg43
Saint-Hippolyte-du-Fort F 35 Ld47
Saint-Honoré-les-Bains F 25 Ld44
Saint-Hubert B 26 Lf40
Saint-Imier CH 26 Lg43
Saint Ives GB 18 Kp40
Saint Ives GB 19 Ku38
Saint-James F 24 Kt42
Saint-Jean-Brévelay F 24 Ks43
Saint-Jean-d'Angely F 24 Ku45
Saint-Jean-de-Luz F 34 Kt47
Saint-Jean-de-Maurienne F 36 Lg45
Saint-Jean-de-Monts F 24 Ks44
Saint-Jean-Pied-de-Port F 34 Kt47
Saint-Jean-Poutge F 34 La47
Saint John's Town of Dalry GB 17 Kq35
Saint-Julien-en-Genevois F 26 Lg44
Saint-Junien F 24 La45
Saint-JuSaint-en-Chaussée F 25 Lc41
Saint-Just-en-Chevalet F 25 Ld45
Saint-Justin F 34 Ku47
Saint-Just-Saint-Rambert F 35 Le45
Saint-Lary-Soulan F 34 La48
Saint-Laurent-de-la-Cabre-risse F 35 Ld47
Saint-Laurent- de-la-Salanque F 35 Lc48
Saint-Laurent-en-Grandvaux F 26 Lf44
Saint-Léonard-de-Noblat F 25 Lb45
Saint-Lô F 24 Kt41
Saint-Loup-sur-Semouse F 26 Lg43
Saint-Maixent-l'École F 24 Ku44
Saint-Malo F 24 Ks42
Saint-Marcellin F 35 Lf45
Saint-Mars-la-Jaille F 24 Kt43
Saint-Martin-de-Ré F 24 Kt44
Saint-Martin-Vésubie F 36 Lh46
Saint-Mathieu F 24 La45
Saint-Maximin-la-Sainte-Baume F 35 Lf47
Saint-Médard-en-Jalles F 34 Kt46
Saint-Méen-le-Grand F 24 Ks42
Saint-Michel F 19 Le41
Saint-Mihiel F 26 Lf42
Saint-Nazaire F 24 Ks43
Saint Neots GB 19 Ku38
Saint-Nicolas- de-Port F 26 Lg42
Saint-Omer F 19 Lc40
Saint-Paul-de-Fenouillet F 35 Lc48
Saint-Paulien F 35 Ld45
Saint-Paul-lès-Dax F 34 Kt47
Saint-Péray F 35 Le46
Saint-Père-en-Retz F 24 Ks43
Saint Peter-Port GB 24 Ks41
Saint-Philbert-de-Grand-Lieu F 24 Kt43
Saint-Pierre F 35 Lc47
Saint-Pierre-de-Chignac F 34 La45
Saint-Pierre-d'Oléron F 24 Kt45
Saint-Pierre-le-Moûtier F 25 Ld44
Saint-Pierre-sur-Dives F 24 Ku41
Saint-Pol-de-Léon F 24 Kr42
Saint-Pol-sur-Mer F 19 Lc39
Saint-Pol-sur-Ternoise F 19 Lc40
Saint-Pons-de-Thomières F 35 Lc47
Saint-Pourçain-sur-Sioule F 25 Ld44
Saint-Priest F 35 Le45
Saint-Privat F 35 Lc45
Saint-Quay-Portrieux F 24 Ks42
Saint-Quentin F 25 Ld41
Saint-Raphaël F 36 Lg47
Saint-Rémy-de-Provence F 35 Le47
Saint-Renan F 24 Kq42
Saint-Saëns F 25 Lb41
Saint-Saulge F 25 Ld43
Saint-Sauveur-en-Puisaye F 25 Ld43
Saint-Sauveur-le-Vicomte F 24 Kt41
Saint-Sauveur-sur-Tinée F 36 Lh46
Saint-Savin F 25 La44
Saint-Seine-l'Abbaye F 19 Le43
Saint-Sever F 34 Ku47
Saint-Sulpice F 35 Lb46
Saint-Thégonnec F 24 Kr42
Saint-Tropez F 36 Lg47
Saint-VaaSaint-la-Hougue F 24 Kt41
Saint-Valéry-en-Caux F 25 La41
Saint-Valery-sur-Somme F 19 Lb40
Saint-Vallier F 35 Le45

Saint Vincent I 36 Lh45
Saint-Vith B 26 Lg40
Saint-Yorre F 25 Ld44
Saint-Yrieix-la-Perche F 25 Lb45
Saissac F 35 Lc47
Saittarova S 6 Mc23
Saivomuotka S 6 Md22
Sajkáš SRB 39 Ma45
Sajósvámos H 29 Ma42
Saka LV 14 Mb34
Säkilahti FIN 11 Mk29
Sakskøbing DK 21 Lm36
Säkylä FIN 10 Mc29
Sala S 9 Lr31
Saľa SK 28 Ls42
Salacgrīva LV 15 Me33
Sala Consilina I 45 Lq50
Salakas LT 15 Mg35
Salamanca E 33 Kp50
Salamina GR 48 Md53
Salantai LT 14 Mb34
Salas E 33 Ko47
Salas de los Infantes E 33 Kr48
Sălătrucu RO 39 Me45
Salbris F 25 Lc43
Salcia RO 31 Me47
Salcia RO 31 Me47
Salcia RO 39 Mc46
Salcia RO 39 Mc46
Šalčininkai LT 23 Mf36
Saldaña E 33 Kq48
Saldus LV 14 Mc34
Salemi I 44 Ln53
Sälen S 9 Lo29
Salerno I 44 Lp50
Salers F 35 Lc45
S'Algar E 42 Le51
Salgótarján H 28 Lu42
Salhus N 8 Lf30
Sali HR 37 Lq47
Saliente Alto E 41 Ks53
Salihorsk BY 50 Md19
Salins-les-Bains F 26 Lf44
Salisbury GB 18 Kt39
Säliste RO 39 Md45
Salla FIN 7 Mj24
Sallanches F 36 Lg45
Sallent E 34 Lb49
Salme EST 14 Mc32
Salmenkylä FIN 10 Me28
Salmerón E 41 Ks50
Salo FIN 10 Md30
Salò I 37 Lk45
Salon-de-Provence F 35 Lf47
Salonta RO 29 Mb44
Salsbruket N 5 Lm26
Salses-le-Château F 35 Lc48
Salsomaggiore Terme I 36 Lk46
Saltash GB 18 Kq40
Saltburn-by-the-Sea GB 19 Ku36
Saltvik FIN 10 Ma30
Saluzzo I 36 Lh46
Salvatierra-Agurain E 34 Ks48
Salvatierra de los Barros E 40 Ko52
Salzburg A 27 Lo43
Salzgitter D 21 Ll38
Salzkotten D 20 Lj39
Salzwedel D 21 Lm38
Samachvalavičy BY 50 Md19
Samarina GR 46 Mb50
Sâmbăta RO 29 Mc44
Sambuca di Sicilia I 44 Lo53
Samer F 19 Lb40
Sämi EST 15 Mg31
Sámi GR 46 Ma52
Sämica BG 31 Me49
Samobor HR 38 Lq45
Samoëns F 26 Lg44
Sámos GR 49 Mg53
Samos SRB 39 Ma45
Samothráki GR 47 Mf50
Samtens D 21 Lo36
San Marino RSM 37 Ln47
Sanadinovo BG 31 Me47
Sânandrei RO 39 Ma45
Sanary-sur-Mer F 35 Lf47
San Bartolomé de la Torre E 40 Kn53
San Bartolomeo in Galdo I 44 Lq49
San Benedetto del Tronto I 37 Lo48
San Benedetto Po I 37 Ll45
San Cataldo I 44 Lo53
San Cataldo I 45 Lt50
Sancerre F 25 Lc43
Sanchidrián E 33 Kq50
San Clemente E 41 Ks51
Sancoins F 25 Lc44
San Cristóbal de Entreviñas E 33 Kp48
Sancti-Spíritus E 33 Ko50
Sand N 19 Lm30
Sand N 12 Lg31
Sandane N 8 Lg29
San Daniele di Friuli I 37 Lo44
Sandanski BG 39 Md49
Sandbach GB 18 Ks37
Sande D 20 Lj37
Sande N 8 Lf29
Sandefjord N 12 Ll31
Sand in Taufers = Campo Tures I 27 Ll44
Sandnes N 12 Lf32
Sandnessjøen N 5 Ln24
Sandoméri GR 46 Mb53
Sândominic RO 30 Mf44
San Donà di Piave I 37 Ln45
Sandøysund N 12 Ll31
Sandsele S 6 Ls25
Sandvik S 14 Lr33
Sandvika N 5 Lo26
Sandvika N 9 Ln27
Sandviken S 9 Lr30
Sandvikvåg N 8 Lf31
Sandwich GB 19 Lb39
Sandy GB 19 Ku38
San Esteban de Gormaz E 33 Kr49
San Ferdinando di Púglia I 45 Lq49

San Fernando E 40 Ko54
San Fratello I 44 Lp52
Sangaste EST 15 Mg33
San Gavino Monreale I 43 Lj51
Sangenjo = Sanxenxo E 32 Km48
Sângeorgiu de Pădure RO 30 Me44
Sângeorz-Băi RO 29 Me43
Sângera MD 30 Mj43
Sângerei MD 30 Mj43
Sângeru RO 31 Mg45
Sanginkyla FIN 7 Mg26
San Gimignano I 37 Lm47
San Giovanni in Fiore I 45 Lr51
San Giovanni in Persiceto I 37 Lm46
San Giovanni Rotondo I 45 Lq49
San Giovanni Valdarno I 37 Lm47
Sangis S 6 Md25
San Giuliano Terme I 36 Ll47
Sangla EST 15 Mg32
Sangüesa E 34 Kt48
San Javier E 42 Ku53
San José E 41 Ks54
Sankt Andrä A 27 Lp44
Sankt Anna S 13 Lr32
Sankt Anton A 26 Ll43
Sankt Gallen CH 26 Lk43
Sankt Georgen D 26 Lj42
Sankt Gilgen A 27 Lo43
Sankt Goar D 26 Lh40
Sankt Ingbert D 26 Lh41
Sankt Jakob A 27 Ln44
Sankt Johann A 27 Ln43
Sankt Johann A 27 Lo43
Sankt Margrethen CH 26 Lk43
Sankt Michaelisdonn D 21 Lk36
Sankt Moritz CH 26 Lk44
Sankt Peter-Ording D 20 Lj36
Sankt Pölten A 28 Lq42
Sankt Ulrich = Ortisei I 27 Lm44
Sankt Valentin A 27 Lp42
Sankt Veit an der Glan A 27 Lp44
Sankt Vika S 14 Ls32
Sankt Wendel D 26 Lh41
San Leonardo de Yagüe E 33 Kr49
San Lorenzo de Calatrava E 41 Kr52
San Lorenzo de El Escorial E 33 Kq50
San Lorenzo de la Parrilla E 41 Ks51
Sanlúcar de Barrameda E 40 Ko54
Sanlúcar de Guadiana E 40 Kn53
San Lúcido I 45 Lr51
Sanluri I 43 Lj51
San Marco in Lámis I 45 Lq49
Sânmartin RO 30 Mf44
San Martin del Pimpollar E 33 Kp50
San Martín de Montalbán E 41 Kq51
San Martín de Valdeiglesias E 33 Kq50
San Martino di Castrozza I 37 Lm44
San Miguel de Salinas E 42 Ku53
Sânmihaiu de Câmpie RO 29 Me44
San Miniato I 37 Ll47
Sânnicolau Mare RO 39 Ma44
Sanniki PL 22 Lu38
Sanok PL 29 Mc41
Šanovo BG 31 Mf48
San Pedro E 41 Ks52
San Pedro del Pinatar E 42 Ku53
San Pellegrino Terme I 36 Lk46
Sanquhar GB 17 Kr35
San Quirico d'Orcia I 37 Lm47
San Remo I 36 Lh47
San Roque E 40 Ko54
San Salvo I 37 Lp48
San Sebastián = Donostia E 34 Ks47
San Sebastián de los Reyes E 33 Kr50
Sansepolcro I 37 Ln47
San Severino Marche I 37 Ln47
San Severo I 45 Lq49
Sanski Most BIH 38 Lr46
San Stéfano di Camastra I 44 Lp52
Sărand H 29 Mb43
Sarandë AL 46 Ma51
Sarantáporo GR 46 Mc50
Šarašavo BY 23 Me38
Santéri MD 30 Mj41
Sărbeni RO 31 Mf46
Sărbogard H 28 Lt44
Sárbogárd H 28 Lt44
Sárdara I 43 Lj51
S'Arenal E 42 Lc51
Sărengrad HR 38 Lu45
Saria GR 49 Mh55
Sariñena E 34 Ku49
Sarkadkeresztúr H 29 Mb44
Šarkaučyna BY 15 Mh35
Sarkela FIN 7 Mk23
Sarkijärvi FIN 6 Md23
Sarlat-la-Canéda F 34 Lb46
Sărmăşag RO 29 Mc43
Sărmaşu RO 29 Md44
Sarnaki PL 23 Mc38
Sarnano I 37 Lo47
Sarnen CH 26 Lj44
Sârnevo BG 31 Mf48
Sárnico I 36 Lk45
Sarno I 44 Lp50
Särö S 13 Ll32
Saronno I 36 Lk45

Santa María Cápua Vétere I 44 Lp49
Santa María de la Peña E 34 Ku48
Santa María del Camí E 42 Lc51
Santa María del Páramo E 33 Kp48
Santa María la Real de Nieva E 33 Kq49
Santa Marinella I 37 Lm48
Santa Marta E 40 Ko52
Santana da Serra P 40 Km53
Santander E 33 Kr47
Sant'Andrea Frius I 43 Lk51
Sant'Ángelo dei Lombardi I 45 Lq50
Sant'Ángelo Lodigia I 36 Lk45
Sant'Antíoco I 43 Lj51
Sant Antoni de Portmany E 42 Lb52
Sant'António di Santadi I 43 Lj51
Santanyí E 42 Ld51
Santa Olalla del Cala E 40 Ko53
Santa Pau E 35 Lc48
Santa Pola E 42 Ku52
Sant'Arcángelo I 45 Lr50
Santarcángelo di Romagna I 37 Ln46
Santarém P 32 Km51
Santa Severa F 43 Lk48
Santa Teresa di Riva I 44 Lq53
Santa Teresa Gallura I 43 Lk49
Sauðárkrókur IS 4 Ka13
Saue EST 15 Me31
Saugues F 35 Ld46
Saujon F 24 Ku45
Săuleşti RO 39 Md46
Saulieu F 19 Le43
Saulkrasti LV 15 Me33
Sault F 35 Lf46
Saumur F 24 Ku43
Saunajarvi FIN 7 Mj27
Sauveterre-de-Béarn F 34 Ku47
Sauveterre-de-Guyenne F 34 Ku46
Sauvo FIN 10 Mc30
Sauxillanges F 35 Ld45
Sauzé-Vaussais F 24 Ku44
Savar S 10 Ma27
Săvârşin RO 39 Mc44
Savast S 6 Mb25
Savenay F 24 Kt43
Săveni RO 30 Mg43
Saverdun F 34 Lb48
Saverne F 26 Lh42
Savigliano I 36 Lh46
Santibáñez de la Sierra E 33 Kp50
Santillana del Mar E 33 Kq47
Santisteban del Puerto E 41 Kr52
Sant Joan d'Alacant E 42 Ku52
Sant Llorenç de Morunys E 34 Lb48
Sant Mateu E 42 La50
Santo Domingo de la Calzada E 33 Kr48
Santo Domingo de Silos E 33 Kr49
Santoña E 33 Kr47
Santo Tirso P 32 Km49
Santu Lussúrgiu I 43 Lj50
San Vicente de Alcántara E 32 Kn51
San Vicente de la Barquera E 33 Kq47
San Vincenzo I 36 Ll47
San Vito I 43 Lk51
San Vito al Tagliamento I 37 Ln45
San Vito dei Normanni I 45 Ls50
San Vito lo Capo I 44 Ln52
Sanxenxo = Sangenjo E 32 Km48
Sanza I 45 Lq50
São Brás de Alportel P 40 Kn53
São João da Madeira P 32 Km50
São Marcos da Serra P 40 Km53
São Martinho de Angueira P 33 Ko49
São Teotónio P 40 Km53
Sápai GR 47 Mf49
Sapri I 45 Lq50
Sara FIN 10 Mb28
Saraby N 2 Mc20
Säräisniemi FIN 7 Mg26
Saraiu RO 31 Mi44
Sarajärvi FIN 7 Mh25
Sarajevo BIH 38 Lt47
Sarakina GR 46 Mb50
Sarakina GR 46 Mc51
Sarakiní GR 46 Mb50
Saramon F 34 La47
Saranci BG 39 Md48
Sărandë AL 46 Ma51
Sărasău BY 23 Me38
Sărb-settim MD 30 Mj41
Sarbinowo D 21 Lp37
Sărbogard H 28 Lt44
Sárbogárd H 28 Lt44
Sárdara I 43 Lj51

Sárosd H 28 Lt43
Sárospatak H 29 Mb42
Šárovce SK 28 Lt42
Sarpsborg N 13 Ll31
Sarralbe F 26 Lh42
Sarrebourg F 26 Lg42
Sarreguemines F 26 Lh41
Sarre-Union F 26 Lh42
Sarria E 32 Kn48
Sartène F 43 Lj49
Sárti GR 47 Md50
Sárvár H 28 Ls43
Särvsjön S 9 Lo28
Sarzana I 36 Lk46
Sarzeau F 24 Ks43
Sarzedas P 32 Kn51
Sa Savina E 42 Lb52
Sásd H 38 Lt44
Sasino PL 22 Ls36
Sássari I 43 Lj50
Sassnitz D 21 Lo36
Sassoferrato I 37 Ln47
Sasso Marconi I 37 Lm46
Sassuolo I 37 Ll46
Sástago E 34 Ku49
Seahouses GB 17 Kt35
Seamer GB 19 Ku36
Sebeş RO 39 Md45
Sebiş RO 29 Mc44
Sebnitz D 21 Lp40
Secemin PL 22 Lu40
Seclin F 19 Lc40
Secondigny F 24 Ku44
Seda LT 14 Mc34
Sedan F 19 Le41
Séderon F 35 Lf46
Sédini I 43 Lj50
Sedlčany CZ 27 Lp41
Šeduva LT 15 Md35
Seebergen D 21 Lm38
Seebruck D 26 Ln43
Seefeld A 27 Lm43
Seehausen D 21 Lm38
Seelow D 21 Lp38
Sées F 25 La42
Segarcea RO 39 Md46
Segorbe E 42 Ku51
Segovia E 33 Kq50
Segré F 24 Ku43
Segura P 32 Kn51
Segura de la Sierra E 41 Ks52
Segura de León E 40 Ko52
Seia P 32 Kn50
Šeica Mare RO 29 Me44
Seilhac F 35 La45
Seinäjoki FIN 10 Mc28
Seini RO 29 Md43
Seirijai LT 23 Md36
Sejny PL 23 Md36
Sękowa PL 29 Mb41
Sekulovo BG 31 Mh47
Selárgius I 43 Lk51
Selaru RO 31 Mf46
Selb D 27 Ln40
Selbekken N 9 Lk27
Selbitz D 27 Lm40
Selby GB 19 Kt37
Selde DK 12 Lk34
Sélestat F 26 Lh42
Selet S 6 Mb25
Selevac SRB 39 Ma46
Seli I 45 Lr51
Selište SRB 39 Mc47
Seljord N 12 Lj31
Seljord N 12 Lj31
Selkirk GB 17 Ks35
Selles-sur-Cher F 25 Lb43
Selongey F 25 Lf43
Selsjön S 10 Ls27
Seltjarn S 10 Ls27
Seltz F 26 Lj42
Semerdžievo BG 31 Mg47
Šempeter SLO 37 Lq44
Sempuiarni FIN 6 Mf25
Semur-en-Auxois F 19 Le43
Senden D 26 Lk42
Şendreni RO 31 Mh45
Senec SK 28 Ls42
Senftenberg D 21 Lo39
Senica SK 28 Ls42
Senigállia I 37 Lo47
Senj HR 37 Lq46
Senlis F 25 Lc41
Sennecey-le-Grand F 19 Le44
Sennen GB 18 Ko40
Sennybridge GB 18 Kr39
Senohrad SK 28 Lu42
Senokos BG 31 Mj47
Senonches F 25 La42
Senorbì I 43 Lk51
Senovo BG 31 Mg47
Sens F 25 Ld42
Senta SRB 39 Ma45
Separeva Banja BG 39 Md48
Sępólno Krajeńskie PL 22 Ls37
Sępopol PL 23 Mb36
Septemvri BG 31 Me48
Sepúlveda E 33 Kr49
Seraing B 20 Lf40
Sered' SK 28 Ls42
Seredžius LT 14 Mc35
Seregno I 36 Lk45
Séres GR 46 Md49
Serfaus A 27 Ll43
Sergines F 25 Ld42
Serifos I 48 Me53
Sermaize-les-Bains F 25 Le42
Sermide I 37 Lm46
Sermoneta I 37 Ln49
Serock PL 23 Mb38
Serón E 41 Ks53
Serón de Nágima E 34 Ks49
Seròs E 34 La49
Serpa P 40 Kn53
Serracapriola I 37 Lq48
Serradilla E 40 Ko51
Serra de Outes E 32 Km48
Serra San Bruno I 45 Lr52
Serres F 35 Lf46
Serrières F 35 Le45
Sérvia GR 46 Mc50
Sesimbra P 40 Kl52
Seskarö S 6 Md25
Sessa Aurunca I 44 Lp49
Sestino I 37 Ln47
Sesto BG 31 Mf46

Sesto San Giovanni I 36 Lk45
Sestriere I 36 Lg46
Sestri Levante I 36 Lk46
Sesvete HR 38 Lr45
Šeta LT 15 Me35
Sète F 35 Ld47
Setermoen N 6 Lt22
Séttimo Torinese I 36 Lh45
Settle GB 18 Ks36
Setúbal P 40 Km52
Seui I 43 Lk51
Seurre F 25 Lf44
Sevaster AL 46 Lu50
Sevenoaks GB 19 La39
Séverac-le-Château F 35 Ld46
Sevettijarvi FIN 3 Mj21
Sevilla E 40 Kp53
Sevlievo BG 31 Mf47
Sevnica SLO 38 Lq44
Sevštari BG 31 Mg47
Seyðisfjörður IS 4 Kd13
Seyne F 36 Lg46
Seyssel F 36 Lf45
Sežana SLO 37 Lo45
Sézanne F 25 Ld42
Sezze I 44 Ln49
Sfáka GR 46 Mc52
Sfáka GR 49 Mf55
Sfântu Gheorghe RO 30 Mf45
Sfântu Gheorghe RO 52 Me23
Sfínari GR 48 Md55
Shaftesbury GB 18 Ks39
Shanklin GB 18 Kt40
Shannon IRL 16 Km38
Sheerness GB 19 La39
Sheffield GB 19 Kt37
Shelcan AL 46 Ma49
Shëmil AL 46 Ma49
Shënmër AL 39 Ma48
Shepton Mallet GB 18 Ks39
Sherborne GB 18 Ks40
Sheringham GB 19 Lb38
,s-Hertogenbosch NL 20 Lf39
Shëvasija AL 46 Lu51
Shiel Bridge GB 17 Kp33
Shieldaig GB 17 Kp33
Shinoúsa GR 49 Mf54
Shkodër = Skutari AL 38 Lu48
Shrewsbury GB 18 Ks38
Sianów PL 22 Lr36
Šiauliai LT 15 Md35
Šiauliai LT 15 Md35
Síbari I 45 Lr51
Sibbo = Sipoo FIN 11 Mf30
Šibenik HR 38 Lq47
Sibiu RO 39 Md45
Šibot RO 39 Md45
Sichnice PL 22 Ls39
Siciska PL 22 Lu39
Šid SRB 38 Lu45
Sideby = Siipyy FIN 10 Mb28
Sidensjö S 10 Lt27
Siderno I 45 Lr52
Sidirókastro GR 46 Md49
Sidmouth GB 18 Kr40
Siebe N 2 Md22
Siedlce PL 23 Mc38
Siegburg D 20 Lh40
Siegen D 20 Lj40
Sielpia Wielka PL 22 Ma39
Siemiatycze PL 23 Mc38
Siemień PL 23 Mc39
Siena I 37 Lm47
Sieniawa PL 29 Mc40
Sienlaukis LT 15 Md35
Siennica PL 23 Mb38
Sieppijarvi FIN 6 Md23
Sieradz PL 22 Lt39
Sierakow PL 28 Lt40
Sierentz F 26 Lh43
Sierpc PL 22 Lu38
Sierre CH 26 Lh44
Sieu RO 29 Me43
Şieuleni RO 30 Mf44
Sievi FIN 10 Me27
Sievin FIN 10 Me27
Sigean F 35 Lc47
Siggerud N 13 Lm31
Sighetu Marmaţiei RO 29 Md43
Sighişoara RO 39 Me44
Siglufjörður IS 4 Kb13
Sigmaringen D 26 Lk42
Sigri GR 47 Mf51
Sigtuna S 14 Ls31
Sigüenza E 33 Ks49
Sigüés E 34 Kt48
Sigulda LV 15 Me33
Sihtuuna FIN 6 Me24
Siikainen FIN 10 Mb29
Siikajoki FIN 6 Mf26
Siilinjärvi FIN 11 Mh27
Siipyy = Sideby FIN 10 Mb28
Siivikko FIN 7 Mh25
Sikeå S 10 Ma26
Sikfors S 6 Mb25
Sikiés GR 46 Mc51
Sikinos GR 48 Mf54
Sikourió GR 46 Mc51
Siksjo S 6 Ls26
Silale LT 14 Mc35
Silandro = Schlanders I 27 Ll44
Silbaš SRB 38 Lu45
Silenë LV 15 Mg35
Silene LV 15 Mg35
Silian A 27 Ln44
Silistra BG 31 Mh46
Silivaşu de Câmpe RO 29 Me44
Siljan N 12 Ll31
Siljansnäs S 9 Lp30
Silkeborg DK 12 Lk34
Silla E 42 Ku51
Sillamäe EST 11 Mh31
Sillé-le-Guillaume F 24 Ku42
Silloth GB 17 Kr36
Silsand N 2 Lt21
Silvalen N 5 Ln25
Silván E 33 Ko48
Silverdalen S 13 Lr32
Silves P 40 Km53
Silvi I 37 Lp47
Simbach D 27 Ln42
Simeria RO 39 Md45
Šimi GR 49 Mh54

Šimkaičiai LT 15 Md35
Simlångsdalen S 13 Lo34
Simleu Silvaniei RO 29 Mc43
Simmerath D 20 Lg40
Simmern D 26 Lh41
Simnas LT 23 Md36
Simo FIN 6 Mf25
Simos GR 46 Mb52
Simrishamn S 13 Lp35
Simuna EST 15 Mg31
Sinaia RO 31 Mf45
Sinalunga I 37 Lm47
Şinca Nouă RO 31 Mf45
Sindal DK 12 Ll33
Sindelfingen D 26 Lk42
Sindi EST 15 Me32
Sinemorec BG 31 Mj49
Sines P 40 Km53
Sinetta FIN 6 Mf24
Sineu E 42 Ld51
Singen D 26 Lj42
Siniscóla I 43 Lk50
Sinj HR 38 Lr47
Sinjavka BY 50 Md19
Sinnai I 43 Lk51
Sinnes N 12 Lg32
Sinsheim D 26 Lj41
Sintea Mare RO 29 Mb44
Sint-Niklaas B 19 Ld39
Sintra P 40 Kl52
Sint-Truiden B 20 Lf40
Sinzig D 26 Lh40
Siófok H 28 Lt44
Šipka BG 31 Mf48
Sipoo = Sibbo FIN 11 Mf30
Sipovo BIH 38 Ls46
Sippola FIN 11 Mh30
Sira N 12 Lg32
Siracusa I 44 Lq53
Siret RO 30 Mg43
Sirevåg N 12 Lf32
Širia RO 39 Mb44
Siria RO 31 Mg45
Sirkka FIN 6 Me23
Sirmione I 37 Ll45
Sirok H 29 Ma43
Široka láka BG 31 Me49
Široké SK 29 Ma41
Široki Brijeg BIH 38 Ls47
Širvintos LT 15 Me35
Sisak HR 38 Lr45
Sisante E 41 Ks51
Sissone F 25 Ld41
Şiştarovăţ RO 39 Mb44
Sisteron F 35 Lf46
Sitges E 34 Lb49
Sitía GR 49 Mg55
Sitohóri GR 46 Md50
Sittard NL 20 Lf40
Sittingbourne GB 19 La39
Sivac SRB 38 Lu45
Šivačevo BG 31 Mg48
Sivakka FIN 7 Mk27
Sivakka FIN 7 Mk27
Six-Fours-les-Plages F 35 Lf47
Sizun F 24 Kq42
Sjanno BY 50 Me19
Sjenica SRB 39 Lu47
Sjerogošte MNE 38 Lu48
Sjoa N 8 Lj29
Sjøåsen N 9 Lm26
Sjöbo S 13 Lo35
Sjöbotn S 13 Lo32
Sjøholt N 8 Lg28
Sjötorp S 13 Lo32
Sjøvegan N 6 Ls22
Sjuntorp S 13 Ln32
Skelefskor DK 21 Lm35
Skærbæk DK 20 Lj35
Skaftafell IS 4 Kb14
Skaftung FIN 10 Mb28
Skagastrond IS 4 Jk13
Skagen DK 13 Ll33
Skagshamn S 10 Lt27
Skaidi N 2 Me20
Skaistgirys LT 15 Md34
Skaistkalne LV 15 Me34
Skaitekojan N 5 Lq23
Skaitekojan S 6 Ma24
Skåla GR 48 Mc54
Skåla GR 49 Mg53
Skafa PL 28 Lu40
Skála Eressú GR 47 Mf51
Skála Marión GR 47 Me50
Skála Oropoú GR 48 Md52
Skalica BG 31 Mg48
Skalica SK 28 Ls42
Skalltvaara FIN 3 Mh21
Skalmodal S 5 Lp25
Skaloti GR 31 Me49
Skalstugan S 9 Lo27
Skandáli GR 47 Mf51
Skandawa PL 23 Mb36
Skanderborg DK 12 Lk34
Skánevik N 8 Lf31
Skáníngen N 2 Lu20
Skansnäs S 5 Ls25
Skara S 13 Lo32
Skarberget N 5 Lr22
Skärblacka S 13 Lq32
Skardet N 2 Ma20
Skardet S 5 Lp24
Skare N 8 Lg31
Skärhamn S 13 Lm33
Skarness N 9 Lm30
Skärplinge S 10 Ls30
Skärså S 10 Ls29
Skarsvåg N 3 Mf19
Skarvsjöby S 6 Lr25
Skaryszew PL 23 Mb39
Skarżysko-Kamienna PL 23 Ma39
Skattkärr S 13 Lo31
Skattungbyn S 9 Lp30
Skatval N 9 Lj27
Skaudvilė LT 15 Mc35
Skaulo S 6 Mb23
Skawina PL 28 La41
Skeby S 13 Lo32
Skeda S 13 Lq32
Skedsmokorset N 9 Lm30
Skee N 13 Lm32
Skegness GB 19 La37
Skei N 5 Lm25
Skei N 8 Lg28
Skei N 9 Lj29
Skellefteå S 6 Ma26
Skellefteham S 6 Mb26
Skender Vakuf BIH 38 Ls46
Skene S 13 Ln33

69

Thesprotikó GR 46 Ma51
Thessaloníki GR 46 Mc50
Thetford GB 19 La38
Thiene I 37 Lm45
Thiers F 25 Ld45
Thiesi I 43 Lj50
Thionville F 26 Lg41
Thíra GR 49 Mf54
Thirsk GB 19 Kt36
Thisted DK 12 Lj34
Thíva GR 48 Md52
Thiviers F 24 La45
Thizy F 19 Le44
Tholária GR 49 Mg54
Thonon-les-Bains F 26 Lg44
Thorne GB 19 Ku37
Thornhill GB 17 Kr35
Thorsminde DK 12 Lj34
Thouars F 24 Ku44
Thrapston GB 19 Ku38
Thueyts F 35 Le46
Thuir F 35 Lc48
Thun CH 26 Lh44
Thurles IRL 16 Kn38
Thursby GB 17 Kr36
Thurso GB 17 Kr32
Thury-Harcourt F 24 Ku42
Thusis CH 26 Lk44
Thyborøn DK 12 Lj34
Ţibana RO 30 Mh43
Tibro S 13 Lp32
Tiča BG 31 Mg48
Tidaholm S 13 Lo32
Tidan S 13 Lp32
Tiel NL 20 Lf39
Tielt B 19 Ld40
Tienen B 20 Le40
Tierp S 10 Ls30
Tigharry GB 17 Kn33
Tighina MD 52 Me22
Tikkakoski FIN 11 Mf28
Tilaj H 28 Ls44
Tilburg NL 20 Lf39
Tilbury GB 19 La39
Til-Châtel F 25 Lf43
Tileagd RO 29 Mc43
Tillberga S 13 Lr31
Tilža LV 15 Mh34
Timfristós GR 46 Mb52
Timişoara RO 39 Mb45
Timmele S 13 Lo33
Timrå S 10 Ls28
Tineo E 33 Ko47
Tinglev DK 20 Lk36
Tingsryd S 13 Lp34
Tingstäde S 14 Lt33
Tingvoll N 8 Lj28
Tinlot B 26 Lf40
Tínos GR 47 Mf53
Tinqueux F 25 Ld41
Tinténiac F 24 Kt42
Tinūži LV 15 Me34
Tione di Trento I 37 Ll44
Tipasoja FIN 7 Mj26
Tipperary IRL 16 Km38
Tiranë AL 46 Lu49
Tirano I 36 Ll44
Tiraspol MD 52 Me22
Tirkšliai LT 14 Mc34
Tírnavos GR 46 Mc51
Tirrénia I 36 Ll47
Tirschenreuth D 27 Ln41
Tišća BIH 38 Lt46
Tišnov CZ 28 Lr41
Tisovec SK 28 Lu42
Tisvildeleje DK 13 Ln34
Tiszabecs H 29 Mc42
Tiszacsege H 29 Mb43
Tiszacsermely H 29 Mb42
Tiszadada H 29 Mb42
Tiszaföldvár H 29 Ma44
Tiszafüred H 29 Ma43
Tiszakécske H 29 Ma44
Tiszalúc H 29 Mb42
Tiszaújváros H 29 Mb43
Tiszavasvári H 29 Mb43
Titisee-Neustadt D 26 Lj43
Titran N 8 Lj27
Titu RO 31 Mf46
Tivat MNE 38 Lt48
Tiverton GB 18 Kr40
Tivoli I 37 Ln49
Tizzano F 43 Lj49
Tjæreborg DK 12 Lj35
Tjällmo S 13 Lq32
Tjåmotis S 6 Lt24
Tjautjas S 6 Ma23
Tjeldnes N 5 Lr22
Tjentište BIH 38 Lt47
Tjøtta N 5 Ln25
Tłuchowo PL 22 Lu38
Tłuszcz PL 23 Mb38
Tobarra E 41 Kt52
Tobercurry IRL 16 Km36
Tobermory GB 17 Ko34
Toblach = Dobbiaco I 27 Ln44
Töcksfors S 13 Lm31
Todi I 37 Ln48
Todireşti RO 30 Mg43
Todorići BIH 38 Ls46
Todtnau D 26 Lh43
Tofta S 13 Ln33
Tofta S 14 Lt33
Tofte N 13 Ll31
Töftedal S 13 Lm32
Toftlund DK 20 Lk35
Tohmajärvi FIN 11 Ml28
Tohmo FIN 7 Mh24
Toholampi FIN 10 Me27
Tojala FIN 10 Md29
Toivakka FIN 11 Mg28
Toivala FIN 11 Mh28
Tokaj H 29 Mb42
Toledo E 41 Kq51
Tolentino I 37 Lo47
Tolfa I 37 Lm48
Tolga N 9 Ll28
Tollarp S 13 Lo35
Tolmezzo I 27 Lo44
Tolmin SLO 37 Lo44
Tolosa E 34 Ks47
Tolva FIN 7 Mj24
Tomar P 32 Km51
Tomaševac SRB 39 Ma45
Tomaszów Lubelski PL 29 Md40
Tomaszów Mazowiecki PL 22 Lu39
Tomelilla S 13 Lo35
Tomelloso E 41 Kr51
Tomeşti RO 30 Mh43
Tomeşti RO 39 Mc45
Tomintoul GB 17 Kr33
Tomislavgrad BIH 38 Ls47
Tømmerneset N 5 Lq23
Tømmervåg N 8 Lh27
Tompa H 38 Lu44
Tomrefjord N 8 Lg28
Tonara I 43 Lk50
Tonbridge GB 19 La39
Tondela P 32 Km50
Tønder DK 20 Lj36
Tongeren B 20 Lf40
Tongue GB 17 Kq32
Tonnay-Boutonne F 24 Ku45
Tonnay-Charente F 24 Ku45
Tonneins F 34 La46
Tonnerre F 25 Ld43
Tönning D 20 Lj36
Tønsberg N 12 Ll31
Tonstad N 12 Lh32
Topčii BG 31 Mg47
Topczewo PL 23 Mc38
Toplet RO 39 Mc46
Topli Do SRB 39 Mc47
Topliţa RO 30 Mf44
Topola SRB 39 Ma46
Topolčani MK 46 Mb49
Topoľčany SK 28 Lt42
Topolog RO 31 Mj46
Topoloveni RO 31 Mf46
Topolovgrad BG 31 Mg48
Topolovo BG 31 Mf49
Toponica SRB 39 Ma47
Toporu RO 31 Mf46
Topusko HR 38 Lr45
Torà E 34 Lb49
Tordesillas E 33 Kp49
Töre S 6 Mc25
Töreboda S 13 Lp32
Torekov S 13 Ln34
Torelló E 35 Lc48
Toreno E 33 Ko48
Torgåsmon S 9 Lo30
Torgau D 21 Ln39
Torgelow D 21 Lp37
Torhout B 19 Ld39
Torigni-sur-Vire F 24 Kt41
Torija E 33 Kr50
Toril E 42 Kt50
Torino I 36 Lh45
Tormac RO 39 Mb45
Törmänen FIN 3 Mh22
Tornal'a SK 29 Ma42
Torneträsk S 6 Lu22
Tornio FIN 6 Me25
Tornjoš SRB 38 Lu45
Toro E 33 Kp49
Törökbalint H 28 Lt43
Törökszentmiklós H 29 Ma43
Torony H 28 Lr43
Torpo N 8 Lj30
Torpshammar S 9 Lr28
Torquay GB 18 Kr40
Torrão P 32 Km52
Torre Annunziata I 44 Lp50
Torrebeleña E 33 Kr50
Torreblanca E 42 La50
Torrecampo E 41 Kq52
Torrecilla en Cameros E 33 Ks48
Torre de la Higuera E 40 Ko53
Torre del Greco I 44 Lp50
Torre de Moncorvo P 32 Kn49
Torre de'Pàsseri I 37 Lo48
Torredonjimeno E 41 Kr53
Torrejón de Ardoz E 33 Kr50
Torrelaguna E 33 Kr50
Torrelavega E 33 Kq47
Torremaggiore I 45 Lq49
Torremolinos E 41 Kq54
Torremormojón E 33 Kq49
Torrent E 42 Ku51
Torre-Pacheco E 41 Kt53
Torre Péllice I 36 Lh46
Torrequemada E 40 Ko51
Torres Novas P 32 Km51
Torres Vedras P 32 Kl51
Torrevieja E 42 Ku53
Torri del Benaco I 37 Ll45
Torríglia I 36 Lk46
Torrijas E 42 Ku50
Torrijos E 41 Kq51
Torring DK 12 Lk35
Torring N 9 Lm26
Torrington GB 18 Kq40
Torroella de Montgrí E 35 Ld48
Torsåker S 9 Lr30
Torsås S 13 Lq34
Torsborg S 9 Lo28
Torsby S 9 Ln30
Torshälla S 13 Lr31
Tórtoles de Esgueva E 33 Kq49
Tortolì I 43 Lk51
Tortona I 36 Lj46
Tortorici I 44 Lp52
Tortosa E 42 La50
Toruń PL 22 Lt37
Torup S 13 Lo34
Tõrva EST 15 Mf32
Torzym PL 21 Lq38
Tosbotn N 5 Ln25
Tõstamaa EST 15 Md32
Tostedt D 21 Lk37
Tószeg H 29 Ma43
Totana E 41 Kt53
Totebo S 13 Lr33
Tôtes F 25 Lb41
Tótkomlós H 29 Ma44
Totlandsvik N 12 Lg31
Totnes GB 18 Kr40
Toucy F 25 Ld43
Toul F 26 Lf42
Toulon F 35 Lf47
Toulon-sur-Arroux F 19 Le44
Toulouse F 34 Lb47
Tourcoing F 19 Ld40
Tourlaville F 24 Kt41
Tournai B 19 Ld40
Tournon-d'Agenais F 34 Lb46
Tournon-sur-Rhône F 35 Le45
Tournus F 19 Le44
Tours F 25 La43
Toury F 25 Lb42
Tovarnik HR 38 Lu45
Towcester GB 19 Ku38
Töysä FIN 10 Md28
Trabanca E 33 Ko49
Traben-Trarbach D 26 Lh41
Tragacete E 42 Ks50
Trahiá GR 48 Md53
Traiskirchen A 28 Lr42
Tralee IRL 16 Kl38
Tramore IRL 16 Kn38
Trăn BG 39 Mc48
Tranås S 13 Lp32
Tranemo S 13 Lo33
Tranent GB 17 Ks35
Trani I 45 Lr49
Tranøya N 5 Lq22
Transtrand S 9 Lo29
Trápani I 44 Ln52
Trasacco I 37 Lo49
Traun A 27 Lp42
Traunreut D 27 Ln43
Traunstein D 27 Ln43
Travemünde D 21 Ll37
Travnik BIH 38 Ls46
Travo F 43 Lk49
Trawniki PL 23 Mc39
Trbovlje SLO 37 Lq44
Trebbin D 21 Lo38
Třebíč CZ 28 Lq41
Trebinje BIH 38 Lt48
Trebisacce I 45 Lr51
Trebisov SK 29 Mb42
Treblinka PL 23 Mb38
Trebnje SLO 37 Lp45
Třeboň CZ 27 Lp41
Trecate I 36 Lj45
Treffurt D 21 Ll39
Tregaron GB 18 Kr38
Trégastel-Plage F 24 Kr42
Tréguier F 24 Kr42
Trehorningsjo S 10 Lt27
Treignac F 25 Lb45
Treis-Karden D 26 Lh40
Treis-Karden D 26 Lh40
Trekljano BG 39 Mc48
Trélazé F 24 Ku43
Trelleborg S 13 Lo35
Tremezzo I 36 Lk45
Tremp E 34 La48
Trenčín SK 28 Lt42
Trento I 37 Lm44
Tresfjord N 8 Lh28
Trespaderne E 33 Kr48
Tretten N 9 Ll29
Treuchtlingen D 27 Ll42
Treuenbrietzen D 21 Ln38
Trevi I 37 Ln48
Treviglio I 36 Lk45
Treviso I 37 Ln45
Tribunj HR 38 Lq47
Tricárico I 45 Lr50
Tricase I 45 Lt51
Trieben A 27 Lp43
Trier D 26 Lg41
Trieste I 37 Lo45
Trie-sur-Baïse F 34 La47
Trifeşti RO 30 Mh43
Trignac F 24 Ks43
Trígono GR 46 Mb50
Tríkala GR 46 Mb51
Trikéri GR 46 Md51
Trillo E 41 Ks50
Trim IRL 16 Ko37
Třinec CZ 28 Lt41
Trinitápoli I 45 Lr49
Trino I 36 Lj45
Triora I 36 Lh47
Trípoli GR 46 Mc53
Trivento I 44 Lp49
Trjavna BG 31 Mf48
Trnava SK 28 Ls42
Trnovo BIH 38 Lt47
Tročany SK 29 Mb41
Trödje S 10 Ls30
Trofaiach A 27 Lp43
Trofors N 5 Lo25
Trogir HR 38 Lr47
Troglan Bara SRB 39 Mb47
Tróia I 45 Lq49
Tróia P 40 Km52
Troisdorf D 20 Lh40
Trojaci MK 46 Mb49
Trojan BG 31 Me48
Trollhättan S 13 Ln32
Tromsø N 2 Lu21
Tromvik N 2 Lt21
Trondheim N 9 Ll27
Troon GB 17 Kq35
Troøyen N 9 Ll28
Tropea I 45 Lq52
Trosa S 14 Ls32
Troškas LV 15 Mg34
Troškūnai LT 15 Me35
Trostberg D 27 Ln42
Trouville-sur-Mer F 25 La41
Trowbridge GB 18 Ks39
Troyes F 19 Le42
Trsa MNE 38 Lt47
Tršće HR 37 Lp45
Trstená SK 28 Lu41
Trstenik SRB 39 Ma47
Trud BG 31 Me48
Trujillo E 41 Kp51
Trumieje PL 22 Lu37
Trun F 24 La42
Truro GB 18 Kp40
Truşeşti RO 30 Mh43
Trustrup DK 13 Ll34
Trutnov CZ 28 Lq40
Tryškiai LT 14 Mc34
Tržac BIH 38 Lq46
Trzcianka PL 22 Lr37
Trzcianne PL 23 Mc37
Trzciel PL 22 Lq38
Trzcinna PL 21 Lq38
Trzcińsko-Zdrój PL 21 Lp38
Trzebiatów PL 22 Lq36
Trzebień PL 22 Lq39
Trzebinia PL 28 Lu40
Trzebnica PL 22 Ls39
Trzemeszno PL 22 Ls38
Trzydnik Duży PL 23 Mc40
Tsepélovo GR 46 Ma51
Tuam IRL 16 Km37
Tubbergen NL 20 Lg38
Tübingen D 26 Lk42
Tubize B 19 Le40
Tuchan F 35 Lc48
Tuchola PL 22 Ls37
Tuchów PL 29 Mb41
Tuczna PL 23 Md39
Tuczno PL 22 Lq38
Tuczno PL 22 Lr37
Tudela E 34 Kt48
Tudela de Duero E 33 Kq49
Tudu EST 15 Mg31
Tudulinna EST 15 Mh31
Tuéjar E 42 Kt51
Tufeni RO 31 Me46
Tuhala EST 15 Me31
Tui E 32 Km48
Tuin MK 39 Mb49
Tūja LV 15 Me33
Tukums LV 15 Md34
Tulare SRB 39 Mb48
Tulcea RO 30 Mj45
Tulgheş RO 30 Mf44
Tuliszków PL 22 Lt38
Tullamore IRL 16 Kn37
Tulle F 35 Lb45
Tulln A 28 Lr42
Tullow IRL 16 Ko38
Tułowice PL 28 Ls40
Tulppio FIN 7 Mk23
Tulsk IRL 16 Km37
Tumba S 14 Ls31
Tunadal S 10 Ls28
Tunstall GB 17 Ks36
Tuntsa FIN 7 Mk23
Turčianske Teplice SK 28 Lt42
Turda RO 29 Md44
Turégano E 33 Kq49
Turek PL 22 Lt38
Tureni RO 29 Md44
Türi EST 15 Mf32
Turís E 42 Ku51
Turjak SLO 37 Lp45
Túrkeve H 29 Ma43
Turku = Åbo FIN 10 Mc30
Turnhout B 20 Le39
Türnitz A 28 Lq43
Turnov CZ 27 Lq40
Turnu RO 29 Mb44
Turnu Măgurele RO 31 Me47
Turoś PL 23 Mb37
Turriff GB 17 Ks33
Turtel MK 39 Mc49
Turtola FIN 6 Md24
Turzovka SK 28 Lt41
Tuscánia I 37 Lm48
Tutin SRB 39 Ma48
Tutova RO 30 Mh44
Tutrakan BG 31 Mg46
Tuttlingen D 26 Lj43
Tuulos FIN 11 Me29
Tuupovaara FIN 11 Mj28
Tuusniemi FIN 11 Mj28
Tuusula FIN 11 Mf30
Tuzi MNE 38 Lu48
Tuzla BIH 38 Lt46
Tvååker S 13 Ln33
Tväråsund S 10 Lu26
Tvardica BG 31 Mf48
Tvardiţa MD 30 Mj44
Tvedestrand N 12 Lj32
Tveitsund N 12 Lj31
Tverrvika N 5 Lp23
Tving S 13 Lq34
Tvrdošín SK 28 Lu41
Twardogóra PL 22 Ls39
Twello NL 20 Lg38
Twistringen D 20 Lj38
Tychowo PL 22 Lr37
Tychy PL 28 Lu40
Tyczyń PL 29 Mc41
Tyfors S 9 Lp30
Tykocin PL 23 Mc37
Tylawa PL 29 Mb41
Tylkowo PL 22 Ma37
Tylösand S 13 Ln34
Tymkove MD 30 Mk43
Tyndrum GB 17 Kq34
Tynemouth GB 17 Kt35
Tyngsjö S 9 Lo30
Tyniec PL 28 Lu40
Týniště nad Orlicí CZ 28 Lr40
Týn nad Vltavou CZ 27 Lp41
Tynset N 9 Ll28
Tyringe S 13 Lo34
Tyristrand N 8 Ll30
Tyrnava FIN 7 Mf26
Tysnes N 8 Lf30
Tyssebotn N 8 Lf30
Tyssedal N 8 Lg30
Tystberga S 14 Ls32
Tyszowce PL 23 Md40
Tytuvėnai LT 15 Md35
Tywyn GB 18 Kq38
Tzermiádo GR 49 Mf55

U

Ub SRB 39 Ma46
Úbeda E 41 Kr52
Überlingen D 26 Lk43
Ubieszyn PL 29 Mc40
Ubľa SK 29 Mc42
Ubli MNE 38 Lt48
Ubrique E 40 Kp54
Ucero E 33 Kr49
Učės BY 23 Mf38
Uchte D 20 Lj38
Uckfield GB 19 La40
Uda RO 31 Me46
Udbina HR 38 Lq46
Uddevalla S 13 Lm32
Uddheden S 9 Ln31
Uden NL 20 Lf39
Údine I 37 Lo44
Ueckermünde D 21 Lp37
Uelzen D 21 Ll38
Uetersen D 21 Lk37
Uetze D 21 Ll38
Uffenheim D 27 Ll41
Ugāle LV 14 Mc33
Ugao SRB 39 Ma47
Ugărčin BG 31 Me47
Ugíjar E 41 Kr54
Ugine F 36 Lg45
Ugljan HR 37 Lq46
Uherské Hradiště CZ 28 Ls41
Uherský Brod CZ 28 Ls41
Uig GB 17 Ko33
Uimaharju FIN 11 Ml28
Uithoorn NL 20 Le38
Uithuizen NL 20 Lg37
Uivar RO 39 Ma45
Ujeździec Mały PL 22 Ls39
Újfehértó H 29 Mb43
Ujma PL 22 Lt38
Ujście PL 22 Lr37
Ukiernica PL 21 Lq37
Ukmergė LT 15 Me35
Ulanów PL 29 Mc40
Ulbroka LV 15 Me34
Ulcinj SRB 38 Lu49
Ulefoss N 12 Lk31
Uleila del Campo E 41 Ks53
Ulfborg DK 12 Lj34
Ulft NL 20 Lg39
Úlibice CZ 28 Lq40
Ulieş RO 30 Mf44
Ulånger S 10 Ls28
Ullapool GB 17 Kp33
Ullared S 13 Ln33
Ullatti S 6 Mb23
Ullava FIN 10 Md27
Ulldecona E 42 La50
Ullerslev DK 12 Ll35
Ulm D 26 Ll42
Ulmen D 26 Lg40
Ulmu RO 31 Mh46
Ulricehamn S 13 Lo33
Ulrika S 13 Lq32
Ulriksfors S 9 Lq27
Ulsteinvik N 8 Lf28
Ulvåker S 13 Lo32
Ulverston GB 17 Kr36
Ulvik N 8 Lg30
Ulvila FIN 10 Mb29
Ulvsvåg N 5 Lq22
Umag HR 37 Lo45
Umbértide I 37 Ln47
Umčari SRB 39 Ma46
Umeå S 10 Ma27
Umgransele S 6 Lt26
Umka SRB 39 Ma46
Umurga LV 15 Me33
Unaðsdalur IS 4 Jj12
Unari FIN 6 Mf23
Uncastillo E 34 Kt48
Undenäs S 13 Lp32
Undersåker S 9 Lo27
Úněšov CZ 27 Lo41
Ungheni MD 30 Mh43
Ungheni RO 31 Me46
Unguriņi LV 15 Mf33
Unichowo PL 22 Ls36
Uničov CZ 28 Ls41
Uniejów PL 22 Lt39
Unisław PL 22 Lt37
Unna D 20 Lh39
Unnaryd S 13 Lo34
Unterhaching D 27 Lm42
Upa EST 14 Mc32
Upinniemi = Obbnäs FIN 11 Me30
Upplands-Väsby S 14 Ls31
Uppsala S 10 Ls31
Ura-Vajgurore AL 46 Lu50
Urbánia I 37 Ln47
Urbino I 37 Ln47
Uria RO 29 Me43
Urjala FIN 10 Md29
Urk NL 20 Lf38
Urlati RO 31 Mg46
Urlingford IRL 16 Kn38
Uroševac KSV 39 Ma48
Ursviken S 6 Mb26
Urszulewo PL 22 Lu38
Urzędów PL 23 Mc39
Urziceni RO 31 Mg46
Ušaĉy BY 50 Me18
Usagre E 40 Ko52
Uschodni BY 50 Md19
Usedom D 21 Lo37
Usingen D 26 Lj40
Usk GB 18 Ks39
Uskoplje BIH 38 Ls47
Uslar D 20 Lk39
Ussel F 35 Lc45
Uster CH 26 Lj43
Ustibar BIH 38 Lu47
Ustikolina BIH 38 Lt47
Ústí nad Labem CZ 27 Lp40
Ústí nad Orlicí CZ 28 Lr41
Ustipraĉa BIH 38 Lu47
Ustka PL 22 Lr36
Ustovo BG 31 Me49
Ustrem BG 31 Mg48
Ustroń PL 28 Lt41
Ustronie Morskie PL 22 Lq36
Ustrzyki Dolne PL 29 Mc41
Ustyluh PL 23 Me40
Utajärvi FIN 7 Mg26
Utåker N 8 Lf31
Utansjö S 10 Ls28
Utena LT 15 Mf35
Utiel E 42 Kt51
Utne N 8 Lg30
Utrecht NL 20 Lf38
Utrera E 40 Kp53
Utsjoki FIN 3 Mh21
Uttoxeter GB 18 Kt38
Utvin RO 39 Mb45
Utvorda N 5 Ll26
Uukuniemi FIN 11 Mk29
Uurainen FIN 11 Mf28
Uusikaarlepyy FIN 10 Mc27
Uusikaupunki = Nystadt FIN 10 Mb30
Úvaly CZ 27 Lp40
Uvdal N 8 Lj30
Uzdowo PL 22 Ma37
Uzerche F 35 Lb45
Uzès F 35 Le47
Užice SRB 39 Lu47
Užventis LT 15 Mc35

V

Vaakio FIN 7 Mj25
Vaala FIN 7 Mg26
Vaalajarvi FIN 7 Mg23
Vaalimaa FIN 11 Mh30
Vaaraslahti FIN 11 Mg27
Vaasa FIN 10 Mb27
Vabalninkas LT 15 Me35
Vabre F 35 Lc47
Vác H 28 Lu43
Vacha D 21 Ll40
Väckelsång S 13 Lp34
Vadheim N 8 Lf29
Vadsø N 3 Mk20
Vadstena S 13 Lp32
Vadu Crişului RO 29 Mc44
Vaduz FL 26 Lk43
Vågaholmen N 5 Lo24
Vågåmo N 8 Lk29
Vaggeryd S 13 Lp33
Vagnhärad S 14 Ls32
Vägsele S 6 Lt26
Vahakyro FIN 10 Mc27
Vahto FIN 10 Mc30
Vaihingen (Enz) D 26 Lj42
Vailly-sur-Sauldre F 25 Lc43
Vainikkala FIN 11 Mj30
Vaiņode LV 14 Mb34
Vaison-la-Romaine F 35 Lf46
Vajszló H 38 Ls45
Vålådalen S 9 Ln27
Valandovo MK 46 Mc49
Valaská Belá SK 28 Lt42
Valašská Polanka CZ 28 Ls41
Valašské Meziříčí CZ 28 Ls41
Vålberg S 13 Lo31
Valbo S 9 Lr30
Valbonë AL 39 Lu48
Vălčedrăm BG 39 Md47
Vălčidol BG 31 Mh47
Valdagno I 37 Lm45
Valdahon F 26 Lg43
Valdefuentes E 40 Ko51
Valdelagua E 41 Kr51
Valdeltormo E 42 La50
Valdemārpils LV 14 Mc33
Valdemarsvik S 13 Lr32
Valdemeca E 42 Kt50
Valdemoro E 33 Kr50
Valdenoceda E 33 Kr48
Valdepeñas E 41 Kr52
Valdepeñas de Jaén E 41 Kr53
Valderas E 33 Kp48
Val de Reuil F 25 Lb41
Valderrobres E 42 La50
Val d'Isère F 36 Lg45
Valdobbiádene I 37 Ln45
Valea Argovei RO 31 Mg46
Valea Ierii RO 29 Md44
Valea lui Mihai RO 29 Mc43
Valea Mare-Pravăţ RO 31 Mf45
Valea Mărului RO 30 Mh45
Valea Perjei MD 30 Mj44
Valea Sării RO 30 Mg45
Valea Ursului RO 30 Mh44
Valea Uzului RO 30 Mg44
Valejkīdki BY 23 Mf36
Valença do Minho P 32 Km48
Valençay F 25 Lb43
Valence F 34 La46
Valence F 35 Le46
Valence-sur-Baïse F 34 La47
València E 42 Ku51
Valencia de Alcántara E 32 Kn51
Valencia de Don Juan E 33 Kp48
Valenciennes F 19 Ld40
Vălenii de Munte RO 31 Mg45
Valeni-Stânişoara RO 30 Mf43
Valensole F 35 Lf47
Valentano I 37 Lm48
Valenza I 36 Lj45
Våler N 9 Lm30
Valeria E 41 Ks51
Valeuka BY 23 Mf37
Valevåg N 8 Lf31
Valga EST 15 Mg33
Valguarnera Caropepe I 44 Lp53
Valira GR 46 Mb53
Vălişoara RO 29 Mc44
Văliug RO 39 Mc45
Valjevo SRB 39 Lu46
Valka LV 15 Mf33
Valkeakoski FIN 11 Me29
Valkeala FIN 11 Mg30
Valkenswaard NL 20 Lf39
Valko = Valkom FIN 11 Mg30
Valkom = Valko FIN 11 Mg30
Valla S 13 Lr31
Valladolid E 33 Kq49
Vallargärdet S 13 Lo31
Valldemossa E 42 Lc51
Valle N 12 Lh31
Valle de Cabuérniga E 33 Kq47
Vallentuna S 14 Lt31
Valletta M 44 Lp55
Vallgrund FIN 10 Mb27
Vallon-Pont-d'Arc F 35 Le46
Vallorbe CH 26 Lg44
Valls E 34 Lb49
Vallsta S 9 Lr29
Vallvik S 10 Ls29
Valmanya F 35 Lc48
Valmiera LV 15 Mf33
Valognes F 24 Kt41
Valøy N 5 Ll26
Valožyn BY 23 Mg36
Valpaços P 32 Kn49
Valpovo HR 38 Lt45
Valréas F 35 Le46
Valset N 8 Lk27
Valsjöbyn S 9 Lp26
Vals-les-Bains F 35 Le46
Val-Thorens F 36 Lg45
Valtimo FIN 11 Mj27
Valtournenche I 36 Lh45
Valverde de Júcar E 41 Ks51
Valverde del Camino E 40 Ko53
Valverde de Leganés E 40 Ko52
Valverde del Fresno E 32 Ko50
Vama RO 30 Mf43
Vamberk CZ 28 Lr40
Vamdrup DK 12 Lk35
Våmhus S 9 Lp29
Vamlingbo S 14 Lt33
Vammala FIN 10 Mc29
Vampula FIN 10 Mc29
Vana-Kuuste EST 15 Mg32
Vânatori RO 30 Me44
Vânatori RO 39 Mc46
Vanda = Vantaa FIN 11 Me30
Vändra EST 15 Mf32
Vandtrask S 6 Mb25
Vandžiogala LT 15 Md35
Väne LV 14 Mc34
Vänersborg S 13 Ln32
Vangaži LV 15 Me33
Vangel S 9 Lr27
Vangsnes N 8 Lg29
Vanjaurtrask S 10 Lt26
Vânju Mare RO 39 Mc46
Vannareid N 2 Lu20
Vännäs S 10 Lu27
Vannasberget S 6 Mc24
Vannasby S 10 Lu27
Vannes F 24 Ks43
Vansbro S 9 Lp30
Vänsjö S 9 Lq29
Vantaa = Vanda FIN 11 Me30
Vanttauskoski FIN 7 Mg24
Vanvikan N 9 Ll27
Vara S 13 Ln32
Varades F 24 Kt43
Varakļāni LV 15 Mg34
Varallo I 36 Lj45
Vărăncău MD 30 Mk43
Varangerbotn N 3 Mj20
Varapaeva BY 15 Mh35
Varaždin HR 38 Lr44
Varaždinske Toplice HR 38 Lr44
Varazze I 36 Lj46
Varberg S 13 Ln33
Vărbica BG 31 Mg48
Várda GR 46 Mb52
Varde DK 12 Lj35
Vårdö FIN 10 Ma30
Vardø N 3 Mm20
Varekil S 13 Lm32
Varel D 20 Lj37
Varėna LT 23 Me36
Varena I LT 23 Me36
Varengeville-sur-Mer F 25 La41
Varennes-en-Argonne F 25 Lf41
Varennes-sur-Allier F 25 Ld44
Vareš BIH 38 Lt46
Varese I 36 Lj45
Varese Ligure I 36 Lk46
Vârfu Câmpului RO 30 Mg43
Vârfurile RO 29 Mc44
Vårgårda S 13 Ln32
Vargön S 13 Ln32
Varhaug N 12 Lf32
Varilhes F 34 Lb47
Váris GR 46 Mb50
Varkaus FIN 11 Mh28
Varmahlið IS 4 Ka13
Värmlandsbro S 13 Lo31
Varna BG 31 Mh47
Värnamo S 13 Lp33
Varniai LT 14 Mc35
Varnja EST 15 Mh32
Varnjany BY 23 Mg36
Varnsdorf CZ 21 Lp40
Varoška Rijeka BIH 38 Lr45
Varpaisjarvi FIN 11 Mh27
Várpalota H 28 Lt43
Vârşag RO 30 Mf44
Vărşec BG 39 Md47
Vărşilo BG 31 Mh48
Vartdal N 8 Lg28
Vartius FIN 7 Mk26
Vârtop RO 39 Md46
Vartsila FIN 11 Ml28
Varvara BG 31 Me48
Varzi I 36 Lk46
Varzy F 25 Ld43
Vasalemma EST 15 Me31
Vásárosnamény H 29 Mc42
Vasiliki GR 46 Ma52
Vaškai LT 15 Me34
Vaskivesi FIN 10 Md28
Vasknarva EST 15 Mh32
Vaslui RO 30 Mh44
Vassilika GR 46 Md50
Vassilikó GR 48 Md52
Vassilikós GR 46 Ma53
Vasstrand N 2 Lt21
Västansjö S 5 Lq25
Västbacka S 9 Lp29
Västerås S 13 Lr31
Västerhaninge S 14 Lt31
Västervik S 13 Lr33
Vasto I 37 Lp48
Västra S 14 Ls31
Västra Ämtervik S 13 Lo31
Vasvár H 28 Lr43
Vaţa de Jos RO 29 Mc44
Vatan F 25 Lb43
Váthi GR 46 Mc49
Vathí GR 49 Mg54
Vatla EST 15 Md32
Vatne N 8 Lg28
Vatra MD 30 Mj43
Vatra Dornei RO 30 Mf43
Vatra Moldoviţei RO 30 Mf43
Vättlax FIN 10 Mc31
Vaucouleurs F 26 Lf42
Vaudrey F 26 Lf44
Vau i Dejës AL 39 Lu49
Vaukalata BY 15 Mh36
Vaukavysk BY 23 Me37
Vauvert F 35 Le47
Väversunda S 13 Lp32
Vaxholm S 14 Lt31
Växjö S 13 Lp34
Våxtorp S 13 Lo34
Vayrac F 35 Lb46
Vechelde D 21 Ll38
Vechta D 20 Lj38
Vecinos E 33 Kp50
Vecpiebalga LV 15 Mf33
Veclaicene LV 15 Mg33
Vecses H 28 Lu43
Vecumnieki LV 15 Me34
Veddige S 13 Ln33
Vedea RO 31 Mf47
Vedevåg S 13 Lq31
Vedjeon S 9 Lq26
Veendam NL 20 Lg37
Veenendaal NL 20 Lf39
Veere EST 14 Mc32
Vegadeo E 33 Kn47
Vegamót IS 4 Jj13
Vegarienza E 33 Ko48
Vegårshei N 12 Lj32
Veghel NL 20 Lf39
Véglie I 45 Ls50
Vegusdal N 12 Lj32
Vehmaa FIN 10 Mb30
Vehmersalmi FIN 11 Mj28
Veidnes N 3 Mg20
Veiprty CZ 27 Lo40
Veisiejai LT 23 Md36
Veitsiluoto FIN 6 Me25
Vejen DK 12 Lk35
Vejer de la Frontera E 40 Kp54
Vejle DK 12 Lk35
Vekilski BG 31 Mh47
Vela Luka HR 38 Lr48
Velanídia GR 48 Md54
Vel'aty SK 29 Mb42
Velbert D 20 Lh39
Velden A 27 Lp44
Veldhoven NL 20 Lf39
Velena LV 15 Mg33
Velenje SLO 37 Lq44
Veles MK 39 Mb49
Velestino GR 46 Mc51
Vélez Blanco E 41 Ks53
Vélez-Málaga E 41 Kq54
Vélez Rubio E 41 Ks53
Velika GR 46 Mb53
Velika HR 38 Ls45
Velika Gorica HR 38 Lr45
Velika Kladuša HR 38 Lq45
Velika Plana SRB 39 Mb47
Velika Slatina KSV 39 Ma48
Veliki Gradište SRB 39 Mb46
Veliki Grđevac HR 38 Ls45
Veliki Kupci SRB 39 Mb47
Veliki Plana SRB 39 Mb46
Veliki Preslav BG 31 Mg47
Veliki Radinci SRB 38 Lu45
Veliki Šiljegovac SRB 39 Mb47
Veliki Zdenci HR 38 Ls45
Veliko Tărnovo BG 31 Mf47
Velimlje MNE 38 Lt48
Velingrad BG 31 Me48
Veljun HR 38 Lq45
Velká Bíteš CZ 28 Lr41
Vel'ké Kapušany SK 29 Mc42
Velké Losiny CZ 28 Ls40
Velké Meziříčí CZ 28 Lq41
Velký Bor CZ 27 Lo41
Veľký Krtiš SK 28 Lu42
Vel'ký Šariš SK 29 Mb41
Velletri I 44 Ln49
Vellinge S 13 Lo35
Vellmar D 20 Lk39
Velventós GR 46 Mc50
Vemb DK 12 Lj34
Vemdalen S 9 Lo28
Venafro I 44 Lp49
Venarey-les-Laumes F 19 Le43
Venčane SRB 39 Ma46
Vence F 36 Lh47
Venda Nova P 32 Kn49
Vendas Novas P 40 Km52
Vendeuvre-sur-Barse F 19 Le42
Vendôme F 25 Lb43
Venec BG 31 Mg47
Veneheitto FIN 7 Mg26
Venézia I 37 Ln45
Vénissieux F 35 Le45
Venjan S 9 Lo30
Venlo NL 20 Lg39
Vennesla N 12 Lh32
Vennesund N 5 Ln25
Venosa I 45 Lq50
Venray NL 20 Lg39
Venta LT 15 Mc34
Venta de Ballerías E 34 Ku49
Venta de Baños E 33 Kq49
Ventimiglia I 36 Lh47
Ventspils LV 14 Mb33
Vera E 41 Kt53
Verbania I 36 Lj45
Verbier CH 26 Lh44
Vercelli I 36 Lj45
Verchnjadzvimsk BY 15 Mh35
Verdalsøra N 9 Lm27
Verden (Aller) D 20 Lk38
Verdun F 26 Lf41
Verdun-sur-le-Doubs F 25 Lf44
Vergato I 37 Lm46
Vergt F 34 La45
Véria GR 46 Mc50
Verín E 32 Kn49
Verinsko BG 39 Md48
Veriora EST 15 Mh32
Verl D 20 Lj39
Vermenton F 25 Ld43
Vernazza I 36 Lk46
Verneşti RO 31 Mg45
Verneuil-sur-Avre F 25 La42
Vernon F 25 Lb41
Vero F 43 Lk48
Verona I 37 Lm45
Versailles F 25 Lc42
Versmold D 20 Lj38
Vertus F 19 Le42
Verviers B 20 Lf40
Vervins F 25 Ld41
Vesanka FIN 11 Mf28
Vesanto FIN 11 Mg28
Veselí nad Lužnicí CZ 27 Lp41
Veselí nad Moravou CZ 28 Ls42
Vesoul F 26 Lg43
Vessigebro S 13 Ln34
Vestby N 13 Ll31
Vesterli N 5 Lq23
Vesterø Havn DK 13 Ll33
Vestmannaeyjar IS 4 Jk14
Vestnes N 8 Lh28
Vestre Jakobselv N 3 Mk20
Veszprém H 28 Ls43
Veţel RO 39 Mc45
Veteli FIN 10 Md27
Vetlanda S 13 Lq33
Vetrişoaia RO 30 Mj44
Větrný Jeníkov CZ 28 Lq41
Vetsikko FIN 3 Mh21
Veulettes-sur-Mer F 25 La41
Veurne B 19 Lc39
Vevelstad = Forvika N 5 Ln25
Vevey CH 26 Lg44
Vévi GR 46 Mb50
Veynes F 35 Lf46
Vézelay F 25 Ld43
Vi S 10 Ls28
Viadana I 36 Ll46
Viana E 34 Ks48
Viana de Bolo E 32 Kn48
Viana do Alentejo P 40 Kn52
Viana do Castelo P 32 Km49
Vianden L 26 Lg41
Vianen NL 20 Lf39
Viaréggio I 36 Ll47
Vias F 35 Ld47
Vibble S 14 Lt33
Viborg DK 12 Lk34
Vibo Valéntia I 45 Lr52
Vibraye F 25 La42
Vic E 35 Lc49
Vicdessos F 34 Lb48
Vic-en-Bigorre F 34 La47
Vicenza I 37 Lm45
Vichy F 25 Ld44
Vic-le-Comte F 35 Ld45
Vic-le-Fesq F 35 Le47
Vico F 43 Lj48
Vicovu de Jos RO 30 Mf43
Vic-sur-Cère F 35 Lc46
Victoria M 44 Lp54
Victoria RO 30 Mh43
Victoria RO 31 Me45
Vidamlja BY 23 Md38
Vidauban F 36 Lg47
Videbæk DK 12 Lj34
Videle RO 31 Mf46
Vidsæter N 8 Lh29
Vidice CZ 27 Ln41
Vidigueira P 40 Kn52